Dorothee Wierling

Eine Familie im Krieg

Dorothee Wierling
Eine Familie im Krieg

Leben, Sterben und Schreiben
1914-1918

WALLSTEIN VERLAG

Für meine Schwester Gabi
(1944 – 2010)

Bibliografische Information der Deutschen Nationalbibliothek
Die Deutsche Nationalbibliothek verzeichnet
diese Publikation in der Deutschen Nationalbibliografie;
detaillierte bibliografische Daten sind im Internet
über http://dnb.d-nb.de abrufbar.

www.wallstein-verlag.de
Vom Verlag gesetzt aus der Aldus
Umschlag: Susanne Gerhards, Düsseldorf
Umschlagfotos: (oben) Mittagskonzert nach dem Aufziehen der Wache
im Berliner Lustgarten 1914 (Bundesarchiv Bild 183-R43077)
(unten) Ein deutscher Schützengraben an vorderster Front
dicht am Ufer der Aisne 1915 (Bundesarchiv Bild 183-R34776)
Druck und Verarbeitung: Hubert & Co, Göttingen
ISBN 978-3-8353-1301-9

Inhalt

Einleitung

Am 6. Februar 1971 starb in New York Julie Braun-Vogelstein, eine deutsch-jüdische Kunsthistorikerin, die 1935 Berlin verlassen musste und seit 1937 in den USA lebte. Sie hinterließ dem Leo-Baeck-Institut in New York einen Nachlass an Familienkorrespondenzen, der heute mit über elf Regalmetern den größten Einzelnachlass des Archivs und Forschungsinstituts darstellt. Dazu zählte auch die Korrespondenz der Familie Lily, Heinrich und Otto Braun, ein Briefwechsel, an dem Julie Vogelstein seit 1914 selbst teilgenommen hatte. Die ersten Briefe, die ich in den 1980er Jahren aus diesem Nachlass einsah, waren die von Lily Braun, der bekannten Feministin, die um die Wende vom 19. zum 20. Jahrhundert eine sozialdemokratische Dienstbotenbewegung ins Leben gerufen hatte. Da ich über Dienstmädchen promovierte, interessierte mich, welche Rolle diese im Privatleben der Aktivistin eingenommen hatten. Ich tauchte also in den umfangreichen Briefwechsel des Ehepaars Lily und Heinrich Braun ein und plante, irgendwann eine Geschichte dieser interessanten und mit ca. 4000 Briefen ungewöhnlich dicht dokumentierten Beziehung zu schreiben. Dazu kam es zwar nicht. Aber ein (scheinbar) bescheideneres Vorhaben stellte die Geschichte der Familie Braun im Ersten Weltkrieg dar, nachdem ich festgestellt hatte, dass die betreffende, Julie Vogelstein einschließende Korrespondenz mit ca. 2000 Briefen fast vollständig erhalten ist und von dem Sohn Otto, der sich bei Kriegsausbruch freiwillig gemeldet hatte, sieben Kriegstagebücher vorhanden sind, die zusammen einen Umfang von ca. 1000 Heftseiten haben. Bei gelegentlichen New-York-Besuchen las ich die Kriegsbriefe meiner vier Protagonisten und die Kriegstagebücher, später konnte ich im Jüdischen Museum Berlin den verfilmten Bestand lesen. Erst in den vergangenen zwei Jahren hatte ich, dank eines Forschungsstipendiums der Gerda-Henkel-Stiftung, der freundlichen Einladung an das Max-Planck-Institut für Bildungsforschung und der Großzügigkeit meiner Kolleginnen und Kollegen an der Forschungsstelle für Zeitgeschichte in Hamburg die Möglichkeit, mich intensiver mit dieser Familie im Krieg zu befassen.

Die Arbeit mit sogenannten Egodokumenten ist eine besonders intensive, intime Form der Quellenlektüre. Ich war mir der Indiskretion meines Tuns bewusst – und der persönlichen Nähe, die ich damit zu meinen Protagonisten entwickelte. Diese Nähe war verführerisch, aber nicht immer angenehm, denn es handelte sich bei »meiner« Familie keineswegs um Personen, mit denen ich mich identifizieren wollte oder konnte. Dennoch war die Möglichkeit, durch diesen einzigartig dichten Briefwechsel dem Leben und den Geheimnissen der vier Personen auf die Spur zu kommen, sehr attraktiv. Als ich allerdings zu Beginn meiner Recherche in New York einmal unverhofft in einem geöffneten Briefumschlag eine mit einem Wollfaden zusammengebundene dunkle Haarlocke und die beiliegende Notiz: »Mamas Haare« fand, war ich fast erschrocken. Heinrich Braun hatte die Locke wohl seinem Sohn nach dem plötzlichen Tod der Mutter übergeben. Es war eine aufregende, aber auch unheimliche Erfahrung, diese Locke in der Hand zu halten. Wie nah wollte ich dieser und den anderen Toten eigentlich kommen? Nah genug jedenfalls, um mich durch ihr Leben und Sterben im Krieg beeindrucken und berühren, aber auch befremden zu lassen. Denn je mehr ich las, und je ratloser mich die Lektüre gelegentlich zurückließ, desto besser konnte ich meine Korrespondenten dennoch »verstehen«, ihre Gedanken, Gefühle und Handlungen nachvollziehen. Ich versuchte, für sie jene Empathie zu entwickeln, die gerade keine Identifizierung, sondern die Fähigkeit zur Distanz einschließt: die Kernkompetenz der Geschichtswissenschaft.

Ich wollte eine Geschichte erzählen, die nicht nur für professionelle Historiker oder gar für Experten des Ersten Weltkriegs interessant und lesbar sein würde. Am Beispiel von damals prominenten, heute eher vergessenen Personen wollte ich zeigen, wie der Krieg in das Leben von Menschen einbrach, die ihn nicht erwartet oder ersehnt hatten, ihn aber dennoch freudig annahmen. Ich wollte verstehen und verständlich machen, welche Emotionen der Kriegsausbruch auslöste, wie er Menschen scheinbar plötzlich verwandelte und ihre Leben völlig veränderte; aber auch, welche sozialen Zwänge wirksam wurden, die ihnen scheinbar gar keine andere Wahl ließen, als an diesem Krieg nicht nur äußerlich teilzunehmen. Schließlich sollte erklärt werden, warum Menschen auch dann noch den Krieg annahmen und freiwillig mitmachten, als seine Grausamkeit, seine Sinnlosigkeit und seine Aussichtslosigkeit eigentlich nicht mehr geleugnet werden konnten. Wie ich an meinem Beispiel zeigen kann, waren hierfür weniger politische oder ideologische Beweggründe entscheidend, als vielmehr die Hoffnung, unter den Bedingungen des Krieges das Leben besonders intensiv erfahren und fühlen zu können, Hass ebenso wie Liebe, Angst ebenso wie Geborgenheit in einer erstarkten Gemeinschaft. In diesem Sinne eröffnete der Krieg ungeahnte Möglichkeiten: der Abenteuer, der Bewährungen, der Persönlichkeitsentwicklung bis hin zur Neuerfindung des Selbst; aber auch die Chancen der Vertiefung und Beschleunigung von Beziehungen. Das Leben miteinander schien nun zugleich klarer und inniger zu werden. Dass an solchen Hoffnungen und Gefühlen trotz ihrer Enttäuschung festgehalten werden konnte, zeigen die Briefe, die dieser Geschichte zugrundeliegen, ebenso wie den immer mühsameren Alltag und das zunehmende Grauen des Krieges. Erlebt und beschrieben wird das alles von einer Familie aus dem bildungsbürgerlichen Milieu Berlins. Dieses Milieu war schon vor dem Krieg äußerst facettenreich. Die Brauns hatten Berührungspunkte zu sozialistischen, liberalen und liberalkonservativen politischen »Lagern«. Zu ihrem Bekanntenkreis gehörten Menschen aus der protestantisch und der jüdisch geprägten Kultur, bildungs- und wirtschaftsbürgerlicher, adliger und kleinbürgerlicher Herkunft. Urbaner Lebensstil, Luxuskonsum und lebensreformerische Ideale überlagerten sich ebenso wie geschmacklich-kulturelle Ausrichtungen an Klassik, Klassizismus, Naturalismus und Impressionismus – wobei die Brauns vor der heute als klassische Moderne bezeichneten Avantgarde der Vorkriegskultur entschieden Halt machten. Ähnlich zeigte sich die Gemengelage auch im Braun'schen Bekanntenkreis, wo aber keineswegs gleichförmig auf den Krieg reagiert wurde. Auch in der Familie, um die es hier geht, gab es unterschiedliche Haltungen zum Krieg, subtile Konflikte, zähe Aushandlungen. Dennoch wurde der Krieg insofern zum entscheidenden Faktor in diesem etwas unübersichtlichen Milieu, als die meisten seiner Angehörigen im positiven Bekenntnis zu ihm die Voraussetzung sahen für die soziale Achtung, die ihnen zustand. Das hieß im Umkehrschluss: Ablehnung oder Zweifel gegenüber dem Krieg barg die Gefahr sozialer Ächtung. Das traf besonders die jungen Männer, aber auch deren Eltern.

Briefe und Tagebücher sind verführerische historische Quellen, weil sie neben der Lust an der Indiskretion auch Authentizität versprechen. Aber ein solches Versprechen können sie nicht einlösen. Ihr Quellenwert liegt vielmehr darin, dass sie die zeitnahe Deutung von Erlebtem durch den Schreiber enthalten, ebenso wie die jeder einzelnen Äußerung zugrundeliegende kommunikative Gestaltung dieser Deutung. Schließlich enthalten solche Texte auch Selbstentwürfe, denn sie sollen den Adressaten überzeugend zeigen, wer man sein will und wie man sich im Krieg bewährt. Bei der Familie Braun-Vogelstein kam hinzu, dass jedes Mitglied von seiner eigenen Bedeutung und derjenigen der anderen Korrespondenten überzeugt war – insofern stellen die Briefe (und Tagebücher) schon den Beginn der bewussten Selbsttradierung dar. Aus all diesen Gründen bedürfen die von mir benutzten Quellen der Einführung und der Interpretation. Beides dient nicht nur der Verfremdung, sondern auch der Einordnung in größere Zusammenhänge; insoweit aber die Texte durch ihre Fremdheit für uns heute den Zugang erschweren, versuche ich, sie durch interpretierende Reflektionen den Lesern näher zu bringen. Dass ich eine bloße Edition nicht in Erwägung gezogen habe, sondern meine eigene Geschichte erzählen wollte, hat nämlich nicht zuletzt den Grund, dass ich die Quellen vor der verständlichen Irritation der Leser beschützen möchte.

Meine Hoffnung, die Geschichte so zu erzählen, dass auch Nichtspezialisten sie mit Gewinn lesen können, gilt in gleicher Weise auch für Leser mit Expertenwissen. Denn die dichte Überlieferung ermöglicht es, die verschiedensten Spezialkenntnisse über die Militärgeschichte, die politische Geschichte, die Alltagsgeschichte, Kulturgeschichte, Mentalitätsgeschichte und die Erinnerungsgeschichte des Ersten Weltkriegs hier nicht nur wiederzufinden, sondern in ihrer Verknüpfung und persönlichen Verarbeitung am Beispiel einer kleinen, engen Gruppe in neuem Licht zu sehen. Den Anspruch, auf all diese Verknüpfungen explizit zu verweisen oder gar dem exzellenten Forschungsstand über den Ersten Weltkrieg Entscheidendes hinzuzufügen, erhebe ich zwar nicht – wohl aber den, eine neue Geschichte zu erzählen, deren Quellenbasis und Konstruktion transparent und nachprüfbar sind, und die hoffentlich auch ihren Lesern Empathie mit dieser Familie im Krieg ermöglicht.

Die Vier

»Wir vier! Gab es wohl je ein so inniges miteinander Verwurzeltsein?« Mit diesen Worten zitiert Julie Vogelstein den jungen Otto Braun. Im Rückblick auf die »herrliche, nie genug zu preisende Freundschaft« zwischen ihm, den Eltern Lily und Heinrich Braun sowie ihr selbst soll Otto so die kurze Zeit zwischen Juni 1914, als diese vier sich erstmals als vertraute Gruppe fanden, und dem Tod Lily Brauns im August 1916, die das Ende dieser besonderen Konstellation bedeutete, beschworen haben.[1] Wer waren diese vier, woher kamen sie und wie begegneten sie einander? Auf welchem Grund – oder über welchem Abgrund – entstand die Verbundenheit, die Otto als »inniges miteinander Verwurzeltsein« beschrieb?

Lily Braun war am 2. Juli 1865 in Halberstadt zur Welt gekommen. Ihr Vater war der spätere General Hans von Kretschmann, ihre Mutter war Jenny, geb. von Gustedt, ihre gleichnamige Großmutter eine geb. von Pappenheim, tatsächlich aber die uneheliche Tochter Jérome Napoleons. Eine zweite Tochter, Mascha, kam 1878 zur Welt. Die Familie folgte dem Vater in verschiedene Garnisonsstädte in allen Teilen Preußens, wobei es der jungen Lily von Kretschmann durch ihre Schönheit, ihren Charme und ihre Entschlossenheit stets gelang, als Mittelpunkt der um das Militär herum organisierten städtischen Geselligkeit wahrgenommen zu werden. Eine systematische Bildung erhielt sie anscheinend nicht, las viel, aber wahllos und bereitete sich ansonsten auf das Leben einer adligen Offiziersgattin vor. Unter dem frisch gekürten Wilhelm II. fiel ihr Vater jedoch in Ungnade und wurde gedrängt, seinen Abschied zu nehmen; im selben Jahr scheiterte eine heimliche Verlobung Lily von Kretschmanns mit Gottfried von Pappenheim, einem entfernten, 20 Jahre älteren Cousin und Witwer mit zwei halbwüchsigen Töchtern. In dieser Situation fand sie einen neuen Lebensinhalt, indem sie sich der Geschichte ihrer 1890 verstorbenen Großmutter widmete, die Teile ihres Lebens in Goethes

1 Julie Braun-Vogelstein, Ein Menschenleben. Heinrich Braun und sein Schicksal, Tübingen 1932, S. 503.

Nähe verbracht und als später verheiratete Jenny von Gustedt in den adligen Salons des klassischen Weimar verkehrt hatte. Lily begann, über die gelehrten (adeligen) Frauen dieser Gesellschaft zu schreiben und eröffnete sich dadurch den Zugang zu jenen sozialen Kreisen, die gegen Ende des 19. Jahrhunderts eine hingebungsvolle Goetheverehrung zelebrierten. Ihren Hauptwohnsitz nahm die Familie Hans von Kretschmanns nach dessen Abschied in Berlin, wo die Tochter Lily 1891 den querschnittsgelähmten Kathedersozialisten und Aktivisten der »Gesellschaft für Ethische Kultur« Georg von Gizycki kennenlernte. Unter seiner Anleitung begann sie, sich systematischer zu bilden und erstmals auch eine begründete politische Meinung zu entwickeln. 1893 zog sie zu ihm, der inzwischen ein enger Freund geworden war. Zugleich näherte sie sich dem sogenannten radikalen Flügel der bürgerlichen Frauenbewegung an und trat in die Redaktion der Zeitschrift »Die Frauenbewegung« ein. Die bald darauf folgende Eheschließung mit Gizycki führte zu einer zeitweiligen Entfremdung von ihrer Herkunftsfamilie. Doch schon im März 1895 starb ihr Mann. Im August desselben Jahres lernte Lily den Sozialdemokraten Heinrich Braun kennen, einen Freund ihres verstorbenen Mannes, den sie um Hilfe bei der Ordnung von dessen Nachlass gebeten hatte. Sie verliebte sich und heiratete ihn nach dessen Scheidung im Jahre 1896. Im Juni 1897 kam der gemeinsame Sohn Otto zur Welt. Zugleich wurde Lily Braun innerhalb der SPD aktiv, insbesondere widmete sie sich der Frauenfrage und arbeitete in der Redaktion der »Gleichheit«. Darüber kam es erneut zum Abbruch der Beziehungen zu ihrer Herkunftsfamilie. Doch auch die Arbeit in der Partei verlief nicht ohne Konflikte, die einerseits auf dem Misstrauen gegenüber der adligen Aktivistin, andererseits auf dem Unwillen Lily Brauns beruhten, sich der Parteidisziplin und insbesondere der einflussreichen Clara Zetkin zu fügen. 1903 beteiligte sich Lily Braun noch begeistert an der Wahlkampagne ihres Mannes während der Reichstagswahlen. Politische und persönliche Konflikte in und mit der SPD führten jedoch zu einer wachsenden Distanzierung, obwohl Lily Braun sich weiterhin als Sozialistin bezeichnete und verstand. Mit ihrer schriftstellerischen Arbeit sicherte sie den Lebensunterhalt der Familie, insbesondere durch Publizistik zu Frauenfragen und Biographisches zu ihrer Familie, einer als Schlüsselroman verfassten

Autobiographie, sowie durch Erzählungen, Romane, Theaterstücke und ein Opernlibretto. 1910 bezog die Familie eine Villa im gerade erschlossenen Klein-Machnow am südlichen Rand von Berlin. Dennoch litt sie unter Geldsorgen, da Lily Braun sich dem Vater gegenüber verpflichtet hatte, nach dessen Tod seine beträchtlichen Spielschulden zu begleichen. Phasen intensiver Arbeit wechselten mit ausgiebigen Erholungsreisen nach Bayern und später nach Italien, wo sie 1913 eine leidenschaftliche Affäre mit einer italienischen Zufallsbekanntschaft, einem gewissen Tancredi di Stefano begann. Außerdem startete sie ein neues Romanprojekt, in dessen Mittelpunkt ein deutscher Adliger namens Konrad stand, eine Geschichte, die sich an den unterschiedlichsten Schauplätzen Europas entfalten sollte.

Heinrich Braun wurde am 23. November 1854 in eine jüdische Familie in Budapest geboren.[2] Der Vater war als Eisenbahnanlagenbauer viel unterwegs, häufig begleitet von seiner Frau und Heinrichs jüngeren Geschwistern. Die Familie zog schließlich nach Wien. Im Alter von 14 Jahren wurde Heinrich für zwei Jahre auf die Thomasschule nach Leipzig geschickt. Nach dem Abitur studierte er Jura und wechselte später zum Studium der Nationalökonomie nach Straßburg. In dieser Zeit begann er sich – neben seinem festen Glauben an übersinnliche Phänomene (er zog regelmäßig eine Wahrsagerin zu Rate) und seinen lebensreformerischen Überzeugungen – für sozialistische Politik zu interessieren. Er trat der SPD bei. 1881 promovierte er an der Universität Halle zum Dr. phil. und heiratete. Seine geplante Habilitation in Halle scheiterte, vermutlich an seiner Weigerung, zum Protestantismus zu konvertieren. Auch an der Universität Jena konnte er wegen seiner politischen Überzeugung nicht reüssieren. Seit 1883 gab er zusammen mit Karl Kautsky die sozialdemokratische Monatszeitschrift »Neue Zeit« heraus und arbeitete zugleich als deren Redakteur. 1888 gründete er das »Archiv für soziale Gesetzgebung«, eines von zahlreichen

2 Die einzige Biographie über Heinrich Braun stammt von Julie Braun-Vogelstein (vgl. FN 1) Das Buch erschien 1967 in Stuttgart leicht überarbeitet unter dem neuen Titel: Heinrich Braun. Ein Leben für den Sozialismus. Vgl. letztes Kapitel.

Zeitschriftenprojekten, mit denen er nicht nur Ideen verbreiten und öffentliche Debatten anregen wollte, sondern auch hoffte, seinen Lebensunterhalt finanzieren zu können. 1903 verkaufte er das »Archiv« an Edgar Jaffé, der es gemeinsam mit Werner Sombart und Max Weber in »Archiv für Sozialwissenschaft und Sozialpolitik« umbenannte. Nach demselben Geschäftsmodell folgten 1891-1895 das »Sozialpolitische Centralblatt«, 1903-1907 »Die Neue Gesellschaft«, als deren Mitherausgeberin Lily Braun fungierte, und seit 1912 die »Annalen für soziale Politik und Gesetzgebung«.

Anfang 1895 ließ Heinrich Braun sich von seiner ersten Frau scheiden und heiratete wenig später die Hausdame, die er zur Betreuung seiner bei ihm lebenden Söhne eingestellt hatte und die zum Zeitpunkt der Eheschließung von ihm schwanger war. Doch noch vor der Geburt des Kindes lernte er die verwitwete Lily von Gizycki kennen und lieben, so dass es binnen kürzester Zeit zu einer zweiten, dramatischen Scheidung kam. Danach hatte Heinrich Braun keinen Kontakt zu seinem dritten Kind, während die beiden schulpflichtigen Söhne aus seiner ersten Ehe bis zur Geburt des gemeinsamen Sohnes Otto bei ihm und Lily Braun in Berlin lebten. Währenddessen engagierte Heinrich Braun sich politisch in den innerparteilichen Kämpfen der SPD auf Seiten des revisionistischen, an einer Zusammenarbeit mit bürgerlichen Kräften interessierten Flügels. 1903 errang er das Reichstagsmandat des Wahlkreises Frankfurt-Lebus, konnte aber, nachdem die Wahl aus formalen Gründen angefochten worden war, bei der Nachwahl seinen Erfolg nicht wiederholen. Persönliche und geschäftliche Schulden häuften sich, immer öfter kam es zu gerichtlichen Auseinandersetzungen um Geld, Verleumdung oder Beleidigung. Nach 1910 geriet die Ehe mit Lily Braun in eine Krise, bei der es oft um Geld ging – ständig drohte die Zwangsversteigerung des neu gebauten Hauses, zugleich erfuhr Heinrich erst jetzt von den Schulden seines Schwiegervaters, die Lily Braun zu begleichen versprochen hatte, eine stattliche Summe von 78.000 Reichsmark (RM). Lily Brauns wachsende Enttäuschung über ihren Mann und seine – oft mit ihrem Geld – gescheiterten Versuche, sich und seiner Familie ein gesichertes Einkommen zu bieten, wurde schließlich in ihrem offenen Ehebruch deutlich. Äußerlich akzeptierte Heinrich Lilys Anspruch auf ein Ausagieren ihrer Leidenschaft, verfiel aber selbst in eine zunehmende Depression. Anfang 1913 lernte er in München Julie Vogelstein kennen, mit der er zunächst aber nur in losem Kontakt blieb.

Otto Braun kam am 27. Juni 1897 zur Welt.[3] Er wurde als Erfüllung der großen Liebe seiner Eltern begrüßt und von Beginn an intensiv beobachtet und gefördert, wie aus dem während seiner ersten vier Lebensjahre von der Mutter geführten Tagebuch deutlich wird.[4] Bald wurden seine außergewöhnlichen geistigen Talente offenbar, er begann früh zu schreiben und galt nicht nur den Eltern als Wunderkind; schon seine ersten Briefe und Tagebucheinträge zeugen von einer ungewöhnlichen sprachlichen Ausdrucksfähigkeit, aber auch von anmaßender Altklugheit. Dabei genoss er eine für die damalige Zeit ungewöhnlich freie und liberale Erziehung: Es gelang den Eltern, den Zehnjährigen in der Freien Schulgemeinde Wickersdorf unterzubringen.[5] Nach einem Jahr kehrte er auf eigenen Wunsch zurück und erhielt – nach einem kurzzeitigen Besuch des Gymnasiums – bis zum Beginn des Ersten Weltkriegs, u.a. gemeinsam mit Stefan Lepsius und Peter Kollwitz, Privatunterricht bei Dr. Herrman Schmalenbach, einem jungen Philosophiedozenten und späteren Professor an der Universität Basel. Die Freundesgruppe der Privatschüler verbrachte auch außerhalb des Unterrichts viel Zeit miteinander und gab eine kleine hektographierte Zeitschrift heraus, »Der Anfang. Zeitschrift für kommende Kunst und Literatur«, in der sie ihre Gedichte und Aufsätze »veröffentlichte«.[6] Otto selbst las intensiv klassische Literatur,

3 Julie Vogelstein (Hg): Otto Braun. Aus nachgelassenen Schriften eines Frühvollendeten, Leipzig 1921.

4 Julie-Braun-Vogelstein Collection (im folgenden: JBVC), (Series) II: Otto Braun, 11.

5 Die Freie Schulgemeinde Wickersdorf war ein Jahr zuvor in Thüringen als reformpädagogisches Projekt von Gustav Wyneken und Paul Geheeb gegründet worden. Letzterer verließ die Schule allerdings im Jahre 1909 und gründete die Odenwaldschule in Hessen.

6 JBVC II, 1/3. »Der Anfang« war zunächst eine typische Schülerzeitung, die von der Gruppe 1908-09 produziert wurde. Es handelte sich um einen Vorläufer der zwischen 1911 und 1914 von Gustav Wyneken herausgegebenen Monatszeitschrift »Der Anfang. Vereinigte Zeitschriften der Jugend, Zeitschrift der Jugend«.

griechische im Original, Werke von Historikern und Abhandlungen über den Staat, dem sein besonderes Interesse galt. Er schrieb Gedichte, Dramen und politische Essays, aus denen sein kindliches Bewusstsein um seine eigene Bedeutung und Bestimmung deutlich werden – verbunden mit einem starken Bedürfnis nach Selbsterkenntnis und Selbsterziehung. Die Mutter begleitete er häufig auf ihren Erholungs- und Bildungsreisen innerhalb Deutschlands, sowie nach Frankreich und Italien.

Julie Vogelstein wurde 1883 in Stettin geboren, wo ihr Vater Heinemann Vogelstein als Rabbiner tätig war.[7] Sie wuchs in liberalem Geist auf, in relativer Freiheit erzogen und in jeder Hinsicht gefördert und geliebt. Ihre drei älteren Brüder erlebte sie als freundliche Beschützer. Der älteste, 1870 geborene Bruder Herrmann war wie der Vater ein führender liberaler Rabbi und Antizionist, der ein Jahr später geborene Bruder Ludwig lebte als erfolgreicher Industrieller in den USA, wo er sich ebenfalls im Reformjudentum engagierte. Ihr 1880 geborener dritter Bruder Theodor lebte in München als Dozent, er war promovierter Nationalökonom, befreundet mit dem Kreis um Max Weber und Mitglied des Vereins für Sozialpolitik. Es war anlässlich eines Besuchs von Heinrich Braun bei diesem Bruder, dass sie jenem zuerst begegnete. Julie Vogelstein hatte eine systematische Bildung genossen, zunächst in einer öffentlichen Schule, ergänzt durch Privatunterricht. Dann bemühte sie sich, gegen die zunehmende Skepsis des Vaters, mit dem Abitur den Zugang zu einem Hochschulstudium zu erlangen. Sie reiste mit älteren Freundinnen nach Berlin und Paris und lernte Italien kennen, bevor sie mit 24 Jahren endlich das externe Abitur ablegen konnte. Danach studierte sie zunächst Kunstgeschichte in Berlin bei Heinrich Wölfflin und hörte bei Georg Simmel eine Einführung in die Philosophie. Anschließend ging sie nach München, um Archäologie zu studieren. Dort hörte sie auch Philosophievorlesungen bei Max Scheler. Ermutigt, sich ein eigenes Forschungsfeld zu erarbeiten, wählte sie die mittelalterliche Buchmalerei. Dafür forschte sie in Wien, Paris und London. 1910

7 Julie Braun-Vogelstein, Was niemals stirbt: Gestalten und Erinnerungen, Stuttgart 1966.

besuchte sie erstmals ihren Lieblingsbruder Ludwig in New York. 1912 kehrte sie nach München zurück, wo sie ihre abgeschlossenen Forschungen für eine Buchveröffentlichung vorbereitete und erneut bei Wölfflin studierte, der dort inzwischen eine Professur angenommen hatte. Von ihrem Bruder Theodor wurde sie in die intellektuellen Kreise der Stadt eingeführt. Julie Vogelstein war bei der ersten Begegnung mit Heinrich Braun zwar eine finanziell unabhängige Privatgelehrte, zugleich aber auch eine schüchterne und wenig selbstbewusste junge Frau von fast 30 Jahren.

* * *

In welcher biographischen Phase befanden sich die vier Protagonisten, als der Krieg ausbrach, wie gingen sie mit ihren Wünschen, Enttäuschungen, Ängsten und Hoffnungen um? Welche Rolle spielten sie füreinander? Was konnte der im August 1914 erklärte Krieg jedem der vier angesichts seiner/ihrer aktuellen Lage bedeuten? Die Vergegenwärtigung des Frühsommers 1914 lässt erahnen, in welche Leben und in welche Beziehungen der Krieg eingriff, wie er sie beschleunigte, veränderte, ermöglichte oder zu zerstören drohte – und lässt fragen, welchen Gebrauch »die vier« davon machen würden.

Lily Braun befand sich im Winter und Frühjahr 1914 auf einer ihrer anstrengenden, zeitlich knapp kalkulierten Vortragsreisen, mit denen sie Geld verdiente und über die sie ihren Ehemann Heinrich in täglichen Briefen genauestens informierte. So schrieb sie ihm auch am 5. Februar, einem Donnerstag, aus Mannheim. Am nächsten Tag solle es nach Stuttgart gehen, von wo aus sie einen Abstecher nach Mailand plante, um ihren italienischen Liebhaber zu treffen. »Für Otto habe ich in Fürth am Dienstag noch einen Vortrag angenommen«, schlug sie als Erklärung für den Sohn vor. Schließlich teilte sie Heinrich en détail ihre Pläne für ein Treffen mit Tancredi di Stefano mit:

»Ich bin schon in Berlin entschlossen gewesen, Tankred statt in Freiburg, wo er nur einen Tag bleiben könnte, da er mittwochfrüh in Rom sein muss, in Mailand zu treffen. … Ich wollte zuerst in Stuttgart Sonntag um 3.[21] nachmittags abreisen, wo ich einen direkten Waggon nach Mailand gefunden hätte, aber erstens erreicht der erst um ½ 1 nachts den Anschluss an einen Schlafwagen, zweitens kommt er schon um $6.^{22}$ früh in Mailand an, während T. erst um $6.^{45}$ ankäme. Ich fahre also von Stuttgart nachmittags nach Karlsruhe, wo ich den Zug über Basel erreiche, und um $8.^{52}$ mit dem schon bestellten Schlafwagen in Mailand ankomme (Montag). Dienstagabend reise ich zurück und zwar bis Weimar, wo Briefe mich im Russischen Hof erreichen. Ich weiß, Du zürnst. Aber bitte bedenke, mein lieber Heinz, dass T. vor 10 Tagen nach Berlin (auf einen Tag!) kommen wollte u. ich es der innerlich unerträglichen Situation wegen mit viel, viel Herzensschmerz im letzten Moment noch verhindert habe. Die Mehrkosten der Reise schlage ich durch irgendeinen Vortrag wieder heraus.« (5.2.14)

Lily Braun nutzte in ihrem Brief eine zwischen den Korrespondenten häufige Textsorte: Informationen über Reisewege und -zeiten, gute und schlechte Zugverbindungen, Daten und Orte, unter denen die viel reisenden Brauns zu erreichen waren, um die tägliche Post zu empfangen oder Sendungen nachgeschickt zu bekommen. Dabei hielt sie ihren Ehemann Heinrich zugleich über den Gang ihrer Affäre mit »T.«, wie er üblicherweise in den Briefen genannt wurde, auf dem Laufenden: über die Mühen und Kosten, die sie auf sich nahm, um ihn zu sehen; über die Rücksichten, die sie nahm, um Heinrich und den unwissenden Sohn Otto zu schonen; und über die genaue Zeit, die sie mit T. in Mailand verbringen würde: von Montagmorgen bis Dienstagabend. Dabei war sie sich durchaus bewusst, dass Heinrich ihr nicht nur »zürnte«, weil sie sich einer so anstrengenden Unternehmung unterzog, sondern dass er auch litt. Denn in einem früheren Brief vom selben Tag hatte sie ihn beschworen: »Lieber, lieber Heinz – wenn ich an Dich denke, weiß ich nicht, welch Gefühl überwiegt: tiefe Zärtlichkeit oder tiefer Gram.« Aber die Offenheit, mit der sie ihre außereheliche Leidenschaft auslebte, war anscheinend ein unverzichtbarer Teil dieser Affäre selbst. Heinrich Braun erreichte der Brief in Berlin, wo er mit der Redaktionsarbeit für die »Annalen«, Gerichtsprozessen, Geldsorgen und Lilys Angelegenheiten während ihrer Abwesenheit beschäftigt war. Die Vortragsreise seiner Frau verfolgte er von dort durch intensive Zeitungslektüre und versorgte sie mit den Pressereaktionen auf ihre Auftritte, da sie bei deren Erscheinen die jeweilige Stadt meist schon verlassen hatte. Auch nach ihrem Vortrag in Mannheim zitierte er ihr ausführlich aus der Lokalpresse, die er in einem Berliner Café vorfand. Eine knappe Meldung im Generalanzeiger nannte er »belanglos«, »dagegen glüht geradezu von außerordentlichem Enthusiasmus und einem seltenen Verständnis für Deine Persönlichkeit das ›Lily Braun in Mannheim‹ überschriebene Feuilleton in der Morgenausgabe der ›Neuen Badischen Landeszeitung‹ vom 6. Februar. … In dem Feuilleton heißt es, dass ›der gestrige Abend für den Kaufm. Verein der glanzvollste dieses Winters war.‹ Der Referent wünscht, dass der … bis auf den letzten Platz gefüllte Saal dreimal so groß gewesen wäre, ›um diesen wundervollen, klaren, mutigen und ergreifenden Vortrag einer innerlich unendlich reichen, aufrechten, verehrungswürdigen Frau mit zu erleben.‹ Und zum Schluß heißt es: ›Wie Frau Lily Braun dieses Bekenntnis gab, schien sie zu wachsen und ihre stolze, große, schöne, bestrickende Erscheinung stand wie in einem verklärten Licht …‹ Der Verfasser, der in der N.B. Landeszeitung, dem bedeutendsten bürgerlichen Blatt Badens, mit G.W.P. zeichnet, hat Deines Geistes neuen Hauch gespürt. Immer mehr setzt sich Deine außerordentliche Persönlichkeit durch, immer fruchtbarer wirkt Deine unvergleichliche geistige Kraft und nur Du bist es, die an Deiner schöpferischen Fähigkeit gezweifelt. Das ist eine traurige Gegenseite zu dem mächtigen Einfluß, den Du mit jedem Tag unbestrittener übst. Wenn Du doch zu starkem Selbstbewusstsein Dich durchringtest und Dein wunderbares Wesen sich in seinem ganzen Reichtum zu voller Blüte entfaltete.« (7.2.14)

Heinrich ging in seinem Antwortbrief an Lily auf deren Treffen mit T. nicht ein, konzentrierte sich statt dessen auf die Bewunderung und Unterstützung seiner Frau und versuchte, ihre Selbstzweifel als unbegründet zurückzuweisen. Er hatte ihr, nachdem sie ihn 1913 über ihre Affäre informiert hatte, lediglich das Versprechen abgenommen, diese vor Otto zu verheimlichen. Das erklärt seinen Zorn, als er, während sie sich im Anschluss an die Vortragstournee für mehrere Wochen in Weimar aufhielt, um für eine geplante Herausgabe der großmütterlichen Briefe zu recherchieren, in der Berliner Wohnung einen »Postschein« aus Italien vorfand, also die Benachrichtigung über einen Brief von Tancredi, und er bat Lily in strengem Ton, künftig »auf Otto und sein seelisches Gleichgewicht die gebotenen Rücksichten zu nehmen« (10.3.14). Lily verteidigte sich, es sei doch »für Jeden (eine) ganz harmlos aussehende Sache«. Dann aber verlor sie sich in Klagen und Selbstanklagen: »Ach am besten ist es, nicht denken, alles Nachdenken führt zu den Abgründen der bittersten Verzweiflung. Erst an der Strafe, die mir wird, sehe ich, wie grässlich ich gesündigt haben muß! Laß mich verstummen. Das ist besser als alle Wunden betasten. Sähe ich wenigstens nach irgendeiner Seite ein Licht!« (11.3.14) Aber Heinrich leugnete, unter ihrer Affäre mit dem Italiener zu leiden. Als Lily im April wieder auf dem Weg nach Italien war, versicherte er ihr:

»Die Qualen Deiner zerrissenen Empfindungen … schmerzen mich tief, und ganz besonders soweit sie durch mich verursacht sind. Warum weißt Du immer noch nicht, dass das einzige Mittel, mein Unglück zu verringern, darin besteht, Dich glücklich zu wissen? Wenn Du mich wirklich lieb hast, solltest Du die trüben, grundlosen Gedanken gar nicht bestehender Schuld niemals über Dich Gewalt gewinnen lassen, und Dich ganz und gar Glücksempfindungen hingeben. Im Moment bedarf es dieser Mahnung gewiß nicht und ich will lieber von Anderem sprechen.« (25.4.14)

Die Andeutung am Ende des Abschnittes enthält einen indirekten Vorwurf, der umso stärker wirkt, als er im Kontext seiner Großzügigkeit geäußert wird; und in seinem folgenden Brief wird er deutlicher, als er ein vielleicht verloren gegangenes Schreiben von ihr, von dem er befürchtet, es könne »einen besonders ernsten und intimen Inhalt« (1.5.14) gehabt haben, zum Anlass nimmt, seiner »Sorge« um die »Gefahr« einer Entdeckung der Affäre durch Dritte Ausdruck zu geben:

»In ähnlicher Gefahr schweben wir immer, und weil Du deswegen gegen sie abgestumpft wirst, bitte ich Dich um mehr Vorsicht, als Du vermutlich übst. Speziell in Florenz bist Du vielleicht sorgloser als gut ist. … Ich bitte Dich, diese Warnung ernsthaft zu beachten. Der Ausbruch eines, in seinen Folgen unabsehbaren Skandals kann durch einen Zufall, durch unbeabsichtigte und, wenn sich die Gelegenheit gar zu leicht darbietet, auch durch beabsichtigte Beobachtung herbeigeführt werden. Bedenke, was das bedeuten kann. Und nun gar noch in Italien und der kritischen Lage.«[8]

8 Mit dem letzten Satz spielt Heinrich Braun vermutlich auf die sozialen Spannungen nach der Wahl des neuen Ministerpräsidenten Salandra in Italien

Lily Braun reagierte auf Heinrichs selbstgerechten Großmut ebenso empfindlich wie auf seine indirekten Vorwürfe: nämlich mit Wut und herausforderndem Trotz, da sie hinter seinen Warnungen – sicher zu Recht – seine explizit geleugnete Kritik an ihrer Beziehung zu Tancredi und schwere Vorwürfe vermutete, indem er die Folgen des »Skandals« für Otto in den Vordergrund rückte. »Warum soll das plötzlich gefährlich sein«, schrieb sie gereizt, »was ich als Witwe und sogar als Mädchen in voller Freiheit getan habe? Gefährlich ist vielleicht, dass irgendjemand in Gegenwart Ottos einmal fragen könnte, wer das war, mit dem man mich in Florenz gesehen hat. Aber darauf will ich nicht eingehen, da Du doch nicht einsiehst, wie viel harmloser es ist, wenn Otto weiß, dass ich T. traf, als wenn er es nicht weiß.« (3.5.14)

Auch die mit der italienischen Affäre verknüpften finanziellen Kosten boten Heinrich Anlässe für Kritik. Lily schrieb ihm zwar mit übertriebener Demut, mit wie wenig Geld sie in Italien auskam, so dass er sie beschwor, nicht unnötig zu sparen; zugleich erinnerte er sie aber an »die unnützen Ausgaben für Toiletten, Pelzwerk, Bücher, Autographen u.s.w. u.s.w., die Du zum Theil auch dann machtest, als es am Nöthigsten gebrach« (8.5.14), und bat streng, solche in Zukunft zu unterlassen. So schwankten seine Bekundungen zwischen Bewunderung und kritischen Ermahnungen, die aber umgehend halb zurückgenommen wurden, während Lily ihren scheinbar selbstbewussten Stellungnahmen immer wieder durch Selbstanklagen und Bekenntnissen ihrer Verzweiflung und »Zerrissenheit« widersprach. Nach einem Streit bat sie Heinrich um Nachsicht angesichts ihrer »Ausbrüche … Bitte, bitte verzeih! Du sprichst von Deinem Unglück in diesem Jahr; ich weiß nicht, ob nicht das meine größer ist, denn Du bist frei von Schuld. Du bist der Große, Starke, und ich?« (4.6.14)

Tatsächlich versuchten beide, dem anderen möglichst viel Leid zuzufügen und zugleich ihr eigenes Leid – oder dessen angebliche Nichtexistenz – zu betonen. Lily bestand darauf, dass ihr großes Liebesglück mit T. zugleich die Quelle größten Kummers sei. Hein-

an. Warum davon eine besondere Gefahr der Entdeckung ausgehen sollte, erscheint allerdings unklar und sollte es wohl auch bleiben. Das Briefende ist nicht erhalten.

richs Strategie erwies sich insofern als raffinierter, als er sein Leid zugleich zeigte und abstritt. So war das Paar in einem erbitterten, wenngleich geleugneten Kampf auf selbstquälerische Weise miteinander verbunden.

Heinrichs Briefe an seine Frau konzentrierten sich jedoch – neben der Erörterung praktischer Fragen – vor allem auf das Thema, das von Ambivalenzen frei zu sein schien und zugleich die letzte verbliebene Verbindung zwischen den Ehepartnern darstellte: den gemeinsamen, geliebten und bewunderten Sohn Otto. Während Lily in Deutschland und Italien unterwegs war, richteten Vater und Sohn ihr Leben in Klein-Machnow ein. Otto arbeitete im Kreis von Freunden und Freundinnen mit dem Privatlehrer Schmalenbach, doch offensichtlich weitgehend selbstbestimmt, und berichtete der reisenden Mutter regelmäßig darüber. Die Beziehung zum Vater dagegen war nicht ohne Spannungen, insbesondere weil Heinrich die Schwärmereien des Sechzehnjährigen mit wachsender Besorgnis beobachtete. Diese richtete sich vor allem auf die Gefahr der Homosexualität für den außerordentlich schönen Jungen. Denn dessen Bewunderung für die griechische Klassik, die Jugendbewegung, den Dichter Stefan George und die mit ihm verbundenen Intellektuellen mochten ihn in Heinrichs Augen dafür anfällig machen; und Heinrich fürchtete, die von Otto für die Sommerferien geplante Reise nach Heidelberg könne zu gefährlichen Begegnungen führen. Auch wenn er Otto nicht wirklich, d.h. aus eigenem Antrieb, in Gefahr sah, so fürchtete er doch, er könne z.B. für homoerotische Lehrer-Schüler-Beziehungen anfällig sein. In seinem Aufsatz über Herder und Goethe habe Otto Letzteren zitiert: »O könnte ich nur einen Tag und eine Nacht Alkibiades sein!«, schrieb Heinrich alarmiert an Lily (6.4.14) In der Folge kam es zu einem Konflikt zwischen Vater und Sohn über George und dessen Anhänger Friedrich Gundolf. Otto bat die Mutter um Vermittlung:

»Vor ein paar Tagen hatte ich auch mit Pa aus Anlass einer recht schlechten Schrift Gundolfs einen Streit über George. Pa wurde etwas erregt und ich konnte nicht mehr recht weiter sprechen, weil er mich immer unterbrach, aber im Verlaufe des Nachdenkens dann wurde mir einer der wesentlichen Gründe klar, warum ich ihn so stark und eigentlich nach jeder Lektüre stärker liebe, denn auch Mörike hat schließlich ganz herrliche Gedichte gemacht und obwohl ich ihn sehr liebe, liebe ich ihn doch nicht so persönlich. Es ist hier also noch ein anderer Grund, und zwar wohl der wesentliche, dass George nach Art, Gesinnung und Ausdruck ein Sänger [sic] des Staats, der Gemeinschaft ist, woher auch die Notwendigkeit für ihn rührt, den Kreis zu bilden. Jedenfalls scheint mir von hier das Wesen Georges erkennbar zu sein, seine Liebe zu den festgefügten = und doch nicht diktierten, sondern lebendig gewachsenen organischen Ordnungen, woraus dann weiter die Liebe zu Griechenland, die Liebe zum nackten Menschen, zum Tanz und zu all diesen Jungen entspringt, die er dauernd neu preist. Doch das interessiert Dich wahrscheinlich gar nicht.« (2.5.14)

Das interessierte Lily selbstverständlich sehr, wie Otto auch wusste, denn sie nahm an allem intensiven Anteil, was ihn betraf. Umgekehrt berichtete sie ihm von ihren Reiseeindrücken und ihrer Arbeit, insbesondere die mit ihrem Romanmanuskript verbundene; und sie kommentierte gründlich die Texte Ottos, die er ihr schickte – so auch den, dann von Heinrich doch noch enthusiastisch gelobten Aufsatz über »Herders Einfluss auf den jungen Goethe«. Doch anders als ihr Mann setzte sie sich als professionell-kollegiale Ratgeberin damit auseinander, indem sie alle möglichen starken Gefühle: Ottos Schwärmerei, Heinrichs Ängste und beider Begeisterung völlig beiseite ließ:

»Deinen Aufsatz habe ich fünfmal gelesen, kann also darüber schreiben. Ich finde ihn, was die Sprache und Ideen betrifft, ausgezeichnet. Die Entwicklung Deines Stilgefühls macht mir besondere Freude. Aber ich muß auch ein ›aber‹ hinzufügen. Man muß, meines Erachtens, bei solch einer Arbeit immer die Voraussetzung machen, dass der Leser vom Gegenstand nichts weiß, während Du voraussetzt, dass deine Leser das eigentliche Gerippe der Sache kennen: den Beginn der Goethe-Herderschen Beziehungen …, die historischen Quellen dafür … Auch meine ich hätte über ihre spätere Auseinanderentwicklung ein Wort einfließen müssen. Was meinst Du zu meiner Kritik und was meint Schmalenbach dazu?« (10.5.14)

Zugleich versuchte Lily in ihren Briefen an den Sohn, dessen potentielle Konflikte mit dem Vater zu vermeiden oder zu vermitteln: So erklärte sie Heinrichs Aufregung über George und Gundolf mit des Vaters großer Liebe und Sorge für Otto, gab ihrem Mann im Hinblick auf die Gefahren, die von George und seinen Jüngern ausgingen, teilweise recht und versicherte ihrem Sohn zugleich, sie glaube fest, er teile ihren eigenen »physischen Ekel« vor jeder Form von Homosexualität (14.5.14). Damit war für sie die Sache erledigt.

Als aber Otto Mitte Mai seiner Mutter (und sich selbst) ausführlich Rechenschaft über den Stand seines weltanschaulichen Denkens ablegte, war auch Lily Braun alarmiert. Ausgehend von einem Stammbaum ihrer väterlichen Kretschmann-Linie, die er dank des »Gotha«[9] bis ins letzte Detail hatte erkunden können, träumte er zunächst von der Erstellung eines »sauberen« Stammbaums für beide Elternteile: »Wenn ich nur auch etwas über Papa erfahren könnte, aber ich getraue mich nicht, ihn zu fragen.« (13.5.14) Dann berichtete er von der mittelalterlichen Literatur, in der er am Vortage »geschmökert« habe, um im Anschluss zu bekennen:

»Du kannst Dir überhaupt nicht denken, wie nationalistisch ich werde; Griechenland Italien Deutschland, das lasse ich gelten; dagegen verliert sich meine frühere Wut auf andere Länder, wie Frankreich oder England, und ich bin gerne bereit, ihr Wesen anzuerkennen, freilich höchstens in Einzelheiten, nicht in der Gesamtheit als gleichberechtigt. Auch scheint es mir nachgerade unwiderleglich geworden zu sein, dass eine wahre Kultur nur auf der Grundlage des Volkes und eines in sich gefestigten Volkes entstehen kann. Deshalb trete ich stets so sehr dafür ein, sich vor allem als Deutscher zu fühlen; von diesem Standpunkte aus kann man dann ruhig alles Fremde an sich herankommen lassen und assimilieren, so wie es alle starken Nationen mit den Fremden getan haben. … Heute Vormittag las ich übrigens ein ganz dummes Buch, was mir nachträglich sehr unangenehm war, denn so etwas verblödet zweifellos, es ist das »Tagebuch eines Tauentzien-Girls«[10], sicher nicht

9 Der »Gotha«, ein Handbuch zu adligen Genealogien, auch als »Adelskalender« bezeichnet, erschien seit 1849 unter dem Titel: Gothaischer genealogischer Hof-Kalender nebst Diplomatisch-statistischem Jahrbuch.

10 Emma Nuss (pseud. Für Emma Mahner-Mons), Aus dem Tagebuch eines Tauentzien-Girls, Berlin 1914. Die 89 Seiten starke Schrift war das fiktive Tagebuch einer Vierzehnjährigen »aus gutem Hause«, das die Autorin nach eigener Aussage als »Warnung« an die Mütter Berlins geschrieben hatte und das die amourösen Abenteuer des unternehmungslustigen Mädchens vom

schlecht geschrieben und im Ganzen geschickt gemacht. Ich bin auch überzeugt, dass die Zustände genau so sind, wie sie geschildert werden; der Stil und Ausdruck ist ungewöhnlich richtig und die ganze Versumpftheit passt zu den eklen Eindrücken, die ich auf der T.-Strasse selbst erhalten habe. Ich habe den festen Glauben, dass aus dieser ›Welt‹ unter keinen Bedingungen mehr etwas werden kann, entweder muss sie mit Stumpf und Stil [sic] zernichtet [sic] werden, oder aber sie verfault und zersetzt allmählich unsere Kultur. … Wir haben hier die schauerlichste Kehrseite des Judentums, aber ich hoffe, dass es nur ein vermorschter Ast ist, den die guten Juden, die verantwortungsvollen meine ich, selbst mit werden überwinden helfen.«

Der für den 16-jährigen Otto typische, altkluge Stil, mit dem er sich als mit den Eltern ebenbürtiger Gesprächspartner zu beweisen sucht, ist das eine, das andere seine – durchaus altersgerechte – Phantasie über das überlegene nationale Kollektiv, dem er angehört und von dem aus er die Assimilation des Fremden zwar gestattet, ohne aber auf die Reinheit der vermeintlich höheren deutschen Kultur verzichten zu wollen. Halten wir ihm aber zugute, dass er gerade einen Aufsatz über Herder geschrieben hatte und dass sich sein eigener, jüdischer Vater in seinen Briefen selbst gelegentlich und sicher auch im Gespräch mit Otto über »schauerliche Kehrseiten« des Judentums, die Heinrich vor allem im Klischee des »Ostjuden« realisiert sah, in abwertender Weise geäußert hatte. Ebenso verwundert es kaum, wenn der sexuell interessierte Junge bei gelegentlichen Streifzügen durch die Tauentzienstraße sich gleichermaßen beunruhigt und angezogen fühlte. Das »Tagebuch des Tauentzien-Girls«, das er sich zur Nachbereitung seines letzten Spaziergangs besorgt und an einem Vormittag durchgelesen hatte, mochte seine sexuellen Phantasien weiter beflügelt haben. Diese wurden nun zur Abwehr dem »Judentum« bzw. dessen (schlechter) »Kehrseite« zugeordnet. In ihrer Antwort auf diesen Brief bat Lily den Sohn nun, »wegen Papa … recht vorsichtig zu sein. Ich

Typ der *demi-vierge* schilderte – namentlich im Umkreis der Berliner Tauentzienstraße. Diese war schon vor dem Ersten Weltkrieg ein städtisches Vergnügungszentrum und Fokus der (auch homosexuellen) Straßenprostitution um den Wittenbergplatz. (Dank an Jens Dobler vom Schwulen Museum Berlin für ein informatives Gespräch).

erzählte Dir einmal etwas und Du machtest einmal eine Andeutung vor ihm, die mir recht peinlich war. Überhaupt solltest Du vermeiden, über Juden in der bekannten Weise zu sprechen, um Papa nicht zu verletzen. Zeige ihm auch lieber diesen Brief nicht. Was Du über Volk und Kultur schreibst, ist sicher ganz richtig, nur darfst Du zweierlei nicht vergessen: erstens, dass es ein Volk, im Sinne eines unvermischten Blutes, überhaupt in Europa … nicht mehr giebt, ferner, dass die Erscheinungen in der Tauentzienstr. nicht nur auf Juden zurückzuführen sind, sondern auf alle Finanzkreise und leider auch so drastisch nach außen auftretend, auf die des Offizier-Adels.« (16.5.14)

Heinrichs jüdische Herkunft war also eine alle drei peinlich berührende Tatsache, auf die mit Vorsicht und Takt reagiert werden musste, was anscheinend nicht immer gelang. Zugleich zeigte Lily Braun sich entschlossen, Ottos Phantasien hinsichtlich der Reinheit und Einheit des Volkes und der kulturellen Überlegenheit der Deutschen unter Verweis auf die europäische Realität zu bändigen, ohne seine pubertären Wünsche nach enthusiastischer Identifizierung zu denunzieren. Vorerst schien das zu gelingen.

Mitte Mai hatte Lily Braun in einem Brief an Otto ihre baldige Rückkehr aus Florenz angekündigt. Heinrich schrieb in beider Namen »nur ein Wort … das Dir sagt, dass wir in zärtlichster Liebe Dich erwarten und sehr glücklich sind über die Ankündigung Deiner Rückkehr.« (16.5.14) Einige Wochen nach ihrer Rückkehr, Anfang Juli, machte dann Otto sich auf die Reise, die ihn auch nach Heidelberg führen sollte, wo er sich an der Universität umtun und sich auf sein Studium nach dem Abitur im Herbst vorbereiten wollte. Heinrich war wie immer voller Sorge und zugleich voller Stolz auf den Sohn. Zwar fürchtete er die Gefahren, denen Otto durch die persönliche Begegnung mit realen und vermeintlichen Homosexuellen ausgesetzt sein würde, zumal der in Heidelberg lehrende Friedrich Gundolf auch noch »von blendender Schönheit« sein sollte, wie Heinrich am 6. April in seinem Alarmbrief an Lily geschrieben hatte. Er sah aber in dieser Reise vor allem einen bedeutsamen Schritt Ottos auf dem Weg zu einer unabhängigen, erwachsenen Existenz. Ottos Lebensentwurf sah er im engsten Zusammenhang mit der eigenen, gescheiterten Biographie:

»Alles was Dich bereichert, erscheint mir als ein doppelter Gewinn: um Deinetwillen, den ich mehr liebe als mich selbst, aber auch um meinetwillen. Du hast wol [sic] eine Vorstellung davon, dass das Leben mir viele Enttäuschungen bereitet hat. Die einzige Hoffnung, auf die ich noch fest vertraue, und von der ich nicht glaube, dass sie auch in einer Illusion zerstieben wird, ist die auf Dich. Dir soll das Leben halten, was es mir versagt hat. Enttäusche mich nicht! Erfülle Dich, wie Du es jetzt bist [sic], immer mit großen Gefühlen und hohem Streben; laß Dich nicht Dir selbst entgleiten und in die Tiefe sinken. Bleib Dir selber treu und laß den Helden in Deiner Brust nicht sterben. Auch wenn ich nicht mehr sichtbar neben Dir lebe, soll meine Bitte in Deiner Erinnerung nicht verblassen, und diese Gesinnung in Dir durch nichts entwurzelt werden können.« (9.7.14)

Die Liebeserklärung an den Sohn enthielt zugleich eine Mahnung, einen Auftrag und das Bekenntnis zum eigenen Unglück, über dessen Grund Otto nicht aufgeklärt wurde. Er wird es auf den politischen, vielleicht auch den ökonomischen Misserfolg des Vaters bezogen haben, möglicherweise auch auf dessen Kränklichkeit und depressive Neigungen. Ob er die Ehekrise der Eltern gespürt hat, ist ungewiss, von der Affäre der Mutter wusste er nicht, obwohl er sich nach ihrem Tod dunkel an eine Szene in Venedig erinnerte, in der er beide anscheinend bei einer Umarmung überrascht hatte (vgl. Kapitel: Das Opfer). Der Auftrag Heinrichs im Sommer 1914 jedenfalls lautete ebenso allgemein wie bestimmt, Otto möge durch das eigene, gelungene und erfüllte Leben das väterliche Unglück kompensieren. Darauf sollte Heinrich sich nach Kriegsausbruch wieder beziehen. Noch schien der Appell an »den Helden in Ottos Brust« abstrakt und mithin folgenlos.

Zunächst ging es für Otto in Begleitung von Schmalenbach und dessen Frau (das Paar war frisch verheiratet) zur Odenwaldschule, die Otto zwar als Schüler nicht besucht hatte, dessen Leiter, Paul Geheeb, er aber persönlich aus seiner Wickersdorfer Zeit kannte, als dieser dort noch Lehrer war.[11] Zurück in Berlin war Lily Braun

11 Sicher war Geheeb zumindest Lily schon seit 1895 bekannt, da er, ebenso wie sie und ihr Mann Georg von Gizycki in der »Gesellschaft für Ethische Kultur« in Berlin aktiv gewesen war.

inzwischen im Schaffensrausch und meinte, ihr Buchmanuskript bis Anfang August abschließen zu können. In ihren Briefen an Otto berichtete sie deshalb vor allem über ihren Helden Konrad und seine Reisen durch Europa, über das in Arbeit befindliche Kapitel, »das uns mit Konrad nach Trouville bringen wird« (6.7.14), wobei sie schon einen Tag später »in meinem Ms. mitten in Florenz« war. Während sie so selbst in imaginären Reisen schwelgte, bemerkte sie doch misstrauisch an Ottos Briefen und seinem vorherigen Verhalten »eine gewisse Unrast …, die mich besorgt macht. … Fast scheinst Du das Alleinsein, oder sogar das Mitunssein zu fürchten. Du suchst fast krankhaft Menschen, auch solche – verzeih! – die Deiner nicht ganz würdig sind. Habe ich Recht? Und hättest Du nicht das Vertrauen zu mir, Dich auszusprechen? Rückhaltlos!« (4.7.14)

Auch sie schien also zu spüren, dass Ottos Reise ein wichtiger Schritt in seine Unabhängigkeit war und das Ende seiner kindlichen Offenheit ihr gegenüber bedeuten konnte. Otto leugnete nicht, dass an den Vorwürfen seiner Mutter etwas dran war. Selbstbewusst nahm er aber das Recht für sich in Anspruch, wichtige Dinge mit sich selbst auszumachen, ohne dabei das gute Verhältnis zur Mutter, der er – etwas gönnerhaft – übertriebene Erregtheit wegen ihrer schriftstellerischen Arbeit zugestand, zu beschädigen (7.7.14). Doch hielt er sich überhaupt nicht lange mit den Anforderungen der Eltern auf. Stattdessen schien er ganz bei sich und seiner Zukunft zu sein. Ein nur mit »Donnerstag« zugeordneter Brief (vermutlich vom 16. Juli) gibt Auskunft über Ottos Begeisterung angesichts der neuen Eindrücke und Möglichkeiten, die sich ihm boten:

»Ihr könnt verstehen, dass es für mich ein beglückendes Gefühl ist, überall wo ich auf schöne, starke, dabei geistige Jugend meinen Blick richte, die volle Glut für George anzutreffen. So hat mir u.a. Julie Vogelstein sehr schöne Worte über den Stern des Bundes[12] geschrieben, wenn ich auch nicht alles verstand, was sie sagte. Ferner sind hier seit ein paar Tagen einige ungemein feine heidelberger [sic] Studenten, von denen der eine … mir von dem herrlichen Leben in H. erzählt hat. Es gibt dort zwei Kreise, die Jugendbewe-

12 Stefan George, Der Stern des Bundes, Düsseldorf 1914.

gung und den George-Kreis, die miteinander in starker Verbindung stehen, besonders durch Alfred Weber, und jeden Freitag Abend grosse Diskussionsabende haben. Morgen Abend soll es nun einer der interessantesten werden; Weber, Gothein, Salz, Gundolf und viele andere werden wahrscheinlich sprechen, und Herr von Eckardt,[13] den mir seine Eigenschaften (feiner Kerl, George-Verehrer, Jugendbewegungsmensch) dreifach sympathisch machen, hat Atha[14] und mich aufgefordert, der Diskussion beizuwohnen. Es interessiert mich natürlich ganz ausserordentlich. Erstens will ich doch unbedingt im ersten Semester nach Heidelberg, bin auch schon als künftiger Kommilitone begrüsst worden, dann hat diese Versammlung durch die Teilnahme so vieler einflussreicher Menschen, sowie des vielleicht bedeutendsten Teils der heutigen deutschen Studentenschaft weit über den Augenblick hinausgehendes Interesse. … Endlich lerne ich eine Reihe Menschen, mindestens durchs Sehen kennen, die mich sehr interessieren.«

Seine ausführliche Begründung der Reise war nicht nur der Aufregung über das Ereignis selbst geschuldet, oder dem Stolz, soviel Anerkennung von Menschen zu erfahren, die er selbst bewunderte, sondern nicht zuletzt der Tatsache, dass er dafür 40 RM mehr benötigte, als sein Reisebudget vorsah. Zugleich bat er, eine Woche später nach Berlin zurückkehren zu dürfen. Nach seinem Heidelberg-Abstecher schrieb er einen enthusiastischen Brief an die Eltern, in dem er vor allem von Alfred Weber und Gundolf schwärmte. Weber, den er nach seiner Vorlesung persönlich sprach, sei »sofort, nachdem er wusste, wessen Sohn ich bin, von einer einfach bezaubernden, noch heute beschämenden Liebenswürdigkeit« gewesen.

»Von Gundolf bin ich nun ganz hingerissen. … Er findet so viel neues, bemerkt so viel treffendes, gibt dem Ganzen eine so feste Gliederung und Sprachführung, dass er auch ganz schlecht hätte lesen können, wenn er nur dies gelesen hätte. Dabei ist er von einer so berückenden Schönheit (die, wie in Klammern zu bemerken

13 Hans von Eckardt, (1890-1957), ein Schüler Alfred Webers und späterer Soziologe und Politikwissenschaftler.

14 Atha Nodnagel, eine Schülerin der Odenwaldschule und Schützling von Geheeb, die Otto in Wickersdorf kennengelernt hatte.

nötig sein mag, durchaus unaufdringlich und zurückhaltend wirkt), dass ich ihn zuerst nur immer begeistert anstarren konnte. Auch er war, als ich ihn kennen lernte, riesig nett und ich ganz glücklich darüber.« (19.7.14)

Vier Tage später hatte er nochmals »die sehr große Freude«, von Gundolf eingeladen zu werden (23.7.14). Man sprach »wirklich wunderbar, über Antike und Moderne, Cäsar und Napoleon, die grossen Menschen der Weltgeschichte und so Vieles …«. Worum es dabei ging, wenn er bei dieser Gelegenheit erfuhr, »dass die Leute sich immer wieder gegenseitig beklatschen, verleumden, beschimpfen usw.!!!«, führte er nicht aus, vermutlich deutete er damit aber das Gerede über die Homoerotik in dem von ihm bewunderten Kreis an. Es war der letzte Brief seiner großen Zukunftserkundungsreise.

Zu Beginn des Jahres 1914 wurde die bis dahin beiläufige und nur gelegentliche schriftliche Kommunikation zwischen Julie Vogelstein und Heinrich Braun intensiver und persönlicher. In ihrem Neujahrsgruß hatte Julie, mit Anspielung auf einen bei Heinrich vermuteten, aber ihr unbekannten Kummer, aus Hölderlins Hyperion zitiert: »›ein altes festes Schicksalswort: dass eine neue Seligkeit dem Herzen aufgeht, wenn es aushält und die Mitternacht des Grams durchduldet‹.[15] Mit herzlichen Wünschen sage ich's Ihnen, weil man oft besser tut, mit Worten eines anderen zu sprechen. Ihre Julie Vogelstein«. Das liest sich wie ein frühes Versprechen. Heinrich antwortete dem »lieben, verehrten Fräulein … mit herzlichen Grüßen und dem schönsten Dank für das, was allein Dank verdient: den guten Willen. Stets der Ihre, H. Braun«. Ende Januar fuhr er nach München, wo er vergeblich hoffte, sie zu sehen. Nach seiner Rückkehr schrieb er ihr, es gehe ihm schlecht und die letzten Wochen gehörten zu dem Schlimmsten, was er je erlebt habe (31.1.14). Julie Vogelstein antwortete ihm aus dem Hotel »Angst« in Bordighera und fragte, ob sie ihn nach ihrer Rückkehr in München treffen könne. Denn Heinrich hatte ihr eine Tür ge-

15 Das vollständige Zitat lautet: »Ich hatt' es nie so ganz erfahren, jenes alte feste Schicksalswort, daß eine neue Seligkeit dem Herzen aufgeht, wenn es aushält und die Mitternacht des Grams durchduldet, und daß, wie Nachtigallgesang im Dunkeln, göttlich erst in tiefem Leid das Lebenslied der Welt uns tönt.«

öffnet, durch die er sie allerdings zunächst nicht einließ – auf ihre nun folgenden, wiederholt drängenden Fragen nach dem Grund seines Unglücks antwortete er nicht, verstärkte aber ihren Wunsch, sein Vertrauen zu erlangen, indem er sie beschied: »Ich behalte mein Leid für mich, weil es sich durch Mitteilung mindestens um die Hälfte, um die es sich angeblich verringert, vergrößern würde.« (14.4.14) Und noch Anfang Juli insistierte er: »Die Antwort, die Ihre Güte verlangt, kann ich Ihnen nicht geben: auf Ihren zarten, schmalen Schultern tragen Sie schon so viele, drückende Lasten, … dass es grausam wäre, Ihnen von meinen noch mehr aufzubürden; dazu kommt ein weiterer Grund: mir gab kein Gott zu sagen, was ich leide.«[16] (3.7.14) Sein immer wieder dunkel angedeutetes Geheimnis befeuerte im Frühsommer die Beziehung erheblich, wobei Julie Vogelstein sich mutig und entschlossen seine Koketterie und ihre räumliche Distanz von ihm zunutze machte. Ende April schrieb sie ihm jedenfalls einen Brief »auf hoher See«, nämlich auf dem Weg nach New York zu ihrem Lieblingsbruder Ludwig. Sie schickte Heinrich ihr gerade erschienenes Buch über die französische Buchmalerei[17], von dem sie sich aber zugleich distanzierte, denn es sei von einer Julie Vogelstein geschrieben, die er nicht gekannt habe und die sie auch nicht mehr sei. »Ob Ihnen die Vorstellung, dass ich nun ganz distanziert bin, wohl ein offenes Schreiben über Ihr Sinnen und Tun erleichtert?« Das waren deutliche Werbeangebote, gab sie ihm doch zu verstehen, dass sie sich seit der Begegnung mit ihm, vielleicht sogar durch diese Begegnung, grundlegend verändert habe; zugleich sollte die räumliche Distanz ihn zu persönlicher Nähe verführen. Mit einem Teilerfolg: Mitte Mai schrieb er ihr nach New York in neckischem Ton, in dem er den »Springinsfeld«, der ununterbrochen unterwegs war, bat, nach ihrer Rückkehr den versprochenen Besuch bei ihm endlich wahr zu machen.

»Zögern Sie länger, so finden Sie mich vielleicht nicht mehr, es sei denn, Sie suchen im hiesigen Krematorium die Urne aus, in der ich mich von der Unrast meines Lebens zum ersten Mal ausruhen

16 Variation eines Zitats aus Torquato Tasso: »… gab mir ein Gott zu sagen wie ich leide«, das Goethe selbst als Motto der »Marienbader Elegie« benutzt, nach der Zurückweisung des über 70-jährigen durch die 19-jährige Ulrike von Levetzow.

17 Von französischer Buchmalerei, München 1914.

werde .... Das ist, wie Jean Paul sagt, nicht nur mein Scherz, sondern auch mein Ernst. Also kommen Sie wirklich einmal und bald, denn ich möchte sehr gern Sie wiedersehen.« (16.5.14)

Im Juni 1914 fand dieser Besuch in Berlin dann statt, und dabei lernte Julie Vogelstein auch Lily Braun kennen, als Heinrich sie in das Braun'sche Haus im Erlenweg einlud. Lily, die bis dahin keine Freundin gehabt noch gewollt hatte – Heinrich Brauns Ankündigung, er habe in Julie Vogelstein eine mögliche Freundin für sie kennengelernt, soll sie mit der Bemerkung gekontert haben, sie könne Frauen nicht leiden[18] –, öffnete sich der jungen Besucherin mit ungewöhnlichem Vertrauen. Aber auch Julie Vogelstein entwickelte schnell große Zuneigung zu Lily Braun. Sie war bemüht, daraus eine tiefe Freundschaft werden zu lassen. Heinrich machte ihr nach dem ersten Besuch im Erlenweg entsprechende Hoffnungen: Er schickte der »lieben Freundin« (15.6.14) einen Aufsatz, den sie im Braun'schen Hause liegen gelassen hatte und bemerkte: »Meine Frau hat von Ihnen einen ausgezeichneten Eindruck empfangen«.[19] Sie antwortete, um die ganze Familie werbend: »Sie schreiben, dass Frau Lily mich leiden kann. Es würde mich sehr freuen, ob ich auch finde, dass ich gar nicht nett genug für Sie alle drei bin.« (16.6.14) Schon zwei Tage später dankte Heinrich der »lieben, guten Freundin« für ihre Zeilen.

«Wenn Sie nicht absagen, werde ich Freitag früh um 10 Uhr bei Ihnen in der Kurfürstenstr. 128 sein und Sie bitten, die folgenden Stunden mit mir zu verbringen. Ich freue mich sehr darauf, freilich mit einem nassen und einem heitren Aug. Nicht nur, weil ich Sie rasch verlassen muß, denn um ¾ 9 abends reise ich ab, sondern noch mehr deshalb, weil ich Sie, nicht gerade am Freitag, sondern überhaupt, enttäuschen werde. Ich bin leider nichts als ein ›Blender‹, und Sie werden nichts finden, wenn Sie in mir etwas suchen. Dagegen kann ich Ihnen nicht verhehlen, daß Ihre Anmut, mit der Sie in einem Goetheschen Roman vortrefflich Figur machen könnten, einen gefährlichen Charakter hat.« (17.6.14)

18 Julie Braun-Vogelstein, Ein Menschenleben, S. 499.

19 In einem Brief an Ludwig Vogelstein hat Heinrich Braun später den 15.6.1914 als den Tag bezeichnet, an dem »meine Verbindung mit Ihrer Schwester zu einer unverbrüchlichen geworden ist«. Vogelstein, ein Menschenleben, S. 508.

Die Warnung, sie »rasch verlassen« zu müssen, war eine weitere Koketterie – immerhin plante Heinrich, am 19. 6. vor seiner Abreise zum Gewerkschaftskongress in München fast zwölf Stunden allein mit Julie Vogelstein zu verbringen, und zwar in der Berliner Wohnung ihres Münchner Bruders, von dessen Anwesenheit nicht die Rede war. Das Treffen, mit so weitgehenden Andeutungen und hohen Erwartungen befrachtet, gerade weil sie zuvor als unerfüllbar angekündigt wurden, muss irgendwie missglückt sein – jedenfalls bedauerte Heinrich von München aus die Disharmonie des Abschieds; es schmerze ihn, dass sie ihm ausweiche. Die erotische Spannung war offensichtlich unerträglich geworden. Julie Vogelstein adressierte ihn – wie zum Trost – in ihrer Post nach München erstmals nicht mehr als »lieben Herrn Doktor«, sondern als »lieben Freund« (20.6.14). Dunkel deutete sie in diesem Brief an, ihm »etwas ganz Wichtiges« nicht gesagt zu haben, weil ihr der Mut gefehlt habe. So konnte sie sicher sein, dass er sie bei der nächsten Begegnung danach fragen würde.

Die missglückte Begegnung hatte Heinrich verstimmt, und seine schlechte Laune bekam auch Lily zu spüren. Vom 20. bis zum 24. Juni dauerte der Münchner Kongress. Gleich nach seiner Ankunft scheiterte ein Telefonat mit Lily: »Unser telefonisches Gespräch blieb – (wie unser persönliches Verhältnis?) – leider einseitig«, kommentierte er knapp und böse. Seine folgenden Briefe an Lily waren eher belanglos, auf einen Klagebrief von ihr reagierte er aber ungewöhnlich sarkastisch:

»Das ist ja gar zu traurig: eine Knochenhautentzündung, ein hartnäckiger Bronchialkatarrh, schwere Sorgen und eine so tiefe Stimmung, dass Du nach bekanntem Muster keine Honorierung Deines Geburtstages wünschest. Zu alledem die – endliche! – telegraphische Versicherung, dass es Dir gut geht. Das ist ein bisschen viel auf einmal an wirklichem und eingebildetem Leid, nebenbei auch an Täuschung und Selbsttäuschung.« (24.6.14)

Lediglich die Knochenhautentzündung nahm er ernst und riet ihr zum Arztwechsel, während er vor allem ihre Geldsorgen zurückwies, »könntest Du doch endlich gelernt haben, dass wir über sie hinweggekommen sind und noch zum hundertsten Mal über sie hinwegkommen«.

Zurück in Berlin erkrankte Heinrich. Mit eingeklemmtem Ischiasnerv lag er, schlecht gelaunt, im Bett. Julie sandte ihm liebevolle Genesungswünsche. Aus Heinrichs Antwort ging hervor, dass er seiner neuen Freundin einen Brief von Otto zu lesen gegeben hatte. Julie Vogelstein war Otto nämlich anlässlich ihres ersten Besuches im Erlenweg am 15. Juni ebenfalls begegnet, hatte sofort freundlichen Kontakt aufgenommen, ihm am 28. Juni einen Geburtstagsbrief und zwei Bücher geschickt und ihm in ihrer Antwort auf seinen Dankesbrief am 2. Juli versichert: »Ich glaube an Ihre Generation! Denn ich glaube an Sie. Das darf ich Ihnen sagen, denn es ist eine Aufgabe, kein Diplom.« Intensiv ging sie auf seine Interessen und jugendlichen Schwärmereien ein, kritisch kommentierte sie in einem Brief an ihn (vom 12.7.14) die Arbeiten von Gundolf und George. Insofern nahm sie von Beginn an – zu Heinrichs Freude – die Position einer etwas älteren Ratgeberin ein. Heinrich bekannte: »Wenn ich Sie nicht schon lieb hätte, müsste es wegen Ihres Verständnisses für Otto der Fall sein.« Er schickte ihr zwei weitere Briefe des Sohnes an ihn und erbat im Austausch den Brief Ottos an sie. Auch berichtete er ihr über Lilys Befinden. So nahm er sie symbolisch in die Familie auf. Der letzte Satz aber lautete: »Schreiben Sie mir von sich.« (13.7.14)

Doch über sich selbst ließ er sie weiter im Unklaren. Am 5. Juli hatte Julie Vogelstein aus München geschrieben: »Ich werde Sie nicht mehr bitten, zu sagen was Sie leiden.« Stattdessen kommunizierte sie verstärkt mit Lily, die mit einem verstauchten Knöchel ebenfalls zur Ruhe gezwungen war:

»Liebe gnädige Frau, mir ist es so weh, Sie leiden zu wissen. Und ob ich gleich ahne, daß die Intensität Ihres Schaffens Sie trägt und stärker für Sie sorgt als irgend wer es vermöchte, ich wünsche mich doch zu Ihnen, wünsche Ihnen doch alles zu reichen, daß jeder unnötige Schritt Ihnen erspart bliebe! Wenn ich freilich daran denke, wie wenig Sie an jenem Abend von meiner Bereitschaft Gebrauch machten, dann will mir mein Wunsch recht selbstisch erscheinen: möchte ich vielleicht nur Sie umgeben dürfen? Es klingt alles so dumm. Aber ein inniges Gefühl weiß nichts von Klugsein. Mit allerherzlichster Gesinnung, verehrungsvoll Ihre Julie Vogelstein« (7.7.14)

Lily Braun antwortete äußerst freundlich, sprach von Heinrichs Hexenschuss und ihrem eigenen Leiden und bat dann: »Wollen Sie wohl so lieb sein und nicht nur, wenn ich einen kranken Körperteil habe, meiner – nein: unserer – freundlich gedenken? Ich und noch mehr vielleicht mein Mann, sind schwer zugängliche Menschen, darum ist es Ihnen gewiß nicht einerlei, daß ich mich Ihrer Bekanntschaft von Herzen freute und sie nicht wieder verlieren will.« (12.7.14) Erstaunlich, wie Lily um Julie warb, und das für ihren Mann mit, den sie also von Anfang an in der Beziehung mit Julie auch im Auge hatte. Ihren gelungenen Besuch im Erlenweg und seine Folgen für sie selbst beschrieb Julie in ihrer Antwort an Lily:

»Herzliche gnädige Frau, darf ich vor Ihnen so sagen, wie ich es froh fühlte? An jenem ersten Tage, den ich bei Ihnen war, klang es mir noch lange im Innern: ›Goldneres hab ich genossen, als ich Euch ins Herz geschlossen.‹[20] Denn Ihre Nähe, Ihre Gegenwart war schönste Erfüllung dessen, was ich von Ferne innerlich erschaut und geliebt hatte; ja war und ist noch mehr, noch weit holder. – Nun seien Sie mir nicht böse, dass ich es Ihnen schreibe. Am Erlenweg war mein bestes Gefühl vor Glück stumm und ich sagte gewiss lauter banale Torheiten.«

Im weiteren Verlauf erzählte sie von ihrem Münchner Leben und drückte ihre Vorfreude aus auf ein Wiedersehen mit Lily und die Lektüre ihrer neuen Kapitel. Sie erkundigte sich nach Lilys Gesundheit und spielte am Schluss auf Heinrichs Ischiaserkrankung an:

»Wie schwer für Sie es ist, nicht liebevoll pflegen zu dürfen, das fühle ich so mit! Aber dem gestrengen Herrn hat's sicher doch gut getan, dass er Gelegenheit fand, abweisend zu sein. Er will – ohne es selbst zu wissen ja doch lieber das Linde und Liebe; nur gönnt er sich's nicht. Habe ich unrecht damit? – Verzeihen Sie, ich hätte ihnen das nicht so sagen brauchen. Sie fühlen ja alles schöner und besser. … In liebender Verehrung …« (14.7.14)

Ein in mancher Hinsicht kühner Brief, der allerdings auf Lilys ermutigende Worte vom 12. Juli reagiert. Zu diesem Zeitpunkt hatten die beiden Frauen sich erst zweimal gesehen, das zweite Mal zusammen mit Julies Münchner Bruder Theodor. Auf jeden Fall handelte es sich um eine erstaunlich überschwängliche Liebeserklärung an eine Frau, von der Julie noch wenig wusste, und

20 Zitat aus Goethe: Inschriften, Denk- und Sendeblätter 19 (an Geheimrat von Willemer).

in deren Mann sie unsterblich verliebt war. Indirekt ließ Julie Vogelstein die Ehefrau Heinrich Brauns wissen, in welchem Maße sie sich in der Beziehung zu ihm in ihre Position versetzen konnte, ja, sie teilte ihr sogar im Gestus der Verschwörung das gemeinsame Wissen um Heinrichs innere Befindlichkeit mit. Indem sie sich in dieser Angelegenheit – trotz erklärter Bescheidenheit – mit Lily identifizierte, thematisierte sie, von Lily unerkannt, ihre Wünsche. Aber Lily brauchte Julie, für sich selbst, für ihren Mann, für ihre Häuslichkeit. »Schon beim zweiten Besuch bot Lily mir für ständig ihr Gastzimmer an«, erinnerte sich Julie Vogelstein später in einer Mischung aus Erstaunen und Selbstbewusstsein.[21] Denn schließlich hatte sie selbst sich mit äußerster Zielstrebigkeit einen Platz in der Familie Braun erobert.

Am 19. Juli avisierte Julie dem kranken Heinrich ihre erneute Ankunft in Berlin. In der Nacht vom 22. auf den 23. Juli, vor ihrer Rückreise nach München dann: »Sagen will ich gar nichts. Nur still herzlich bei Ihnen sein. Nur von dem reichen Frieden meines Herzens Ihnen zusegnen.« Für Ende Juli wurde ein neues Treffen vorbereitet, auf ihren Wunsch nicht bei ihr zu Hause in München, sondern wieder in Berlin. »Unser persönliches Zusammensein wird die Missverständnisse gut machen, die eine mangelhafte telephonische Verbindung verursacht hat«, schrieb Heinrich nach offensichtlich missglückten Kommunikationsversuchen in der Zwischenzeit (26.7.14). Im Nachlass findet sich nach diesem Brief ein undatierter Zettel mit Heinrichs Handschrift in einem Umschlag, auf dem Julie später »Juli 1914« vermerkt hat, wohl ein Begleitzettel für Blumen oder ein Geschenk: »Zur Erinnerung an den Montag«. Der Montag war der 27. Juli, also der Tag des im vorherigen Brief angekündigten »persönlichen Zusammenseins«. Und ebenfalls mit dem Verweis auf »Juli 1914« findet sich dahinter Heinrichs Berliner Briefbogen, über den er quer geschrieben hatte: »Als die Tage noch wuchsen, gefiel das Leben mir wenig. Nun abnehmend mit Eil', könnten gefallen sie mir.«[22] Zwischen den Beiden war etwas Neues, und, wie sich herausstellen sollte, etwas Endgültiges passiert.

21 Vogelstein, Was niemals stirbt, S. 259.
22 Hier zitiert er Goethes Brief an Marianne Willemer vom 28.8.1815.

»Die vier« waren in der Tat innig miteinander verwurzelt, wie Otto es ausdrückte – aber was sie verband, war mehr und auch anderes als eine »herrliche Freundschaft«. Mit im Spiel waren auch Liebe, Leidenschaft, Verrat, Betrug und Grausamkeit. Die »Innigkeit«, mit der die vier sich dennoch liebten, war vielfach gebrochen und ambivalent; sie waren eher in gefährlicher Weise miteinander verschlungen als sicher miteinander verwurzelt. Insbesondere Lily Braun befand sich in einer schweren persönlichen Krise. Der späteren Deutung Julie Vogelsteins ist zuzustimmen: Lily konnte ihr Alter – sie wurde 1914 49 Jahre alt – schwer ertragen. Die Affäre mit Tancredi di Stefano bewies ihr, dass sie noch immer begehrenswert war, sie geriet allerdings zugleich zur Quelle von Leid, Schuldgefühlen und Heimlichkeiten. Da Lily weder ihren Ehemann noch ihren Sohn verlieren wollte, schien ihre Situation aussichtslos, zumal sie sich immer noch in liebender Freundschaft an Heinrich gebunden fühlte und ihn wohl auch in hohem Maße brauchte. In dieser Situation wurde Otto ein Garant für die Ehe, denn ihm gegenüber agierten beide als Eltern, die ihn liebten, ihn förderten und sich um ihn sorgten, die von seinem Genie und seiner glänzenden Zukunft fest überzeugt waren. Die erstaunliche Bereitschaft Lilys, sich auf die Frauenfreundschaft mit Julie Vogelstein einzulassen, muss auch vor dem Hintergrund ihrer zerquälten Beziehung mit Heinrich gesehen werden. Julies Bewunderung und Freundschaftsangebot allein können es jedenfalls nicht gewesen sein, denn weibliche Verehrung war Lily gewöhnt. Diese allein flößte ihr keinen Respekt ein, den sie vor Julie aber offenbar hatte – verbunden mit starkem Vertrauen und dem Gefühl, von dieser auch in ihren Schwächen und Ängsten anerkannt zu werden. Bleibt also das Wissen, dass Julie auch für Heinrich sehr wichtig war und dass sie von daher die Belastung, welche die Ehe mit Heinrich für Lily darstellte, mildern konnte. Trotz ihrer scheinbaren Schaffenskraft empfand Lily die Verantwortung für den aufwändigen Lebensunterhalt der Familie auch als eine Anstrengung. Reden und Schreiben waren eben nicht nur Genuss und Kunst, sondern harter Broterwerb. Eine Lösung der emotionalen und finanziellen Probleme war nicht in Sicht.

Heinrich war mit seinen fast 60 Jahren ein kränkelnder und gekränkter Mann, dessen berufliche und politische Projekte gescheitert waren, der sich in unzähligen Prozessen stritt und der auch noch die Liebe (im Sinne der Leidenschaft) seiner Frau verloren hatte. Zwar genoss diese Frau noch immer seine uneingeschränkte Bewunderung, wenngleich ihr Egozentrismus und ihr Hang zum Luxus ihn irritierten. Andererseits war auch er Bürger genug, um einen bestimmten Standard für sich in Anspruch zu nehmen, abgeschwächt allerdings durch seine lebensreformerischen Ticks und asketischen Attacken. Was Lily betraf, so hatte er sich entschieden, dass sie wie eine Künstlerin behandelt werden müsse, die eben nicht eingeschränkt werden durfte, sollte sie ihr Potential nicht verlieren. Seine Unterstützung der Affäre ebenso wie ihrer Reisen und ihres Ruhms hatten sicher auch den Zweck, sie trotz ihrer Ausbruchversuche an sich zu binden, was ja auch gelang. Dass er sich in ihren Dienst stellte, könnte man auch als eine subtile Form der Herrschaftsausübung sehen, bei der sie in schuldiger Abhängigkeit gehalten wurde. Seine panische Sorge vor Entdeckung ihrer Affäre durch eine am Skandal interessierte Öffentlichkeit war nicht allein die Angst um Otto, sondern wohl auch um seine eigene Würde – die er im Binnenverhältnis als Großzügigkeit und Souveränität ausgab.

Aber Heinrich war nicht länger am Ende, sondern frisch verliebt: in eine Frau, für die er der erste, der verehrte und begehrte Mann war. Die 29 Jahre jüngere, kluge und gebildete Julie Vogelstein war sein Neuanfang. Sie wollte durch ihn zugleich erweckt und geformt werden. Sie war die Schüchterne, die dennoch zielstrebig diesen Mann eroberte und sich zugleich als Mitglied seiner Familie etablierte. So warben sie umeinander mit ihrer Tragik und ihrer Koketterie. In ihrer Bereitschaft zu völliger Nähe bei gleichzeitiger Respektierung seines Lebens und seiner familiären Bindung, der sie sich anschloss, muss Julie ihm wie eine Lösung zumindest seiner inneren Qualen erschienen sein. An ihrer ehrlichen Verehrung und Liebe für Lily Braun besteht kein Zweifel. Sie konnte sie ernsthaft bemitleiden, bemuttern und sich an ihrem Vertrauen freuen. Julie konnte also nur gewinnen, ja, sie hatte schon gewonnen – eine Familie, in die sie aufgenommen wurde, weil jeder der drei ihrer bedurfte.

Otto war mit seinen sechzehn Jahren ganz Zukunft, ebenso wie die lebendige Erinnerung daran, dass die Ehe zwischen Heinrich und Lily einmal ein zukunftsträchtiges Projekt gewesen war. Deshalb liebten sie den Sohn ohne Vorbehalt, aber auch als denjenigen, der das eigene biographische Scheitern und das Scheitern der Beziehung dadurch wiedergutmachte, dass er die verlorenen Träume der Eltern erfüllen würde. Otto schien der Glücklichste von allen. Zwar haderte er mit der Pubertät, mit der erwachenden Sexualität, seinen hohen Ansprüchen an sich selbst, seinen Versuchen, sich gegenüber den Eltern zu behaupten: Einerseits forderte er mehr Autonomie, andererseits wollte er als ebenbürtiger Gesprächspartner mithalten und anerkannt sein. Seine Selbstgewissheit war zumindest teilweise eine Folge der bewundernden Erziehung durch die Eltern – zeigte sich aber auch in seinen jugendtypischen selbstgerechten Urteilen. Die Reise vom Sommer 1914 war eine einzige Verheißung für ihn, der sich schon als beliebter und ausgezeichneter Student in Heidelberg sah. Seine unvermittelte freundliche Aufnahme Julies in den Viererbund legt nahe, dass auch er spürte, wie notwendig sie den Eltern war. Er selbst fand in Julie eine weitere erwachsene Person, die sich auf Grund ihrer Bildung ihm und seinen geistigen Interessen intensiv widmen konnte – und damit zu einer Vertrauten wurde, der er, anders als den Eltern, emotional weniger verpflichtet war.

Den Krieg erwarteten sie nicht, die vier, ersehnten ihn auch nicht. Das Attentat von Sarajewo fand in ihren Briefen und in Ottos Tagebuch kaum Erwähnung. Im Sommer 1914 waren sie vielmehr ganz mit sich selbst, ihren Gefühlen, Plänen und Problemen beschäftigt. Als der Krieg sich aber ereignete, wurde er als eine Chance ergriffen, das eigene Leben in seinen Beziehungen neu zu vermessen und zu deuten; als eine Notwendigkeit, die eigene Position und Rolle anders zu bestimmen; als Herausforderung, in neuer Unbedingtheit zu lieben, da es doch nun um Leben und Tod ging. Zuallererst aber ging es um Otto.

Der Freiwillige

Die Familie Braun und ihre Freundin Julie Vogelstein gehörten einem Milieu an, das in besonderer Weise anfällig war für das, was im Sommer 1914 das »Augusterlebnis« genannt wurde: die begeisterte Annahme des Krieges in einem kollektiven Rausch und die Bereitschaft, sich selbst bedingungslos in den Dienst der Nation zu stellen, ja, für diese das eigene Leben zu geben. Aus heutiger Perspektive fällt es schwer zu verstehen, wie Menschen, die seit Jahrzehnten im Frieden und relativem Wohlstand lebten, die Aufgaben und Zukunftspläne hatten, die sich umeinander sorgten und sich liebten, innerhalb kürzester Zeit ihre Lebensumstände und Lebensentwürfe radikal in Frage stellten und bereit waren, sich selbst oder ihre Angehörigen in einem Krieg zu opfern. Tatsächlich aber war das massenhaft der Fall, die Zahl der Freiwilligen lag weit über dem Bedarf und aus allen Städten wurde von begeisterten Menschenmengen berichtet, die den Ausbruch des Krieges begrüßten, als hätten sie ihn seit Langem herbeigesehnt. Zwar hatte unter den Eliten des Kaiserreichs tatsächlich eine kulturpessimistische Stimmung vorgeherrscht, die sich gelegentlich in der Sehnsucht nach einem kathartischen Ereignis geäußert hatte. Aber, wie das Beispiel der Familie Braun zeigt, war das keine notwendige Voraussetzung dafür, dass der im Sommer 1914 angekündigte Krieg als ein glückliches, ein befreiendes Ereignis gedeutet wurde. Vielmehr baute sich diese Stimmung im Juli 1914 erst allmählich auf, während sich die politischen Ereignisse zuspitzten und man aus der Sommerfrische nach Hause zurückkehrte. Dann aber schien man sich dem kollektiven Rausch kaum noch entziehen zu können.

So verhielt es sich auch bei Otto Braun. Vom Attentat auf den österreichischen Thronfolger in Sarajewo am 28. Juni 1914 erfuhr er in Berlin zwar noch am selben Tag, notierte unter diesem Datum aber lediglich, er habe die Nachricht am Abend »nach Hause gebracht … Eifrig diskutiert. Sehr interessant.«[1] In den nächsten

1 Die Vorkriegstagebücher von Otto Braun sind nicht Teil der Julie-Braun-Vogelstein Collection, sondern gehören zum Bestand der LBI Memoir Collection. Unter der Signatur DM 47 sind auch sie in digitalisierter Form zugänglich.

Wochen war Otto anscheinend primär mit seinen jüngsten Reiseeindrücken beschäftigt, einen ausführlichen Reisebericht schloss er am 26. Juli ab. Am 29. Juli begann er seine Tagebucheintragung: »Ich vergass immer, vom Krieg zu schreiben, der mich natürlich aufs Höchste begeistert; er wird wohl lokalisiert bleiben …« Hinter dem Datum des 30. Juli steht nur ein Fragezeichen, so als erinnere er nicht mehr, was sich an diesem Tag ereignet habe, und erst am 31. Juli begann der Krieg, der an diesem Tag offiziell erklärt wurde, das Tagebuch zu dominieren: »Nach Berlin. Kriegszustand erklärt. Eine nicht zu beschreibende Begeisterung herrscht, die Haltung der Bevölkerung ist so vorzüglich, wie man es nicht für möglich gehalten hätte.« Auch am 1. August fuhr Otto von Klein-Machnow in die Stadt. Unter diesem Datum, wenngleich offensichtlich später aufgeschrieben, notierte er:

»Mit mir war in diesen Tagen folgendes: Ich wollte mich als Freiwilliger melden, Papa nicht dafür, Mama schwieg, litt aber sehr. Ich erkundigte mich bei verschiedenen Behörden … wo mir abgeraten und gesagt wurde, ich würde schon einberufen, ich würde aber als Freiwilliger kaum mehr angenommen. Frau Seidler (die Wahrsagerin, DW) prophezeite mir, als Freiwilliger würde ich fallen wie Körner, unter einem Baum[2], man würde mich aber einberufen, und dann geschähe mir nichts.«

Außerdem bereitete er sein »Notabiturium« vor, wobei der Vater ihn nur unter der Bedingung unterstützte, dass Otto auf die Einberufung warte, wie er wohl auch die Wahrsagerin in dieser Richtung instruiert haben mochte. Anscheinend wollte auch Heinrich sich freiwillig melden, was aber an seinem Alter scheiterte, wie Otto in sein Tagebuch schrieb (1.8.14), während Julie Vogelstein berichtet, »eine Freundin, der seine Meldung in die Hände fiel« – wohl sie selbst –, »zwang ihn zu beherzigen, was er eben seinem

2 Theodor Körner, der 1813 während der Befreiungskriege schwer verwundet wurde und der Legende nach dichtend unter einer Eiche starb. Körners Gedichte wurden in dem Band: »Leyer und Schwert«, Wien 1814, veröffentlicht, darunter auch das »Schwertlied«, in dem die auch 1914 häufige Sexualmetaphorik von Waffen und Kampf hervorsticht (für den Hinweis danke ich Joachim Szodrzynski).

Sohne gesagt hatte: ›Auch Felddienst kann Fahnenflucht sein; beweise Dich an dem Dir bestimmten Platz.‹«[3]

Am Sonntag, den 2. August, besuchte Otto Julie Vogelstein in der Berliner Wohnung ihres Bruders Theodor und fasste das Ergebnis in einem Brief an sie zusammen: Die Notwendigkeit, in den Krieg zu ziehen, beruhe nicht nur auf dem Bedürfnis, das vermeintlich angegriffene Deutschland vor dem Untergang zu schützen. Seine unterstrichene Forderung: »Deutschland darf nicht untergehen«, ergab sich ihm vielmehr aus der Vorstellung, allein ein Krieg könne die deutsche Kultur zur Vollkommenheit weiterentwickeln.

»Das Deutschland, das wir im Herzen tragen, ist noch nicht Gestalt, noch nicht Form geworden. … Nicht die hohe Kultur des Einzelnen kann uns zur Vollendung führen; nur aus der großen Gestaltung des Lebens, der Gesamtheit, der Gemeinschaft, wird uns die Erlösung unseres wahren Seins werden. … Dann erst wird sich erfüllen, was das deutsche Mittelalter versprach … In diesem Sinne, für dieses Ziel will ich hinaus, das heiligste Gut zu schützen: Deutschland. Verächtlich und töricht scheint es mir, sich zu sparen, sich zu schonen. Die Griechen wussten um den wahren Wert, wenn Aischylos es höher erachtete, bei Marathon mitgefochten zu haben, als ein Dichter gewesen zu sein. Für die Erhaltung deutschen Wesens, für seine Erfüllung will ich kämpfen. Wer oder was könnte mich da zurückhalten!«

Für den jungen Abiturienten war der Krieg eine hohe Kulturaufgabe, Arbeit am Kunstwerk einer vollkommenen Gemeinschaft. Seine bisherige intensive Beschäftigung mit dem Staat, der Nation, dem Volk und mit Stefan Georges Vision eines »geheimen Deutschland« verband er mit den Bildern der von ihm gerade besichtigten Dombauten in Worms und Speyer, die er als mittelalterlichen Entwurf einer solch vollkommenen Gemeinschaft deutete. All das versprach nun im Krieg einer beschleunigten Verwirklichung zugeführt zu werden. Auf Ottos scheinbar entschlossene Haltung verweist auch der trotzige Ausruf am Ende des Briefes, der nur grammatisch als Frage formuliert ist. Hatte denn jemand versucht, ihn zurückzuhalten? Julie Vogelstein, an der er sein Pathos zuerst

3 Julie Vogelstein, Ein Menschenleben, S. 418.

erprobte, mag ihn auf die Möglichkeit verwiesen haben, »sich zu sparen, sich zu schonen«. Offensichtlich hatte Heinrich versucht, seinen Sohn mit eben jenem Argument abzuhalten, das dieser im Brief an Julie zurückweist: dass er sich wegen seiner künftigen »Bestimmung« nicht in Gefahr begeben dürfe. Auf entschiedenen Widerstand stieß Otto aber offensichtlich nicht. Inzwischen steigerte sich die Stimmung in Berlin immer mehr zum Rausch. Am 4. August herrschte »eine große Festesstimmung in Berlin. Alle Gefühle treten rein und ehrlich zu Tage, Schmerz wie Freude, Brüderlichkeit, Hilfsbereitschaft, Mannhaftigkeit, Frohheit, alles ursprüngliche und reine Gefühle; bald werden auf den Schlachtfeldern Wut, Tapferkeit, Grausamkeit, Kühnheit und Edelmut, Qual und Siegesfreude gleichermassen hervortreten, der Mensch wird wieder zum Menschen, zum Manne der Mann, die Frau zur Mutter und Gattin, zur Frau. Alles besinnt sich auf seine natürlichen Pflichten und Ämter. Rationalisierung und Kompliziertheit der modernen Großstadt fallen ab. Jetzt ist's wahrlich eine Lust zu leben, und das fühlen alle. Unter einem gewaltigen Ziele stehen sie, alles Kleinliche fällt ab, daher, ob nun Trauer oder Freude zugrunde liegen mag, die allgemeine Festesstimmung.«

So notierte Otto es in sein Tagebuch. Am 6. August wurde er gemustert und für militärtauglich erklärt, was ihn »mächtig stolz und froh« machte. In den folgenden drei Tagen legte er am Königlichen Luisengymnasium das Notabitur ab.[4] Sein Aufsatzthema lautete: »Schön ist der Friede … aber der Krieg hat auch seine Ehre«.[5] Als Abitursgeschenk erhielt Otto von seiner Mutter, »die goldene Uhr meines Großvaters und gestern Abend noch den Kretschman'schen Siegelring und die Kette, sowie zwei Man-

4 Vgl. Abiturszeugnis JBVC, II, 1/1

5 *Schön ist der Friede!* Ein lieblicher Knabe / Liegt er gelagert am ruhigen Bach, / Und die hüpfenden Lämmer grasen / Lustig um ihn auf dem sonnigen Rasen, / Süßes Tönen entlockt er der Flöte, / Und das Echo des Berges wird wach, Oder im Schimmer der Morgenröthe / Wiegt ihn in Schlummer der murmelnde Bach- / *Aber der Krieg hat auch seine Ehre,* / Der Beweger des Menschengeschicks; / Mir gefällt ein lebendiges Leben, / Mir ein ewiges Schwanken und Schwingen und Schweben / Auf der steigenden, fallenden Welle des Glücks. / Denn der Mensch verkümmert im Frieden … (Aus Schiller, Braut von Messina, Erster Aufzug, Achter Auftritt. Es spricht der Chor zu den beiden Brüdern, die sich nach langem Streit versöhnt haben.)

schettenknöpfe. Die Uhr trägt zwei Schusstellen, wo sie einstmals Apapa das Leben rettete.« Er begann dann unmittelbar, die von Lily Braun 1903 herausgegebenen Kriegsbriefe des Großvaters aus dem Deutsch-Französischen Krieg 1870/71 zu lesen, um sich mental auf den Krieg vorzubereiten.[6]

Auch seinem Lehrer Herrman Schmalenbach, der sich in Köln aufhielt, beschrieb er die begeisterte Stimmung in Berlin und fügte dann noch »einiges Persönliche« an, nämlich über seinen guten Freund und Schmalenbachs anderen Schüler Stefan Lepsius, der »eine Woche lang geweint und geschrien« habe, »weil sein Vater unverständlicherweise ihm nicht erlauben wollte, freiwillig zu gehen, endlich liess er's zu und Stef ist ... fünf Minuten später im Zuge nach Naumburg gesessen. Sein Koffer war ständig gepackt. Mama hat Frau Lepsius kaum wiedererkannt, so sehr hat diese Geschichte sie mitgenommen. ... Was mich nun schliesslich anbelangt, so bin ich zwar für militärtauglich erklärt, als Freiwilliger aber noch nicht genommen. Ich hoffe jedoch, dass dies durch die Vermittlung des Generals von Mackensen geschehen wird ...«[7]

Auch Lily Braun schrieb Ottos Lehrer, sie habe »versucht, den Einfluß eines alten Freundes, der im Augenblick das XVII. Armeekorps führt, für Otto in Anspruch zu nehmen – blutenden Herzens und doch in der Überzeugung, die auch die meines Mannes ist, daß wir seinem Wunsch, sich für das Vaterland einzusetzen, uns nicht entgegensetzen dürfen. Ist doch das Vaterland wieder ein Lebendiges geworden!«[8]

Bei diesem »alten Freund« handelte es sich um eben jenen General von Mackensen, der im deutsch-französischen Krieg 1870/71 der Adjutant ihres Vaters gewesen war.

Obwohl das persönliche Ziel Ottos klar zu sein schien, er sich an der Gemeinschaftlichkeit des Volkes berauschte und hoffen konnte, bald in den Krieg zu ziehen, bemerkte er irritierende Widerstände – nicht nur öffentlich-politische von Seiten der SPD, der die Familie

6 Der Familienname wird gelegentlich mit nur einem »n« geschrieben. Kriegsbriefe aus den Jahren 1870/71, Hans von Kretschman, hg. von Lily Braun, Stuttgart 1903.

7 Universitätsbibliothek Basel, NL Schmalenbach, Aa 50/60.

8 Lily Braun an Schmalenbach 15.8.1914, ebenda, Aa 49/29.

Braun angehörte und die in ihren Augen nur halbherzig hinter dem Krieg stand; auch im engeren Bekanntenkreis kam es zu »einem heftigen Disput« zwischen Lily Braun und Frau von Nathusius[9], »die sich als Franzosenfreundin etc. aufspielte, eine hysterische, affektierte Person!« Und für den Vater schien der Krieg ohne eigenen Wert. Am 17. August »früh kam Papa herein und erzählte mir, er hätte, noch halb im Aufwachen, den Plan bekommen, (nach vollendetem Kriege) eine riesige sozialistische Zeitschrift zu gründen. D.h. er begann damit, mir zu erklären, dass die Partei wie sie ist, abgedankt hat und nach dem Feldzuge all der ~~grossen~~ gewaltigen neuen Dinge, die sich gebildet haben, angesichts der durchaus veränderten Lage, eine ganz grosse sozialistische Zeitung nötig sei. Es muss natürlich die beste Zeitung überhaupt werden, zugleich die meistverbreitetste. Er will sie ›Die Sozialistische Presse‹ nennen. Mit allen Genossen will er sich versöhnen .... Ich war natürlich gleich Feuer und Flamme, denn es wäre etwas nicht auszudenken mächtiges. Ob Papa mit der einen Million, die er für den Anfang will, auskommen kann, scheint mir zweifelhaft.«

Ottos Zweifel beruhten sicher auch auf der Erfahrung, dass bis dahin jedes Zeitschriftenprojekt Heinrichs nach wenigen Jahren gescheitert war, und zwar sowohl finanziell als auch politisch. Während des Krieges sollte Heinrich jedoch immer wieder darauf zurückkommen. Für ihn handelte es sich bei diesem Projekt um das Herzstück eines geordneten Nachkriegssozialismus; vor allem aber betrachtete er den Sohn als seinen wichtigsten Mitarbeiter in spe. Der Krieg erschien Heinrich deshalb lediglich als eine Zeit des Übergangs, die Otto vor allem überleben sollte. Ottos Interesse an diesem Projekt ging allerdings über verhaltene Zustimmung zunächst nicht hinaus. Zu Kriegsbeginn standen andere Aufgaben und vor allem andere männliche Vorbilder im Zentrum seiner Gedanken und Gefühle. Am selben Tag nämlich, an dem Heinrich seinen Sohn mit dem Zeitschriftenprojekt beeindrucken und vom Krieg ablenken wollte, traf der erwartete Brief Mackensens ein, der eine Auswahl möglicher militärischer Einheiten für Otto enthielt, darunter das 4. Reitende Jägerbataillon, stationiert im westpreußischen Graudenz, dem Otto auf Anraten seiner Mutter den Vorzug

9 Wahrscheinlich Annemarie von Nathusius (1874-1926), Schriftstellerin.

gab. Doch noch waren nicht alle Entscheidungen gefallen. Am 18. August notierte Otto im Tagebuch:

»Lange Unterhaltungen mit Papa über meinen Eintritt ins Heer. Ich meine: dieser Krieg ist unserer ganzen Zeit und jedem einzelnen gegeben als Feuerprobe, um uns alle zu Männern zu reifen, zu Männern für die später kommenden ungeheuren Jahre und Ereignisse. Ebenso wie zu Napoleons Zeit eigentlich nur der für voll angesehen wurde, der die Revolution miterlebt hatte, so wird es künftig den Männern anzumerken sein, ob dieser Krieg ihr Erzieher war oder nicht. Und Führer werden wohl nur die ..., die im Kugelregen vor Petersburg oder Paris gestanden haben und ihre Lagerfeuer in der Newa und der Seine sich spiegeln liessen.«

Doch gab Otto zu, »an diesem Tage noch nicht so ganz überzeugt« gewesen zu sein. Am Abend dichtete (und betete) er:

»Nun weiß ich nimmer Herr, was mir Dein Wille
Zu tun befiehlt
Nun weiß ich nimmer Herr, wohin Dein Wirken
Bezwingend zielt
Ich riefe gern den Kriegsgott, dass er käme
Mich auserwählt
Ich riefe gern den Kriegsgott, dass er schützend
Mich führt und stählt.
Doch weiss ich wohl, dass weithinwirkend Walten
Mir einst bestimmt
Und wünschte nicht, mich fruchtlos dem zu geben,
Der wahllos nimmt.
Doch weiss ich auch, dass mich zum Manne hämmert
Der Herrscher Krieg
Und wünschte nicht, im Frieden hingedämmert
Zu fliehn den Sieg. ...«[10]

Offensichtlich hatte Heinrich Braun in der »langen Unterhaltung« dem Sohn seine künftige Führerrolle so eindringlich beschrieben und als Alternative zum Kriegsdienst vor Augen gehalten, dass Otto ins Zweifeln gekommen war. Das Gedicht reflektiert aber

10 Otto könnte hier Anleihen bei Körner gemacht haben. Vgl. Leyer und Schwert, S. 55: Gebet während der Schlacht.

auch die pathetischen Angebote aus den Gesprächen und Lektüren dieser ersten Wochen, etwa in der Formulierung des »Hindämmerns im Frieden«, die an das Schillerzitat erinnert, über das er seinen Abitursaufsatz geschrieben hatte. Am nächsten Tage aber war Otto dann »vollkommen vom Gefühl durchdrungen … mitgehen zu müssen«.

Anscheinend war Lily Braun die Einzige in der Familie, die Ottos Freiwilligenmeldung nicht nur akzeptierte, sondern aktiv unterstützte. Von Beginn an war diese Unterstützung eingebettet in die einem Ahnenkult ähnliche Bindung ihres Sohnes an ihren Vater, seinen Großvater, die sie vermittelte und mit der sie eine Art militärisch-familiäre Genealogie wiederbelebte. Darauf verweisen die Geschenke zum Abitur, die sich auf die Weitergabe großväterlicher Reliquien beschränkten. Am Geburtstag des Großvaters, dem 21. August, betete Otto an dessen Grab:

»Nun ich in deine Spuren, Ahnherr, trete,
so sei dein Aug', so sei dein Geist auf mir,
wenn ich um deinen Mut im Kampfe bete,
so neige dich hinab und leih ihn mir.
Wenn von Gefahr ich tausendfach umwettert
Im Streite stehe, sei mir, Vater [sic], nah
Ich rette mich wenn du mich schützt, zerschmettert
Liegt da der Feind, den ich noch dräuen sah …«

In Ottos Gedicht trat der Großvater an die Stelle des Vaters, so wie Heinrich auch als männlicher Partner von Lily Braun zugunsten ihres eigenen Vaters (und dessen Neuerschaffung in Gestalt des Generals von Mackensen) und ihres Sohnes durch den Krieg an den Rand gedrängt wurde.

Der August verging für Otto in einer endlosen Serie von Ausflügen mit Freunden, die ebenfalls auf ihre Einberufung warteten (»Unglaublich gebalgt. Sehr schön«, berichtete er von einer Fahrradtour in den Grunewald), Fahrten in die Stadt, Besuchen, vorbereitender Kriegslektüre, eigenen literarischen Versuchen. Freude über Siege, besonders den in der Schlacht von Tannenberg, vernichtende Urteile über die Feinde, besonders Frankreich und England, und allenfalls leisen Zweifeln an der eigenen Kriegsführung, etwa den vermeintlichen Plänen, »ganz Belgien zu annektieren

(Ob das nicht eine allzu harte Pille wird?)« (25.8.14), und bei der Zerstörung des Rathauses in Löwen, die seinem Verständnis von Kriegskultur eigentlich widersprach: »Entsetzlich, ... aber es musste wohl sein.« (28.8.14) Am 4. September kaufte Otto Landkarten und Fähnchen, um den Frontverlauf täglich abzustecken. Drei Tage später traf der entscheidende Brief von Mackensen ein, »dass ich vorbehaltlich der ärztlichen Untersuchung angenommen wäre als Kriegsfreiwilliger bei den 4. Jägern in Graudenz. Unbeschreiblich froh und glücklich. Endlich hat das furchtbare Warten ein Ende. Wenn nur Papa gesund wäre, so wäre ich ungetrübt froh«, schrieb er in sein Tagebuch.

Heinrich Braun hatte Ende August nämlich eine schmerzhafte Blasenentzündung befallen, und Otto wollte den Vater nur ungern in einem ungeklärten Zustand über die Krankheitsursachen und mögliche Therapieformen zurückzulassen, wenn er auch wusste, dass die Krankheit selbst »ungefährlich« war. Damit hatte der Vater den Verlaufsplan Ottos durcheinander gebracht, denn »mein grösster Wunsch war immer, dass bei Papas Untersuchung sich als etwas recht günstiges herausstelle, den nächsten Tag der Brief (von Mackensen, DW) kommt und ich gleich fahren kann.« Als Otto erfuhr, dass sein Vater die Wahrsagerin Frau Seidler um Rat wegen seiner Erkrankung fragen wollte, suchte er diese gemeinsam mit Julie Vogelstein auf und nahm ihr das Versprechen ab, »ganz unseren Wünschen entsprechend zu handeln«, also doch wohl dem abergläubischen Vater günstige und beruhigende Vorhersagen zu machen (9.9.14). Inzwischen hatte sich Otto in immer wildere, sexuelle Kriegsphantasien hineingesteigert, die im Tagebuch im Wortsinne abgeschnitten wurden – entweder schon von Otto selbst, der seine Texte sonst mit den Eltern teilte, oder später von Julie Vogelstein, die solche Texte nicht im Nachlass Ottos belassen wollte:

»Manche gehen jetzt in den Krieg wie in ein Spiel, es sind das Menschen, die das Glück haben, sterben zu dürfen, denn in einem Tode vor dem Feind liegt noch immer die schönste Erfüllung ihres Lebens. Ich aber – darf nicht sterben, denn ich weiss, die Zukunft bedarf meiner, und drum sollst Du mich nicht loslassen, Mädchen Zukunft, in deren Leib ich meinen Pflug schon zu senken begann, und (da) Dein schmerzlicher Schrei mir doch nur ein Zeichen war sehnlichen Wartens, auf dass ich tiefere Furchen zöge und in dicken Schollen aufsteigen liesse die braune Erde. Gross der Triumph Deiner stöhnenden Glieder ...« (7.9.14)

Weggeschnitten wurde auch ein Text mit Vernichtungsphantasien gegenüber den Russen, ausgelöst durch die Lektüre von Dostojewskis »Raskolnikoff«, »ein unheimliches, wüstes Buch, frevelhaftes Betreten jeder kleinsten Seelenregung, von titanischer Meisterschaft aber, aus der die Fratze slawischen Asiatentums, einer bösen und unmenschlichen Mischung, unendlich fremd, mit heimtückischem Grinsen, einen anbleckt. Nie fühlte ich so, dass wir dies Volk bezwingen müssen, zerschmettern oder selbst untergehen. ... ich meine immer, man sollte solche Bücher verbrennen oder, besser noch, bewahren und nur den« (wahrscheinlich 8.9.14) – auch an dieser Stelle wurde die Schere angesetzt. Dem »Slawen« Dostojewski setzte der Abiturient Otto nicht nur die griechische und Weimarer Klassik entgegen, sondern auch den Dichter Conrad Ferdinand Meyer und vor allem Stefan George. Er spüre »immer mehr, dass die geistige Vorbereitung dieses Krieges im Reiche der reinen Dichtung einzig und allein mit dem Namen ›George‹ gedeckt wird. Durch Dekadenz und Frankreich hindurch ist er in den letzten Büchern zum reinen, mächtigen und streng gefügten ›Deutschen‹ geworden ...« (11.9.14) Otto verzieh ihm deshalb auch »die Zulassung bedenklicher Elemente in seiner Umgebung ...«, also seine homoerotische Neigung.

Erste Nachrichten vom Tod berühmter oder bekannter Männer integrierte Otto ohne Zögern in seine begeisterte Vorfreude auf den Krieg. Den Tod des SPD-Reichstagsabgeordneten Ludwig Frank[11] bezeichnete er als »wundervoll« und würdigte ihn »sowohl als Blutzeugenschaft für die Sozialdemokratie, die jetzt, mit der feinen (scharfen) Ablehnung einer Erklärung der Internationale die Farce dieses Internationalismus wohl endgültig vernichtete«, als auch für Frank selbst,

> »denn der Jüngling fallend erregt unendliche Sehnsucht
> Allen Künftigen auf, und jedem stirbt er aufs neue,
> Der die rühmliche Tat mit rühmlichen Taten gekrönt wünscht,«

11 Der jüdische Badenser wurde 1874 geboren und fiel am 3. September 1914 bei Baccarat in Lothringen.

zitierte er Goethe aus dem Ersten Gesang der Achilleis[12], und fuhr dann fort: »Manche freilich wissen nicht, wann sie sterben müssen und die Enttäuschung kommt dann und verschleiert das schöne Bild ihrer Jugend. So Hofmannsthal.« (11.9.14)[13]

Den Tag seines »Auszugs«, den 17. September, verbrachte Otto vor seiner Abfahrt am Abend mit den Eltern. Heinrich ging es besser, so dass er sich zu Hause von seinem Sohn verabschieden konnte. Sein Tagebuch schloss Otto mit einer feierlichen Erklärung, mit »der Hoffnung und dem festen Glauben, dass mein Wesen sich bändige und männlich werde und in mir Form und Fülle, Macht und Weite, Stärke und Schönheit finde zu dem unerhörten Leben, das sich später vor mir auftun mag ... und dass ich mein Land wiederfinde, ... in allem Zwist und den ungestüm brodelnden Wogen der noch unerlösten Zukunft doch schon trächtig von den schwellenden Gebilden des neuen Zeitalters, in die hineingreifend ich wirken und bilden möge im Geist der noch schlummernden Gottheit: das, o all ihr Waltenden, erflehe ich von euch, fordere ich von euch.«

Vater und Mutter übergaben Otto zum Abschied je einen Text: Heinrich Braun einen ernsten Brief, der mit dem in klassischem Griechisch gehaltenen Motto, einem Homerzitat, begann: Er verpflichtete den Sohn, »immer der Erste zu sein und vorzuleuchten den andern«[14],

Lily Braun wählte das Goethegedicht:
Feiger Gedanken
Bängliches Schwanken,
Weibisches Zagen,
Ängstliches Klagen
Wendet kein Elend,
Macht dich nicht frei.

12 Wo der Satz allerdings mit »aber« beginnt.

13 Hugo von Hofmannsthal hatte sich unmittelbar nach seiner Einberufung eine Stelle im Kriegsfürsorgeamt gesichert.

14 Homer, Ilias, Sechster Gesang, Zeile 205. Glaukos spricht über sich und seinen Vater: »Aber Hippolochos zeugte mich, ihn rühm ich als Vater. Dieser sandt in Troja mich her, und ermahnte mich sorgsam, *immer der erste zu sein und vorzustreben vor andern;* daß ich der Väter Geschlecht nicht schändete ...« (in der Übersetzung von Johann Heinrich Voss).

Allen Gewalten
Zum Trutz sich erhalten,
Nimmer sich beugen,
Kräftig sich zeigen,
Rufet die Arme
Der Götter herbei!
Dies sei Dir Lebensmaxime! Deine Dich zärtlich liebende Mama

Erst sechs Wochen waren seit der Kriegserklärung vergangen, übervoll von überwältigenden Gefühlen und einer rasend schnellen Abfolge von Entscheidungen, persönlichen Veränderungen und jugendlichem Pathos. Bis zum Tag der Abreise Ottos zur militärischen Ausbildung in Graudenz hatten Eltern und Sohn schon zentrale Deutungen der politischen Ereignisse und ihrer persönlichen Konsequenzen miteinander formuliert bzw. ausgehandelt. Insbesondere Otto und seine Mutter gaben sich ganz der Gemeinschaft hin, welche den Kern des »Augusterlebnisses« ausmachte. Es war eine Gemeinschaft, in der der Einzelne mit seinen individuellen Zwecken sich auflöste, dafür aber teilhatte an einem Rausch, der im möglichen Opfertod die Ewigkeit der Nation versprach. Zugleich galt der Krieg als umfassende Bewährungsprobe für diese Gemeinschaft, die daraus auf immer zusammengeschweißt und, dem Ziel der eigenen Größe unterworfen, siegreich hervorgehen sollte. Otto aber wurde von den Eltern und sich selbst als einer gesehen, dessen persönliche Bestimmung es war, in diesem neuen Deutschland eine führende Rolle zu spielen. Diese Vorstellung stammte zwar schon aus der Zeit vor dem Krieg und gründete auf der Überzeugung, dass Otto ein hochbegabtes Kind sei – aber der Krieg hatte hierfür einen heroischen Rahmen geschaffen. Aus der vom anonymen Schicksal festgelegten »Bestimmung« ergab sich sowohl die Furcht, Otto könne diese durch seinen Tod verfehlen, als auch die Hoffnung, dass er eben wegen dieser Bestimmung überleben werde. Ohne eine solche Bewährung im Krieg aber erschien sein Führer-Schicksal unmöglich.

Die Ideale der Gemeinschaft und des Helden orientierten sich beide an der griechischen Klassik. Das betraf sowohl die Frage des idealen Staates und der kulturellen Form der Gesellschaft als auch das Persönlichkeitsideal des Dichters, der zugleich Krieger ist. Auch

Otto, im Geist humanistischer Bildung erzogen, wollte nun zu den Waffen greifen. Die griechische Klassik ebenso wie das durch Goethe vertretene klassische Weimar lieferten zudem das Material für einen diffusen Pantheismus, der mehr auf eine Haltung als einen Glauben verwies. Einerseits war es eine Haltung zum Krieg, der selbst vergöttlicht wurde, andererseits eine Haltung zu sich selbst, die Gewissheit der Übereinstimmung mit höheren Mächten, die Otto unsterblich machen würden wie einen griechischen Helden, wie die Götter selbst. Das Triumphalistische dieser Selbstüberhöhung erklärt sich teilweise aus dem bürgerlich-männlichen Jugendmilieu, dem Otto angehörte; es kann allerdings auch gelesen werden als eine Selbstbeschwörung aus furchtbarer Angst.

Jenseits dieser gemeinsamen Sinnfindung nahmen Vater, Mutter und Sohn (Julie Vogelstein blieb hier zwar im Hintergrund, lehnte sich aber wohl am ehesten an die Position Heinrichs an) auch eigene, durchaus widerstreitende Positionen ein. Otto verhielt sich seinem Alter und Status entsprechend als ein begeisterter und opferbereiter Freiwilliger, der seine Zweifel gezielt durch Gespräche, Selbstgespräche und Lektüre dämpfte und sich innerlich systematisch auf den Krieg vorbereitete, dabei den drohenden Heldentod zwar positiv annehmend, aber doch überzeugt von seiner großen Zukunftsaufgabe, für die er überleben würde. So schuf er eine innere Welt, die sowohl von Todessehnsucht und Vernichtungsphantasien als auch von Größenwahn und sexuellen Phantasien geprägt war, kurz, von unbändiger, in seinen Augen männlicher Leidenschaft. Lily Braun unterstützte den Sohn aktiv bei der Freiwilligenmeldung unter Ausnutzung ihrer persönlichen Beziehungen und durch die Formulierung eines von ihrem Vater abgeleiteten familiären Auftrags an Otto. Heinrich hingegen versuchte den Sohn abzuhalten und flüchtete sich, nachdem die Entscheidung für die Freiwilligenmeldung gefallen war, in eine schmerzhafte Krankheit. Aber es war zu spät. Dabei war der körperlich schmächtige Junge, der am Abend des 17. September in den Zug nach Graudenz stieg, erst drei Monate zuvor 17 Jahre alt geworden.

* * *

Schon unterwegs schrieb Otto eine Postkarte an die Eltern, eine weitere gleich nach seiner Ankunft am nächsten Morgen. Tags darauf folgten zwei Briefe, ein erster, in dem er seine Enttäuschung ausdrückte, dass »die Jäger bisher fast gar nicht gebraucht (werden). Sämtliche Einberufenen, Freiwilligen usw. sind noch hier und ein älterer Unteroffizier sagte nur, ich werde überhaupt nicht mehr drankommen.« Der zweite Brief zeugte vom Bemühen, sich mit seiner neuen Rolle anzufreunden. Er hatte nämlich einen Gefangenentransport beobachtet und dabei »die gleichen Mißstände wie überall« festgestellt:

»Ein deutscher Gefangenenbegleiter war … so empört über die Würdelosigkeit der ›Damen‹, die die Deutschen nicht ansahen und alle Leckerbissen den ›Russkis‹ brachten, dass er einer im Zorne das mit Bouillontassen gefüllte Tablett aus der Hand schlug. Jetzt sind die Bahnhöfe geschlossen, sobald Gefangene durchkommen. Niemand hat mehr Zutritt.« (18.9.14)

Auch Lily Braun schrieb dem Sohn schon am Tag nach dessen Abreise den ersten Brief, der sie als besorgte und stolze Mutter zeigte. Einerseits beschwor sie ihn, »Vergiß nicht beim Exerzieren im Regen die Regenweste anzuziehen und lege sie ja nicht naß in den Schrank, da sie sonst entzwei geht, sondern hänge sie auf.« Andererseits reagierte sie auf Ottos Telegramm vom 18. 9.: »bin als fahnenjunker angenommen« begeistert: »Fahnenjunker – wie schön das klingt! Also einer, der die Fahne stets hoch hält! Ich bestelle Dir heute noch Visitenkarten, um so etwas Schönes auch gedruckt zu sehen.« Ottos Postkarten empfing Lily froh, neugierig und fast neidisch. Zugleich berichtete sie ihm über Freunde, die sich ebenfalls freiwillig gemeldet hatten, verbunden mit Kommentaren, die darauf verwiesen, wie genau man das Verhalten im Bekanntenkreis beobachtete und beurteilte. Die Meldung, die Annahme und der Einsatz von Söhnen und Freunden waren wichtige Indikatoren sozialer Anerkennung und Distinktion geworden, insbesondere für Lily Braun, die sich darauf vorbereitete, eine Vortragsreise durch Deutschland zu unternehmen, auf der sie für den Krieg und seine segensreiche Wirkung werben wollte.

Auch Heinrich schrieb, trotz erneuter Erkrankung, frohe und optimistische Zeilen an seinen Sohn. Dieser meldete sich aber schon zwei Tage nach seiner Ankunft in Graudenz mit ersten skeptischen Nachrichten. Das »Fahnenjunkertum« habe »bisher wesentlich mehr unangenehme Seiten. Man ›muss‹ nämlich im Casino ... essen, was bedeutet, dass man recht gut isst, für dieses Vergnügen aber jeden Tag 4-5 Mark oder mehr zahlen muss. Ähnliches gibt es noch mehr ...« Hinzu kam die körperliche Anstrengung, die ihm schwer zu schaffen machte, wenn er auch versuchte, die Erschöpfung positiv zu wenden:

»Ich empfinde allmählich, welch eine fabelhafte Erziehungsanstalt das preussische Heer ist, denn alles anscheinend unnötige, ja widrige, wie das missliche, scheinbar für die persönliche Ehre unerträgliche Schimpfen der Unteroffiziere (Ihr könnt keine Vorstellung davon haben) und der Stalldienst bilden mit dem anderen vereint eine wahrhaft unvergleichliche Schule. Man lernt eben alles aushalten, und sich zusammenhalten, weil man es muss. Ich bin überzeugt, dass ich noch müder sein werde, als ich es heute bin, aber was tut's, es hat seinen Sinn, Ihr könnt es glauben.« (20.9.14)

Anscheinend konnte Otto es aber selbst kaum glauben, anders lässt sich die Beschwörung der positiven erzieherischen Wirkung des Unerträglichen nicht verstehen. Am folgenden Tag drückte er knapper aus: »Der Dienst ist wahrhaft herrlich und gerade dass es Momente gibt, wo man nicht mehr zu können meint, macht ihn so fruchtbar ... seelisch wie körperlich.« Lily spürte seine »gewisse Müdigkeit, vielleicht sogar Enttäuschung, wenn dem großen Enthusiasmus nun der graue Alltag folgt«. Und die erfahrene Generalstochter gab ihrem Sohn praktische Ratschläge, wie er sich im Casino verhalten, bei wem er sich Rat holen könne. »Neues giebt es im Grunde nicht. Nur dass plötzlich Reims beschossen werden muß, was sehr traurig ist.« (22.9.14) Außerdem konzentrierte sie sich weiter auf die Sorge, ob ihr Sohn auch warm genug angezogen sei:

»Gestern klingelte Frau Kollwitz mich an, um auch die Frage der Ausrüstung zu besprechen. Sie hat außer der seidenen Regenweste auch die zugehörigen Hosen besorgt, besonders weil Peter als Infanterist doch viel in Schützengräben liegen muß. Ich will es auch tun. ... Du ziehst doch unter dem Drillichanzug stets etwas Warmes an? Besonders die Leibbinde! ... Peter hat eine Knieverletzung und liegt zu Hause, drängt aber mit aller Gewalt ins Regiment zurück. Er behauptet, dass die ersten vierzehn Tage Dienst entsetzlich waren, es jetzt aber prachtvoll wäre. Ich schreibe Dir das zum Trost, mein Kind, denn ich fühle bis hier her, wie schwer es Dir wird. So wenig ich raten will, dass Du einer bloßen Schlappheit nachgiebst, so sehr bitte ich Dich, lieber ›untauglich‹ zu sein, als Dich gewaltsam zu ruinieren ...« (23.9.14)

Lily Braun verstand zwar viel vom Militär, aber wenig vom Krieg. Ihre Sorge um die Gesundheit des Sohnes teilte sie mit anderen Müttern, die sich dabei an bekannte und beherrschbare Gefahren hielten, anstatt sich der Angst hinzugeben, die Söhne könnten im Schützengraben sterben statt sich nur zu erkälten. Für Käthe Kollwitz endete diese Hoffnung schon wenige Wochen später, als ihr Sohn Peter am 22. Oktober in Belgien tödlich verwundet wurde.[15]

Inzwischen spitzte sich die Lage in Graudenz für Otto zu. Er schwieg einige Tage verstimmt und berichtete dann am 28. September von der »großen Sache«, die aus der Tatsache gemacht worden war, dass seine Sporen und Schuhe nicht geputzt waren; davon, dass er am Sonntag zum Kirchgang befohlen und am Samstag mit der ganzen Schwadron auf einem öffentlichen Platz auf Geschlechtskrankheiten untersucht wurde. Aber man gewöhne sich an vieles. »Die ausserordentliche körperliche Anstrengung des Lebens erzeugt hier natürlich eine äusserst starke, etwas zotenhafte Sinnlichkeit, die aber durchaus urwüchsig ist und gegen die mein Geschmack zwar sehr viel, mein Instinkt jedoch wenig einzuwenden hat«, schrieb er halb beruhigend, halb warnend. Doch es ging um weit mehr, wie Otto einen Tag später an seine »lieben, lieben Eltern« ausführlich berichtete. Fahnenjunker wurden zum allabendlichen »Saufen« in teuren Restaurants oder in Leutnantsstuben gezwungen, betrunkene Offiziere terrorisierten die Zivilbevölkerung in Graudenz und zwangen ganze Regimenter zum nächtlichen Exerzieren.

»Und nun muss ich Euch etwas schreiben, was mir so entsetzlich ist, wie wenige Dinge und ihr dürft Euch nicht zu sehr darüber betrüben, auch hätte ich nichts davon gesagt, wenn ich nicht heute

15 Jutta Bohnke-Kollwitz (Hg.), Käthe Kollwitz. Die Tagebücher, Berlin 1989, S. 172 ff. Peter Kollwitz war 18 Jahre alt als er fiel. Vgl. auch Regina Schulte, Käthe Kollwitz' Opfer, in Christian Jansen, Lutz Niethammer, Bernd Weisbrod (Hg.), Von der Aufgabe der Freiheit. Gesellschaft und Politik im 19. und 20. Jahrhundert. Festschrift für Hans Mommsen, Berlin 1995, S. 647-672.

morgen mir und vor der Abreise Onkel Victor[16] gewissermassen das Versprechen der Ehrlichkeit gegeben hätte. Ich werde also ganz ehrlich sein, nichts hinzufügen, nichts fortlassen, nur berichten. …«

Nach einer besonders anstrengenden Reitübung habe er Schwierigkeiten gehabt, sein übermäßig »heftiges Pferd … im Glied zu halten und bekam als Strafe die 50fache Abschrift des Satzes: ›Ich soll in der Abteilung besser aufpassen!‹ Nach dieser Sache … hatte ich eigentlich die Überzeugung, den Dienst nicht mehr aushalten zu können. … Die Sache liegt nun so: der Dienst an sich begeistert mich wie vorher, oft beinahe zu sehr, ich weiß aber ganz einfach nicht, ob ich es körperlich aushalte. …Die nächsten zwei, drei Tage werde ich sehen, wie es geht. Sollte ich es gut aushalten (ihr könnt Euch auch hierin ganz auf mich verlassen), so bleibe ich und bin glücklich und Ihr werdet hoffentlich stolz und froh sein, geht es aber nicht, so habe ich den Plan, dass Ihr mir ein Telegramm mit Anzeige irgend eines schweren Krankheitsfalles schickt, worauf ich sofort Urlaub erhielte und nach Berlin käme. … Ich bitte Euch sehr, erstens nichts Unüberlegtes zu tun und etwa vor meiner Mitteilung zu telegraphieren, zweitens, wenn mich das Unglück treffen sollte, dass ich zurück müsste, nicht allzu enttäuscht innerlich zu sein, denn ich bin ja, weiss Gott, erst siebzehn Jahre alt …«

Im P.S. hieß es:

»Es wäre die Möglichkeit, dass ich sehr rasch von hier fort wollte. Ich telegraphiere dann ›Noch keine Nachricht erhalten‹, worauf Ihr dann ein wirkungsvolles Telegramm abschicken könnt. Aber bitte, bitte, tut es nicht früher!!!« (29.9.14)

Der kindliche Brief passt im Ton so gar nicht zum altklugen Gestus des stolzen Freiwilligen, der mit jugendlichem Pathos in den Krieg zog, weil er Deutschland retten und sein Schicksal erfüllen wollte. Die körperliche Überforderung ebenso wie die Demütigungen im täglichen Umgang waren ihm unerträglich. Was er im Brief den »Dienst an sich« nannte, stellte sich als das Ideal einer soldatischen Existenz heraus, das er in der Realität nicht vorfand. Dazu gehörte auch die Desillusionierung hinsichtlich seiner Vorstellung vom Offizier, die sein anspruchsvolles Ich-Ideal be-

16 Der österreichische Sozialist Victor Adler war Heinrich Brauns Schwager.

stimmte. Gegenüber den Eltern wurde er nun wieder das Kind, das auf ihre Hilfe angewiesen war; und er besann sich seiner Jugend nicht mehr in größenwahnsinniger Phantasie, sondern als einer, der (gerade) erst siebzehn, also vielleicht noch zu jung war.

Falls Otto befürchtet (oder gehofft) hatte, seine Eltern würden auf diesen Brief »unüberlegt« schnell reagieren und ihn zurückholen, so hatte er sich getäuscht. Zwar machte sich Lily Braun unmittelbar nach Erhalt des Briefes nach Graudenz auf, von wo sie am 4. Oktober wieder zurückkehrte. Aber der kurze Brief, den sie schon auf ihrer Rückfahrt an das »geliebte Ottokind« schrieb, fasste ihre Sichtweise knapp zusammen, indem sie gleich zur Sache kam: Im Grunde sei alles nicht so schlimm, wie es zunächst ausgesehen habe. »Kannst Du wirklich nicht aushalten, so schickt man Dich sicher zurück, kannst Du es aber, so ist die harte Schule, in der Du bist, gut, und doch im Grunde das einzige, was sich gegenwärtig zu tun verlohnt.« Nach Bemerkungen über tägliches Zähneputzen u.ä. endete sie mit einem forschen: »Halte die Ohren steif!«

Offensichtlich hatte Lily Braun den Besuch bei ihrem Sohn genutzt, um ihn zum Verbleib in Graudenz – und damit im Krieg – zu bewegen. Sie hatte ihn dabei zunächst als Kind angesprochen und ihm erwachsenen, mütterlichen Rat erteilt. Am nächsten Tag, zurück in Berlin, folgte dann ein längerer und ernsterer Brief an das »geliebte Herzenskind«:

»Viel Schweres habe ich im Leben durchgemacht – ich beklage mich darum nicht. Aber jetzt beklage ich mich! War es schon entsetzlich, Dich fortzugeben, so hoffte ich wenigstens den Trost zu haben, daß die Erfüllung Deines Wunsches Dich selbst beglücken würde. Und nun muß ich Dich in dieser Seelenstimmung verlassen! Dich zurücklassen, ohne haben helfen oder ändern zu können! [sic] Ich kann Dir nur Eines immer wieder versichern: dass ich für Dich durch alle sieben Höllen gehen will wenn es notwendig ist, um Dir zu helfen. Nur muß ich sicher sein, daß Du mir immer ganz aufrichtig nun Alles sagst. … Dann aber noch Eins: es ist vielleicht meine Schuld – nein wirkliche Schuld! Daß das Leben Dich bisher zu weich bettete. Und wir beide, Du und ich, müssen dafür büßen! … Zeige jetzt, daß Du der bist, für den wir Dich alle halten und für den Du Dich selber hieltest, und beisse die

Zähne zusammen. Bekämpfe vor allem dieses mir und Dir peinlich fremde Gefühl fast nervöser Ängstlichkeit. Das sollte ein Wort sein, das es in Deinem Wörterbuch gar nicht giebt. Vor allem, da Du Dich unbedingt auf mich verlassen kannst. Ich setze wenn es sein muss, alles für Dich durch. Bedingung: unbedingte Wahrhaftigkeit. Und keinerlei Rücksichten, auch nicht etwa auf das, was die Welt, die Freunde etwa sagen könnten. ›Allen Gewalten zum Trotz sich erhalten.‹ In zärtlichster Liebe küsst und umarmt Dich deine Mutsch.«

Lily begann ihren Brief mit der Klage über ihren eigenen Kummer. Ihrer Verzweiflung darüber, dass sie nicht helfen könne, folgte sofort ihre Beteuerung, dass sie dennoch alles, auch Übermenschliches tun wolle, wenn er ihr völlige Offenheit verspreche, eine Offenheit, die aber doch gerade zur Quelle ihres Kummers geworden war. In dieser Ambivalenz ging es weiter mit einer Selbstanklage und der Aufforderung, ihre Fehler, nämlich mütterliche Weichheit, durch seine Bereitschaft, gegen sich selbst hart zu sein, wiedergutmachen zu lassen. So wie er jetzt war, nervös und ängstlich, erschien er ihr fremd und peinlich, er sollte deshalb werden, was alle, auch sie selbst, aber vor allem er selbst, von ihm erwarteten. Während sie so von ihm verlangte, erwachsen zu werden, behauptete sie gleichzeitig, »alles« für ihn erreichen zu können, und versicherte ihn ihrer unbedingten Unterstützung – aber wobei eigentlich? Mit ihrer Aufforderung schließlich, er dürfe (im Falle seines Abschieds) nicht darauf achten, was Freunde und Welt »etwa« zu einem solchen Entschluss sagen würden, machte sie die Vorstellung von der Reaktion der Freunde und der »Welt« überhaupt erst zum Thema und zog damit in gewisser Weise ihre stärkste Waffe; denn die Freunde hatten sich fast alle freiwillig gemeldet, die es nicht taten oder nicht erfolgreich waren, waren der Verachtung ausgesetzt – das würde also auch ihm drohen. Und sie schloss mit der Erinnerung an das Goethegedicht, das sie ihrem Sohn als Motto mit in den Krieg gegeben hatte. Wie konnte er sich den beschämenden Vorstellungen und dem mütterlichen »Befehl« entziehen? Er musste bleiben. Und er blieb. Wie zur Bestätigung und Belohnung würde Lily ihm nach Beendigung der akuten Krise von seinem Freund Stefan Lepsius berichten, der »demnächst zum Scharfschießen in die Eifel« gehe und »noch keine Aussicht« habe,

»ins Feld zu kommen. … Deine hiesigen Freunde werde ich mir allmählich in eine Berliner Konditorei einladen u. von Dir erzählen.« Es klang wie eine Vorladung von Konkurrenten.

Was trieb Lily Braun, als sie so aufwändig und geschickt ihren Sohn auf den »Dienst« einstimmte? Als sie ihn vor die Alternative von Kindlichkeit und Männlichkeit stellte? Die Generalstochter hatte nie ganz aufgehört, sich mit ihrem Vater und dem Militär, das er verkörperte, zu identifizieren. 1903, noch als aktive Sozialdemokratin, hatte sie die Kriegsbriefe des Vaters aus dem deutsch-französischen Krieg herausgegeben und mit einer Einleitung versehen, in der ihre Bewunderung sowohl für die militärischen Leistungen als auch die ritterliche Gesinnung des Vaters zum Ausdruck kam. Der Ausbruch des Ersten Weltkriegs befreite diese Haltung aus ihrer Latenz. Sie suchte nach aktiverem Ausdruck. In der freiwilligen Meldung des Sohnes lag Lilys Chance auf eine zumindest indirekte Teilhabe am Krieg. Seine vorzeitige Rückkehr hätte auch sie selbst beschämt.

Auch Otto zog eine schriftliche Bilanz des mütterlichen Besuchs. Er sah drei Möglichkeiten für die nächste Zukunft, nämlich erstens die wahrscheinlichste und wünschenswerteste, sein Aushalten und Bleiben. Zweitens hielt er es für »immerhin möglich«, dass er sich ein Jahr zurückstellen ließe, weil der Dienst ihn körperlich überanstrenge, »aber ich glaube es nicht und muss auch wieder sagen, es wäre doch wundervoll, wenn ich, ein Mann geworden in dieser eisernen Schule, zurückkehrte. Ich könnte mir vorstellen, dass dies eine herrliche Erziehung ist, möglich wäre natürlich nur, dass ich zu dieser Erziehung zu jung bin.« Und schließlich erwähnte er noch den dritten, »kaum denkbaren Fall, … dass ich es etwa nicht aushielte …« (5.10.14). Diese im Konjunktiv gehaltenen Vorschläge überkreuzten sich mit einem (seit ihrem Besuch) dritten, 16-seitigen Brief Lilys, dessen erste fünf Seiten eine Wiederholung ihrer vorherigen Argumente enthielten, allerdings auch die Verkündung einer Entscheidung: Sie sei »nach langer und schmerzhafter Überlegung, wobei ich alles Sentimentale auszuschalten versuchte, zu der Überzeugung gekommen, dass diese harte Schule … grade für Dich wohl notwendig ist u. Dich erst zu einem gesunden, widerstandsfähigen Mann machen wird«. Zugleich verbot sie ihm jede »wirklich gesundheitsschädliche Überanstrengung«. Der Rest war erneut praktischen Problemen und mütterlichen Ermahnungen gewidmet. Dieser Brief ließ dem Sohn keinen Raum mehr für Verhandlungen. Er griff jedoch in seinem sich wieder überkreuzenden Brief die zuvor formulierten Argumente der Mutter nur halbherzig auf: »Du sagst ja selbst, dass das Leben mich bisher zu weich bettete, sollte ich da, wo ich einmal durchzuhalten habe, sofort versagen? Sollte ich mich nicht gerade freuen über diesen Wetzstein meiner Kräfte? Du weißt es (und hier denkt man sich ein »aber«, DW) so gut wie ich, dass es einen Moment geben kann, wo der Stein härter ist als das Eisen …« (6.10.14) So wiederholte er in Varianten seine Bedenken und Ängste, die Mutter nicht nur durch die Überschneidung der Briefe verfehlend. Schließlich – vermutlich nach Erhalt des letzten mütterlichen Briefes – schienen seine Selbstzweifel geschwunden: »Heute ist ein Tag so schön wie nur in der ersten Zeit. Ich bin ganz glücklich und hoffe endlich wieder mit Sicherheit, hier bleiben zu können. Es ist doch ein Unterschied, zurückzukommen, weil man den Dienst nicht aushalten konnte, und zurückzukommen, weil der Krieg zu Ende ist, in dem man selbst wirken konnte.« (7.10.14) Otto hatte verstanden. Am 12. Oktober berichtete er den Eltern stolz über die öffentliche Belobigung, die er als Anerkennung für die Handhabung seines scheuenden Pferdes erhalten habe, eine Nachricht, die als Gegengeschichte zu der öffentlichen Beleidigung gelesen werden muss, die die Krise ausgelöst hatte. Jetzt war sie vorbei.

Heinrich Braun trat in diesen Tagen nicht in Erscheinung. Aber auch er war um Ottos Gesundheit besorgt. So äußerte der Abstinenzler nach den ersten Briefen Ottos aus Graudenz »insbesondere den Wunsch, dass Du durch die Gewohnheiten Deiner Kameraden Dich in keiner Weise irre machen lassen sollst, und nicht nur nicht an den Sektgelagen, sondern auch an Dingen, die ihnen verwandt sind und sich mit ihnen zu verbinden pflegen, unter keinen Umständen teilnehmen mögest. Das dürfte bei geistig und moralisch Minderwertigen Dir zunächst von deren Gesichtspunkten aus ungünstig ausgelegt werden, aber auf die Dauer wird es selbst Solchen imponieren, wenn Du Dich von unverbrüchlicher Consequenz zeigst. Im Übrigen soll in diesen wie in anderen Dingen nicht die Achtung anderer, sondern die Selbstachtung das für Dich entscheidende Kriterium sein.« (24.9.14)

Wie wenig Heinrich vom militärischen Milieu verstand, von den Gruppenzwängen und Männlichkeitsritualen! Freilich hatte Otto selbst ihn durch seine drastischen Schilderungen, über deren Wirkung auf den Vater er sich im Klaren gewesen sein musste, zu solchen Warnungen provoziert – vielleicht unbewusst, um in ihm einen Bündnispartner gegen die Mutter zu finden. Lily aber unterstützte die radikale und in ihren Augen unrealistische Position Heinrichs nicht. Sie intervenierte in einem Brief an Otto, dass sie »diese Sache (den Alkoholgenuss, DW), die für Dich solch ein Schreckgespenst ist,… gern dieses peinlichen Charakters entkleiden möchte. Ich werde vielleicht – als meines Vaters Tochter u. mit seinen Erfahrungen und Ansichten, ein anderes Urteil haben als Pa. Ich glaube, ein Mensch von Charakter braucht sich nicht vor so etwas zu fürchten. Es kann Dich niemand hindern, einen billigen Wein zu bestellen; es kann Dich weiter niemand zwingen, Dich zu betrinken. Du mußt eine Vorsicht gebrauchen, da es üblich ist, das Glas auszutrinken, wenn ein Kamerad Dir zutrinkt: Dir stets nur sehr wenig ins Glas zu gießen.« (13.10.14)

Angesichts der mütterlichen und großväterlichen Autorität musste Heinrich nachgeben. Er bat den Sohn zuletzt nur noch, sich »so brav und rein wie bisher zu erhalten. Da Du meinem Wunsch nach vollkommener Alkoholabstinenz nicht glaubst folgen zu können, musst Du doppelte Energie und Selbstbeherrschung an den Tag legen, um unter den üblen Wirkungen des Alkohols niemals zu leiden.« (20.10.14) Aber trotz dieser scheinbaren Lösung blieb Heinrich besorgt, nicht nur um Ottos Gesundheit und sexuelle »Reinheit«. Aus allen Entscheidungen ausgeschaltet, verharrte er in Angst um den Sohn und Hilflosigkeit gegenüber der Welt des Militärischen, die ihm zutiefst fremd blieb. Dennoch erfüllte Otto auch einen väterlichen Auftrag, als er in den Krieg zog. Dieser hatte schon vor dem August 1914 gelautet, das Scheitern der väterlichen politischen Pläne durch seine eigene zukünftige Führerschaft zu kompensieren, also an des Vaters Stelle dessen Vision eines reformistischen Staatssozialismus und damit die Heinrich selbst versagte Erfüllung seines Lebensprojekts zu realisieren. Weil nun der Krieg zur notwendigen Zwischenstation dieses Zukunftsprojekts geworden war, vermochte Heinrich sich ihm nicht wirklich entgegenzustellen. Gewissermaßen als Ersatz hatte er mit der Zeitschrift einen konkreten Zukunftsplan entwickelt, in den er hoffte, Otto einzubauen und damit auch an eine Perspektive nach dem Krieg, und somit an das Leben, zu binden. Seine anschließende Erkrankung war wohl nicht zuletzt Ausdruck seiner Sorgen und Resignation. Die Entwicklungen der ersten Wochen nach Ottos Weggang machten ihm immer mehr bewusst, dass er sich als Vater nicht gegen Sohn und Ehefrau durchsetzen konnte, und das ausgerechnet auf einem Feld, das eigentlich ganz männlich besetzt war: dem Krieg.

Männlichkeit war das große Thema der familiären Auseinandersetzung um die Bedeutung des Krieges. Der Auftrag zur Männlichkeit, den Otto sprachlich annahm, aber auch immer wieder in Frage stellte, verwies einerseits auf das Erwachsenwerden: der Junge würde (nur) im Krieg zum Mann. Er verwies diesen Jungen aber auch auf männliche Härte statt »weibischem Zagen« – zunächst sich selbst, d.h. seinem Körper gegenüber. Männlichkeit verlangte zudem den souveränen Umgang mit anderen Männern, die Vertrautheit mit ihren Ritualen: darunter einer von Alkohol und »Zotigkeit« geprägten Geselligkeit. Es war die Mutter, deren Expertise und Gefühle die Forderungen nach Männlichkeit bestimmten und bejahten, während der Vater als der hilflose, besorgte und behütende Agent von Weiblichkeit dastand, als derjenige, der gegenüber dem Sohn unter den Bedingungen des Krieges als Vorbild und Autorität versagte. Die Anforderungen und Bedingungen des Militärs überwältigten den jungen Otto und lösten eine Regression aus, in der er – vergeblich – versuchte, wieder als bedürftiges Kind anerkannt zu werden und von der Mutter die Fürsorge zu erhalten, auf die er sich in seiner bis dahin ungewöhnlich freien und liebevollen Erziehung immer hatte verlassen können. Die rasche Folge ihrer eindringlichen Briefe überzeugte ihn schließlich, dass die Nabelschnur, auf die er in seiner Not gehofft hatte, inzwischen von ihr durchtrennt worden war. Als Ersatz bot sie ihm ihre Bewunderung für seine männliche Haltung an. Ein Handel, auf den er sich einlassen musste.

* * *

Otto blieb also in Graudenz. Seine Sehnsucht war jetzt nicht mehr das Berliner Zuhause, sondern das »Feld«, mehr noch: das »Feuer«. Er erwartete, dass erst im Krieg der »Dienst« seinen Sinn erhalten und von allem, was ihn in Graudenz so schwer und abstoßend machte, befreit sein würde. »Ins Feld« zu ziehen, war ihm gleichbedeutend mit »Freiheit«, so schrieb er dem Vater Ende Oktober, in Erwartung des Befehls an die Front. Doch in den nächsten Tagen überschlugen sich widersprüchliche Nachrichten über einen unmittelbar bevorstehenden Einsatz gegen die russische Armee, die dann kurzfristig wieder zurückgenommen und ersetzt wurden durch die Aussicht Ottos, für einige Wochen zur weiteren Ausbildung nach Döberitz bei Berlin zu kommen.[17]

Für die Eltern war die Nachricht, dass Otto sehr bald »ins Feld« gehen würde, ein Schock, so als realisierten sie erst jetzt, dass es hier wirklich um Krieg ging. Andererseits mussten sie – wie Otto selbst – dies wünschen. Lily, die schon auf Vortragsreise war, bekannte ihrem Mann, »so recht kann mich nichts freuen, je näher Ottos Ausrücken bevorsteht. Es ist sehr, sehr schwer, zu handeln, wie man redet. Aber ich werde es können.« (31.10.14)

Einen Tag später erfuhr sie, dass Otto an einer Mandelentzündung erkrankt war und zugleich von seiner möglichen Verlegung nach Döberitz. Julie Vogelstein gegenüber bekannte sie, nicht genau zu wissen, ob sie sich »freuen oder ärgern soll, d.h. ob es für Otto günstig oder ungünstig ist …« (1.11.14). Die Aussicht, Otto könne wegen einer harmlosen Erkrankung von der Front zurückgestellt werden, löste bei Lily Braun eher Ärger aus, einerseits, weil sie dies als »ungünstig« für seine militärische Karriere ansah, andererseits, wie sie Otto später bekannte (vgl. S. 130f.), weil sie ihm (und sich) einen heldenhafteren Grund wünschte, heimzukehren. Heinrich dagegen deutete die Mandelentzündung umgekehrt als Ottos größte Chance und hoffte nicht nur, dass Otto »gelegentlich seiner Abkommandierung zur weiteren Ausbildung in Döberitz zunächst nach Hause kommt, um sich auszukurieren, was an und für sich eine außerordentliche Freude wäre, sondern es kommt hinzu, dass dem entsprechend die Ausbildung sich verzögert und er

17 In Döberitz befand sich einer der größten preußischen Truppenübungsplätze mit angegliederter Heeresschule zur Offiziersausbildung.

vielleicht erst ins Feld rückt, wenn der Krieg in der Hauptsache zu Ende sein dürfte.« (1.11.14) Als aber diese Aussicht am folgenden Tag durch einen erneuten Brief Ottos, er werde wohl doch an die russische Front geschickt, kurzfristig wieder aufgehoben wurde, schrieb ein verzweifelter Heinrich:

»Liebstes Lilychen, der schwere Druck, der davon ausgeht, dass Ottochen ins Feld gehen muß, lastet auf mir nicht weniger als auf Dir … Man muß sich darein ergeben, dass das Schicksal ihm und uns eine härtere Probe zumutet, die gewissenlose Kriegsführung das halbe Kind, das einer der wundervollsten Menschen ist, ohne irgendeinen Nutzen für den Kriegszweck als Kanonenfutter in die Feuerlinie schickt, – indeß auch dann kann man vertrauen, dass er uns heil zurückkehrt, und der Wahnsinn sich nicht ereignet, dass eine der schönsten Hoffnungen der Menschheit zerstört wird. Träte aber das Entsetzliche ein, so würde ich an meinem Lebensgrundsatz irre werden: amor fati einbüßen, und wenn ich mit Ottochen auch das Letzte, was ich besitze, verloren hätte, nicht eine Stunde länger leben wollen. Hoffen wir, … dass Ottos Bestimmung, ein Führer und Baumeister der Zukunft zu werden, sich erfüllt und das herrliche Kind … seiner Mission nicht entzogen wird.« (2.11.14)

Zum ersten Mal kam hier ein anderer Ton auf: die Sprache der Angst, der Sinnlosigkeit, des inneren Widerstands gegen das Grauen des Krieges, in den der Sohn ziehen sollte – verdichtet im Bild des »Kanonenfutters«. Der Einsatz und massenhafte Tod Freiwilliger in der Nähe von Langemarck in Belgien sollte sich zwar erst acht Tage später ereignen. Aber der Tod Peter Kollwitz', dem Freund Ottos, war inzwischen sicher auch Heinrich und Lily Braun bekannt, obwohl weder in ihren Briefen noch in Ottos Tagebuch davon die Rede ist. Lily Braun hatte außerdem auf ihrer Vortragsreise in Marburg erlebt, wie die Stadt um die Toten einer studentischen Einheit trauerte (vgl. S. 74). Aus Frankfurt antwortete sie ihrem Mann: »Eben erhielt ich Deine Briefe und den unseres Kindes – …. Laß mich Dir zuerst nur das Eine sagen, daß ich aus tiefer Überzeugung, die nicht von heute stammt, – ich habe sie schon zu Beginn des Krieges an T. geschrieben – aussprechen, was Du aussprichst: Fällt Otto, so lebe auch ich nicht länger.---« (3.11.14)

Den Eltern war bewusst, dass Otto im Krieg fallen konnte – und sie konnten sich nicht vorstellen, eine solche Katastrophe zu überleben. Dieser Gedanke muss verknüpft gewesen sein mit dem Wissen um die Verantwortung, die sie als Eltern dadurch übernommen hatten, dass sie Ottos Freiwilligenmeldung ermöglichten, ja, sogar unterstützten. Aus dem Briefwechsel zwischen den Eltern entsteht aber auch der Eindruck einer Konkurrenz um die Bedeutung, die der Sohn in beider Leben einnahm. Sein möglicher Tod wurde auch deshalb zu einem zentralen Thema zwischen Heinrich und Lily, weil er verknüpft war mit der faktischen Aufkündigung ihrer Ehe. Seit der Geliebte aus Italien Heinrich Lily weggenommen hatte, blieb der Sohn sein letzter emotionaler Besitz; die in dieser Äußerung liegende Unehrlichkeit – schließlich war Heinrich selbst frisch verliebt in Julie Vogelstein – blieb Lily ja verborgen. Diese wiederum hatte »T.« explizit ins Spiel gebracht, indem sie ihn als den ersten Adressaten ihres Todeswunsches benannte. So instrumentalisierten beide den möglichen Verlust des Sohnes als zusätzliche, den Ehekonflikt dramatisierende und verschärfende Waffe.

Endlich klärte sich die Situation – Otto nahm am Offizierslehrgang in Döberitz teil, 20 km von Berlin entfernt. Das verzögerte seine Abkommandierung »ins Feld« bis Mitte Dezember. Die freien Wochenenden konnte er zuhause in Klein-Machnow verbringen.

Zu diesem Zuhause gehörte inzwischen auch Julie Vogelstein. Zwar pendelte sie in den ersten Kriegsmonaten zwischen München und Berlin. War sie aber in Berlin, dann als selbstverständlicher Dauergast in der Braun'schen Villa im Erlenweg. Seit Juli waren Heinrich Braun und Julie Vogelstein nun ein Liebespaar – und zugleich war Julie in liebender Verehrung seiner Frau Lily zugetan. Innerlich nahm sie intensiv an allem Anteil, was die neuen Freunde bewegte, war aber äußerlich noch, trotz ihres stürmischen Erfolgs in der ganzen Familie, von zentralen Familienereignissen ausgeschlossen – so z.B. von einem Besuch der Brauns bei Otto in Graudenz, an dem sie nur indirekt teilnehmen konnte. »Als Du am Morgen von Graudenz anriefst«, schrieb Julie an Heinrich bei dieser Gelegenheit, »da war ich rettungslos dumm, es war so herzbewegend, Deine Stimme zu hören. So vergaß ich alles, alles was ich Dir im Traum lieb erzählt habe, alles, was ich beim Erwachen Dir gesagt! … Bitte, bitte erzähle/von Dir/von Lily/von Otto, habt Ihr ihn photographieren lassen??????/wieder von Dir …« (20.10.14)

In den Verwirrungen um Ottos möglichen Kriegseinsatz Anfang November tröstete Julie Vogelstein ihre Freundin Lily von München aus mit Gedanken über Ottos Foto, das sie inzwischen erhalten hatte und das den jungen Soldaten in Uniform zeigte: »Sein Bild gibt ihn köstlich – den festen und doch wartenden, erwartenden Blick, den seltsam sensiblen Mund und überhaupt das prachtvoll Feine dieses … Menschen. Ich bin ganz erfüllt davon und habe es immer am Bett.« (13.12.14) Ihren Geliebten versuchte Julie mit einem anderen Bild zu stärken:

»Heute Nacht kamen Strahlen aus Deinem Herzen wie Sonnenspeere. Otto nahm einen mit siegfrohem Griff und schwang ihn hoch über seinem Kopf. Dann jagte er auf leichtem Roß davon und schlug die Nebel und Dunkelheiten in die Flucht. Du aber gabst ihm von Neuem Lichtwaffen an junge Kämpfer, die Otto nach ritten und die Welt vom Druck des grauen Dunkels befreiten. Wie strahltest Du einen Herzspeer in den Kern meines Seins und machtest mich blühend allüberall!!! Dann nahmst Du selbst die Sonnenstrahlen Deines Herzens in die Hand und pflanztest sie in die Erde wie Pfeiler! Und es wurden Pfeiler. Aber Sonnenpfeiler, die bis zum Himmel reichten … So träumte ich im Schlaf von Dir!« (18.11.14)

Und in der Nacht zum 18. Dezember, als Otto schon auf dem Weg »ins Feld« war, sah sie »wieder Otto als Reiter im Parthenonfries, mit blühendem Blick! Wundervoll und unverletzbar durch einen Sonnenmantel, der ihn überall umhüllte.« Instinktiv hatte Julie verstanden, dass sie Heinrich am besten trösten konnte, wenn sie ihn mit der Autorität eines Traumes von seiner Stärke, seiner Schutz-Macht überzeugte, ihm die Rolle eines irdischen Vertreters und Exekutors göttlicher Mächte zuschrieb. In ihrer Traumerzählung war Otto durch den Vater unverwundbar, war selbst zum griechischen Gott geworden. Das sollte auch im Weiteren ihre Aufgabe bleiben: Sie, die Expertin für das klassische Griechenland, versorgte die anderen immer wieder mit Bildern, die den Krieg ästhetisierten, ihm Form und Schönheit gaben, und vor allem jenen Sinn, der sich in der Idee des Helden, aber auch des Tragischen zeigte. Indem sie auf diesen scheinbar ewigen Werten bestand, trat sie gewissermaßen aus der Geschichte heraus, blieb im Kern vom Krieg unberührt – und damit stark genug, um die anderen zu trösten. Freilich hatte die Traumerzählung noch einen weiteren Aspekt, der sie selbst und ihre Wünsche an Heinrich betraf. Denn der »Herzspeer«, der den Kern ihres Innern traf und sie »allüberall blühend« machte, ist eine deutliche sexuelle Anspielung auf seine Männlichkeit als Liebhaber und ihren Wunsch, von ihm so getroffen zu werden. So wurde in ihrer Erzählung von seiner Ermächtigung sowohl der starke Vater als auch der potente Geliebte imaginiert. So sehr Julie Lily liebte und so sehr sie offensichtlich bereit war, an der entstandenen Konstellation nichts zu ändern, so zielstrebig sorgte sie mit ihren geschickten Liebesbeweisen zugleich dafür, dass Heinrich sie brauchte, weil sie allein seine Männlichkeit anerkannte.

Am Donnerstag, den 10. Dezember 1914 war der Döberitzer Kurs zu Ende und Otto fuhr zum letzten Mal nach Hause, blieb dort bis Samstagfrüh und nahm dann den Zug zurück nach Graudenz, wo für Montag den 14. Dezember der Abmarschbefehl angekündigt war. Am Tag davor eröffnete er sein eigentliches Kriegstagebuch; Graudenz war ihm darin bloße Vorgeschichte dessen, was er auf dem Umschlag des ersten Heftes die »Kriegszeit« nannte. Seine zusammenfassende Darstellung des Bisherigen deutete die Krise vom Oktober nur an: Er sprach von seiner »fortschreitende(n) innere(n) und äussere(n) Kräftigung hindurch durch eine Periode grösster Ermattung, die ich zeitweilig nicht glaubte aushalten zu können. Sonst sind es fröhliche Bilder: Schöne Ritte des Morgens … und die Fröhlichkeit des Soldatenlebens überhaupt …« Er wollte und brauchte sich nicht mehr intensiv mit den Graudenzer Erfahrungen zu beschäftigen. Vor ihm lag endlich der wirkliche Krieg.

Die Kriegerin

Wenige Tage, nachdem Otto Braun als Freiwilliger Berlin in Richtung Graudenz verlassen hatte, bestieg Lily einen Zug nach Stuttgart, um einen Vortrag über den »Krieg und die Frauen«[1] zu halten. Man hatte ihr im Vorab signalisiert, dass der Andrang sehr groß sein werde und man erwarte, dass der Vortrag am Sonntag noch einmal wiederholt werden müsse. Nach ihrer Rückkehr sei sie, so teilte sie auf der Fahrt dem Sohn mit, ins Auswärtige Amt zu einer Besprechung eingeladen, vermutlich, um ihren weiteren Einsatz für den Krieg zu besprechen.[2] Lily Braun stellte sich stolz und uneingeschränkt dem Krieg als Rednerin und Propagandistin zur Verfügung – anfangs getragen von der mit dem »Augusterlebnis« verbundenen Welle der Begeisterung, die ihr, der leidenschaftlichen Rednerin, besonders zugute kam. Aber schon diese erste Reise konfrontierte Lily Braun auch mit der gefährlichen Realität des Krieges:

»Hier in Stuttgart spürt man wahrscheinlich die größte Nähe des Krieges. Alles ist voller Verwundeter, selbst das Hotel. Die Württemberger haben in einzelnen Regimentern bis zu 70 % Verluste! Das 13. Armeekorps ist wegen der riesigen Verluste zeitweise ganz aus dem Felde zurückgezogen worden.[3] Mein geliebter Junge, Du glaubst nicht, wie mir zumute ist, wenn ich all das höre! Ich bin dann so ganz Frau, so ganz Mutter, dass ich nur an Dich denke! Doch nun muß ich an meinem Vortrag arbeiten …« (26.9.14)

»So ganz Frau, so ganz Mutter« zu sein hieß also, sich der Sorge um den Sohn ganz hingeben. »Doch« im Sinne von »jedoch«: Sie wusste sich einer anderen Aufgabe verpflichtet, es ging um Größeres: mit ihrem Vortrag die Massen zu begeistern und zu mobilisieren und dadurch einen Beitrag zum Krieg zu leisten, der dem der Soldaten ähnelte. Sie wollte weniger Mutter, als vielmehr Mit-

1 Julie Vogelstein, Lily Braun. Ein Lebensbild, Berlin 1922, S. 109.
2 Lilys geheimnisvolle Andeutungen über einen Auftrag von höchster Stelle realisierten sich anscheinend nicht, jedenfalls wird das AA nicht wieder erwähnt.
3 Das 13. Armeekorps kämpfte zunächst in den Argonnen und dann in der ersten Flandernschlacht.

kämpferin Ottos sein. Nach ihrer Rückkehr und ihrem Einsatz für Ottos Verbleib in Graudenz Anfang Oktober wiederholte sie ihren Vortrag in Berlin und konnte dem Sohn stolz berichten:

»Ich habe, wie alle meinen, sehr gut gesprochen; wie Pa sagt: besser denn je; wie ich fühle: gut. Das ganz Besondere war, dass ich kurz vor Beginn von einer Dame, deren Mann aus dem Hauptquartier den Fall von Antwerpen[4] gerade depeschiert hatte, autorisiert wurde, die Nachricht mitzuteilen, von der noch nichts öffentlich bekannt war. Das war eine herrliche Einleitung zu meinem Vortrag, die jubelnden Beifall weckte. Und heute wehen endlich die Fahnen wieder! Der Saal war nicht voll, aber sehr gut besetzt … Der Beifall zum Schluß war geradezu frenetisch.« (10.10.14)

Die Verkündigung des Sieges über die belgische und britische Armee hatte ihr Gelegenheit gegeben, selbst als dessen Verkörperung aufzutreten, und die Euphorie darüber hatte nicht nur ihre eigene Leidenschaft angefeuert, sondern auch ihre Zuhörer erfasst und war im »frenetischen Beifall« an sie zurückgegeben worden. So wurden Niederlagen und Siege unmittelbarer Teil ihrer Vortragsarbeit, während sie selbst sich von ihrer Begeisterung tragen ließ oder aber die Folgen aus Niederlagen in nächster Nähe beobachtete und in ihre Vorträge einbezog. Aber selbst Siege, wie die Einnahme von Antwerpen, wurden nicht ohne Verluste errungen. »Auch Minnas (des Dienstmädchens, DW) Bruder, der Pionier, ist wahrscheinlich dabei gewesen. Der Oberleutnant Keller ist mit dem Eisernen Kreuz heimgekehrt. Er hat fünfzehn Gefechte mitgemacht u. ist wesentlich seelisch zusammengebrochen, da er fast alle seine Kameraden um sich zusammenstürzen sah. Grauenhaft ist dieser Krieg! – trotz all seiner Größe. Hätte doch der Kaiser recht, der ein Weihnachten daheim prophezeite!« (An Otto, 11.10.14) Lily verschloss ihre Augen also keineswegs vor der Gewalt des Krieges oder vor dem Tod. Und ihre Bemerkung im Konjunktiv: »Hätte doch der Kaiser recht«, verweist auf ihre frühen Zweifel an einem raschen, leichten Sieg. Aber für sie war die Größe des Geschehens nicht ohne seinen Schrecken zu haben, und sie vermied es deshalb nicht, ihn zu sehen und zu beschreiben.

4 Antwerpen war am 9. Oktober eingenommen worden.

Am 21. Oktober verließ Lily Braun Berlin schon wieder frühmorgens, diesmal für eine deutschlandweite Vortragsreise, die sie zunächst nach Karlsruhe führte. Den Vorabend verbrachte sie in Berlin, wo sie im Hotel Kempinski übernachtete und zuvor noch Lucy Hoesch-Ernst, eine Aktivistin der Radikalen Frauenbewegung, traf.[5] Die Begegnung hatte Lily »stark verstimmt«. Frau Hoesch-Ernst führe sich auf »wie verrückt«, schrieb sie an Otto:

»Dieser Krieg werde, so meint sie, nie ein Ende nehmen. England werde niemals unsere Übermacht dulden und uns bis zum letzten Deutschen umbringen u. dergl. mehr. Nun sehe ich allerdings auch die Lage als eine sehr ernste an und ich fürchte, mein Liebling, Du wirst den bunten Rock nicht so bald ausziehen. Wenn wir vielleicht auch mit Russen und Franzosen fertig werden, mit England wird es lange dauern. Es handelt sich ja wirklich um den Kampf um die Weltmacht. Daß Du in einen solchen Kampf einmal verwickelt sein würdest, glaubte ich stets, aber ich nahm an, es würde einer mit geistigen Waffen sein. Hoffentlich wird dieser dem jetzigen folgen und Deine Kräfte zur vollen Entfaltung und Bewährung bringen! Oft überkommt mich die zärtlichste Angst um Dich, wenn ich daran denke, dass Du ins Feld kommst. Aber mein Grundgefühl Dir gegenüber bleibt doch immer ein unerschütterlicher Glaube, – nicht etwa allein an Dich, sondern mehr noch an Deinen Stern, an Deine Bestimmung.« (21.10.14)

Trotz ihrer zuversichtlichen Rede, in der Ottos »bunter Rock« eher fröhliches Soldatenleben als den Krieg evozieren sollte, und sicher unter dem Eindruck des Gesprächs mit Frau Hoesch-Ernst, deren Argumente sie ja indirekt bestätigte, war ihre Stimmung nicht euphorisch. »Diese Vortragsreise bedeutet eigentlich für mich die erste Erfahrung harten und opfervollen Geldverdienens, selbst die stete Hetzerei meines Bücherschreibens ist nichts dagegen«, schrieb sie Heinrich von »unterwegs« (21.10.14). Einerseits schien die Reise sie von Station zu Station zu beflügeln. Andererseits

5 Die Psychologin Lucy Hoesch-Ernst lebte in Gauting bei München. Wegen ihrer pazifistischen Aktivitäten wurde sie Anfang 1916 verhaftet und gegen eine Kaution von 100.000 RM freigelassen, nachdem sie das Versprechen abgegeben hatte, sich nicht weiter politisch zu betätigen. Frau Hoesch-Ernst war sehr wohlhabend und hatte den Brauns gelegentlich größere Geldsummen geliehen.

nahm sie ihre Tour mitunter als leeres Ritual wahr, in dem sie die Angst um Otto nur mühsam unterdrücken konnte. Als Otto ihr, in Erwartung seiner Abkommandierung ins »Feld« ein (wie sich dann herausstellte: verfrühtes) Abschiedsgedicht schickte, das sie in Karlsruhe erreichte, war sie »ganz zerbrochen. Es ist gut, dass ich jetzt so viel zu tun habe, wenn das ›Tun‹ auch nur im Herumkutschieren und im Aufsagen stets des gleichen Sprüchleins besteht. Es würde mir leichter werden, hätte ich nicht wieder die scheußlichen einseitigen Kopfschmerzen, die jedes klare Denken verhindern. Ich hatte gestern bei überfülltem Saal den üblichen großen Erfolg …«, erwähnte sie lustlos (23.10.14). Am nächsten Tag beschrieb sie Heinrich und Otto aber schon wieder begeistert Hotel, Vortragssaal und Publikum in Pforzheim (24.10.14), und in Nürnberg entwickelte sie die Idee, ihre »Reiseeindrücke im Krieg« aufzuschreiben und zu veröffentlichen (an Heinrich 26.10.14). Einen solchen »Eindruck« hatte sie ihrem Sohn am Tag zuvor wiedergegeben. Man spüre »hier im Westen« den Krieg sehr:

»… ein ungeheurer Verkehr von Verwundeten, auch große Gefangenenlager überall. In meinem heutigen Zug war ein Transport armseliger französischer Bauern. Warum sie interniert wurden, weiß ich nicht. Sie frugen jeden, den sie erwischen konnten, mit angstvoll aufgerissenen Augen: ›et les Russes – ne sont-ils pas à Berlin?!‹ Sie wollten das immer wiederholte ›non‹ nicht glauben. Arme Kerle! Allgemein ist man der Ansicht, dass der Krieg mit Rußland am längsten dauern wird! Und gerade dort bist Du!« (25.10.14)

Aus Saalfeld schrieb sie: »Mein gestriger Erfolg in Fürth war ein geradezu betäubender. Der Beifall war frenetisch. Ich bin neugierig, wie die Fränkische Tagespost[6] berichten wird. Es war jemand von ihr da, der mich zu Beginn sehr spöttisch musterte.« (An Heinrich, 27.10.14) Ähnlich berichtete sie Otto über ihren Erfolg in Nürnberg und Fürth: »Es ist überhaupt der reine Triumphzug, nur dass ich den Triumph kaum bemerke.« (27.10.14) Kassel und Frankfurt waren die nächsten Stationen, von da ging es nach Marburg (2.11.14). Den Vortrag dort nutzte Lily Braun, um Paul

6 Es handelte sich um eine sozialdemokratische Tageszeitung, die in Nürnberg erschien.

Natorp, den an der Universität Marburg lehrenden Neukantianer und langjährigen Freund der Brauns, insbesondere Heinrichs, in der Odenwaldschule zu treffen.

»Natorps schöner, begabter Sohn Hans liegt durch eine Kopfwunde halbseitig gelähmt bei seinen armen Eltern! Die Ärzte sagen, dass er in Jahr und Tag ganz gesund werden würde. Er ist geistig ganz unverändert, fängt auch – nach zwei Monaten! – etwas zu gehen an. Der zweite Sohn steht vor Verdun. Am Tage, als ich ankam, war die Nachricht gekommen, dass ein fast nur aus Marburger Freiwilligen – meist Freunden und Bekannten der Natorp'schen Söhne – gebildetes Bataillon, infolge zu stürmischen Vorpreschens ganz niedergemäht wurde! Und am gleichen Abend rückten neue Reserven, wieder lauter junge Söhne der Stadt, abermals aus. Ich wollte unter dem fürchterlichen Eindruck von alle dem, besonders von Natorps – sie sind beide Greise und haben doch noch vier gesunde Kinder! – gar nicht sprechen. Man wünschte es aber dringend, auch Natorp, der mit seiner Jüngsten selbst da war, und so tat ich's vor ganz wenigen Zuhörern. Es kam natürlich nichts ein. Die Gesellschaft hätte sogar noch zuzahlen müssen und die Hälfte der Einnahmen sollte doch den Hinterbliebenen zugute kommen. Da habe ich auf die Hälfte meines Honorars freiwillig verzichtet. – Ich sprach schlecht.« (3.11.14)[7]

Weiter ging es nach Wiesbaden und Frankfurt und dann zunächst zurück nach Berlin, wo sie am Freitag, den 6. 11. ebenfalls eine Vortragsverpflichtung hatte, »über ›der Krieg als Erzieher‹«. Für den weiteren November standen noch Köln, Düsseldorf und Hamburg auf dem Programm.[8] Lily Braun reiste – im Wechsel berauscht und bedrückt – durch ein Land im Kriegszustand.

7 Zitat aus demselben Brief, in dem Lily Heinrich ihre Verzweiflung um Ottos bevorstehenden Abzug »ins Feld« bekennt. Bei dem Marburger Bataillon handelte es sich vermutlich um das Reserve-Jäger-Bataillon Nr. 24, das in der ersten Flandernschlacht zum Einsatz gekommen war. Von den 600 Angehörigen des Bataillons überlebten nur 153, darunter kein einziger Offizier. Vgl. Reichsarchiv Potsdam (Hg.), Der Weltkrieg 1914-1918. Die militärischen Operationen zu Lande, Bd. 5: Der Herbstfeldzug 1914, S. 355-57, sowie Bd. 6: Der Herbstfeldzug 1914, S. 27, Karte 11; beide Bände Berlin 1929.

8 Zumindest der Termin in Düsseldorf wurde von ihr wieder abgesagt, wie sie Otto am 30.10. mitteilte; vermutlich trifft das auch auf die anderen Stationen

Trotz ihrer widerstreitenden Gefühle, dem Stolz auf den eigenen Erfolg, ihrer Angst angesichts der Heeresberichte und der Begegnung mit den Verwundeten – Gegenstand ihrer Vorträge war eine geschlossene Sinngebung des Krieges und ihre daraus abgeleitete Gewissheit über den Sieg. Das war es, was ihre Zuhörerschaft in der Regel von ihr erwartete und wofür sie mit »betäubendem, frenetischem« Beifall belohnt wurde. Es irritierte sie verständlicherweise, wenn ihre historisch begründeten Konstruktionen auf gelehrte Kritik stießen, wie in Kassel:

»Ich begründe die Hoffnung auf eine rein deutsche Kultur nach dem Kriege damit, dass jede wirkliche große künstlerische Kultur aus einem Volk mit starkem Gemeinsinn, aus einem geschlossenen Staat erwuchs und führe die griechische Antike als Beispiel an. Der Herr behauptet nun, das sei ganz falsch, sei eine veraltete Ansicht von Curtius, während das bahnbrechende Werk von Beloch (?) bewiesen habe, dass der Höhepunkt griechischer Kultur in eine Zeit fiel, wo Griechenland ganz gespalten und als Staat zerrissen war u. seine Kultur zurückging, als es ein einheitlicher Staat werden wollte.[9] Was sagst Du dazu – falls Du solche Dinge überhaupt noch erörtern magst.« (An Otto, 29.10.14)

Nichts lag Lily Braun ferner, als sich mit ihrem Publikum auf eine akademische Debatte einzulassen, von der sie mit hoher Wahrscheinlichkeit ohnehin nichts wusste oder verstand – zumindest war ihr der Außenseiter Beloch kein Begriff, wie das Fragezeichen hinter seinem Namen zeigt. Der gelehrte »Herr« hatte das Genre und den Zweck ihres Vortrags entweder missverstanden oder sich aus Eitelkeit darüber hinweggesetzt – vielleicht auch aus Empörung darüber, dass ein idealisiertes Griechenland als Argument für Lilys Sinngebung herhalten musste. Dennoch war Lily, trotz ihrer

zu, da sich diese Verpflichtungen mit dem Besuch Ottos in Berlin im Zusammenhang mit seinem Döberitzer Lehrgang überschnitten.

9 Ernst Curtius (1814-1896), Archäologe und Althistoriker, war Ordinarius an der Berliner Universität und dort Direktor des Alten Museums gewesen. Karl Julius Beloch (1854-1929), erhielt einen Lehrstuhl für Alte Geschichte in Rom, nachdem Theodor Mommsen mehrfach seine Berufung an eine deutsche Universität verhindert hatte. Grund waren fachliche Differenzen, auch hervorgerufen durch Belochs kritische bzw. abweichende und für die damalige Zeit unkonventionelle Quellenlektüre.

sonstigen Erfolge beim Publikum ohnehin angeschlagen, verunsichert, denn das gelehrte Argument hatte sie in die Schranken ihrer nur oberflächlichen Bildung verwiesen und öffentlich bloßgestellt. Es ernst zu nehmen hätte allerdings bedeutet, auf eine zentrale Redefigur zu verzichten, die sie im Übrigen von Otto übernommen hatte. Es ging ihr aber nicht um Wissenschaft, sondern um Überzeugung, und zwar umso mehr, je stärker sie ihre anfängliche, naive Kriegsbegeisterung verlor und sich auch bei ihrem Publikum Ernüchterung breitmachte. Am Silvestertag 1914 schrieb sie Otto »ins Feld«, es scheine »sich eine gewisse Kriegsmüdigkeit geltend zu machen. Die Begeisterung ist nicht mehr so groß wie sie sein sollte u. ich fange an, meine Vorträge als Notwendigkeit zu empfinden, um den Menschen wieder ins Gewissen zu reden.«

Hinter den Vortragsreisen stand allerdings noch eine andere Notwendigkeit, nämlich diejenige, Geld zu verdienen. Dieses Motiv geriet gelegentlich in Widerspruch zu der patriotischen Begeisterung, die sie fühlte und so erfolgreich auf ihr Publikum übertrug. »In Karlsruhe haben sie mir zugunsten des Roten Kreuzes 50 Mk. vom Honorar abgeknöpft; in Pforzheim war die Versammlung anständigerweise nicht zugunsten von irgendwas; ich bekam 200 Mk. und obendrein das Hotel bezahlt als ich bezahlen wollte,« schrieb sie an Heinrich (25.10.14). Und in der Bilanz ihrer Reise rechnete sie Otto vor: »In Frankfurt hatte ich einen geradezu fabelhaften Erfolg. Gegen 800 Menschen fanden keinen Einlaß mehr. Ich habe jetzt auf der Tour für die Kriegsfürsorge[10] gegen 3000 Mk. erredet. Für mich, da ich stets nur 200 Mk. Honorar, in Marburg nur 100 bekam, wesentlich weniger, besonders, da das Reisen, Hotels etc., sehr teuer sind.« Doch hoffe sie, »uns damit über die schwere Zeit … hinweghelfen können.« (4.11.14) Die schwere Zeit – das waren die drückenden Schulden und die bedrohlichen Prozesse, bei denen stets Geldforderungen im Spiel waren. Insbesondere die Auseinandersetzungen mit Verlagen, bei denen es um hohe Summen ging, hatten sich Ende 1914 so zugespitzt, dass die Pfändung

10 Die über ihr Honorar hinausgehenden Einnahmen aus dem Eintrittsgeld für ihre Vorträge kamen also der staatlichen Kriegsfürsorge zugute. Vgl. Birthe Kundrus, Kriegerfrauen. Familienpolitik und Geschlechterverhältnisse im Ersten und Zweiten Weltkrieg, Hamburger Beiträge zur Sozial- und Zeitgeschichte, Bd. 32, Hamburg 1995, S. 45-48.

des Hauses in Klein-Machnow drohte (s. u.). Lilys Einnahmen aus ihren Vorträgen sicherten der Familie also das tägliche Überleben.

Anfang 1915 startete Lily Braun ihre nächste Vortragsreise, diesmal zum schon in Berlin erprobten Thema »Der Krieg als Erzieher«. In der ersten Januarhälfte sprach sie in Dortmund, Dresden, erneut in Frankfurt und nochmals in Stuttgart. Die Wahl des Themas könnte darauf verweisen, dass sie diese Aufgabe mittlerweile pragmatischer anging – denn »der Krieg als Erzieher« war ein weit verbreiteter Topos in der ersten Kriegshälfte, schon 1914 waren dazu zwei gedruckte Vorträge erschienen, 1915 folgte ein Roman mit demselben Titel, die Phrase war ein gängiges Motiv in pädagogischen Ansprachen und protestantischen Predigten.[11] Auch auf dieser Vortragsreise feierte Lily Braun Triumphe, während sie sich intensiv damit beschäftigte, was ihr die Arbeit finanziell einbrachte bzw. unter welchen Bedingungen – festem Honorar oder Unternehmen auf eigene Rechnung – sie die größten Einnahmen erzielen konnte. Aber noch immer war sie entschlossen, den Krieg zu unterstützen und an einen baldigen Sieg zu glauben. Und noch immer vermochte sie, ein großes Publikum zu begeistern.

* * *

Ab der zweiten Januarhälfte machte sich Lily Braun an ihr während der ersten Vortragsreise angekündigtes Vorhaben, ihre Erfahrungen, verknüpft mit Inhalten ihrer Vorträge, als Broschüre zu veröffentlichen. Anfang Februar 1915 fuhr sie zur Kur in »Möllers Sanatorium« im feinen Dresdner Viertel Loschwitz. Am 9. Februar schrieb sie an Otto, sie habe in dreieinhalb Wochen, also seit Beendigung ihrer zweiten Vortragsreise, die Broschüre abgeschlossen und sei zufrieden, aber auch erschöpft.

Die Schrift »Die Frauen und der Krieg« erschien am 23. Februar 1915 beim Verlag Salomon Hirzel in Leipzig. Auf 53 Seiten in vier

11 Theodor Elsenhans: Der Krieg als Erzieher, Vortrag zugunsten des Roten Kreuzes, gehalten am 28. September 1914 in der Aula der Kgl. technischen Hochschule zu Dresden, Dresden 1914; Theobald Ziegler: Der Krieg als Erzieher, Vortrag, gehalten zu Stuttgart am 10. Oktober 1914, Frankfurt 1914; Ada von Gerssdorf: Der Krieg als Erzieher. Zeitgemäßer Roman, Leipzig 1915.

Kapiteln entwickelte Lily Braun ihre Argumente und ihre Programmatik über die Bedeutung des Krieges für die Frauen und deren Bedeutung für den Krieg. Im ersten Kapitel geht es um die Urgewalt, mit der dieser »mit einem Schlage« (S. 11) die Verhältnisse verändert und die Vorkriegserscheinungen im deutschen Volke, insbesondere jedoch unter den deutschen Frauen, beleuchtet, verändert, unmöglich gemacht bzw. vernichtet habe. Vor allem die Frauen ihrer eigenen Klasse griff sie wegen ihrer in der Vorkriegszeit »individualistischen Sackgassen« und »schöngeistige(m) Theoretisieren« (S. 6) an: »Jedes Gänschen verteidigte das ›Ausleben‹ seiner Gänsenatur mit dem Recht auf Persönlichkeit; jede Frau ihre aus Langeweile und Lüsternheit entstandenen Karnevalspassionen mit der Freiheit der Liebe.« (S. 7) »Abgründe« trennten sie von den »Millionen der Proletarierinnen« (ebd.). Diese Klassentrennung habe der Krieg aufgehoben: »Sie hatten alle kein Zuhause mehr: sie fühlten nur *ein* Vaterland; sie hatten alle keine Familie; sie waren nur *ein* Volk.« (S. 8) Wie die Frauen, so habe der Krieg auch die (männliche) Jugend verändert:

»Wie ein Schuldiger schlich sich der davon, der (auf die Frage nach der erfolgreichen Freiwilligenmeldung, DW) ein ›Nein‹ flüstern mußte. Als Maske, als Modelarve erwies sich jenes Gebaren der Blasiertheit, des Ästhetizismus, das uns nur zu oft bei der Jugend wie ein deutliches Zeichen allgemeiner Dekadenz erschienen war ...« (S. 9)

Der Krieg habe all diese Äußerlichkeiten zerstört, »bei den Männern all jene Effeminisierungserscheinungen, die auf den verschiedensten Gebieten schon zutage getreten waren, und alles hohle Weltbürgertum, das drohte, uns ganz zu entwurzeln ...«, um das Wesentliche bloßzulegen:

»Männer waren wieder Männer, nichts als Männer, von dem einen, ursprünglichen, primitiven Geschlechtsgefühl durchglutet und zusammengehalten: schützen – die Scholle verteidigen – kämpfen. Und mit dem gleichen Schlage zerstörte der Krieg die männischen – (da ich unmöglich in diesem Zusammenhang von ›männlich‹ sprechen kann) –, Gelüste und Ehrsüchte der Frauen, ihren sentimentalen Pazifismus, ihren törichten Traum von der Schwesternschaft aller Menschen weiblichen Geschlechts.«

Auch sie sahen sich verwiesen auf ihr spezifisches »primitives Geschlechtsgefühl, das ein einziges Wort am reinsten darstellt: Mütterlichkeit« (S. 11). Was aber Mütterlichkeit in Zeiten des Krieges heißen musste, führte Lily Braun in den folgenden Abschnitten aus. Dem bei Kriegsausbruch gegründeten »Nationalen Frauendienst« bescheinigte sie eine neue Form der Kooperation – zwischen der sogenannten bürgerlichen und sozialistischen Frauenbewegung, aber auch insofern, als von den Frauen in diesem Zusammenschluss professionell organisierte Arbeit ausgehe, die in den Kommunen stattfand, bei der ein auf der systematischen Überprüfung von Notlagen und Bedürfnissen basierendes Arbeitsprogramm erstellt werde und Frauen für spezielle Dienste vorbereitet und geschult würden, um eine möglichst effektive Arbeit zu leisten, politische Tätigkeit also ohne »spezifisch frauenrechtlerische Forderungen«, wie Lily Braun lobend feststellte. Das sei eine gelungene Übertragung des »ursprünglichen Schaffen(s) und Wirken(s) des Weibes, wie ihre Geschlechtsbestimmung sie ihr zugewiesen: Ernährung, Bekleidung, Jugendfürsorge« in die Sphäre der Öffentlichkeit, der Gesellschaft, der Politik. »Hauswirtschaft« erweitere sich zur »Volkswirtschaft« (S. 17). Dieser politische Fortschritt beruhe, so Lily Braun, auf einer vom Krieg erzwungenen neuen Erfahrung der bis dahin so unbekümmerten Frau als Hausfrau, denn »nun warf uns der Krieg auch in dieser Beziehung auf primitive Zustände zurück: dem Von-der-Scholle-leben-müssen. Mit den drastischsten Mitteln weckte er die Vaterlandsliebe in ihrer ursprünglichsten Gestalt: der Liebe zu dem Boden, der uns ernährt.« Es gelte, mit den Hausfrauen »eine Armee zäher, stiller Kämpfer gegen die Aushungerungspolitik Englands auszubilden und zu organisieren …« (S. 20) Aber auch eine »Armee von Pflegerinnen« war entstanden, »die im direkten Kriegsdienst stehen« (S. 23). Möglich sei dies geworden durch »unseren ›Militarismus‹« mit der aus ihm abgeleiteten »Fähigkeit zur Disziplinierung« (S. 24). Doch war damit das weibliche Potential bei Weitem nicht ausgeschöpft. Teilweise, so Lily Braun, verschwendete es sich in unsinnigen Sparmaßnahmen auf Kosten anderer, etwa den Massenentlassungen von Dienstmädchen (S. 29 f.). Manche »Dame« weigere sich überhaupt, sich im Kriegsdienst die Hände schmutzig zu machen (S. 32 f.). Systematisch setzte Lily Braun weibliches Handeln im Krieg militärischem Handeln gleich bzw. stellte beides einander gegenüber: Werde nicht auch der Freiwillige im Heer entlohnt? Sei er nicht zu jedem Dienst bereit? Hänge nicht von seiner »Pflichttreue« der »Erfolg der ganzen Truppe« ab? (S. 33) Verliere nicht des Soldaten Klassenzugehörigkeit im Schützengraben an Bedeutung? Das alles solle auch für Frauen gelten. Der Krieg mache die Frau zur Bürgerin, insoweit sie aufhöre, sich Selbstzweck zu sein. Denn, so führte Lily Braun im letzten Abschnitt aus, nur im Kriegsdienst werde die Frau Bürgerin im vollen Sinne.

Vorbei die Zeit, in der »Kultur gleichbedeutend (war) mit den sanften Tugenden des Friedens, mit der Stille und dem Behagen des Hauses. … Die sanften Tugenden, die vielfach schon drohten in die Laster der Weichheit und Sentimentalität umzuschlagen, sind zum Teil entthront. Auf der Feueresse des Krieges werden Herzen und Fäuste gehärtet.« (S. 37) Unter den Bedingungen des Krieges überlebe nur die echte Kultur, die auch Fremdes von Qualität anerkennen könne – hier schloss sie an Ottos Vorkriegsnationalismus an –, die sich weder einem ignoranten Antisemitismus noch einem fanatischen Internationalismus hingibt. Dieser Internationalismus sei es auch, der sich durch das Kriegsgeschehen als Illusion erwiesen habe, vor allem von Seiten der Sozialisten, die aber ansonsten den Krieg als eine Entwicklungsphase des Sozialismus begreifen könnten. Hier folgte Lily Braun offensichtlich der Deutung Heinrichs, dessen politische Tätigkeit während des Krieges ganz im Zeichen eines positiv gedeuteten Kriegssozialismus stand. Der Krieg – damit griff sie ungeachtet der gelehrten Kritik des »Herrn« im Kasseler Publikum das griechische Ideal Ottos auf – schaffe eine neue, bessere, gereiftere Kultur, indem er ein Volk zu höherer Gemeinschaft schmiede (S. 39 ff.). So werde auch die Frauenbewegung unter der Wirkung des Krieges und seiner kulturschaffenden Kraft sich verändern, postulierte und hoffte Lily Braun. »Das bloße Ringen um eine öde Gleichmacherei … der Kampf wider den Mann … dürften nach dem Kriege nur noch von einigen unverbesserlichen Vertreterinnen vertrockneten Altjungferntums aufrecht erhalten werden.« (S. 45) So wie der Mann als Bürger aus der allgemeinen Wehrpflicht geboren wurde, so werde auch die Frau als Bürgerin aus einer solchen Verpflichtung geboren werden. »Wir fordern die Dienstpflicht auch für uns! … Wir verlangen von der deutschen Volksvertretung die Vorlegung eines Gesetzes, dass alle Frauen zur

Dienstleistung verpflichtet, und durch das ihnen die Erziehung in allen Zweigen weiblicher Tätigkeit … gesichert wird.« (S. 46) Mit dieser praktisch-politischen Forderung zielte Lily Braun über das metaphorische Sprechen von der weiblichen Armee hinaus. Auch wollte sie weibliche Dienstpflicht nicht auf den Krieg beschränken, sondern parallel zur männlichen Wehrpflicht auf Dauer einführen. Sie terminierte diese Dienstpflicht deshalb auf zwei Jahre und fügte hinzu: »Auf jedes Einjährigenprivileg würden wir von vornherein verzichten!« (S. 47)[12]

Lily Braun war es durchaus ernst mit einem »Heer von Frauen …, von denen eine jede sofort wüsste, wo das kleine Rädchen ihrer Leistungskraft sich in die große Maschine des Ganzen einzufügen hat. … die Frauen würden endlich lernen, Uniform anzuziehen, in Reih und Glied zu marschieren, wenn es in die Schlacht geht.« (S. 48) Sie folgten damit auch ihren Söhnen, bzw. gingen diesen durch ihre Bereitschaft voran, deren Opfer zu unterstützen. »Stufe zu sein für ihre Kinder, – ist das nicht das Höchste, was eine Mutter erreichen kann? … Wahrlich, das deutsche Volk wäre dem Untergange geweiht, wenn nicht die Kinder uns überflügelt hätten! Als sie die letzte Konsequenz ihrer Entwicklung zogen und sich dem Kriege jauchzend in die gepanzerten Arme stürzten, da haben sie schon … den Tod überwunden!« (S. 49)

Am Schluss kam Lily Braun noch einmal auf das Ideal der Mütterlichkeit unter den Bedingungen des Krieges zurück. Es war weniger das Ideal der sorgenden und heilenden Mutter, als vielmehr das der Gebärenden: der Mutterschaft im biologischen Sinne. Wenn Frankreich im Krieg unterläge, dann sei das nicht zuletzt die Schuld seiner Frauen und deren Weigerung, Kinder zu gebären; und wenn russische Siegeszuversicht sich auf den Glauben an den

12 Das sogenannte Einjährigenprivileg bezog sich auf Schulabgänger frühestens nach der mittleren Reife, also dem Abschluss einer zehnten Klasse in den Realschulen (oder einem entsprechenden Abschluss auf einem Gymnasium). Diese brauchten nur ein Jahr Wehrpflicht abzuleisten, weshalb dieser Schulabschluss auch noch lange als das »Einjährige« bezeichnet wurde. Lily Brauns Position zu einer generellen Dienstpflicht von Frauen war schon vor dem Ersten Weltkrieg in der bürgerlich-konservativen Frauenbewegung diskutiert worden. Im Krieg wurde dieser Idee nun das soldatische Element hinzugefügt – insbesondere von Lily Braun.

»fruchtbaren Schoß der russischen Frauen« (S. 52) beziehe, dann sei das ein bedrohliches Zeichen. Deshalb sei es in Deutschland »an den Frauen, sich über sich selbst zu erheben – nein: zu sich selbst, dem heiligsten Gesetz ihrer Natur zurückzukommen, durch den starken, bewußten Willen zur Mutterschaft. »Für jede Hand, die sich jetzt sterbend um die Waffen klammert, schafft andere Hände, – viele kleine Kinderhände, die sich sehnend der Sonne entgegenstrecken, die den Tempel des Friedens bauen werden, auf dem einmal unsere Opferfeuer rauchen. Und für all die Hirne, die die Kugeln durchbohren, schafft andere Hirne, viele kleine Kinderhirne, die die großen Gedanken von der Befreiung der Menschheit aus den Banden aller Knechtschaft einmal zu Ende denken.« (S. 52)

Lily Brauns auf diesen brutalen Höhepunkt zusteuernder Text stellt drei Konzepte in den Mittelpunkt und entwickelt an ihnen das zentrale Argument: das Konzept des »Weibes« als ein auf Mutterschaft bezogenes Geschlechtswesen, die Vorstellung von »Natur« als Rückbesinnung auf einen reinen Urzustand und schließlich die Idee vom Krieg als höchster Kulturstufe. Während Lily Braun sich in der drastischen Darstellung des Klassengegensatzes zwischen der Dame und der Proletarierin zunächst noch ganz als Sozialistin äußerte, entwickelte sie in der Idee vom »Weib« die Aufhebung eben jenes Gegensatzes durch die Rückbesinnung auf die Körperlichkeit und die im positiven Sinn »primitive« Essenz des Weiblichen, die sie, ganz in Einklang mit ihrer Zeit, als Mütterlichkeit definiert. Zwar sei die Proletarierin dem Ideal des Weibes immer näher gewesen als die »Dame«, war sie doch ihrem Körper mehr ausgeliefert, weil sie nicht über die materiellen und kulturellen Mittel verfügte, sich den Zwängen körperlicher Arbeit und biologischer Reproduktion zu entziehen; doch was Lily Braun einfordert, ist die bewusste Annahme des eigenen »Weibseins«, als dessen Kern eben nicht nur Mütterlichkeit, sondern Mutterschaft bestimmt wird. Denn Mütterlichkeit ist ja als zentrales Element des weiblichen Geschlechtscharakters aus Eigenschaften zusammengesetzt, welche die Frau psychologisch befähigen, Mutter zu sein; insofern existiert Mütterlichkeit auch vor und außerhalb biologischer Mutterschaft, die allerdings für das »Weib« im Sinne Lily Brauns im Zentrum steht.

Die Idee vom Weib ist somit eng verknüpft mit einer positiven Vorstellung vom »primitiven Geschlechtsgefühl«, das auf die Reinheit, die Ursprünglichkeit, die Unverfälschtheit einer geschlechtlichen Identität als Ziel verweist: das also aus Frauen Weiber und aus Männern richtige Männer macht, indem sie sich auf ihre »Natur« besinnen: nicht nur in ihrer Geschlechtlichkeit, sondern auch in ihren von der Natur angelegten Aufgaben – Gebären, Kämpfen, Heilen, Schützen –, und sich lösen von den Erscheinungen einer »Afterkultur« und »Unkultur« (S. 39). Verweiblichung und Verweichlichung von Männern, »männisches« und gleichmacherisches Verhalten bei Frauen, Ästhetizismus, Schöngeisterei, Schlaffheit, Blasiertheit in der bürgerlichen Klasse, insbesondere der Jugend, haben das Vorkriegsdeutschland geprägt – in anderen Worten: Dekadenz statt »Natur«. Zu deren Wiedergewinnung gehört auch ein ursprüngliches Verhältnis zur äußeren »Natur«, zum Land, zum Boden, zur »Scholle«, wie es feierlich-altertümlich heißt. Von dieser kommt, im realen wie übertragenen Sinn, das Grundnahrungsmittel, das der durch den Krieg auf seine Natur verwiesene Mensch braucht.

Lily Braun hatte ihre Broschüre eingeleitet mit dem Bild vom »Weib hinter einem Pflug« (S. 2), das sie als flüchtige Erscheinung vom Zug aus wahrgenommen habe; am Ende ihres Aufsatzes kam sie auf dieses Bild zurück (S. 50), nun aufgeladen mit einem höheren Sinn als dem trivialen der allein zurückgelassenen Bauersfrau, die den Mann am Pflug ersetzen muss – das Bild wurde nun zum Sinnbild dessen, was der Krieg zu leisten imstande war – besonders an den Frauen. Denn der Krieg selbst war ihr Kultur in seiner höchsten Form: einerseits dadurch, dass er das Echte und Tiefe von dem Falschen und Oberflächlichen trennte; andererseits dadurch, dass er Männern und Frauen Tugenden abverlangte, die sie ganz auf ihr Wesen zurück-, zugleich aber über sich selbst hinauswiesen. Der Krieg fordere den Dienst am Ganzen, am Volk und am Staat. Er fordere Unterwerfung unter eine strenge Disziplin, den Verzicht auf Individualität zugunsten der Uniform und des Gleichschritts, gewähre dadurch aber auch das Glück der Gemeinschaft, in der man im doppelten Sinne aufgehoben sei. Vor allem aber fordere der Krieg das Leben, das eigene, nämlich die Bereitschaft zum Opfertod, aber auch, neues Leben zu schaffen, das dann im Krieg und im Frieden bereitstehe. Im von Lily Braun am Ende so schonungslos evozierten Bild von den Sterbenden, ihren sich noch an die Waffen klammernden Händen und ihren von Kugeln durchbohrten Hirnen – ersetzt durch neue Kinderhände und -hirne – ebenso wie in dem Bild der uniformierten dienstpflichtigen Frauen, war Lily Brauns soldatisches Leitbild für sich selbst und alle Frauen enthalten. Sie entwickelte hier zugleich ihre persönliche Phantasie als Offizierin eines solchen Heeres. Sie dachte dabei an sich und Otto, wenn sie »hinter jedem dieser Heldenknaben, die von uns gingen, … eine Mutter (sah), die ihn gehen *ließ*!« (S. 10)

So sehr Lily Braun hier ihren Selbstentwurf im Krieg formuliert hatte und so leidenschaftlich und ehrlich sie sich mit dem Geschriebenen identifizierte – mit ihrer Lebenswirklichkeit waren diese Ideale kaum vereinbar. Noch vor dem Erscheinen der Broschüre beauftragte sie ihren Mann Heinrich von Loschwitz aus, die eigenen Dienstmädchen zu entlassen. Für den Fall, dass ihre Kur noch andauern werde und auch er selbst sich entschlösse, zur Kur zu gehen, solle er ihnen zum 1. April 1915 kündigen. »Wenn Du ihnen das bald sagst, die Gründe freundlich und ruhig auseinandersetzt, ich für sie annonciere, so hätte ich gar nichts dagegen, um so mehr, als ich Minna sicher wieder bekäme.« (20.2.15) Heinrich antwortete ihr dazu am 26. Februar zwar nur knapp: »Ob ich den Mädchen kündige, weiß ich noch nicht.« Drei Tage später aber teilte Lily Otto mit, der Vater habe nach einem Streit Anna gekündigt und Minna sei aus Solidarität mitgegangen. Julie Vogelstein sei ins Braun'sche Haus eingezogen, um das neue Dienstmädchen anzuleiten. Es handele sich um eine junge Frau mit einem Säugling, die von der »Mutterhilfe«[13] vermittelt worden sei.

Otto erwartete die Broschüre ungeduldig, wie er seiner Mutter am 2. März 1915 aus dem Lazarett in Lodz schrieb, wo er von einer Bindehautentzündung kuriert wurde. Am 16. März bestätigte er den Empfang und lobte den Text ebenso überschwänglich wie gönnerhaft. Der Besuch Mackensens in Lodz zwei Tage später, bei welcher Gelegenheit der General Otto freundlich empfing und ihn bat, der Mutter Dank für Brief und Buch auszurichten, zeigt, dass Lily Braun Heinrichs Rat gefolgt war. Der hatte sie in einem Brief vom 28. Februar 1915 gerügt, »daß Du, aus Bescheidenheit, Mackensen

13 Vermutlich handelte es sich hier um eine vom Nationalen Frauendienst organisierte Arbeitsvermittlung für alleinstehende Mütter.

Deine Broschüre noch nicht geschickt hast. … Tu es nun und lege zu dem Exemplar ein passendes Couvert bei.«

* * *

Schon 1913 hatte Lily Braun die Arbeit an einem Roman mit dem Titel »Der Lebenssucher« begonnen, in dessen Mittelpunkt der Junker Konrad Hochseß und seine auf europäischen Reisen erworbene Persönlichkeitsbildung standen.[14] Diesbezüglich stand sie, von Heinrich vertreten, in schwierigen Verhandlungen mit dem Verlag Albert Langen in München, an den sie seit 1909 vertraglich gebunden war. Der Verlag besaß ein Vorkaufsrecht für ihre Manuskripte, und für den neuen Roman hatte sie schon mehrere tausend RM Vorschuss erhalten. Einen weiteren Vorschuss über 10.000 RM hatte Langen Anfang 1914 verweigert, weswegen Heinrich einen Verlagswechsel zu erreichen versuchte. Langen war aber nur unter der Bedingung zur Kündigung des Vertrags bereit, dass ihm die schon geleisteten Zahlungen sofort erstattet bzw. von einem neuen Verlag übernommen würden. Unter dem Druck akuter Geldnot schloss Heinrich mit dem Verlag Konrad Grethlein in Leipzig einen neuen Vertrag, ohne diesen über die Ansprüche Langens zu informieren, und vereinbarte einen Vorschuss von 30.000 RM, von denen 20.000 auch sofort auf das Braun'sche Konto überwiesen wurden. Als Hauschild, der Leiter des Berliner Verlagsbüros von Grethlein, schon am folgenden Tag von dem Betrug erfuhr, wurde die sofortige Rückzahlung dieses neuen Vorschusses unter Androhung von Rechtsmitteln gefordert.[15] Dieser, von Heinrich und Lily in ihren Briefen als »Hau-schild-Affaire« bezeichnete Konflikt zog sich bis weit in das Jahr 1915 hin. Im März 1914 hatte sich Hauschild aber offensichtlich bereit erklärt, nicht nur die an Lily Braun durch Langen schon gezahlten Vorschüsse (die in monatlichen Raten an sie ausgezahlt worden waren) zu übernehmen, sondern

14 Skizzen oder Teilmanuskripte dieses Romans sind nicht erhalten. Der geplante Inhalt kann nur aus den gelegentlichen Verweisen in Lilys Briefen erschlossen werden.

15 Vgl. die Korrespondenz zwischen Langen und Heinrich Braun sowie Lily Braun, und den Brief Hauschilds an Heinrich in Deutsches Literaturarchiv Marbach (DLA), Bestand Langen-Müller – Braun Br. A (1913-1914).

er sagte ihr auch weitere zu: Bis einschließlich Juli sollte sie einen monatlichen Vorschuss von 1.000 RM erhalten, nach Fertigstellung des Manuskripts einmalig 4.500 RM, von den ersten 20.000 verkauften Exemplaren 20 Prozent und von weiteren Exemplaren 22 Prozent des Verkaufspreises (Heinrich an Lily, 3.3.15). Das war angesichts der Vorgeschichte und der Tatsache, dass ein druckreifes Manuskript noch gar nicht vorlag, ein äußerst großzügiges Angebot, aber mit gedämpfter Zuversicht und undankbarem Trotz antwortete Lily, mit dem Buch werde es »hoffentlich noch etwas werden. Für den Verlag Hauschild jedenfalls viel zu gut! Aber ich hoffe ja auch noch, dass ein anderer Verlag mich von ihm loskauft.« (6.3.15)

Der Ausbruch des Krieges hatte die Arbeit an dem Roman vorerst beendet. Die europäische Grundidee der Erzählung war wohl nicht mehr ausführbar. Damit entstanden aber neue Geldsorgen. Mitte August 1914 begründete Lily Braun diese gegenüber Herman Schmalenbach, Ottos Privatlehrer:

»Wir sind durch den Ausbruch des Krieges aller Einnahmen beraubt; mein Roman, der grade vor der Mobilmachung fertig wurde, und für den mir eine sehr große Einnahme sicher war, liegt jetzt wie totes Kapital da, und der Erziehungszuschuß, den ich für Otto bekam, hat mit dem Abitur aufgehört. Ich kann also nicht, was unter anderen Umständen selbstverständlich wäre, die Stundenhonorare an Sie so lange weiterzahlen, als sie darauf rechneten …«[16]

Ganz ehrlich war Lily Braun in ihrem Brief an Schmalenbach zwar nicht – der Roman war keineswegs fertig und auch die Einnahmen waren ihr nicht sicher, da die Vorschüsse ja wie ein Monatsgehalt kontinuierlich verbraucht wurden –, aber da Otto auf seine Annahme als Freiwilliger wartete und vor der Abreise das Notabitur ablegen wollte, würde die Aufgabe des Lehrers ohnehin früher als geplant beendet sein. In Geldnot waren die Brauns aber tatsächlich, auch wenn sie das nicht hinderte, zu Kriegsbeginn

16 Universitätsbibliothek Basel, NL Schmalenbach, (Aa 49/29). Die Brauns hatten wegen der festgestellten besonderen Begabung Ottos vom Reichserziehungsministerium einen finanziellen Zuschuss zu seinem Privatunterricht erhalten.

erhebliche Einkäufe zu tätigen, die fast alle der standesgemäßen Ausstattung Ottos »im Feld« dienten. Lily begann auch deshalb sofort ihre erste Vortragsreise, um die hartnäckigsten Gläubiger zu befriedigen. Dennoch drohte die Pfändung des Hauses. Doch Heinrich fand wieder einen, wenn auch nicht ganz legalen, Ausweg: Ein schlauer Anwalt überzeugte ein Gericht, dass die hohen Schulden der Brauns »kriegsbedingt« seien – und dass somit eine Kriegsverordnung zutreffe, nach der wegen solcher Schulden Zwangsmaßnahmen nicht erlaubt seien.[17] Am 25. Oktober 1914 schrieb Lily deshalb erleichtert an Heinrich: »Meine Lust, den ›Lebenssucher‹ durch-, um- und zu Ende zu arbeiten, wächst sehr – jetzt, wo keine Gläubiger, kein Gerichtsvollzieher mehr klingeln!« Diese Phase finanzieller Sorglosigkeit hielt allerdings nicht lange an.

Aber Lily Braun ließ sich dadurch nicht beirren, den »Lebenssucher« inhaltlich und ideologisch den Kriegsverhältnissen anzupassen, und nahm das Manuskript wieder in Angriff. Schon wenige Tage nach ihrer Ankunft in »Möllers Sanatorium« berichtete sie begeistert, sie habe, in einer Schwitzpackung steckend, »eine ganz ungewöhnliche Konzeption für die Verwandlung meines Buches« gehabt. »Damit steht es in seiner Struktur, seinem geistigen Zusammenhang und seinem Schluß ganz fest, was eine sehr große Freude für mich ist.« Sie bat Heinrich um die Zusendung von Literatur für die Hintergrundrecherche: zur Geschichte des Deutschen Ritterordens, über die Landschaft bei Graudenz, über Masuren, und »Kriegsdarstellungen, die die Schlacht bei Tannenberg schildern« (20.2.15). An Otto schrieb sie am selben Tag im selben Sinne mit der Bitte: »Du mußt freilich auch etwas mithelfen und mir sagen, ob Dein Regiment die Schlacht bei Tannenburg mitmachte, ob es dabei Verluste hatte? Ob vielleicht eine Patrouille von ihm mitwirkte?« Offensichtlich plante sie zu diesem Zeitpunkt, ihren Helden wie einen Stellvertreter Ottos in der Schlacht von Tannenburg kämpfen (und sterben) zu lassen, ein Vorhaben, das sie aber nicht verwirklichte.

Es fiel ihr schwer, romanhaft über den Krieg zu schreiben. Ihre gelegentlichen Kommentare und Bemerkungen zu Rückmeldun-

17 Vogelstein, Menschenleben, S. 428f.

gen, die sie in den Wochen danach erhielt, zeigen, wie ungewohnt kritisch ihre Familie und ihr aktueller Verlag Grethlein/Hauschild dem Projekt gegenüberstanden und wie sehr die Arbeit am Manuskript mit Kämpfen und Kränkungen für sie verbunden war. Am 2. März 1915 schrieb sie an Heinrich, geschwächt von ihrer anstrengenden, aber weitgehend wirkungslosen Kur:

»Gestern las ich in meinem Roman. Ich verstehe Euch alle immer weniger: das Buch ist so reich und tief, wie sonst keines fast von mir – u. ist eigentlich in Euren Augen ebenso wie in denen Hauschilds fast ein Leihbibliotheks-Schmöker. Ich hätte heulen mögen darüber! Wobei natürlich auch das für mich richtig bleibt: dass es wie es ist eben noch der Vollendung bedarf. Sie ist aber im Grunde eine Kleinigkeit.«

Auch Otto berichtete sie von ihrer Schaffenskrise. Sie sehe »immer klarer, was mir niemand glauben wollte, als ich es erst instinktiv fühlte: dass eine Veränderung, die der ganzen ursprünglichen Konzeption widerspricht, für mich eine Qual und für das Werk fast eine Zerstörung ist. Das rein Handwerksmäßige, aus Verstandesgründen überlegte, aus Rücksichten – deren auf die Zeit, auf die Verleger, auf das Publikum! – Geborene, tritt an die Stelle des künstlerischen, intuitiven Schaffens. … Beim Umwandeln von Menschen und Situationen könnte ich oft heulen, als brächte ich Lebendiges um!« (13.5.15)

Ende Mai las Heinrich ihr Manuskript, »dessen Neubearbeitung sehr geglückt ist und Meisterhaftes erwarten lässt …« (28.5.15) – ein verglichen mit Heinrichs sonstiger Begeisterung über Lilys Produkte relativ zurückhaltender Kommentar. Doch war er gegenüber Otto voll des Lobes. Am 16. Juni endlich teilte er dem Sohn »etwas sehr Erfreuliches« mit:

»Mama hat gestern Abend das vorletzte Kapitel ihres Romans vollendet und damit die größte Schwierigkeit glänzend überwunden. Das Kapitel heißt: Von der Auferstehung und spielt in den Tagen vor der Kriegserklärung, schildert den ersten Mobilmachungstag und schließt mit einer grandiosen Darstellung der Reichstagssitzung vom 4. August.«[18]

18 Im Buch umformuliert in »Auferweckung«.

Heinrich urteilte, es sei »Kunst höchsten Ranges. Der Roman, der im ersten Entwurf sehr viele Einzelpersönlichkeiten hatte, aber der Einheit entbehrte und Gefahr lief, zu zerflattern, ist in der Umarbeitung zu einem ganz anderen Werk geworden, das wie ein starker Strom fließt und ein bedeutendes Bild der Zeit darbietet.«

Otto bestätigte in einem Brief an die Eltern vom 20. Juni 1915 die Nachrichten, die er von Heinrich und Julie Vogelstein »über Mutschs herrliches vorletztes Kapitel« erhalten hatte. Lily aber hatte sich bei ihm noch kurz zuvor beklagt, es sei »schrecklich schwer, den Mut zu fassen, nun selbst etwas zu schildern, was man nicht kennt« (18.6.15). Schon sechs Tage später meldete sie ihm jedoch, »daß ich gerade das 11. Kap. und damit das Buch fertig geschrieben habe. Ich glaube, es ist gut.« (24.6.15) Heinrich kommentierte einen Tag später den Abschluss des Manuskripts immer noch reserviert, indem er sie daran erinnerte, der frühere Entwurf habe noch »den peinlichen Eindruck erlahmender Kraft« erweckt. Am 3. Juli wünschte der Sohn ihr »alles Gute für Deinen Roman, den ich von je auf's zärtlichste geliebt habe und der gewiss herrlich geworden ist. Weißt Du noch, wie Du damals in Florenz warst und dieses berauschend schöne italienische Kapitel schriebst?«

Lilys »Schaffenskrise« hatte sie zum Gegenstand intensiver Besorgnisse und Bemühungen in ihrer Familie werden lassen, alle, auch Julie Vogelstein, hatten sich völlig auf die Künstlerin und ihr Werk konzentriert, um die Sache zu einem guten Ende zu bringen. Obwohl das Manuskript nun vorlag, war die Frage des Verlags immer noch ungeklärt. Das Gericht hatte Langen nämlich das Vorkaufsrecht zugesprochen, von dem der Verlag schließlich auch Gebrauch machte.[19] Im Juli 1915 lag das Manuskript dem Münchner Verlag vor und im September saß Lily über den Korrekturfahnen. Ende September erhielt sie von Langen noch 363,25 RM. Dabei handelte es sich um die restlichen 1000 RM Honorar abzüglich der von ihr zu tragenden Gerichtskosten von 636,75 RM.

19 Vgl. Brief Heinrich an Otto vom 16. Juni 1915.

In elf Kapiteln erzählt »Der Lebenssucher«[20] im Genre eines Bildungsromans die Geschichte des Konrad Hochseß, eines fränkischen Junkers aus altem Geschlecht, dessen italienische Mutter kurz nach seiner Geburt gestorben war. In Florenz geboren, war er als Kind in die Heimat des ebenfalls verstorbenen Vaters gekommen, begleitet von seiner italienischen Großmutter und dem Diener und Hofnarren Giovanni. Auf der väterlichen Burg verlebt er eine fröhliche und freie Kindheit, später beschränkt durch eine strenge Bamberger Internatsschule, wo er sich mit dem jüdischen Mitschüler Walter Warburg anfreundet. Gemeinsam mit diesem geht er nach der Reifeprüfung zum Studium nach Berlin. Die Großstadt überwältigt ihn, das Studium kann ihn kaum fesseln. Über den Freund Warburg findet er Zutritt zum Milieu der Sozialisten und Freidenker, die auch der Freien Liebe frönen. Darunter ist die ernste junge Else Gerstenbergk, zu der Konrad sich hingezogen fühlt. Die Semesterferien verbringt Konrad zu Hause, wo ihn die provinzielle Borniertheit des fränkischen Landadels befremdet; lediglich die (italienische) Großmutter ragt als gebildete und weltoffene Persönlichkeit heraus. In diesem Sommer schließt er sich kurzzeitig einer Gruppe der Jugendbewegung an, die ähnliche Sinnfragen stellt, wie er selbst; und er lädt Else, die von ihrem Liebhaber verlassen wurde, nach Hochseß ein. Am Ende des Sommers kommt es zu einer gemeinsamen Liebesnacht – am nächsten Morgen aber ist Else verschwunden, um, wie sie ihm schreibt, ihn nicht an sich zu binden und damit sein Leben einzuschränken. Enttäuscht kehrt Konrad nach Berlin zurück und wirft sich dort in die Arme einer vergnügungssüchtigen schönen Frau, die mit einem reichen, alten, jüdischen Bankier verheiratet ist; doch wird sie seiner bald überdrüssig. In München lernt Konrad den zurückgezogenen Denker Jörun Egil und seinen Kreis kennen – eine deutliche Anspielung auf Stefan George – und lädt ihn ein, den Sommer mit ihm an einem Bergsee in den Alpen zu verbringen. Doch der pessimistisch-mystische Philosoph begeht am Ende des Sommers Selbstmord. Konrads Großmutter stirbt und er begleitet ihre Lei-

20 Lily Braun, Der Lebenssucher, München 1915. Zitiert wird im Folgenden nach der Ausgabe des Romans in den von Julie Vogelstein herausgegebenen Werken Lily Brauns; Lily Braun, Gesammelte Werke, Berlin 1922, Bd. 4.

che heim nach Florenz. Dort lernt er die schöne und stolze Norina kennen, seine italienische Cousine zweiten Grades. Er verliebt sich in sie, die beiden heiraten und erwarten bald ein Kind. Konrad wähnt sich am Ende seiner Suche. Doch das Kind kommt tot zur Welt und auch Norina stirbt, gleichzeitig mit dem Narren Giovanni. In tiefer Trauer kehrt Konrad nach Deutschland zurück, als das Attentat auf den österreichischen Thronfolger den kommenden Krieg ankündigt. In Berlin trifft er Warburg wieder, der vor dem Krieg warnt. Doch es gelingt Konrad, ihn von der großen positiven Bedeutung des kommenden Weltkriegs zu überzeugen. Er selbst ist berauscht vom Krieg – endlich spürt er, dass seine Sinnsuche hier Erfüllung finden wird. Auf einer Frauenversammlung trifft er zufällig Else als Rednerin wieder. Dabei erfährt er, dass er einen Sohn hat. Er beschließt, Else zu heiraten und sein Kind offiziell anzuerkennen, bevor er sich freiwillig meldet. Noch am selben Tag reisen Else und sein Sohn nach Schloss Hochseß, er selbst aber zieht in den Krieg. Wenige Wochen danach fällt er, glücklich, das Leben, d.h. seinen Lebenssinn, gefunden zu haben.

In Konrad Hochseß hat Lily Braun ihr männliches Alter Ego und Ich-Ideal geschaffen: adlig und edel, von altem Geschlecht in tiefdeutschem Land, blond und schön – aber dennoch vielschichtig, hin- und hergerissen: durch Herkunft und die Unbestimmtheit seines Schicksals. Er repräsentiert Lilys eigene doppelte Herkunft: aus dem deutschen Adel der Eltern, aber auch aus der unehelichen Linie Jérome Bonapartes, ein ständig sprudelnder Quell für Lilys Phantasie über ihr »korsisches« Blut. In Konrads Suche nach Lebenssinn spiegelt sich Lilys Suche, die sie zeitweise in die Sozialdemokratie führte. Norina, die italienische Geliebte und Frau, hat ihr Äquivalent im Florentiner Trancredi und Lilys Leidenschaft für ihn; Else hingegen erinnert in ihrer entsagungsvollen Freundschaftsliebe an Heinrich; es ist das gemeinsame Kind, welches beide aneinander bindet – so, wie Otto das Band zwischen Lily und Heinrich ist. Zugleich ist Konrad aber auch Otto, durchläuft wie dieser in Graudenz seine erste militärische Ausbildung. Schließlich ist Konrad als Soldat die Verkörperung von Lilys Phantasien über ihr eigenes Soldatentum.

So wie Konrad verortet auch Lily sich in Deutschland und in Italien. Italien ist nicht nur das Land der klassischen Kunst, der alten Städte, der Sonne und der südlichen Landschaft; es ist auch die Heimat eines schönen, stolzen und sinnlichen Volkes. Diese Liebe zu Italien muss im Roman hinter der Liebe zu Deutschland zurücktreten, ohne dass ihr abgeschworen würde, und dies wird im »Lebenssucher« dadurch gelöst, dass alle Personifizierungen des geliebten Landes sterben: zunächst Konrads Mutter Lavinia; dann die kleine Gina, die südländische Tochter seiner Berliner Wirtin, die den Mieter Konrad heimlich liebt. Es folgt die italienische Großmutter. Norina stirbt und mit ihr auf geheimnisvolle Weise Giovanni, der verrückte und verkrüppelte Diener. Und noch davor ist das gemeinsame Kind von Norina und Konrad tot zur Welt gekommen. In anderen Worten: Italien bleibt, was es ist, ein Land der Sehnsucht – aber das geliebte »Personal« geht nach und nach verloren; zugleich beginnt Deutschland, sich wieder mit positiven Bezugspersonen zu beleben: dem Freund Warburg, Else und dem gemeinsamen Sohn. Letzterer repräsentiert Konrads Wurzeln und Bindung: Er wird die Hochseß'sche Linie und damit die Nation weiterführen.

Das Deutschland des Romans ist aber nicht unproblematisch. Stadt und Land stehen für seine Janusköpfigkeit: Das Land als Natur repräsentiert die schönen, die reinen, die unschuldigen, gesunden und »primitiven« Seiten der Nation, insbesondere das einfache Volk, die Bauern, die das Land bearbeiten und von bodenständiger Moral sind. Der Adel hingegen hat diesen Bezug meist verloren, er ist deshalb den Städtern näher. Diese werden als dem wirklichen, einfachen Leben entfremdete Existenzen gezeigt, vom Großstadtleben nervös und zugleich »schlaff«, vom Vergnügen getrieben, gefühllose Sexualität auslebend, ohne Bindungen, Verantwortung oder Bezug zu Geschichte und Zukunft.

Auch Juden und Deutsche unterscheiden sich, wenn auch nicht in einem oberflächlich antisemitischen Sinne; aber Lily Braun sorgt doch dafür, dass wir immer wissen, ob es sich bei einem Protagonisten um einen Juden handelt. Die Juden bevölkern Berlin und sind insofern eng mit dem Großstadtdiskurs über Verderbtheit und Nervosität der Stadt verknüpft. Sie repräsentieren die Vergnügungen, die Prostitution, das Geld in der Metropole – ganz wie es Otto Anfang 1914 beschrieben hatte. Sie sind aber auch Intellektuelle, Avantgardisten – mit all der Ambivalenz, die Lily Braun ihnen als Gruppe entgegenbringt. Sie sind definitiv nicht das »Volk« im Sinne einer unterbürgerlichen Schicht, aber auch nicht im Sinne des Bodenständig-Natürlichen. In Warburg gestaltet Lily Braun zwar den Juden als Freund. Doch es kommt zur Entfremdung mit Konrad, seit er sich dem Zionismus – also einem konkurrierenden Nationalismus – zugewandt hat. Durch alle Konflikte hindurch bleibt Warburg im Roman jedoch eine positive Figur – die Personifizierung des klugen und guten Juden.

Auch Erotik und Liebe sind widersprüchlich konnotiert. Im Berliner Milieu spielen Verhältnisse der »freien« Ehe eine große Rolle; in ihnen sind die Frauen jedoch die Betrogenen: Denn die Männer nutzen ihre formale Ungebundenheit, um sich von ihnen zu trennen bzw. sie zu vernachlässigen. Einzig die Ehen, die Konrad eingeht: mit Norina aus Liebe und mit Else aus gemeinsamer Elternschaft heraus, sind gleichberechtigte Partnerschaften. Doch alle Frauen im Roman sind entweder Opfer oder sie opfern sich: zuletzt Else, die das Kind allein aufzog, sich durch eigene Arbeit ernährte und am Ende zwar geheiratet wird, aber diese Ehe nicht mehr leben kann. Sie dient einem höheren Zweck, nämlich der Vollendung des Mannes – ihres Mannes – als Soldat im Krieg. Der Krieg ist zugleich Konrads Mittel, die Trauer um den Verlust der geliebten Norina zu überwinden.

Die Handlung, als Suche nach Wahrheit und Sinn angelegt, führt den Helden durch die verschiedenen weltanschaulichen Angebote der Zeit, den Sozialismus, den Feminismus, die Jugendbewegung, die Lebensphilosophie und die Mystik. Alle können nur Teilantworten geben, niemand kann das Versprechen sinnhafter Erfüllung einlösen. Die falschen Propheten scheitern an ihren eigenen Ansprüchen oder entlarven sich als Heuchler. Auch die Liebe kann keine Erfüllung bringen, weil der geliebte Mensch sterben kann. Die von Konrad gesuchte, umfassend und ewig gültige Idee – sie ist nur durch die Nation im Krieg realisierbar. Der Krieg beendet alle Ambivalenz, er beendet auch den Tod, weil die Nation nicht sterben kann.

Der Roman wurde ein großer Erfolg, und auch von Heinrich und Otto sowie Julie Vogelstein wurde er enthusiastisch aufgenommen. Otto las ihn in seinem ersten Heimaturlaub im November 1915,

»beglückt« (T2, 19.11.15). Lily Braun aber war erschöpft. Sie hatte in diesen ersten Kriegsmonaten unter einer enormen – äußeren wie inneren – Belastung gestanden, in unvereinbaren Sehnsüchten, Hoffnungen und Befürchtungen befangen. Die Begeisterung, in die sie beim Reden und Schreiben geriet, die schwärmerische Evozierung des Kriegserlebnisses – all das war auch ein Rausch, der betäuben sollte, was sie sonst spürte: ihre diffuse Angst und Sorge um den Sohn – sein Glück, seinen Erfolg, seinen möglichen Tod; ihre aussichtslose Ehe und Liebe; die Anstrengung, sich neu zu erfinden: als kämpfender Mensch, als Kriegerin. Sie war aber nicht nur innerlich, sondern auch äußerlich getrieben: vor allem durch die Notwendigkeit des Gelderwerbs. Als Otto sich Anfang Oktober peinlich berührt über die Veröffentlichung seines ersten Gedichtes im »Wieland« äußerte und das George'sche Ideal des zurückgezogen-geheimnisvollen Künstlers für sich in Anspruch nahm (vgl. S. 192 f.), widersprach Lily, die gerade ihr Lebenssucher-Manuskript abgegeben hatte, dem Sohn:

»Man darf nun aber das Unglück der Andern, das sie vielfach notwendig dazu führt, dem Publikum Konzessionen zu machen, nicht zum Anlass nehmen, sie ethisch zu verurteilen. Dem Alleinstehenden kann man freilich ruhig zumuten, eher zu hungern, ja, zu Grunde zu gehen, als sich dergestalt zu unterwerfen, aber nicht dem, der eine Familie zu ernähren hat.« (5.10.15) – was bei ihr eben der Fall war.

Anfang 1916 machte Lily Braun sich wieder auf, für den Krieg zu begeistern und zu streiten. Doch inzwischen hatten sich die allgemeine und nicht zuletzt ihre persönliche Situation erheblich verändert. Nicht nur war die gesellschaftliche Unterstützung für den Krieg weiter erodiert, ein Sieg im mörderischen Stellungskrieg im Westen nicht absehbar; auch Otto war seit dem Sommer 1915 nicht mehr in der sicheren Etappe, sondern kämpfte auf dem mittleren Abschnitt der Ostfront, wo es zwar relativ ruhig, aber dennoch nicht ungefährlich war. Ihr neuer Vortrag »Die Frau von übermorgen« führte sie zuerst nach München. Lily berichtete Otto:

»Mein Vortrag, von dem Pa Dir schon schrieb, ist zu einer Sensation geworden. Die ganze Presse beschäftigt sich mit ihm;

Blumen, Briefe von Es-drängt-mich-Leuten kommen an; Hass und Liebe habe ich wieder einmal erregt. Jedenfalls bin ich sehr froh. Denn ich habe offen meine Meinung gesagt, habe tief gewirkt – Du hättest nur die begeisterte Jugend im Saal sehen sollen, die z.T. tränenüberströmt mich immer wieder sehen wollte! – u. vielleicht dem Vaterlande einen Dienst geleistet.« (12.1.16)

Heinrich, der schon vorher seiner Hoffnung Ausdruck verliehen hatte, der Vortrag möge »ein beträchtliches Sümmchen« einbringen (an Otto, 8.1.16), berichtete:

»Mama hat kaum jemals besser und mit größerem inneren Anteil gesprochen. … Noch Hunderte vergeblich an der Kasse, das riesige Auditorium vom Anfang bis zum Ende des 1 ½ stündigen Vortrags in andächtiger Aufmerksamkeit überschüttete Mama mit enthusiastischem und nichtendenwollendem Beifall. Die Erste, die nach dem Vortrag im ›Künstlerzimmer‹ bei Mama erschien, war Frau Exc. von Moltke mit ihrer Schwiegertochter. Sie sprach sich enthusiastisch aus, sagte Mama, sie hätte schon lange ihre Bekanntschaft machen wollen und bat sie um ihren Besuch.« (11.1.16)

Erfreut registrierte Lily aus München, »die ganze Frauenrechtlerei tobt über meinen Vortrag!« (14.1.16), und ihrer eigenen Kraft bewusst und stolz auf den Erfolg des Sohnes, der gerade zum Leutnant ernannt worden war (vgl. S. 251), freute sie sich darüber, dass die Gemeinsamkeit mit ihm »uns ganz unbemerkt mehr und mehr in ein reines mütterlich-söhnliches Freundschaftsverhältnis hinüber(ge)führt« habe (17.1.16). Sie kämpfte wieder an derselben Front mit dem Sohn als ihrem Kriegskameraden. Nach ihrem »Riesenerfolg« in München erholte sie sich in Obergrainau, bevor sie ihre Vortragsreise fortsetzte. Zurück in Berlin bereitete sie den Vortrag zur Drucklegung vor und skizzierte Otto ihre Thesen:

»1. Das wichtigste Ziel, der Hauptinhalt und die erste Aufgabe des Frauenlebens ist die Mutterschaft. 2. Mutterschaft und außerhäusliche Erwerbsarbeit sind unter den gegebenen Arbeitsbedingungen unvereinbar. 3. Im Interesse seiner Existenz, der Sicherung des Friedens und der Aufrechterhaltung seiner Machtstellung hat der Staat durch hygienische, ökonomische u. legislative Maßnahmen die Volksvermehrung nach Qualität und Quantität sicher zu stellen und zu ermöglichen. 4. Im Interesse des weiblichen Geschlechts, des Vaterlandes u. der Kulturmenschheit, hat die Frauenbewegung sich ein Ziel zu stecken, dem alle Einzelbestrebungen untergeordnet werden müssen, und von dem aus alle Forderungen an Staat und Gesellschaft zu orientieren sind: ›für jede gesunde Frau die Mutterschaft.‹«

Damit argumentierte Lily Braun aggressiv gegen die »fanatischen Verfechterinnen des ›Gebärstreiks gegen den Krieg‹« (12.2.16). Mit Leidenschaft warf sie sich also wieder in die Auseinandersetzung mit den »Frauenrechtlerinnen« und dem Pazifismus. Kampfeslustig überlegte sie, ob sie das Angebot einer schweizerischen, pazifistischen Zeitung zur Mitarbeit nicht, anstatt es aggressiv abzulehnen, annehmen sollte, »um einmal in dieses ganze Schweizer Wespennest zu stechen und meine Meinung zu sagen«. In der immer aufgeheizteren Stimmung an der »Heimatfront« fand Lily mit ihren eugenischen Sozialismusvorstellungen prominentes (und positives) Interesse auch außerhalb der Frauenbewegung. Stolz schrieb sie Otto:

»In meinen Debatten mit (Max, DW) Scheler spielen all diese Fragen eine große Rolle. … Der Geburtenrückgang, der außerordentliche Dimensionen angenommen hat, … könnte natürlich nicht solchen Umfang annehmen, wenn nicht die Industrie alle Kreise mit konzeptionsverhütenden Mitteln reichlich versorgte. Fast überall ist also jetzt das Kind ein mehr oder weniger gewolltes, beabsichtigtes, denn man kann es ja auch nicht wollen. Es entwickelt sich in allen Kulturländern das, was Julius Wolff [sic] ganz zutreffend als die ›Rationalisierung des Geschlechtslebens‹ bezeichnete.[21] Du kannst Dir denken, dass ich die letzte bin, die diese Entwicklung begrüßt, aber ich glaube, daß sie nicht zu ändern ist u. wir sie nur dadurch in ihren schlimmen Folgen bekämpfen können, daß wir sie für unsere Ziele benutzen. D.h. die Frau, resp. die Eltern, die jetzt Kinder nicht wollen, muß dazu gebracht werden, sie zu wollen, einmal indem man alle Motive beseitigt, die ihr die Mutterschaft unmöglich machen, oder erschweren, und dann, indem wir den Staatsbürgersinn des Weibes wecken und stärken, einen Staatsbürgersinn, der ihr die, ich möchte sagen religiöse Verpflichtung auferlegt, dem Staat Kinder zu schenken. Ich halte letz-

21 Julius Wolf, Der Geburtenrückgang. Die Rationalisierung des Sexuallebens in unserer Zeit, Jena 1912.

teres für möglich; ich glaube, daß eine Erhöhung, eine Weihe des ganzen weiblichen Lebens davon ausgehen kann, während Scheler das für unmöglich hält, und eine Heilung nur davon erwartet, daß der reine Mutterinstinkt wieder frei gemacht würde, was ich wieder nicht für möglich halte. ... Ich erwarte auch, daß der bewußte Wille zum Kinde sich immer stärker zu einem Willen zum schönen, begabten, gesunden Kinde entwickeln läßt, während Scheler das ausschließlich vom Instinkt erwartet. ...« (4.3.16)

Otto war begeistert von der Idee, seine Mutter könne eine eigene politische Karriere anstreben. Nachdem er ihren Artikel in der Neuen Freien Presse zum oben verhandelten Thema mit Bewunderung zur Kenntnis genommen hatte (T2, 21.7.15), riet er ihr zu einem wirklichen Regierungsamt – »natürlich gehörst Du nicht in einen debattierenden Beirat, wie den der 28 vermutlich recht schwatzhaften Weibsen der K.E.A.[22], sondern, wie gesagt, dorthin, wo gehandelt wird.« (21.7.16) Doch nach dem Rausch der Vortragstournee war Lily zunächst in Depression versunken. Zwar versicherte sie dem besorgten Otto:

»Nichts, aber auch gar nichts, auch der Hunger nicht, wenn er wirklich uns hier zu Hause noch drohen sollte, kann mich von meinem unbedingten Ja-Sagen zum Krieg abbringen; ich habe durchaus noch immer jene Gesinnung, die das prachtvollste ist, was sich in Plenges Schrift ausdrückt[23]. Wie könnte ich sonst von Ort zu Ort reisen, um mitten im Krieg das aufbauende Leben zu predigen?!« (19.3.16)

22 Kriegsernährungsamt, wo eine Reihe von Aktivistinnen der Frauenbewegung arbeiteten. Lily hatte in ihrem Brief vom 25.7.16 diesen Vorschlag eines »alten Jugendbekannten« erwähnt.

23 Johann Plenge, 1789 und 1914. Die symbolischen Jahre des europäischen Geistes, Berlin 1916. Der Autor entwickelte hier die auch zuvor von Max Scheler (und von Thomas Mann in den *Betrachtungen eines Unpolitischen*) vertretene Geschichtskonstruktion, der zufolge 1914 für die deutsche Gesellschaft und Kultur ebenso wie für die gesamte europäische Geschichte dieselbe Bedeutung habe wie die Französische Revolution für Frankreich – allerdings im Gegensatz zu dieser auf eine reine, tiefe, zukunftsweisende Kultur verweise. Axel Schildt: Ein konservativer Prophet moderner nationaler Integration. Biographische Skizze des streitbaren Soziologen Johann Plenge (1974-1963), in: Vierteljahreshafte für Zeitgeschichte, Jg. 1987, S. 523-570. (Vgl. auch Exkurs: »Kriegslektüren«).

Allerdings steigerte sich ihre Wut auf die Linke: »Die Sozialdemokratie ist tot – es lebe der Sozialismus! Aber wer und welche Partei wird ihn wieder auf das Schild erheben?!« Julie habe ihr gegenüber beobachtet, dass auch er, Otto, immer konservativer werde. »Ich glaube, diese neue Art des Konservatismus wird sich sehr gut mit Sozialismus erfüllen lassen. Ob freilich mit Demokratie?!! An ihrem Wert kann man heute angesichts des Vierverbands[24] irre werden.« (22.3.16)

Bald war Lily schon wieder unterwegs, um ihre Überzeugung in vollen Sälen einem begeisterten Publikum nahezubringen. Wieder geriet sie in den Sog ihrer Kriegsbegeisterung. In Lüneburg erfuhr sie von der Anwesenheit Frau von Hindenburgs und »konnte nicht anders, als ihr ›als Mutter eines Jägerleutnants, der die Ehre hat unter den glorreichen Fahnen Hindenburgs zu stehen‹, Blumen zu senden«[25] (Lily an Heinrich, 26.3.16). In Aachen traf sie »einen alten Jünger von mir, der jetzt General ist. Er erzählte sehr viel Interessantes. Was er aus dem Felde berichtete – er ist immer im Westen – war geradezu wunderbar, trotz allen Entsetzens. Dieses Volk! Man kann nur ehrfurchtsvoll staunen.« Ein anderer Bekannter habe aus dem Osten gehört, »daß Otto ein ›prachtvoller Kerl‹ sei, von seiner ›ruhigen Tapferkeit‹, einem ›militärischen Wissen ohnegleichen‹. ›Der bringt es weiter als der alte Kretschman‹, soll einer gesagt haben.« (Lily an Heinrich, 4.4.16) Aus Baden-Baden meldete Lily sich mit einem Bericht über ihre Wirkung in Mannheim, wo ein Herr ihr versichert habe, »ich sei die erste Frau, die den Geist der Zeit und die Forderungen der Zukunft im Sinne dessen, was heute die Jugend ist, ausgesprochen habe, u. der, obwohl Anhänger der Frauenbewegung, ein Urteil über ihre jetzigen Trägerinnen fällte, das so vernichtend wie das meine ist« (8.4.16).

24 Als solchen bezeichnete man seit 1915 die gegen Deutschland verbündeten Staaten England, Frankreich, Russland und Japan. Lilys Aufgreifen dieses Begriffs geht vermutlich zurück auf Julius von Pflugk-Hartung, Die Mittelmächte und der Vierverband. Militärische, politische und wirtschaftliche Betrachtungen, Berlin 1916.

25 Der Generalfeldmarschall Paul von Hindenburg hatte den Oberbefehl über die gesamte Ostfront (Oberost).

In Baden-Baden traf sie auch Lujo Brentano[26], der vorausgesagt habe, die Nachkriegsgesellschaft werde nichts sein ohne eine starke Führerpersönlichkeit, die nicht in Sicht sei, wie Lily mit deutlichem Unterton schrieb – sie kannte diese Persönlichkeit ja: ihr Sohn Otto!

Noch Anfang Mai hielt sich Lily in Baden-Baden auf, an das sie bedeutsame Kindheitserinnerungen hatte, die in erschreckendem Gegensatz standen zu den äußeren und inneren Bildern, die sie mittlerweile vom Krieg hatte: »Ich sehe mich förmlich im blauseidenen Kleidchen vor dem Kurhaus, wie der alte Kaiser mir freundlich über die Haare strich, und die vielen, vielen Offiziere in Rollstühlen erinnern mich an den gleichen Anblick im Jahre '72. – Und doch! Wie anders ist es! Eine Spielerei dünkt uns der Krieg von damals gegen den von heute!« (An Otto, 7.5.16) Schließlich machte sie sich, in Erwartung Ottos, der für die zweite Maihälfte Heimaturlaub bekommen hatte, auf den Weg zurück nach Berlin.

Was Lily Braun in ihren Vorträgen, ihrer Broschüre und ihrem Roman zu sagen hatte, fügte sich nahtlos ein in die im »Geiste von 1914« produzierte Kriegsliteratur, in die üblichen literarischen Gestaltungen des sogenannten »Augusterlebnisses«. Lily Braun gehörte schließlich zu der sozialen Schicht, von der diese Deutung und die ihr zugrundeliegende mentale Verfassung ausging und getragen wurde. Frauen machten unter den Rednern und Autoren allerdings eine Minderheit aus, wenngleich der Krieg ihnen Gelegenheit zu öffentlichen Auftritten und Engagement in einem bis dahin ungekannten Ausmaß bot. Doch hat es den Anschein, als sei Lily Braun in mancher Hinsicht über das hinausgegangen, was weibliche Aktivistinnen im Ersten Weltkrieg als ihre öffentliche Rolle definierten und zelebrierten: Statt, wie die Frauenbewegung, die gefährdete Heimat, die verwundeten Soldaten und die hilfsbedürftigen Hinterbliebenen in den Vordergrund zu stellen und damit auf den klassischen weiblichen Feldern Pflege, Hilfe und Beratung zu bleiben, betonte Lily Braun vor allem die militärischen, soldatischen, gewalthaften Elemente des Krieges. Und statt, wie die Frauenbewegung, mit dem Nationalen Frauendienst eine

26 Der Nationalökonom und Sozialreformer Lujo Brentano (1844-1931), war ein Bekannter der Brauns.

zivile Struktur für die Organisation ihrer Aufgaben zu schaffen, schwebte Lily Braun eine militante, paramilitärische Organisation vor, in der Frauen nicht als Beamtinnen, sondern als Soldatinnen dienen – und in diesem Geist Kinder gebären sollten. Auch im »Lebenssucher« wird die männliche Identifikation Lily Brauns deutlich. Allerdings: so sehr sie die Bedeutung von soldatischer Disziplin auch für Frauen betonte, sich selbst sah sie nicht in Reih und Glied, sondern als über das Fußvolk hinausragende Figur, als Führerin – das Rednerpult, an dem sie erhöht stand, und von dem aus sie die Massen durch die Kraft ihrer Persönlichkeit beherrschte, erschien ihr dabei als notdürftiger Ersatz.

Zugleich geht aus ihren Briefen aber hervor, wie viel Kraft dieser Selbstentwurf sie kostete: körperliche Kraft auf anstrengenden Reisen und in intensiven Schreibphasen, zwischen denen sie sich kaum erholen konnte; aber auch seelische Kraft, weil sie den Sohn kurz vor bzw. im Kriegseinsatz wusste, einem Einsatz, den sie ebenso sehr wünschte wie fürchtete und dessen vorzeitigen Abbruch sie mit hohem persönlichen Einsatz verhindert hatte. Und trotz dieser starken Identifikation mit dem Krieg waren ihre propagandistischen und literarischen Anstrengungen eben auch entfremdete Arbeit. Zuhause drohten Prozesse, Rechnungen, Gläubiger und Pfändungen; von ihrem Geld hing es ab, ob die Familie das Haus im Erlenweg behalten konnte, die Verlagsvorschüsse flossen nur, solange sie produzierte.

Zurück in Berlin und nach dem Ende von Ottos Heimaturlaub arbeitete Lily im Sommer 1916 schon wieder an einem neuen Roman. Heinrich war Anfang August zur Erholung in die Berge gefahren, auch Julie reiste am 5. August Richtung Süden. »Manchmal«, schrieb Lily an Otto, »wird es mir recht sauer, so festgenagelt den ganzen Sommer zu sitzen, dann denke ich aber an Dich, schäme ich mich gründlich solcher Anwandlungen und denke, ich bin auch ›im Dienst‹.« (4.8.16) Zwei Tage später schrieb sie, von Berichten eines Kameraden Ottos beunruhigt über Kämpfe, in die seine Einheit verwickelt sein könnte, sie wolle sich jetzt auf den Weg zur Post machen, um Ottos lang ersehnte Post abzuholen, die sein Kamerad dort für sie abgegeben hatte. Das war der letzte Brief, den Otto von seiner Mutter erhielt. Und es war ihr letzter Gang.

Im Feld

Als Otto sich im Dezember 1914 von den Eltern verabschiedete, um von Graudenz aus »ins Feld« zu rücken, schlug Lily einen feierlich-pastoralen Ton an: »Von Gefühlen, mein Liebling, die man früher mit solcher Vorliebe sezierte, verfeinerte, sich darin spiegelte und sie anderen wie ein Kunstwerk vorwies mag ich jetzt nicht mehr reden. Wir werden wortkarg, wo Schicksal und Empfindung für die Scheidemünze der Worte zu groß u. zu stark geworden sind.« (12.12.14) Auch Otto wollte sich des Ernstes der Situation würdig erweisen: »Ich scheue mich, solche Worte zu sagen, da ich nicht übermütig erscheinen will, aber wenn ich Euch, meine Eltern, so fest den Glauben an jenen mächtigen Schutz, der über mir waltet, einflössen könnte, wie ich ihn hege, so wäret ihr ruhig und vertrautet auf mich und meinen Stern … Lest Psalm 91, den ich auf meiner Brust trage!«[1], schrieb er am Tag vor seinem Abmarsch aus Graudenz (13.12.14). Heinrich versicherte dem Sohn, auch im Namen von Lily:

»Unsere innige Liebe und unsere zärtliche Sorge umschwebt [sic] Dich als einen Kämpfer, der sein Alles einsetzt in der Verteidigung der höchsten Güter. Daß es Dein Schicksal ist, noch als Jüngling diese Mannestat zu leisten, ist als ein besonderes Glück zu achten, weil Du wie nur ganz Wenige … Deiner Altersgenossen die

1 »Wer unter dem Schirm des Höchsten sitzt und unter dem Schatten des Allmächtigen bleibt, der spricht zu dem Herrn: Meine Zuversicht und meine Burg, mein Gott, auf den ich hoffe! Denn er errettet mich vom Strick des Jägers und von der schädlichen Pestilenz. Er wird dich mit seinen Fittichen decken, und deine Zuversicht wird sein unter seinen Flügeln. Seine Wahrheit ist Schirm und Schild, daß du nicht erschrecken müssest vor dem Grauen des Nachts, vor den Pfeilen, die des Tages fliegen, vor der Pestilenz, die im Finstern schleicht, vor der Seuche, die im Mittag verderbet. Ob tausend fallen zu deiner Seite und zehntausend zu deiner Rechten, so wird es doch dich nicht treffen. Ja, du wirst mit deinen Augen deine Lust sehen und schauen, wie es den Gottlosen vergolten wird. Denn der Herr ist deine Zuversicht, der Höchste ist deine Zuflucht. Es wird dir kein Übels begegnen, und keine Plage wird zu deiner Hütte sich nahen. Denn er hat seinen Engeln befohlen über dir, daß sie dich behüten auf allen deinen Wegen, daß sie dich auf den Händen tragen und du deinen Fuß nicht an einen Stein stößest …« (nach bibel-online.net/buch/luther_1912/psalm/9/).

mit Dir im Felde stehen, die geistige Reife besitzest, um die ganze Bedeutung des Riesenkampfes zu verstehen, und den Schwung der Seele hast, um die Gunst des außerordentlichen Schicksals zu empfinden und in diesem emportragenden Gefühl allen Schwierigkeiten und Gefahren gewachsen zu sein. … Was ich Dir … schrieb, hindert natürlich nicht, dass wir Dein Fehlen gerade in der Weihnachtszeit auf das Schmerzlichste empfinden.« (15.12.14)

Am 14. Dezember verließ Otto Graudenz und reiste entlang der Weichsel erst im Zug und dann zu Pferd Richtung Südosten, über Thorn in den von den Deutschen schon besetzten Teil Polens[2], wo sein zukünftiges Bataillon lag. Die Stimmung der Eltern schwankte zwischen Sorge und Begeisterung. Lily war stolz auf den Kämpfer: »Eine der größten und folgenreichsten Entscheidungen der Weltgeschichte machst Du jetzt mit – Du bist zu beneiden um Deine reiche Jugend.« (16.12.14) Sie versicherte ihm, sie und Heinrich dächten immer an ihn: »Du bist ja nicht nur das Glück, Du bist auch der Zweck u. das Ziel unseres Lebens.« (17.12.14) Über den »großen Sieg in Polen«[3] sei sie »aus zwei Gründen besonders glücklich …: weil Du … den Sieg aus der Nähe erlebtest und, weil Du gewiß noch nicht an der Front sein konntest. Wir steckten gleich die Fahne heraus u. erzählten dem aufgeregt herumspringenden Mister (der Braun'sche Hund DW), dass Herrchen den Sieg nach Polen getragen habe. Dann fuhr ich nach Berlin in Erwartung großen Siegesjubels … Aber war das schlechte Wetter daran schuld oder die noch sehr unpräzise Nachricht: die Fahnen hingen zwar überall, aber die Menschen gingen mit Alltagsgesichtern darunter.«

In einem zweiten Brief vom selben Tage berichtete sie ihm, »dass unsere Flotte den Mut hatte, die Ostküste Englands an zwei Punkten zu beschießen, was ungeheuren Eindruck machte.[4] In

2 Gemeint war damit 1914 das sogenannte russische Kongresspolen, also jener Teil des früheren Königreichs Polen, der seit dem Wiener Kongress faktisch von Russland beherrscht wurde.

3 Am 6. Dezember 1914 hatte die 9. Armee unter General von Mackensen die Stadt Lodz nach einwöchigem Kampf besetzt, nachdem die russische Armee sich zurückgezogen hatte. Vergl: Reichsarchiv, Der Weltkrieg, Bd. 6, S. 263-280.

4 Am 16. Dezember hatte die deutsche Flotte in der Nordsee, eine offene Seeschlacht vermeidend, die ostenglischen Küstenstädte Scarborough, Whitby

Frankreich stehen, fürchte ich, die Dinge nicht so gut …« Zu Weihnachten hatte sie gleich nach seiner Abfahrt zwölf Pakete an ihn losgeschickt.[5]

Lilys kindliche Freude am Krieg wechselte immer wieder mit mütterlicher Sorge, Schuldgefühlen und Beschwörungen seines Überlebens: Tausend Ratschläge könne sie ihm geben, »aber nur eins: Trinke niemals unabgekochtes Wasser! … wie grausam Dich das Schicksal – das freiwillig gewählte! – zum Manne hämmert! Möchtest Du niemals zu Dir selbst sagen müssen, dass Deine Eltern Dich davor hätten bewahren sollen! Oft quält mich der Gedanke. … Wir aber, mein geliebtes Kind, leben nur von drei großen Kräften: Glaube, Hoffnung, Liebe – Glaube an Dich und Dein Schicksal, Hoffnung auf Dich und Dein Glück, Liebe, grenzenlose Liebe für Dich! Wie schützende Panzer muss Dich das umgeben, mein lieber, lieber Sohn!« (20.12.14)

Die Weihnachtstage und das Jahresende 1914 verliehen solchen Gefühlen noch mehr Gewicht und Bedeutung. Am 24. Dezember träumte Lily »von der Zeit, … wo ich Dich noch in meine Arme schließen konnte, wo Deine Weihnachtsfreude die meine war, und mir die Zukunft auszumalen, wo Du – früh zum Mann gereift – wieder mit uns unter dem Lichterbaum stehen wirst. … Wenn Dir heute weh zumute ist, so denke daran! Vergiß niemals, mein liebstes, dass Du für den ›Frieden auf Erden‹ kämpfst, also für eine Weihe-Nacht der Zukunft. Aller Augen, alle Gedanken und Hoffnungen sind auf den Osten gerichtet. Man ist fast überzeugt, dass die wesentliche Entscheidung dort fallen muß. Du wirst es nicht mehr bedauern, an dieser Seite zu stehen.« (24.12.14)

Sie sehne sich nach dem »glücklichen Augenblick, wo wir Dich wieder haben. ›Haben‹?! Nein! Denn Du wirst ein Mann geworden (sein), den man nicht mehr ›haben‹ kann, der sich selber hat«, schrieb sie am zweiten Weihnachtstag, um am nächsten Tag ihren Friedenswunsch zurückzunehmen:

und Hartlepool beschossen und dabei 122 Zivilisten getötet. David Stevenson, 1914-1918. Der Erste Weltkrieg, Düsseldorf [2]2006, S. 121 f.

5 Lily hatte bald herausgefunden, dass kleine Pakete zuverlässiger und schneller ankamen, und verteilte deshalb ihre Sendungen immer auf mehrere Päckchen.

»Ein wundervoller Wintertag war heute: auf dem dichten Schnee funkelte die Sonne u. färbte ihn abends, als sie unterging, blutrot. Blutrot! Ich musste, entsetzt, den Blick davon wenden. Ich dachte an die Schlachtfelder Polens! … Und trotz aller Qual muss ich bekennen: wir brauchen den Krieg. Und muß trotz aller großen Sehnsucht hinzufügen: wir dürfen den Frieden noch nicht wünschen. Wir müssen ganz siegen, wenn der Sieg mehr, als ein gefährlicher Waffenstillstand sein soll.« (27.12.14)

So variierte Lily Braun noch einmal das Thema von Ottos Kindlichkeit und Männlichkeit, die sie beide ersehnte, um sich am Ende doch für den »Mann, den man nicht mehr ›haben‹ kann«, zu entscheiden. Auch Heinrich nutzte den Heiligabend für einen längeren, zu Beginn traurigen Brief: »Das Zimmer, in dem sonst lichtstrahlend unser Baum stand, und Du vor Freude noch strahlender Deine Geschenke betrachtetest, ist stockfinster. Wir werden Weihnachten erst wieder feiern, wenn Du zurückgekehrt sein wirst.« Trotz der sicher unbequemen und traurigen Umstände hoffe er aber, dass »Du in diesem Jahre die schönsten Weihnachten Deines Lebens verbringst. Was wiegen Entbehrungen und Leiden gegenüber der Teilnahme und Mitwirkung an dem heroischen Existenzkampf Deutschlands, der in seiner Herrlichkeit … nur mit den schönsten Zügen der Perserkriege verglichen werden kann. Ich bin von Dir überzeugt dass Du so empfindest und alles Schwere mit Lust trägst. Und auch untergeordnete Arbeit leistest. Die Größe der kriegerischen Leistungen ist nun so außerordentlich, daß nicht nur auf die Taten der Feldherren, … sondern auf die scheinbar geringeren Tätigkeiten auch des letzten Soldaten ein Glanz fällt.«

Zwar ermunterte Heinrich seinen Sohn damit, nicht zuerst nach militärischen Ehren zu suchen, doch in Wahrheit war Heinrichs Vision durchaus großartiger als die eines einfachen Soldatenlebens für Otto:

»Du weißt, daß ich, noch bevor Du zur Welt kamst, Deiner Mutter einmal Dürers Ritter, Tod und Teufel[6] brachte und auf ihren Schreibtisch stellte, mit dem Wunsch: Wenn's ein Bub wird, ›so soll's so einer sein!‹ Die Erfüllung dieses Wunsches ist erst jetzt mir zur Gewißheit geworden; und deshalb habe ich Deine letzte

6 Kupferstich von Dürer 1513, Kupferstichkabinett, Staatliche Museen zu Berlin.

Photographie, die gerade das Format des Dürerschen Bildes hat, das ich auch auf meinem Schreibtisch habe, vor dieses gestellt, und ich freue mich nun jeden Tag, Dich als den Ritter zu sehen, dessen Wahlspruch lautet: ›Laß kommen die Höll', mit mir zu streiten, ich will durch Tod und Teufel reiten.‹«[7] (24.12.14)

Das Weihnachtsfest ließ die Eltern wehmütig an Otto das Kind denken – dass er nun im Krieg war, erfreute sie andererseits als Beweis für seine so rasch erworbene Männlichkeit. Die Weihnachtsbriefe enthalten, obwohl individuell verfasst, doch eine Schnittmenge ähnlicher Gedanken und Formulierungen, die auf Gespräche zwischen beiden und das Einverständnis, das sie in Bezug auf die Situation und auf Otto gewonnen hatten, schließen lassen. Aber wie widersprüchlich waren ihre Gefühle und wie ambivalent die Botschaften, die sie ihrem Sohn sandten! Ein Kind sollte er sein und ein Mann, ein einfacher Soldat und ein bedeutender Held, den Frieden sollte er lieben, aber auch den Krieg. Sie phantasierten ihn als Kämpfer an der Front, planten aber zugleich, ihn zu besuchen, als sei er noch im Landschulheim. So hatte Heinrich, wie er Otto in seinem Weihnachtsbrief berichtete, an Mackensen geschrieben und ihn um ein Interview gebeten. »Vielleicht daß ich, wenn er meiner Bitte zustimmt, die Erlaubnis erhalte, Dich aufzusuchen.« (24.12.14) Tatsächlich erhielt er kurz darauf aber eine Absage von Mackensen, konnte Otto aber wenigstens mitteilen, dass M. seinen Brief mit »der stolzen Mutter meine Empfehlung« unterzeichnet habe (28.12.14). Was Heinrich dem Sohn verschwieg: Der Antwortbrief von Mackensen war äußerst kühl gewesen; der General lehnte es ab, »Herren von der Presse auf dem Kriegsschauplatz der mir anvertrauten Armee zuzulassen«, und er weigerte sich, und hier zitierte er Heinrichs Brief, »Urtheile, die durch die ganze Presse gehen«, zu kommentieren. Ebenso sei er »gar nicht in der Lage …, Ihnen Auskunft über die Bewährung der ›der Socialdemokratie angehörigen Soldaten‹ zu geben, denn bis jetzt hat sich hier im Felde noch kein Soldat mir als Socialdemokrat zu erkennen gegeben«.[8] Insofern bedeutete die freundliche Empfehlung an Lily

7 Altes Kriegslied, anonym.
8 Mackensens Brief vom 25. Dezember 1914 als Abschrift (von Lily) JBVC, II, 1/5.

eher einen Affront gegen Heinrich, dem sich Mackensen, anders als gegenüber Lily, in keiner Weise verpflichtet fühlte. Entsprechend behandelte er ihn als ganz gewöhnlichen und lästigen sozialdemokratischen Schreiberling. Heinrich versuchte, die Schmähung zu ignorieren.

Am 21. Dezember 1914 gelangte Otto in ein Dorf bei dem Landstädtchen Skierniewice, wo seine Einheit, das 21. Reserve-Jäger-Bataillon, lag, welches der 49. Reserve-Division im 25. Reserve-Armeekorps angehörte – und damit der von Mackensen befehligten 9. Armee.[9] Sein Standort befand sich zu diesem Zeitpunkt circa 5 km vom Ufer der Rawka entfernt, hinter die sich die russischen Truppen zurückgezogen hatten. Den Eltern schrieb er nach seiner Ankunft: »Jetzt ist bald Weihnachten. Ich wünschte mir, am Heiligen Abend meine Feuertaufe zu erhalten und zwar eine gründliche. Wir wollen Weihnachten nachher feiern, was meint ihr dazu?« (22.12.14) Den Ersten Weihnachtstag verbrachte er »beim Donner der Geschütze, [in] einer großen Scheune, wo die Pferde scharren und kauen, hingelehnt an eine kleine Kiste beim Licht einer dem Tode nahen Stearinkerze, gegenüber ein Mann, der sein Hemd nach Läusen absucht«, wie er mit deutlichem Stolz den Eltern schrieb.

Erst nach den Weihnachtsfeiertagen erhielt er Post von Zuhause. »Meine lieben, lieben Eltern! Ihr wisst gar nicht, welch unglaubliche Freude ihr mir mit Euren so wunderschönen Briefen gemacht habt. Wenn ich auch noch immer nicht im Feuer gewesen bin, nur von ferne stets das Grollen der Kanonen, das Geknatter der Gewehre höre, so bin ich trotzdem ›im Feld‹ und Ihr könnt es kaum verstehen, welch eine Sehnsucht man nach jeder einzelnen Nachricht aus der Heimat empfindet …« Nur andeutungsweise erwähnte er die »Fülle von Menschenerfahrungen«, die er schon gemacht habe, offensichtlich unangenehmer Art. Aber »innerlich habe ich mich fest gepanzert, da kommt nichts durch« (28.12.14).

9 Otto Braun blieb Angehöriger des 21. Reserve-Jäger-Bataillons während des gesamten Krieges, wenn er auch gelegentlich für besondere Aufgaben, etwa im Regimentsstab, abgeordnet wurde. Allerdings änderte sich die Zugehörigkeit des Bataillons selbst im Laufe des Ersten Weltkriegs mehrfach. Vergl: Das Reserve-Jäger-Bataillon 21 im Weltkriege, nach den amtlichen Kriegstagebüchern bearb. von Heinz-Martin Wennrich, Zeulenroda/Th. 1935 (im Folgenden: Reserve-Jäger-Bataillon).

Seinen Freunden wolle er erst schreiben, wenn er »im Feuer« gewesen sei. Am Silvesterabend wurde zumindest spielerisch gefeuert: »Um 12 begann mächtige Kanonade. Ich schoss durch beide Pistolen je drei Schuss, es war ein tolles Geknalle von allen Seiten.« (Tagebuch 1) Im Brief an die Eltern wurde das Silvesterschießen zu einer Art vorgezogener Feuertaufe stilisiert:

»Das hättet Ihr hören sollen! Die Sylvesternacht war grabenstill … Dann aber um 12, da schien es, als bräche das Wutgeheul aus allen sieben Himmeln, … als wollten wir mit einem entsetzlichen Aufschrei tollwütiger Kraft die zähe Masse der Russen, wie eine Hydra mit immer neu wachsenden Häuptern, zur Feier des neuen Jahres glorreich überrennen … Aber was nützt es alles? Wir stehen vor einer ehernen Mauer und dieses Bollwerk von der Front her zu durchbrechen scheint undenkbar.« (2.1.15)

In den nächsten Briefen nutzte Otto die räumliche Nähe zur Front, um sich – ganz im Sinne seiner Mutter – schon als Kämpfer zu stilisieren, indem er seine Silvesterböller geschickt mit dem ca. 20 km entfernten Feuer an der Front zusammenklingen ließ. Doch diese Nähe machte auch realistischer. So kommentierte er das Silvesterschießen später gegenüber den Eltern:

»Borzymow wurde damals mit jener wahnsinnigen Kanonade der Sylvesternacht, von der ich schrieb, eingeschossen und trotz der ungeheuren Munitionsverschwendung hatten wir den nächsten Tag nur ›Gut B. und die Hälfte vom Dorf B.‹ in Händen, die Russen, die hier die sibirischen Kerntruppen haben, halten sich eben vorzüglich. Überdies war es eine Rückeroberung.« (10.1.15) So versuchte Otto, gleich in den ersten Tagen nach seiner Ankunft »im Feld«, eine der Situation angemessene Rolle gegenüber den Eltern einzunehmen und dafür eine passende Sprache zu finden.

* * *

Doch fast noch mehr als das entfernte Kampfgeschehen beschäftigten Ottos Geist und Sinne seine unmittelbare, fremde Umgebung. Immerhin hatte er ja nicht nur eine Staatsgrenze, sondern auch eine kulturelle Grenze überschritten. Die Welt, in der er sich wiederfand, befremdete ihn zutiefst. Hinter Ollotschin, einem »trüben Grenzdorf«, hatte er in Alexandrowo den »erste(n)

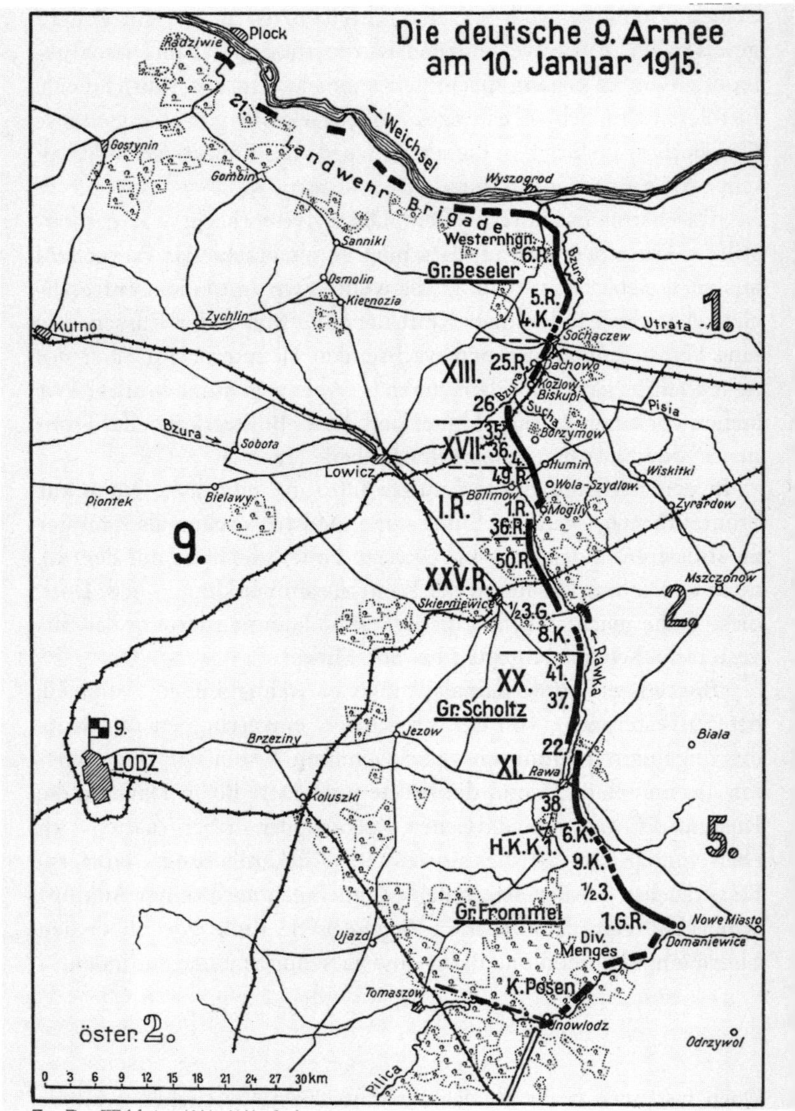

Die Skizze zeigt das Operationsgebiet der 9. Armee im mittleren Abschnitt der Ostfront in der ersten Hälfte des Jahres 1915. In der Mitte die Position des 25. Reserve-Armeekorps (XXV. R) nördlich davon die 49. Reserve-Division (49. R.). In unmittelbarer Nähe Bolimow, Schauplatz des »Schützengrabenbriefs« vom März 1915 (vgl. auch S. 134).

russische(n) Ort« betreten: »Ein pompöser Bahnhof, grosser Soldatenverkehr … Eine hübsche Polin verkaufte guten Tee und auch sonst waren die äusseren Verhältnisse befriedigend. Ich schlief auf einem Heulager in unserem Liebesgabenwagen.« Die Abfahrt verzögerte sich und Otto ging in das »schmutzige Nest«, wo er »bei netten Juden elektr. Batterien« kaufte. »Zum ersten Mal jiddisch gehört.« (T1, 16.12.14) Den Eltern malte Otto das »fröhliche, kriegerisch gefärbte Bild« des Bahnhofstreibens aus und beschrieb seinen Spaziergang durch den Ort, »der schon einen Vorgeschmack künftiger Freuden gibt. Sehr viel Schmutz und ungemein typisch aussehende jüdische Einwohner, dazwischen teils mehr, teils weniger niedliche Polenmädchen sind das Hervorstechendste.« Das Jiddische »klingt anfangs wie eine Karikatur, hat aber viel Ausdruck und eine beinah unheimliche Lebendigkeit« (16.12.14). Offensichtlich glaubte er, das Fremde und Abstoßende an der neuen Umgebung gegenüber den Eltern besonders hervorheben zu müssen, deutete aber an, dass ihn all das auch interessierte, teilweise sogar anzog. Da der Aufenthalt in Alexandrowo sich um einen Tag verlängerte, wiederholte Otto seinen Spaziergang und berichtete nach der Abreise noch einmal ausführlicher darüber, wobei er der Begegnung mit dem/den Fremden in diesem ersten polnischen Ort auf russischem Territorium im Brief wieder breiten Raum ließ:

»In all diesem Gewusele von Wegen und dazwischen laufenden Gässchen stehen und schwatzen nun eifrige Gruppen von Juden. Es sind ~~vielfach~~ manchmal merkwürdig und interessant, ja schön erscheinende Menschen darunter, meist jedoch sind sie klein und hässlich, aber ungemein freundlich und entgegenkommend. Wie viel von dieser Freundlichkeit zu halten ist, weiss ich nicht, man ist oft schlecht auf die jüdische Bevölkerung zu sprechen, aber ich (habe) doch schon von sehr sympathischen Einzelheiten erfahren und auch selbst solche gesehen. – Ein Kapitel ganz für sich bilden die polnischen und jüdischen Mädchen. Sie machen unsere Soldaten buchstäblich verrückt. Die Folgen dürften auch kaum ausbleiben, aber ich muss selbst gestehen, dass es schon in dem einen kleinen Nest, wo wir gewesen sind, genug der Verführung gab …« (19.12.14)

Über Kutno ging es weiter bis Jackowice, wo ausgeladen wurde. Den letzten Teil der Strecke legte er zu Pferde zurück: »Strahlendes Wetter … Herrlicher Ritt. Über das Schlachtfeld vor Lowicz.[10] Geräumte russische Schützengräben, Granatenlöcher, Grabstätten, verreckte Pferde, auf der Landstraße österreichische Motorbatterien, Leichtverwundete, Artillerie, Autos usw.« (T1, 20.12.14) Polen, »dieses ungestalte Land«, wurde für Otto zum Inbegriff des »Barbarischen« (an die Eltern, 25.12.14). Seine unmittelbare Umgebung für die nächsten Monate – zwischen den Städten Lowicz und Lodz, den Flüssen Bzura und Rawka – erwies sich aber nicht nur ästhetisch als abstoßend, sondern sein Alltag dort war, entgegen seiner Vorfreude auf das »Feld«, geprägt von enttäuschender Ereignislosigkeit. Waffen- und Pferdeappelle wechselten einander ab, Spaziergänge und Ausritte vertrieben die Zeit. Otto zog es deshalb regelmäßig in die Kleinstädte, deren Marktplatztreiben oft reger sei als auf dem Leipziger Platz in Berlin.

»An den Seiten eine keifende und schreiende Horde alter Judenweiber, um sie herum dicke Knäuels von Soldaten, die Tee, ekelhaft süssliches Gebäck oder Bonbons kaufen. Manchmal entsteht noch ein Auflauf, wenn irgend ein Kerl, erbost über einen zu hohen Preis oder … aus etwas zu roher Kriegsgesinnung, einen solchen Korb umwirft oder gar einer der alten Hexen zu nahe kommt. Die fangen dann zu schreien an, wie ein abgestochenes Schwein und es entsteht ein wüstes ~~Durcheinander~~ Tohuwabohu.« (Aus Lovicz an die Eltern, 7.1.15)

Drei Tage später kam er wieder auf »eins der für den Mitteleuropäer seltsamsten Dinge hierzulande« zu sprechen, nämlich »die ausserordentliche Sinnlichkeit, ja Geilheit der weiblichen Bevölkerung und überhaupt die Offenheit und Selbstverständlichkeit des ausserehelichen Geschlechtsverkehrs«. Nicht nur würden den Soldaten ständig in den Hotels Damen angeboten, sondern auch die Bauern stellten den Offizieren ihre Töchter zur Verfügung.

»Ist das nicht horrent? So etwas würde ein deutscher Bauer, glaub ich, nicht tun. Aber die Mädchen hier sind alle, wenn man nur mit ihnen spricht, ausgesprochen dirnenhaft, beinahe am schlimmsten die Töchter der vielen deutschen Ansiedler, überhaupt eine verkommene, uns auch feindliche Gesellschaft. Von der Gegenseite, den deutschen Männern, will ich lieber schweigen,

10 Die Stadt war erst wenige Tage zuvor erobert worden.

um Euch nicht den Geschmack zu verderben, aber es ist meiner Meinung nach immer tiefere Verrottung [sic], wenn die Frauen, als wenn die Männer verdorben sind.« (An die Eltern, 10.1.15)

Lily fühlte sich durch diese Äußerungen herausgefordert, gegen Ottos erstaunlich konventionelle Ansichten über Sexualität und Frauen zu intervenieren. Einerseits konzedierte sie, dass Fragen der Sittlichkeit sich im Kriege anders stellten als im Frieden.

»Nur finde ich, daß Du den Frauen im Vergleich zu den Männern bitter unrecht tust. Handelt es sich doch um ganz unzivilisierte, rohe u. – was sehr verständlich ist! – arme weibliche Wesen, denen plötzlich die Lockung des Geldes gegenübertritt. Es ist für mein Gefühl viel ekelhafter, viel schärfer zu verurteilen, wenn ein deutscher Offizier nach ihnen verlangt, als wenn solch ein armseliges Wurm sich vielleicht um eine Glasperlenkette hingiebt. … Hüte Dich, allmählich die Auffassung der üblichen deutschen Männerwelt Dir zu eigen zu machen.« (24.1.15)

In ihrer Mahnung transportierte sie allerdings zugleich eine Fülle von sozialrassistischen Stereotypen bis hin zu der Vorstellung von »Glasperlenketten«, in der die polnischen Frauen mit Phantasien über »Wilde« und deren unkontrollierter Sexualität ebenso wie mit der primitiven Freude an unechtem Tand verknüpft wurden. Aber Otto kam noch öfter auf die aggressive weibliche Sexualität zurück, z.B. als ein 15-jähriges Mädchen, natürlich vergeblich, versucht habe, ihn zu verführen. Er betonte, er lebe, nicht zuletzt aus Angst vor Geschlechtskrankheiten und im Gegensatz zu den Kameraden, enthaltsam. »Mir ist diese hochgradige Sinnlichkeit einer unverdorbenen, von Grund auf gesunden weiblichen Bauernbevölkerung völlig unverständlich.« (2.2.15) Unüberhörbar klang aber auch die Anziehung durch, die von diesen Frauen für Otto ausging: Am 3. Februar 1915 bemerkte er in einem kleinen Ort »eine merkwürdig schöne kleine Jüdin« (T1). Den Eltern gegenüber fand er für diese Begegnung poetische Formulierungen: »Mädchen von einer seltsamen, wie aus dem fernen Orient entstiegenen Schönheit, mit zarten Mündern und unendlich tiefen, weiten, dunklen Augen, geheimnisvoll und doch berückend, ebenso fremd und unverständlich, ebenso tragisch und dann wieder berückend anmutend wie dieses ganze unfassbare jüdische Volk.« Zugleich beklagte er das »zur Ekstase gesteigerte Geschlechtsbedürfnis« der Soldaten, von denen manche die Ehemänner aus den Betten würfen und dann nacheinander über ihre Frauen herfielen. Er selbst beteilige sich an solchen Exzessen natürlich nicht. Ihn hinderten »meine 17 Jahre und vor allem dass ich diese für mich ganz wesentlich heilige Handlung das erste Mal nur in … wahrhafter Liebe begehen will. Wäre ich 21 oder älter und hätte dieses hinter mir, so würde ich, wie ich offen gestehen muss, kein wesentliches Hindernis sehen und mich nicht zu beschmutzen glauben, besonders noch da ein Kind unter hiesigen Umständen zweifellos keine Schande für das Mädchen bedeuten würde.« (5.2.15) Bei dieser Darstellung berücksichtigte Otto offensichtlich schon einige der ihm von Lily inzwischen übermittelten Bewertungen und Deutungen, aber die den Soldaten und also auch ihm durch den Krieg geschaffenen Möglichkeiten, seine sexuellen Bedürfnisse außerhalb der gewohnten Einschränkungen durch Konvention und Schamgefühl auszuleben, blieben ein Problem für ihn, über das er den Eltern – vor allem der Mutter – erstaunlich offen schrieb. Lily ging deshalb noch einmal gezielter darauf ein. Einerseits bestätigte sie die Vermutung Ottos, im ländlichen Polen seien die Sitten andere, insbesondere im Hinblick auf voreheliche Sexualität und uneheliche Mutterschaft.

»Wenn mich trotzdem bei solchen Berichten wie den Deinen manchmal ein leiser Schauder überläuft, so ganz und gar nicht – ich hoffe, soweit kennst Du mich! – aus irgendeiner Prüderie, weiß ich doch, daß Liebesgefühle in tausend verschiedenen Formen und Arten auftreten, ohne daß eins davon moralisch verurteilt zu werden braucht. Was ich fürchte, ist einmal die Ansteckung … und dann die Erweckung des Bedürfnisses, dem [sic] man sehr schwer Herr wird. Ich möchte, Du könntest Dich noch lange davor schützen – aus diesen Gründen! … Überzeugt bin ich allerdings, daß die längere Erhaltung der Keuschheit beim Mann eine Aufspeicherung großer vitaler Kräfte bedeutet, die zunächst seinem geistigen und später in hohem Maße seinem Geschlechtsleben zugute kommen.« (8.2.15)

Auch die, nur für Offiziere zugänglichen, Bordelle erregten Ottos Interesse und Abscheu. Ein solches war in Lodz, wo er ab April 1915 stationiert war, eingerichtet worden. Er deutete den dortigen

Betrieb zunächst ironisch an, gestand dann aber (in der dritten Person), »dass ihm der manchmal nicht mehr zu umgehende Anblick dieser verfaulten, von Kopf zu Füssen grell bemalten, stinkenden Dirnen, dieser vom Teufel ausgebrüteten, zerfallenen Ruinen, dieser unsagbar scheusslichen, fratzenhaften, mit 18 Jahren von allem Ekel, allen Giften zerfressenen lebenden Belustigungsapparaten, widerlicher und entsetzlicher erscheint als die verwesende Leiche eines von Granaten zerrissenen Russen. Mir persönlich das furchtbarste ist auch die unbezähmbare Gier und Geilheit, diese Lust zur Schande, die wohl auch das einzige sein mag, was tierische Männer an sonst so … schlaffen Weibern anzieht.«

Die Eltern sollten diesen Teil seines Briefes verbrennen, »aber ich wollte Euch doch mal sagen, wie es hinter der Front aussieht, was für ein Sumpf aus dem stagnierenden Wasser des Krieges wird, wenn er sich im Stellungskampf zum See gestaut hat« (17.6.15). Schon drei Tage später kam er auf die »Bordellweiber« zurück, die schon bis zu 1800 Mark gespart, und vor Kurzem ihren 2000. Besucher gefeiert hätten. »Es ist stets ein Zeichen übelster Verrottung, wenn Offiziere sich Dinge ungestraft erlauben dürfen, die den Leuten verboten sind. Ich wünschte manchmal nur, höherer Offizier zu sein; bei Gott, was würde ich dazwischenfahren!« Seinen 18. Geburtstag verbrachte er immerhin in einer Gruppe, zu der auch »nette und frische Polenmädchen« gehörten, wie er den Eltern schrieb (29.6.15).

Allmählich schien sich Otto mit seiner Umgebung zu versöhnen, insbesondere nach seiner Versetzung nach Lodz (s. u.), wo sich ihm die Verhältnisse anders darstellten. Ihm machte dort »die Bevölkerung einen ungleich andern und besseren Eindruck als zuerst, da ich zur Ungerechtigkeit verführt wurde durch den trostlosen und auch oft bös hervortretenden Bruch, den die Zerstörungen des Krieges in allen davon unmittelbar Betroffenen hervorrufen. Hier aber ist ja sowenig vom Kriege zu spüren … Die gesamte Bauernbevölkerung lebt in einer verblüffenden Wohlhäbigkeit und, im Gegensatz zur Lowiczer Gegend, hier sich städtisch kleidend, geben besonders die jungen Mädchen einen netten, sauberen Eindruck. Sie ziehen sich sogar modern an, mit engen, teilweise gerafften Röcken und unterscheiden sich trotzdem strengstens von jenen halben und ganzen Dirnen, die hier ihr Gewerbe im Umherziehen üben, wobei sie in jedes Dorf und besonders die Bahnstrecken entlang kommen.« (13.7.15)

So vermischten sich für Otto in dem multiethnischen Grenzgebiet das Jüdische mit dem Weiblichen und dem Sexuellen zu einem einzigen, wenn auch widersprüchlichen Phänomen, das ihn ebenso anzog wie abstieß und das er umso mehr dämonisierte, als es drohte, dauerhafter Teil seines Alltags zu werden. Aber nicht alle Juden, denen er begegnete, passten in diese Kategorie des Fremden. Schon in Graudenz lebten Bekannte der Eltern, Lieberts, die er regelmäßig besucht, von denen er sich aber bald distanziert hatte. Nach einem Besuch anderer Graudenzer Bekannte der Eltern kommentierte er, diese seien doch etwas Anderes, also Besseres. Und er beendete seinen Brief mit der Information: »Was übrigens Lieberts betrifft, so sagte man mir, dass ich als Offizier unmöglich dort verkehren könnte, weil es Juden seien!!!« (11.10.14) Lily hatte Otto daraufhin gebeten, den Lieberts nichts von dem für die folgende Woche geplanten Besuch der Eltern zu erzählen. In Lodz nun lebten die Schwiegereltern seines langjährigen Privatlehrers Herrman Schmalenbach, denen er selbstverständlich einen Höflichkeitsbesuch abstattete. Otto berichtete vom ersten Treffen: »Sie ist sehr liebenswürdig und von alter jüdischer Vornehmheit, aber doch gebrochen durch das in letzter Zeit Erlebte.« (T1, 17.3.15) Aber bei seinem nächsten (und letzten) Besuch distanzierte er sich deutlich: »Nochmal bei Müntz. Merkwürdig, wie viel Ghetto noch in diesen Juden steckt, wie manchmal unmerklich verstohlen noch ein Gemisch von Scheu und Angst, von Hass und Verachtung aus ihnen kommt. Es ist mir unbehaglich zu Mut bei ihnen.«[11] (T1, 20.3.15) Für Otto, der sich nicht als Jude fühlte und durch seinen Vater in der Ablehnung der »Ghetto-Juden« erzogen war, stellte die Begegnung mit polnischen Juden eine beträchtliche Irritation dar. Heinrich bestätigte Otto darin, »daß Deine Gefühle gegenüber der Lodzer Bevölkerung bei mir wenn nicht dieselben, so jeden-

11 Ottos Verhältnis zu Schmalenbach kühlte nach Kriegsbeginn merklich ab. Obwohl ihn der latente Konflikt mit seinem ehemaligen Lehrer zeitweise stark beschäftigte, konnte ich dessen genaue Ursache nicht ergründen. Klar ist nur, dass Schmalenbach den Krieg nicht im von Otto gewünschten Maße unterstützte, weder politisch noch persönlich (anscheinend konnte er den Kriegseinsatz vermeiden).

falls noch weitaus antipathischer sind. Es ist das eine Sorte von Menschen, die schon in der galizischen Verdünnung, die ich kenne, unerträglich sind.« (25.4.15) Nach seinem Besuch in Lodz im Mai 1915 schrieb er dem Sohn, er sei noch am Morgen seiner Ankunft am Bahnhof Friedrichstraße »in das nahegelegene Dampfbad« gegangen, »um mich gründlich zu reinigen« (undatiert). Lily mahnte den Sohn allerdings: »Was Du über die Polen u. Juden sagst, ist doch wohl in der Voraussetzung nicht ganz gerecht, da es ja Rußland ist, daß über ihnen die Knute schwingt, die Juden seit Jahrhunderten zu Sklaven machte u. jede spezifische polnische Kultur unterband.« (25.4.15)[12] – Andererseits äußerte auch sie Zweifel an der nationalen Loyalität mancher deutscher Juden. Darauf verweist nicht nur die Position, die sie ihnen in ihrem Roman »Der Lebenssucher« zuwies, sondern auch ihre – durch deren russische Identifikation begründete – Abneigung gegen Schmalenbachs jüdische Frau und ihr wachsendes Misstrauen gegen einzelne jüdische Freunde, wenn diese kritisch auf den zunehmenden Antisemitismus in Deutschland reagierten.

»Struck[13] … war mir bei weitem nicht so sympathisch wie sonst. Denke Dir, er suchte das Verhalten vieler amerikanisch-deutscher Juden, die am Siege Deutschlands kein Interesse haben, damit zu verteidigen, daß er sagte, in keinem Lande der Welt – Rußland ausgenommen – würden die Juden so unterdrückt wie bei uns.« (An Otto, 5.7.15)

Ottos Gefühl gegenüber den als Juden identifizierbaren Menschen in seiner neuen Umgebung blieb nicht zuletzt deshalb ambivalent, weil es sich bei den Lieberts in Lovicz und der Familie Müntz in Lodz um Juden handelte, die trotz ihrer geographischen Herkunft in direktem Bezug zu seinen Berliner Kreisen standen und deshalb eben nicht als »Ghettojuden« abgetan werden konnten. Dass sie sich dennoch nicht ohne weiteres mit den Deutschen,

12 Ottos Brief, auf den die Eltern hier so gegensätzlich reagieren, ist leider nicht überliefert.

13 Hermann Struck (1876-1944), deutsch-jüdischer Maler und Freund der Brauns. Als Referent für Jüdische Angelegenheiten beim Oberkommando Ost der Reichsarmee hatte er gute Kontakte auch nach Polen. Lily empfahl z. B. Otto, sich für einen Kontakt mit dem reichsten Lodzer Unternehmer, Poznansky, eine Empfehlung Strucks zu besorgen (22.12.14).

die in ihr Land eingedrungen waren, identifizierten, war für Otto (wie für seine Eltern) anscheinend schwer nachvollziehbar. Andererseits wurde Ottos spontane Abneigung gegen die ärmlichen Landjuden durch deren massenhafte Zwangsumsiedlung durch die Russen relativiert, wodurch diese zum gemeinsamen Kriegsgegner wurden: »Sämtliche Juden haben die Russen mitgeschleppt und alles Deutsche vernichtet.« (T2, 18.7.15)[14] Über ein kleines Städtchen der Umgebung schrieb Otto fast bedauernd: »ohne Juden wirkt sie ganz leer«. (T2, 20.7.15)

Schließlich sah er sich »im Feld« erstmals in seinem Leben in der Situation, als Sohn eines jüdischen Vaters selbst als Jude zu gelten; deshalb beherzigte er auch die Warnung der Mutter vor kompromittierenden Kontakten und sprach sich bei anderer Gelegenheit abfällig gegenüber vermeintlich typisch »Jüdischem« aus (vgl. Exkurs: »Kriegslektüren«). Dass seine persönlichen Probleme mit manchen Offizieren auch etwas mit antisemitischer Stigmatisierung zu tun haben könnten, zogen dagegen weder er noch die Eltern bewusst in Betracht.

* * *

Dass Otto nun »im Feld« war, hieß für ihn und seine Eltern, dass er »im Krieg« war; von daher stellte der Krieg auch ein zentrales Thema der Korrespondenz dar, obwohl sich Ottos Situation gegenüber Graudenz eigentlich kaum verändert hatte. Lily Braun schickte ihrem Sohn »ein unglaublich schönes Zarathustrastück: ›Unbekümmert, spöttisch, gewalttätig, so will uns die Weisheit: sie ist ein Weib und liebt immer nur einen Kriegsmann.‹«[15] (T1, 5.1.15) Am 14. Januar erhielt Otto von der Mutter »endlich Apapas Portemonnaie mit der Kugel drin. Jetzt kann es losgehen, ich habe ein Amulett.« Lily war anfangs wie im Rausch – mit

14 Die russische Regierung stellte vor allem die polnischen Juden pauschal unter Kollaborationsverdacht und siedelte ca. 600.000 von ihnen zwangsweise um. Vgl. Ulrich Sieg, Judentum, in: Gerhard Hirschfeld, Gerd Krumeich, Irina Renz (Hg): Enzyklopädie Erster Weltkrieg, Paderborn u.a. 2009, S. 599.

15 Aus Friedrich Nietzsche, Also sprach Zarathustra, Erster Teil, Die Reden, Vom Lesen und Schreiben.

deutlich erotischen Zügen: »Denke Dir, der Sieger von Soissons,[16] Generalleutnant Wichura ist ein alter Verehrer von mir! Ich habe doch von meiner ersten ›Liebe‹ an immer einen guten Geschmack gehabt!« (21.1.15) Mit ihrem Sohn trat Lily in einen lebhaften Gedankenaustausch über die militärische Lage und bestärkte ihn in seinen Kriegszielen und seiner Entschlossenheit, diese im Kampf zu verwirklichen. Bei ihm suchte sie Unterstützung gegenüber der zunehmenden Skepsis und sogar Kriegsgegnerschaft in ihrer sozialen Umgebung. »Sehr interessant war uns, was Du über den ›faulen Frieden‹ sagst. Ich schrieb wohl schon ähnliches. Ich fürchte einen solchen Frieden, so sehr ich ihn persönlich wünschte. Und es scheinen manche Kreise aus reinem Pazifismus dafür zu sein … Wir müssen mit unseren Feinden ganz fertig werden. Aber inzwischen rückt Ihr ja wohl schon nach Warschau vor.« »Ihr« – das war die 9. Armee, der Otto aber, wie sie wohl wusste, vorerst nur in der Etappe angehörte. (Warschau hatte noch bis zum Sommer 1915 seinen Frieden vor den Deutschen. »Leider sind es ja vor allem die Frauen, die um jeden Preis nach Frieden zu verlangen pflegen.« (7.1.15) »Das Gewinsele urteilsloser Weiber …, die stets von Völkermord sprechen und von den großen befreienden Wirkungen – geistig und praktisch – nichts sehen wollen«, empörte Lily. (25.1.15) Neben pazifistischen Frauen war es vor allem die Sozialdemokratie, die in Gestalt erster Zweifler am leichten Sieg und Skeptikern gegenüber dem »Burgfrieden« zur Zielscheibe ihrer Kritik wurde. Besonders »traurig« fand sie, »daß ein Mann wie Edm. Fischer, der sonst so ein Optimist war, jetzt … auch behauptet, alle die im Felde sind, wünschten um jeden Preis den Frieden. Ist das richtig, kann das sein?! Dann wären wir wirklich der Größe der Zeit nicht wert. Nebenbei spricht er auch von der ›Vergewaltigung Belgiens‹!!! – Mein lieber Junge – es wird wohl einzig und allein Deiner Generation vorbehalten sein, groß zu denken und zu handeln. Alles andere ist bestenfalls – Dünger für kommende Ernten.« (3.2.15)

16 Die Schlacht von Soissons an der Aisne fand vom 8. – 15. Januar 1915 statt. Eine französische Offensive hatte abgewehr und die Stadt in einem Gegenangriff erobert werden können. Vgl. Reichsarchiv, Weltkrieg Bd. 7, Berlin 1931, S. 23 ff.

Und mit Bezug auf Fischer erklärte sie sich die Kriegsmüdigkeit damit, dass »bei dekadenten Menschen ... der Krieg eben doch nur eine große Sensation war«. Bei denen mache »sich natürlich jetzt, wo er bereits zur Gewohnheit wurde, eine gewisse Müdigkeit, oder besser noch Langeweile geltend, die höchstens durch einige Riesenereignisse wieder verdrängt werden könnte. Ich finde solche Menschen erbärmlich.« (4.2.15) Freilich schrieb Lily hier gegen ihre eigenen Zweifel und Ängste an, die sich seit Beginn des Jahres 1915 eingestellt hatten. Ihre Freundin Julie Vogelstein erkannte, dass sich bei Lily die Krise des »Geistes von 1914« mit ihren persönlichen Sorgen und ihrer Angst vor dem Älterwerden mischten. Sie schrieb ihr »gegen Ihre müde Art, gegen das Ihnen unnatürliche Altsein. Ich glaube an Deutschlands Sieg, weil es sich noch nicht erfüllt hat, weil deutsches Wesen trotz Goethe, Bach, Beethoven, Mozart, trotz Dürer und Holbein, trotz Bamberg und Naumburg noch nicht voll erblüht und ganz Frucht geworden ist. Ich glaube an Ihre Zukunft, an Ihren Sommer, weil trotz des Schönen und Schönsten, was Sie gegeben haben, Ihr Sinn weder im Erleben noch im Gestalten sich schon erfüllt hat. Sie hatten freilich diesen Krieg nicht so nötig wie Deutschland ihn hatte. Aber er wird auch Ihnen aus hartem Schmerz ein neues Leben geben –« (20.2.15)

So hoffte Julie, die Freundin zu trösten und ihr Energie zu spenden, indem sie Lily selbst mit Deutschland identifizierte und dessen Kampf mit dem Lilys gegen das Alter gleichsetzte. Dagegen sollte diese in derselben kraftvollen Weise angehen wie sie die Nation anspornte, der Kriegsmüdigkeit nicht nachzugeben.

Die Erosion der Kriegseuphorie hielt aber an – die Sozialdemokratie und hier insbesondere die Frauen sah Lily besonders kritisch. »Denke Dir, vorgestern sammelten sich vor dem Reichstag ca. 400 Frauen unter Anführung von Frau Breitscheid (!!),[17] die ›Nieder mit dem Krieg‹ Gebt uns Brot!‹ schrien und natürlich rasch zerstreut wurden. Die Zeitungen dürfen nichts berichten.« (An Otto, 30.5.15) Wenig später beschloss Lily Braun, »stillschweigend« aus der SPD auszutreten, »indem ich meine Beiträge nicht mehr zahle, denn ich bin überzeugt, daß man neuen Wein nicht

17 Ehefrau des Sozialdemokraten Rudolf Breitscheid, eines Kritikers der Burgfriedenspolitik und späteren Mitbegründers der USPD.

in alte Schläuche jemals wird füllen können. Pa hat immer noch Hoffnungen.« (27.6.15) Otto, der Lilys Kritik an der Sozialdemokratie teilte, wurde von dieser mehrfach auf die Mission seiner Generation verwiesen: »Um das Neue zu schaffen, das notwendig ist, giebt es nur ein einziges wirklich wirksames Mittel: eine Persönlichkeit! …Was nun kommt, und wirklich führend sein wird, das sind die ohne Vergangenheit – nur beladen mit Zukunft, Du und Deinesgleichen!« (28.2.15) Die Rolle der Mütter sah sie – wie in ihrer Broschüre – darin, »Stufe zu sein ihren Kindern. Aber ich kenne noch ein allerhöchstes: mit den Kindern weiter steigen zu können. Und das hoffe ich zu besitzen.« (5.3.15)

Anders als in Lilys Phantasie war aber ein baldiger Einsatz Ottos im Kampf unwahrscheinlich. Er befand sich im mittleren Abschnitt der Ostfront, an dem sich seit Jahresbeginn 1915 wenig abspielte. Die russische Armee war hier sehr gut aufgestellt, und die Aufgabe der deutschen Truppen bestand lediglich darin, sie in Schach zu halten. Ottos Langeweile und Ungeduld angesichts der erzwungenen Untätigkeit »im Feld« führten zu einer Reihe von Ersatzhandlungen, die das Fehlen des Kampfs kompensieren sollten. Einerseits bot die Situation viel Zeit und Raum für philosophische Reflexionen über das Wesen und die Bedeutung des Krieges, andererseits musste er auch banale Ereignisse durch ihre erzählerische Gestaltung aufwerten, z. B. indem er aus der räumlichen Nähe zum Kriegsgeschehen, dem einzigen Vorteil, den das »Feld« gegenüber Graudenz bot, eine Quasi-Teilnahme am Geschehen ableitete. Lily beteiligte sich an solchen Gedankenspielen, indem sie z. B. die Kommentierung von militärischen Operationen an der Ostfront wiederholt mit der Frage verband, ob Otto in der Nähe des Geschehens oder ob seine Einheit daran beteiligt gewesen sei. Ihr Wunsch, selbst im Kampf zu stehen, war überdeutlich. Am liebsten würde sie ihm z. B. persönlich ihre Pakete und Briefe überbringen, schrieb sie – »wenn es schon keine ›heiße, fröhliche‹ Schlacht sein kann!« (26.2.15) Regelmäßig berichtete sie Otto über die Erfolge ebenso wie über die Rückschläge seiner Freunde. So sei Stef (Stefan Lepsius) Unteroffizier geworden, »aber Fahnenjunker nicht« (9.2.15). Aus einer anderen Information ging allerdings hervor, dass dieser schon »im Feuer« gewesen war: »Stef ist verwundet. Streifschuss am Kopf. Er lag in Hamburg im Lazarett, dürfte jetzt aber zu

Hause sein. Die glücklichen Eltern, die ihn wiederhaben! … Frau Kollwitz sagte Pa ganz bitter: ›Bis unsere Jungens nicht zu Krüppeln geschossen werden, sind sie nicht zufrieden.‹ Schreibe das ja an Stef.« (12.4.15) Auch Ottos Freund »Oes« (Otto Gründler[18]) sei leicht verwundet (3.5.15). Später sandte sie ihrem Sohn einen »leider unbedeutenden Brief« des Freundes, der doch weder 19 Jahre noch Kriegsfreiwilliger sei, wie er darin anscheinend behauptete (7.5.15). Am 5. Juli verbrachte Lily den Nachmittag mit »Frau Sabine (Lepsius, DW) … und mußte immerzu von Dir erzählen; Dein Bild steht stets auf Frau Lepsius' Schreibtisch!« So dienten ihre Erzählungen immer auch dem Vergleich bzw. der Konkurrenz zwischen den Freunden. Sie erinnerten Otto daran, was sie von ihm erwartete und wen er übertrumpfen musste.

Während Lily sich überwiegend mit Ottos Erfolgen und Aussichten im Krieg beschäftigte, schrieb Heinrich seinem Sohn auch ausführlich über die Sorgen und Ängste, die ihn beschäftigten. Diese Ängste verknüpften sich zwar mit demonstrativem Stolz auf den Sohn: »Fahnenjunker, Unteroffizier, Befehlsempfänger des Regimentsstabs[19], auf dem ruhmreichsten Kriegsschauplatz der Welt und 17 Jahre« (29.1.15) – so gratulierte er Otto zu dessen Ernennung zum Unteroffizier, verbunden mit der Hoffnung, Otto könne lange beim Stab bleiben. Aber er fragte eindringlich nach den möglichen Kosten, die der Krieg auch von Otto forderte, wobei er, ähnlich wie Lily, nur mit entgegengesetztem Interesse, so tat, als sei der Sohn schon mitten im Kampfgeschehen. »Unter Anderem wüßte ich gern, wie Du psychisch der schrecklichen Eindrücke Herr wirst, die der Krieg mit seinen furchtbaren Wirkungen hervorruft. Wir hören, daß ein psychischer Zusammenbruch keine Seltenheit ist … Welche Erfahrungen machst Du bei Dir und andern über die seelischen Wirkungen des Krieges?« (29.1.15)

Neben den psychischen Auswirkungen des Krieges fürchtete Heinrich, wie schon in Graudenz, besonders die »sittlichen«, wes-

18 Otto Gründler (1894-1961) war ein enger Freund Ottos.

19 Heinrich meint den Stab des Bataillons, dem Otto angehörte. Bei dem Jägerbataillon handelt es sich anscheinend um ein sogenanntes Freibataillon, das keinem Regiment zugeordnet war. Deshalb wird es verschiedentlich, auch intern, selbst als »Regiment« bezeichnet. Vgl. die Bataillonsgeschichte »Das Reserve-Jäger-Bataillon 21 im Weltkriege«, FN 9.

wegen er Otto nochmals vor Geschlechtskrankheiten warnte, nachdem er Gerüchte gehört hatte, 200.000 Soldaten seien allein an der Ostfront infiziert und die Franzosen würden infizierte Frauen als Waffe gegen deutsche Soldaten einsetzen (ebd.).

Dass Heinrichs Sorgen um seinen Sohn nicht völlig unbegründet waren, zeigt die zunehmende Rolle, die für Otto der Alkohol spielte, je länger er in der Etappe auf den Krieg wartete. Zu »Kaisers Geburtstag« am 27. Januar 1915 wurde beim Stab »etwas Bier« getrunken, nach der Rückkehr ins Quartier »noch tüchtig Punsch. … Ich war richtig besoffen, mir aber immer ganz bewusst, auch meiner Besoffenheit. Es ist ein interessanter Zustand, aber lustig.« (T1) Anscheinend trank Otto regelmäßig, jedenfalls teilte er im April, nachdem er sich »an Goldwasser etwas beschwipst« hatte, mit: »Überhaupt beginne ich den Alkohol zu lieben, besonders ist ein Tokayer …, den ich ab und zu von Borchardt[20] erhalte, so herrlich, dass er mir alle Öde verscheucht.« (T1, 3.4.15)

Die Gleichzeitigkeit von Krieg, Kampf und Tod, von denen er ferngehalten wurde, mit Warten, Drill und Spiel, die seinen Alltag bestimmten, bewirkten bei Otto zunehmende Unzufriedenheit und Ungeduld. Während er den Eltern seine Alkoholexzesse verschwieg, erging er sich in langatmigen Reflektionen und pathetischen Überhöhungen seiner wenig heroischen Existenz.

»Das gehört ja überhaupt zum Fabelhaften der Kriegszeit: nicht nur wird das Elementarische in den allgemeinen Gebieten des Lebens, in Gefühl und Gerät nicht nur das Ursprüngliche und Einfache herrschend, sondern überall … Man erfährt erst jetzt, was eigentlich ›Haus‹ und ›Herd‹ was alle die anderen Gegenstände täglichen Gebrauchs und täglicher wirklicher ›Notdurft‹ bedeuten, was ihre eigentlichen Elemente sind, entkleidet von allem extremen Schmuck und allen Zufälligkeiten, erfährt dies erst, wenn man sie selbst herstellen muss … Alles wird, wie Mama mir schon einmal schrieb, ganz rein und klar und ursprünglich …; so wie in der wirklich modernen Dichtung alles ruhig und fest und … mit klassischer Bestimmtheit herausgesagt wird, was … Leidenschaft, ja, elementare Wucht nicht ausschliesst (George).«

20 Berliner Feinkostgeschäft.

So hoffe er auch, dass »in der Politik die Liebe zur festen Form, zur organischen Ordnung, zu den natürlichen Grundformen siegreich bleibt gegenüber den zersplitternden Tendenzen des Liberalismus … als wahre Grundlage und urgewaltigen Antrieb für all unsere Wünsche und Sehnsüchte zum klarer Rohen, Geformten und Strengen, geradeso erscheint mir dies ungeheure, das ich erlebe – der Krieg.« (17.1.15)

Das Problem aber war ja gerade, dass er den Krieg eben nicht erlebte, sondern nur imaginierte. Gerüchte über einen baldigen Separatfrieden mit Russland oder das nahe Ende des Krieges überhaupt ließen ihn befürchten, nicht mehr zum Einsatz zu kommen. Andererseits hörte er gelegentlich Kampfgeräusche aus nächster Nähe und sah Gefangene und Verwundete, ohne selbst »ins Feuer« zu können. Schon auf dem Weg an die Ostfront hatte er angesichts eines in der Ferne brennenden Dorfes Schiller zitiert: »Im Felde da ist der Mann noch was wert/Da wird sein Herz noch gewogen/Da tritt kein anderer für ihn ein/Auf sich selber steht er da ganz allein.« (T1, 20.12.14)[21] Erwartungsvoll war er in das Jahr 1915 eingetreten: »Die Morgenröte war herrlich und so blutrot, wie man sie stets als Vorbedeutung von Schlachten nimmt«, schrieb er im Februar nach einem frühmorgendlichen Ausrücken, das aber nicht in den Kampf, sondern nur in ein anderes Quartier führte (T1, 15.2.15). »Wenn ich aber höre, dass alle Junker bei der 4. Kavalleriedivision, die in den Schützengräben liegt, schon Offiziere sind und wir vielleicht durch den ganzen Krieg nicht mehr gebraucht werden, dann trage ich mich ernstlich mit der Absicht, bei passender Gelegenheit zur Infanterie zu gehen.« (T1, 17.2.15) Otto war zunehmend enttäuscht.

Heinrich aber las aus Ottos Briefen nichts als die edle Gesinnung, mit der sein Sohn den Krieg und seine eigene Rolle darin verstand. Er bewunderte »die Art, wie Du den Krieg innerlich erlebst, und die große Perspektive, in der Du von den Ereignissen der Gegenwart auf die Gestaltung der Zukunft blickst in der festen Hoffnung, einmal selbst zu ihren Baumeistern zu gehören. Damit stärkst Du in mir den Glauben, dass Du die nichterfüllten Hoffnungen meines Lebens verwirklichen und zur Tat werden lassen

21 Aus Friedrich Schiller, Reiterlied.

wirst, was für mich Wunsch geblieben ist. Wesentlich auch im Hinblick darauf bemühe ich mich um die Schaffung der von mir geplanten Zeitung.« (26.1.15)

Ottos Briefe hätten seine »Überzeugung gestärkt, dass wenn Du im Kriege Dir selber treu bleibst, und heil aus ihm zurückkehrst, Du bei voller Entwicklung Deiner Fähigkeiten und Deines Wesens zu den Männern gehören wirst, die die geschichtliche Aufgabe haben, eine neue Welt aufzubauen. Wenn ich Dir dabei ein Wegbereiter sein kann, wird der schönste Traum meines Lebens sich erfüllen.« (21.2.15)

Angesichts der Ereignislosigkeit seines Alltags »im Feld« nahm Otto lebhaften Anteil an den Erzählungen von der »Heimatfront« und schloss sich den Eltern in ihrer Kritik an der SPD und den Pazifisten voll an. Auch nahm er, ziemlich allgemein, Bezug auf die Zeitungspläne des Vaters, sicher auch, um diesen in der Hoffnung auf seine Zukunft zu bestärken: »Mir scheint immer die einzige Möglichkeit … die Schaffung eines neuen Cristallisationspunktes, d.h. eben die Zeitung, die Zeitung, und immer wieder die Zeitung.« (12.2.15) In leidenschaftlichen Ausbrüchen griff er die verschiedensten Feinde an, auch diejenigen, die sich dem Krieg noch verweigerten, z.B. »diese alte dürre Jungfer Amerika, angekränkelt von sämtlichen Ideologien und Weltfriedens …. Hass ist unser aller Gefühl gegen England, aber Verachtung fühlen wir sämtlich gegenüber diesem ›freien‹ Land, diesem verweiblichten, versklavten ›freien‹ Land, das zu feig und zu entnervt, zu schlapp und geldlüstern ist, um einen Krieg zu führen, einen Krieg um Herrschaft und Macht. Weiß Gott, man könnte mit Nietzsche sagen, ›wo wollte ein Volk je Herr sein?‹« (12.3.15) Wie sehnte Otto sich nach einem wirklich würdigen Feind!

* * *

Über seinen Empfang beim Bataillon hatte Otto im Dezember 1914 geschrieben, der Kommandeur habe ihn »sehr freundlich als Schützling von Mackensen« begrüßt, »ebenso sein Adjutant … Trotzdem kam ich in die unangenehmste Schwadron, die 4. (unter) Rittmeister von Gemander.« (T1, 20.12.14) Ottos Wohlbefinden wurde im Laufe der Zeit durch die zunehmenden Konflikte mit diesem Rittmeister stark beeinträchtigt. Als der sich ihm anfangs vorgestellt hatte, wirkte er noch »recht harmlos. Er war etwas kühl, nicht gerade sehr sympathisch, aber auch nicht abschreckend.« (T1, 27.12.14) Am 31. Dezember notierte Otto lakonisch: »Rittmeister frug mich nach Mama.« Den Eltern schrieb er darüber: »Es will ihm gar nicht in den Kopf, wie ich, als Sohn von solchen Leuten, in das Regiment komme. … Als ich ihm sagte, durch Mackensen, wunderte er sich. Es ist überhaupt ein komischer Mensch.« (31.12.14) Lily fand des Rittmeisters Erstaunen allerdings »begreiflich. Du trägst eigentlich eine doppelte Last: die Tradition Deines Großvaters, die Du aufrecht erhalten mußt, und den in jenen Kreisen schlechten Ruf Deiner Eltern, den Du zu widerlegen hast.« (7.1.15) Noch reagierte sie mit Stolz auf die Tatsache, dass ihr Sohn trotz dieser Voraussetzungen seinen Platz im Krieg gefunden hatte. Doch die Beziehung zwischen Otto und dem Rittmeister gestaltete sich immer problematischer. Am 18. Januar geriet Otto das erste Mal mit ihm »aneinander« (T1), am 29. Januar notierte er einen »grossen Anschiss … (›liederlicher Lümmel‹). Lächerlich«. Es blieb bei latenten Spannungen, bis Otto Ende Februar an Bindehautentzündung erkrankte, ins Lowiczer Lazarett und am 8. März von dort nach Lodz überwiesen wurde. Er hatte seine Schwadron anscheinend verlassen, ohne sich ordnungsgemäß abzumelden, und hoffte sehr, »auf 14 Tage nach Haus zu kommen« (T1, 26.2.15). Heinrich war begeistert, während Lily dieser Möglichkeit ambivalent gegenüberstand.

»Der Gedanke, Ottochen könnte kommen, hat mich in die hellste Aufregung versetzt! So etwas Herrliches sollte möglich sein! Aber grade weil es für mich so herrlich wäre, versuche ich mit doppelter Anstrengung allen Egoismus zurückzudrängen und bat auch Dich darum. Unser Sohn muß seines Schicksals eigener Herr sein. Ich fürchte mich ordentlich vor jedem Eingriff. Sollte er übrigens in Lodz bleiben, so würde ich Mackensen, der dort ›residiert‹, in Kenntniß setzen und ihn bitten, Otto einmal zu sich zu bestellen.« (9.3.15)

Doch Heinrich war kaum zu bremsen und konnte nur durch ein Telefonat mit Lily davon abgehalten werden, in der Angelegenheit Mackensen direkt einzuschalten:

»Nach diesem Hin und Her habe ich mich im Einklang mit Deinen Ansichten entschlossen, an Mackensen mich nicht zu wenden, weil es für Otto kompromittierend sein könnte, einer geringfügigen Erkrankung wegen den Oberbefehlshaber einer Armee in Bewegung zu setzen, noch dazu in einem Moment, in dem er vielleicht eine weltgeschichtlich entscheidende Schlacht durchkämpft. Deswegen werde ich … an Otto telegraphieren, er möge seine Beurlaubung in das Lazarett des Dr. Möller in Loschwitz beantragen.« (9.3.15)

Offensichtlich hoffte Heinrich, durch den Vorschlag, Otto in Loschwitz zu haben, wo Lily ja seit einigen Wochen zur Kur war, deren Unterstützung für seinen Plan zu gewinnen. Doch diese antwortete postwendend mit einer Warnung vor den möglichen negativen Folgen einer Verlegung wegen einer so harmlosen Krankheit. Statt Heinrichs Plan weiter zu verfolgen, klagte sie darüber, dass Otto seine Sachen nicht nach Lodz nachgeschickt bekäme. Sie könne Mackensen nicht um einen Besuch bei Otto bitten, solange der keine anständige Uniform und keinen Helm habe. Dabei sei der Kontakt mit Mackensen doch so wichtig, damit »die Prophezeihung der Frau S(eidler) in Erfüllung geht: Ottos besondere dienstliche Stellung und sein rasches Avancement, das ihn dann auch der peinlichen pekuniären Sorgen enthebt.« (10.3.15) So versuchte Lily, ihren Mann davon zu überzeigen, dass es auch in seinem Sinne sein müsse, wenn Otto in Lodz bleibe. Und diesem gegenüber äußerte sie den Wunsch, er solle »darüber ohne alle sentimentalen Rücksichten allein (entscheiden), denn Du allein weißt, ob es nicht am Ende schaden könnte und wie Drückebergerei aussähe«. Das war eine deutliche Warnung davor, dem Vorschlag des Vaters (und seinem nur dem Tagebuch anvertrauten Wunsch) zu folgen (11.3.15). Doch auch Lily machte sich Sorgen, weniger um Ottos Gesundheit, als vielmehr wegen möglicher Folgen seines Regelverstoßes bei der Überweisung ins Lazarett: Deshalb schrieb sie Ottos Kommandeur »einen sehr diplomatischen Brief«, in dem sie sich für »Ottos kindliche Unerfahrenheit« in dienstlichen Angelegenheiten entschuldigte und ihn bat, dafür zu sorgen, dass Otto im Falle eines Besuchs von Mackensen diesem würdig gegenübertreten könne (Lily an Heinrich, 14.3.15).

Von dem Unheil, das sich über ihm zusammenbraute, bekam Otto zunächst nichts mit. Er ärgerte sich stattdessen über die Ahndung dieser »Kleinigkeiten«, fühlte sich missachtet und übergangen und schämte sich zugleich, »in solcher Zeit von Bagatellen Gerede zu machen, aber da das Schicksal mir bisher noch nichts wirklich Grosses, selbst handelnd zu erleben vergönnt hat, fühle ich auch noch das Recht, kleinlich zu sein« (T1, 2.3.15). Die erzwungene Ruhe im Lazarett und die Sturheit seiner Schwadron verschärften sein Heimweh ebenso wie seine Sehnsucht nach dem Krieg, um dessentwillen er doch überhaupt da war. Ihm schien, dass überall Männer in den Kampf zogen, nur seine Einheit nicht, »obwohl die Schützengräben voll sind von unbeerdigten Toten und der Schlamm bis zu den Knien steht. Manchmal bin ich überhaupt rasend wütend … Nicht nur, dass ich dort (bei der Infanterie, DW) schon Leutnant und Kompanieführer wäre, etwas wirkliches hätte leisten können, auch das Leben scheint mir viel kameradschaftlicher und netter, aus dem einfachen Grunde, weil die Gefahr ständig und alle vereinigend ist. Bei uns hat man das Vergnügen, immer mehr einen Friedenston aufkommen zu sehen. Die Herren fangen wieder an zu schnauzen …«

Er verlangte von seinen Vorgesetzten, »dass ich etwas leisten und wirken kann, und verlange weiter, dass dies Leisten und Wirken anerkannt und belohnt wird, … dass man dann später, wenn man erst darin ist im grossen Spiele der Taten …, auch manchesmal sich verkannt und zurückgesetzt … sieht, … darüber wird man dann mit vollem Rechte noch (sich) trösten können durch den Gedanken: Ich weiss wer ich bin und die Nachwelt wird's wissen, mögen die Zeitgenossen mir doch den A…. lecken, wenn sie's lustig sind.«

Sieben Seiten lang hatte Otto so in seinem Tagebuch »die Wut mir von der Seele geschrieben«. Abends malte er sich noch »schöne Phantasien von Sturmangriffen aus, dann … tolle und phantastisch schöne erotische ~~Phantasien~~ Geschichten. Dann machte ich eine ganz nette Disposition für eine Geschichte des Weltkrieges, die ich in der einfach-klassischen darstellenden Art antiker Schriftsteller, ausführlich zwar und mit Benutzung aller Quellen, aber als wahres Volksbuch in den Jahrzehnten 1940-1960 schreiben will. Ich habe die Disposition durchgeführt bis zum Ende des Krieges und sie auch am nächsten Tage aufgeschrieben. Mit solchen Spielereien vertreibt man hier seine Zeit.« (T1, 2.3.15)

Wenn er doch nur gute Landkarten und wissenschaftliche Literatur hätte, um zu schreiben! »Aber ich habe nichts, und so schiesst die raffinierte, doch entzückende Geilheit und Sinnlichkeit immer wieder empor.« (Ebd.) Im Lazarettbett schoss nicht nur die »Geilheit«, sondern auch Kriegslust »empor«. Einen frühen Separatfrieden mit Russland fürchtend, steigerte er sich in für den Feind härteste Bedingungen und Gewaltphantasien hinein:

»Ein Frieden vor dem Zusammenbruch Russlands muss unmöglich sein. ... Revolution im Innern, Aufstand und Abfall an den Grenzen, nur die rücksichtsloseste Ausnutzung und durch alle Mittel herbeizuführende und noch zu verstärkende Gewalt dieser Zustände darf für uns zur Friedensgrundlage werden. So schlägt auch Hindenburg seine Schlachten, nicht besiegt wird der Feind, sondern ohne Schonung der eigenen, ohne Mitleid mit den fremden Truppen zu Boden geschmettert wie von übermenschlicher Gewalt. Das ist die Art Krieg zu führen und oft auch Frieden zu schließen ...« (T1, 4.3.15)

Nach der Ankündigung, bald als geheilt entlassen zu werden, frohlockte Otto: »Dann geht's hinaus in den Kampf, aber wirklich in den Kampf; ich habe das Gefühl, dass ich jetzt allerlei erleben werde.« (T1, 12.3.15) Eine Woche später drohte er: »Wehe dem März, wenn er nicht hält, was er sollte!« (T1, 20.3.15). Noch war es aber nicht so weit.

Inzwischen informierte Lily den Sohn, dass und mit welchem Inhalt sie an seinen Kommandeur geschrieben habe (s.o.). Bei seiner Rückkehr aus dem Lazarett am 21. März 1915 sah sich Otto einem auffällig distanzierten Verhalten von Kameraden und Vorgesetzten gegenüber, das er auf Interventionen der Eltern bei seinen Vorgesetzten zurückführen musste, nachdem er, »in einer leider recht übertriebenen Darstellung ... von einer Korrespondenz zwischen meinen Eltern und dem Regiment« erfuhr (T1, 21.3.15). Otto reagierte am nächsten Tag auf diese unangenehme Lage mit einem erregten und strengen Brief an die Eltern, den er unter demselben Datum (aber als nachträglichen Eintrag) im Tagebuch als »einen höchst albernen Brief« (T1, 21.3.15) bezeichnete.

»Meine lieben Eltern! Verzeiht, wenn ich euch heute ernster schreibe, als sonst meine Art ist. … (Gestern) meldete ich mich bei Lt. Scherping und es war alles sehr nett und schön. Trotzdem merkte ich, dass irgend etwas los war. Ich kümmerte mich nicht weiter drum, verlebte einen wirklich wundervollen Abend mit Paesler und erfuhr erst allmählich, besonders heut durch ein Gespräch mit Scherping, was los war. Nun bitte ich Euch von vornherein, Euch nicht weiter zu entschuldigen, erstens habt Ihr das überhaupt nicht nötig, und zweitens ist es selbstverständlich, dass Ihr nicht nur das Beste gewollt, sondern es auch sicher viel vernünftiger angefangen habt, als es hier aussieht. Trotzdem muss ich von vornherein sagen, dass alle die Sachen, die Ihr an den Regimentsstab teils brieflich teils telegraphisch gerichtet habt, nur die Folge hatten, dass der Kommandeur, Rittmeister usw. aufs stärkste gegen mich erbost sind. In Mutschs Brief (warum überhaupt?) muss eine Stelle gewesen sein, die, zweifellos völlig missverständlich, doch so hat irgendwie gedeutet werden können, als ob mir hier nicht das geboten würde, was ich verlangen könnte. Ferner ist ein Telegramm von Papa eingelaufen, wie ich auch als gewiss annehme, das nach Lovicz an mich gerichtete, dann weitertelegraphierte, das aber jedenfalls so aufgefasst wurde, als ob Papa für mich sofort Urlaub erbittet und sich im Ablehnungsfall an Mackensen wenden würde. Natürlich konntet Ihr nicht wissen, dass dies Telegramm an die Schwadron nachgeschickt würde und noch ausgerechnet den Adjutanten nachts aus dem Bett holen würde, trotzdem ist das doch eine unmögliche Vorstellung, sich gegen den Willen des Regiments direkt an den Oberkommandierenden zu wenden … Das alles ist vielleicht nicht so schlimm, über zwei Dinge allerdings kann ich Euch meinen Unmut nicht verbergen. 1. Mama schreibt mir, ob ich sie für die Karikatur einer Heldenmutter hielte, dass ich ihr sogar eine Augenentzündung verheimlichte,[22] und wahrscheinlich nicht viel später an Schroetter (den Regimentskommandeur DW) einen besorgt und ängstlich jedenfalls wirkenden Brief von 8 Seiten, in dessen Folge bis spät in die Nacht die höchste Aufregung beim Stabe herrschte, nach Lodz telefoniert wurde und alles mögliche. 2. dass Ihr mir von alledem nicht das ge-

22 In einem Brief vom 3. März 1915.

ringste mitteiltet und also hinter meinem Rücken für mich etwas tun wolltet. Das Unangenehmste bei allem ist noch etwas, was mir bei … meiner ›Vita‹ p.p. so furchtbar unangenehm war, das In-den-Vordergrund-treten-lassen dessen, was ich doch eigentlich für ein besonderer Mensch wäre und dass mir auch etwas anderes zukäme als andern. Was das auf andere für einen Eindruck macht, ist nicht zu sagen, wenn ich so schrecklich bedeutend bin, wird sich das doch wohl irgendwo zeigen (und es wird sich auch, verlasst Euch drauf) aber man kann sowas den Leuten doch nicht erzählen. – Ich habe bisher weder Kommandeur noch Rittm. gesprochen. Die einzige Art, wie die Sache verschwinden könnte, wären grosse Ereignisse, da aber auch die Schützengrabentätigkeit schon aufhört, glaube ich nicht ganz dran. Ihr müsst mir versprechen, jetzt nicht etwa nochmal ans Regiment zu schreiben. Zu gerne würde ich ja einmal Briefe usw. im Original lesen, ich bin absolut überzeugt, dass die Sache dann anders wirken würde, aber Mutsch als Soldatenkind müsste doch wissen, was schon die Aufwendung eines solchen Apparates … für einen Eindruck macht. Ärgert Euch nicht zu sehr, die Sache ist geschehen und wird sich schon irgendwie regeln. Seid auch nicht allzu beleidigt, aber etwas Grund zum Ärger hatte ich wohl doch. Seid herzlichst gegrüßt von Eurem Otto«

Diesen – nach Loschwitz adressierten – Brief erhielt Lily erst am 27. März. Er löste bei ihr eine panische Reaktion aus. Die Wirkung war, wie sie Otto schrieb, »niederschmetternd. Und zwar aus zwei Gründen: zunächst, daß es möglich sein konnte – und ich habe doch wirkliche [sic] reichliche militärische Erfahrungen, um nicht nur vorsichtig, sondern auch äußerst misstrauisch zu sein! – daß mein Brief – der übrigens 4 und nicht 8 Seiten lang war – so aufgefaßt werden konnte u. gegen Dich ausgenutzt zu werden vermag! Und zweitens, daß mein Sohn imstande ist, seinen Eltern Taktlosigkeiten wie die, von denen ihm erzählt wurde, zuzutrauen! Und – scheint es – sie dem Erzähler ruhig, wie etwas ganz Selbstverständliches, zuzugeben! … Ich schrieb, mich wegen des Unmilitärischen des Briefs ausdrücklich entschuldigend u. darauf hinweisend, daß ich es gar nicht gewagt haben würde, wenn nicht die Erinnerung an meines Vaters Regimentskommandeurszeit mich dazu ermutigte, da ich danach wüßte, wie sehr ein preussischer Regimentskommandeur sich stets als Vater jedes Einzelnen in seiner Truppe fühlte. Ich betonte ausdrücklich, daß Du keine Ahnung von meinem Schritt hättest u. wüßtest Du es, äußerst entrüstet darüber sein würdest. Zum Schluß erwähnte ich, daß ich zu gleicher Zeit mir erlaube, für eine müßige Stunde meine Broschüre zu schicken, um dadurch ein wenig die sonst übliche, unter dem Zwang der Umstände unterbliebene persönliche Bekanntschaft zu ersetzen. Selbstverständlich habe ich auch nicht andeutungsweise von Deiner ›Bedeutung‹ gesprochen; im Gegenteil: habe mit als eine Entschuldigung für meinen Brief erwähnt, daß Du eben doch eigentlich noch ein Kind seist.«

Das Telegramm Heinrichs an ihn habe dieser ihr vor der Absendung telefonisch zur Kenntnis gegeben und es habe nichts weiter enthalten »als den Rat, Dich wenn Du willst, hierher überführen zu lassen. … Ich halte es für völlig undenkbar, daß er dann noch eine solche Bemerkung in Bezug auf M(ackensen) hinzugefügt haben kann.« Lily hielt es für »ein sehr trauriges Zeichen«, dass »die Herren« wegen dieser Schreiben sich gegen ihn stellten, und vermutete, dass dies auch etwas damit zu tun haben könne, »daß man jede Gelegenheit benutzt, um den Sohn so ›belasteter‹ Eltern aus dem Regiment heraus zu ekeln. Aber das ist wiederum nicht unsere ›Schuld‹ – da Du doch kaum jemals unser ganzes Leben und Wirken als solche wirst ansehen können.« (27.3.15) Am folgenden Tag gab sie zu, durch ein Telefonat mit Heinrich erfahren zu haben, »daß er in einem Telegramm an Dich allerdings einen militärischen faux-pas gemacht hat. Es wäre aber mehr als verwunderlich, wenn man aus Deines Vaters absoluter militärischer Naivität Dir einen Strick drehen sollte. Ich hätte natürlich, wenn ich diesen Wortlaut gewußt hätte, das Telegramm zu verhindern gewußt. … Ein wenig hat sich nämlich Vater- und Mutterliebe durch den Krieg bei deinen Eltern umgedreht: Pa wünschte gleich, als er von einer Augenerkrankung erfuhr nichts sehnlicher, als Dich zu Haus zu haben u. womöglich halten zu können, während es mir unter diesen Umständen direkt schmerzlich gewesen wäre. Mißverstehe mich nicht: Du weißt, wie über alles ich Dich liebe, wie glücklich ich z. B. wäre Dich mit irgendeiner leichten Verwundung zu Hause zu haben u. gesund pflegen zu können! Aber das ist eben etwas ganz anderes.« (28.3.15)

Einen Tag später war sie noch immer voller Angst, die Angelegenheit könne »unser ganzes schönes, ja einziges Verhältnis zerstören. Natürlich warte ich sehnsüchtig auf weitere Nachricht!« Heinrich hingegen scheint auf Ottos Vorwürfe gar nicht reagiert zu haben. Nachdem Lily ihm per Telefon erregt von Ottos Brief berichtet hatte, versuchte er sie zu beruhigen: »Ottos Aufregung … ist ein recht bedauerliches Nachspiel zu den relativ unangenehmen Lodzer Tagen. Bei seiner mit kühlem Verstand gepaarten Leidenschaft ist indessen anzunehmen, daß, nachdem er in der ersten Aufwallung in dem Brief an Dich seine Erregung entladen hat, seine überlegene Ruhe rasch zurückgekehrt sein wird.« (27.3.15)

Auf Lilys panischen Antwortbrief, der wahrscheinlich erst am 31. März bei Otto eintraf, antwortete dieser sofort und offensichtlich nun selbst tief erschreckt:

»Wie entsetzlich betrübend für mich Deine heute erhaltenen beiden Briefe … waren, … alles wegen einer unüberlegten, veralberten, nervösen, kindischen Überspanntheit meinerseits, das kann ich Dir nicht sagen. Ich habe nur die Hoffnung, dass meine unterdess abgesandten Briefe und Karten Dich erreichten und meine ganze blöde Taktlosigkeit vergessen ist, wenn ich auch noch tief in Deiner Schuld stehe und für den ganzen Unfug von Herzen Deine Verzeihung erbitten muss. … Was meinst Du, wollen wir diese ganze so lächerlich geringfügige Angelegenheit begraben, mit dem Zugeständnis, dass ein übrigens ganz netter und taktvoller Mensch wie ich diese seine Eigenschaften einmal vergessen und sich gehörig vergaloppiert hat.«

Am Ende kam er aber doch noch einmal auf den Konflikt mit den Eltern zu sprechen:

»Eine Bemerkung in Deinem Briefe hat mich sehr getroffen, die einzige, die wirklich verletzt. … Du scheinst dort anzudeuten, dass ich vielleicht Eurem ganzen Leben und Wirken abtrünnig geworden wäre (damit auch meinem, das ja so ganz dazu gehörte, dazugehört). Das aber, meine liebe, liebe Mutsch, ist ja das, was mich vor allem froh macht und stark in dieser Zeit, dass ich von Tag zu Tag mehr fühle, wie notwendig, wie wundervoll organisch und wie vollkommen zu mir gehörig mein früheres Leben war. Sicher muss jede Generation und jeder Einzelne den Kampf mit der vorhergehenden Generation durchmachen und irgendwie, verschwiegen und wenig merkbar habe ich es schliesslich auch getan, aber ebenso sicher scheint mir, dass dieser Kampf nicht immer mit solch masslosem Bruch auftreten muss, wie es bei Dir war … Nach einiger Zeit muss stets wieder eine Jugend kommen, die zu erfüllen und zu vollenden berufen ist … Solche Jugend, scheint mir, wird die sein, die nach vollendetem Kriege zurückkehren wird … zu den Altären und Penaten der Heimat.« (31.3.15)

Die dramatische Versöhnung nach dem Konflikt mit den Eltern – der explizit als Generationenkonflikt ausgetragen wurde – war keineswegs nur auf die ausgetauschten Erklärungen, Entschuldigungen und Vergebungen zurückzuführen. Ottos Zorn hatte sich schon unmittelbar, nachdem er seinen »ernsten« Brief an die Eltern gerichtet hatte, gelegt und war der Reue über seinen Ausbruch gewichen. Der Grund hierfür lag aber nicht in einem Prozess der selbstkritischen Reflexion, sondern in einem Erlebnis, das in seinen Augen eine radikale Wendung seines aktuell so deprimierenden Schicksals bedeutete.

Noch am Tag seiner Rückkehr aus Lodz wurde Otto nämlich einem Zug zugeordnet, der in unmittelbarer Frontnähe verlassene Gräben ausbessern sollte. In seinem Tagebuch hielt er dazu nur das Nötigste fest, weil er die ganze Wucht seiner Gefühle für einen Brief an die Eltern aufsparen wollte. Diesen begann er noch während seines Einsatzes.

»Schützengraben zwischen Dolowutka und Borzymow, 25. III. 1915

Wie herrlich, meine lieben Eltern, ich mich im Schützengraben fühle, kann ich Euch nicht beschreiben. …schon der Empfang war entzückend. … Nun aber dies unnennbare Gefühl des Rausches: Vor dem Feind! Wir liegen hier ungefähr 700 m. Ich war auch in den Stellungen, die 40 und 80 m vorm Feind liegen, aber der Unterschied ist nicht groß, das Wesentliche: Vorderste Linie! Da pfeifen die Kugeln ihren entzückenden Sing-Sang-Ton, da bellen die Mörser ihr schweres Lied über unsere Köpfe und die Schrapnells sausen, dass wir uns rasch hinter die Deckung stecken. Dieses Gefühl der Gefahr, zugleich die erste Feuertaufe hat einen unerhörten Reiz. Ich kann auch ganz ehrlich von mir sagen, was ich vorher nicht so sicher wusste, dass ich keinen Augenblick Furcht hatte ~~und~~

oder zitterte. ... Ich muss immer wieder darauf zurückkommen, welch ein erhebendes Glücksgefühl, welch ein herrlicher Taumel es war, endlich, endlich einmal vor dem Feinde zu liegen, sein Leben in die Schanze schlagen zu dürfen. Es ist schrecklich, wie dumm ich bin, wie wenig ich Euch das erklären kann. ... aber es ist eben so wunderbar schön, schön, schön, trotz des Grauenhaften, was ich gerade hier sah, der unbeerdigten Toten, der Verwüstung und Öde überall der Kampf so wunderbar, so sinnvoll auf einmal alles, so lebensfördernd ... glaubt mir, nie habe ich mehr gewünscht, weiter zu leben, stärker und glühender die Schönheit des Lebens. seinen Sinn gefühlt und geahnt, als hier, wo ich zum ersten Male in meinem noch kindlichen Leben den Tod sah. ... Ein romantischer Mensch wenn er nachts durch die Bastionen geht, wird zu träumen glauben, wenn er durch die im Mondschein phantastischen Anlagen geht, die so durchaus der Vorstellung »mittelalterlich« entsprechen, wenn dann allüberall das Singen auftönt, in den nahegelegenen Stellungen sich das schwermütige canto voce der Russen unserem kräftigen vermählt, wenn die hellen Leuchtkugeln aufsteigen oder durch die manchmal sich breitende Stille ein vorgeschobener Horchposten einen einsamen Schuss klingen lässt. Aber ich will nicht selber romantisch spintisieren .... (Vor Borzymow) ist es nah am Feind, das sieht man besonders an den Haufen der Toten, die überall, ohne beerdigt werden zu können, liegen. Vielfach, wo es ging, sind sie in Wälle verbaut. Manchmal sieht man dann noch eine Hand oder einen Stiefel herausragen. Ihr erlasst mir die Beschreibung von all dem, aber merkwürdig war es doch, wie wenig mich diese in jeder Beschreibung schauerlichen Dinge rührten. ... Das Gut B. gehörte dem Fürsten Ratibor, ... das grosse Herrenhaus existiert nur noch in den Grundmauern, ... 40 m von den Deutschen, gleichviel von den Russen entfernt ... Kaum waren wir in (die) Nähe gekommen, als wir ein schallendes Lachen und Händeklatschen hörten. Wir ... sahen auch ein lustiges Bild, etwas, was viel in Kriegsnovellen vorkommt, was ich hier aber wirklich erlebte: die Russen, toll vor Freude über Przemysl[23] hatten schon die ganze Nacht gelärmt und heut morgen folgendes riesenhafte Pla-

23 Die Festung Przemysl in Galizien hatte am 22. März 1915 vor der russischen 11. Armee kapituliert.

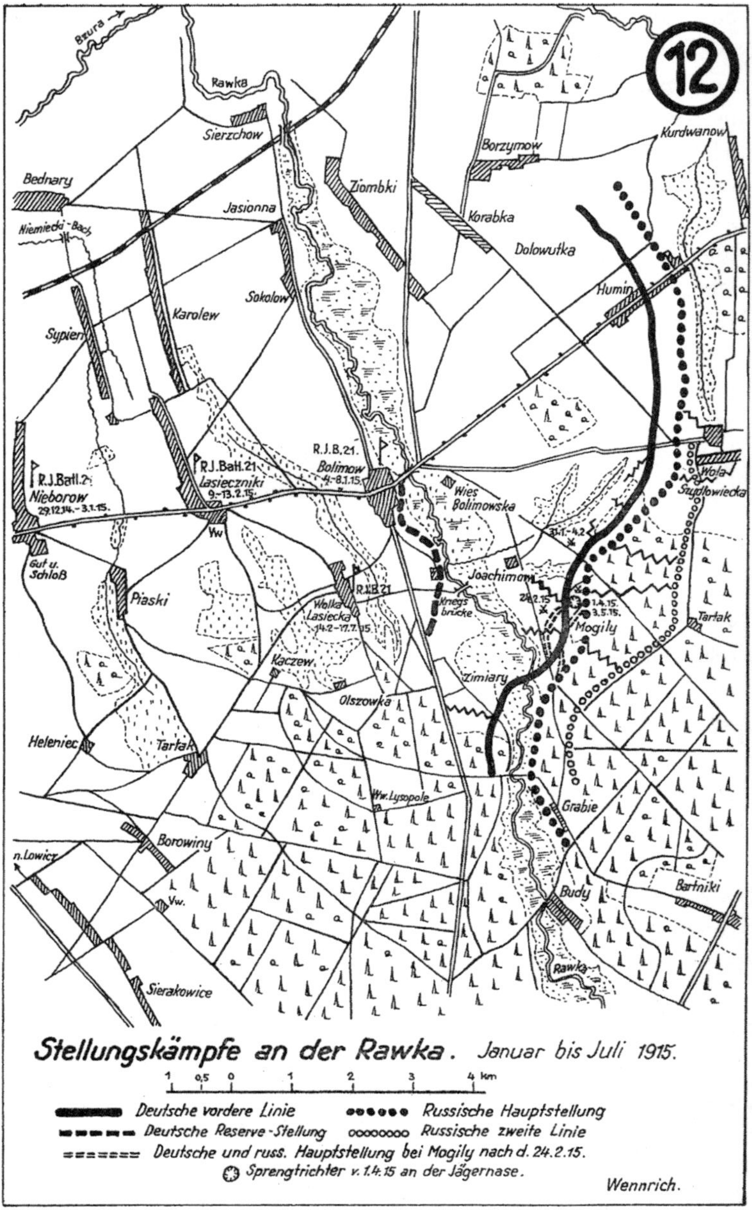

Otto Brauns Bataillon (Reserve-Jäger-Bataillon 21)
in der ersten Jahreshälfte 1915

kat vor ihre Stellung gepflanzt: GROSSE FESTUNK CHEMISCHCHLR MIR RUSS NEMMT … Als dies geschehen war, begann auf einmal ein Russe herauszuklettern und so lange zu winken, bis ein kecker Kriegsfreiwilliger ihm entgegensprang. In der Mitte angekommen, streckte der Russe mit einer beinahe religiös feierlichen Gebärde die Hand hin, der Deutsche schlug ein. Durch Zeichen machte unserer klar, er könne die Inschrift nicht ganz verstehen, der Russe deutete an, er hätte kein Schreibmaterial, unserer zurück, bringt Papier und Bleistift, dann der Russe zurück, bange Minuten, wo unser Grenadier ganz allein dasteht, aber ›poniewitsch‹[24] kommt wieder und bringt die Abschrift des Plakats. … Der Grenadier schenkte als Gegengabe Zigaretten und eine deutsche Zeitung mit der Nachricht vom Untergang der russischen Armee. Plötzlich entdeckte ›Iwan‹ im Stiebel seines feindlichen Freundes ein schwarzes Rohr, eine Flöte. Nun liess er keine Ruhe mehr, bis der Deutsche ein Lied gespielt hat. Unaufhörliches Händeklatschen der Russkis, die überall über dem Graben lehnten, begleitete das Spiel. Wir waren unterdess auch alle auf den Wall geklettert, und betrachteten neugierig die in kindischer Freude lachenden und rufenden Russen. Zum Schluss trennten sich die Beiden, wieder mit feierlichem Händedruck. Unser Kriegsfreiwilliger ging Flöte spielend mit tänzelnden Schritten rückwärts. Als er ungefähr am Graben war, hob sich noch einmal ein Russe hoch auf und bewegte den Arm hin und her. Darauf verschwand alles rasch. Ein dumpf krachender Minenwerfer kündete das Ende des Waffenstillstands, aber heftig geschossen wurde an der Stelle stundenlang nicht mehr. Den blutjungen Kriegsfreiwilligen, der rübergegangen war, sprach ich dann noch. Kopfschüttelnd sagte er mir: ›Und das soll nun Krieg sein!‹…Tausend Küsse Euer Otto

Schickt mir bitte grosse Kuverts, um Inselbücher p.p. nach Haus zu schicken, ferner kleine Mengen Briefpapier, Butter u. vielleicht römische Pflaumen oder sowas wie schon mal«

Am nächsten Morgen ging es in die Gräben hinein, wo der Krieg nicht nur räumlich nah war. Das Folgende schrieb Otto den Eltern nicht mehr, sondern notierte nur in sein Tagebuch:

24 Das Wort existiert im Russischen nur als (nicht besonders häufiger) Familienname, während er hier für einen russischen Soldaten allgemein zu stehen scheint. Dank an Eva Schissler für die Recherche.

»Viele Tote lagen umher auch Deutsche, merkwürdig wie wenig Eindruck mir das machte; … Eine große Blutlache vor mir, wenige Schritt weiter schaufelten sie schon das Grab zu, ein rascher Kopfschuss, zwei, drei Minuten Delirium, alles weil der Mann vor 5 Minuten Kartoffeln holen wollte und dabei den Kopf etwas hochhielt. Sonderbar ist das doch. … Abends von 8-11 mit Feldwebel Sasse Drahthindernisse gelegt. Bei der Entfernung von 700 m (vom Gegner, DW) und dem Nebel eigentlich gefahrlos. Ich gebe ehrlich zu, dass ich zuerst geduckt vorlief. Nicht aus Angst, sondern aus der Überlegung, dass ich doch ungedeckt bin. Dann aber lief ich aufrecht und vergnügt wie Sasse hin und her.« (T1, 24.3.15)

Im Brief an die Eltern ging es um die zentrale Erzählung der »Feuertaufe«, also der ersten Feindberührung des jungen Soldaten. Schon die Bezeichnung des Ortes, an dem er schreibt: »im Schützengraben« ist ja räumlich und situativ eine Stellung im wirklichen Krieg. Zum ersten Mal lag Otto »vor dem Feind«, es kam sogar zu einer »Feindbegegnung« auf dem zerstörten Gut Borzymow. Und zugleich hatte der Einsatz auch etwas von einem Lust machenden Vorspiel. Es ging ja nicht um einen wirklichen Kampf, sondern um dessen Besichtigung bzw. Vorschau. Die Umstände, unter denen die verlassenen Gräben ausgebessert, die Drahtverhaue erneuert oder repariert wurden, waren zwar nicht ungefährlich – aber das war keine Gefechtssituation. Das Ganze war vielmehr dazu geeignet, die eigene Reaktion zu erproben: Mut und Angst, Besonnenheit und Begeisterung zu spüren. Otto fühlte, er hatte bestanden. Er war am richtigen Ort, er war wirklich Soldat. So konnte er jetzt auch den Eltern entgegentreten, als soldatischer Mann, der die Feuer-Generalprobe hinter sich gebracht hatte. Als Mann konnte er den Eltern verzeihen, weil jetzt niemand ihn mehr nur als Sohn seiner Eltern, als Kind und Müttersöhnchen verachten konnte.[25]

Aber wie sollte er ihnen »den Krieg« beschreiben, damit sie sein Glück verstehen konnten, anstatt nur Angst um ihn zu fühlen? Vier Erzählstrategien entwickelte Otto. Die eine bestand in der Konfrontation: Der Krieg war wirklich grausam, in ihm wurde wirklich getötet und gestorben. Deshalb die Beschreibungen der Toten, der »verbauten« Körperteile. Im Brief an die Eltern blieben

25 Vgl. dazu die Geschichte dieser Geschichte S. 385 ff.

diese Toten bloße Körper, sie hatten z.B. keine Nationalität – nur im Tagebuch ließ er auch Deutsche sterben. Der Anblick der Leichen machte ihm aber »merkwürdig … wenig Eindruck«. Das verweist schon auf die zweite Strategie: Er beschrieb sich als jemanden, der mit den Schrecken des Krieges sachlich, kühl, also männlich umgehen konnte; der in der Gefahr weder davonlief, noch sich leichtfertig in Gefahr begab; der an den Bildern des Grauens nicht seelisch zerbrach, sich aber auch nicht von ihnen abwendete; der besonnen und professionell im Krieg agierte. Drittens hatte der Krieg eine menschliche, eine spielerische, sogar vergnügliche Seite. In den Nächten wechselten sich die Chöre aus den verfeindeten Gräben ab und schufen so eine gemeinsame Darbietung. Die Szene zwischen dem russischen und dem deutschen Soldaten, die sich zwischen den Gräben treffen, wurde von Otto wie eine Wettkampfveranstaltung auf einer Freilichtbühne inszeniert. Es gab Zuschauer auf beiden Seiten, Tanz und Musik, Gabentausch, Händedruck, Beifall, Zugaben und am Ende der Vorstellung ein Signal. Otto wollte keineswegs vergessen machen, dass es im Krieg um Leben und Tod ging. Seine vierte Erzählstrategie war nämlich, dass eben deshalb der Krieg ihn unbeschreiblich glücklich machte, dass er das Leben so intensiv fühlte wie nie zuvor, weil der Tod so präsent war. Seine Begeisterung und Erlebensfähigkeit machten das Versprechen, überleben zu wollen, plausibel und dienten zugleich als Zeichen dafür, dass er wirklich überleben würde.

»Der Schützengrabenbrief«, wie Ottos Erzählung von den drei Berliner Erwachsenen genannt wurde, war ein voller Erfolg. Nicht nur enthielt er die Botschaft, dass der schwere Familienkonflikt dadurch gelöst war, sondern die Eltern nahmen den Brief tatsächlich als Beweis für das, was Otto ihnen über sich zeigen wollte. Lily reagierte »erschüttert, begeistert, beglückt … Aber das stärkste war wohl die reine Freude über Dich, mein Junge«. (2.4.15) Auch Heinrich machte Ottos Erlebnisbericht, »zur Hälfte im Schützengraben, zur anderen Hälfte auf der Ablösung aus ihm geschrieben … außerordentliche Freude … Der prachtvolle Elan, der aus ihm spricht, der todesverachtende Mut und insbesondere die schäumende Lebenslust, mit der Du alle Eindrücke in Dich aufnimmst und geistig und seelisch auf's Tiefste wirken läßt«, beglückten ihn (2.4.15). Heinrich, ganz ähnlich wie Otto selbst, verstand die Erfahrung im

Schützengraben schon als Kriegserlebnis. Wie Lily, gönnte auch er seinem Sohn dieses Erlebnis, wollte aber unbedingt vermeiden, dass es Realität wurde. So deutete er das nur Erlebte schon als den Krieg selbst, als könne Otto dadurch zufriedengestellt werden.

Dazu war dieser aber keineswegs bereit. Die Erfahrung im Schützengraben hatte auf Otto vielmehr wie eine Einstiegsdroge gewirkt, die ihn sofort nach mehr und stärkeren Genüssen gieren ließ. Er kam »nachts ganz betrübt zurück« (T1, 25.3.15). In Lowicz stellte sich die Verzweiflung gleich wieder ein: »Soll nun wirklich wieder die Zeit des Viehtreibens, des lächerlichen, vielleicht ja auch ganz nützlichen Tuns hinter der Front anfangen, nachdem ich einen kleinen Schluck des köstlich berauschenden Glücksgefühls: Vorderste Linie trinken durfte? Soll ich Wegbauer werden, der sich so glühend wünschte, Krieger zu sein?« (T1, 27.3.15) Nun begannen auch wieder die Auseinandersetzungen mit dem Rittmeister, der ihn zunächst freundlich empfangen, ihn dann aber »unerhört und mit Absicht vor aller Ohren« angeschnauzt hatte. »Die Taktlosigkeit hiervon fällt auf ihn zurück, mich lässt all dies mehr und mehr (zu meinem eigenen Erstaunen) kühl, es muss doch einmal dies Leben des Stillstands enden, ärgerlich nur wenn meine Beförderung darunter litte«, kommentierte Otto den Vorfall scheinbar erwachsen (T1, 28.3.15). Wenige Tage später kam es zu einem neuen Konflikt, als Otto ohne Erlaubnis einen Kameraden um Hilfe beim Bau einer Feldlatrine gebeten hatte.

»Vor dem Wachtmeister, einigen Vicewachtmeistern … und Unteroffizieren … schrie er mich darauf in einer Weise an, die näher zu qualifizieren unnötig ist. Diese völlige Unbeherrschtheit eines Offiziers war sehr peinlich zu sehen. – Ich werde jetzt von Tag zu Tag ruhiger und ich kann wohl sagen, erhabener gegenüber solchen A…, trotzdem hinterlassen sie als Ganzes einen üblen Geschmack auf der Zunge, … da ich … völlig wehrlos ihnen gegenüber bin … Der Herr Rittmeister gebrauchte gegen mich unter anderem den Ausdruck ›unverschämter Bengel‹, erteilte mir einen förmlichen ›einfachen Verweis‹, dessen Eintragung er sehr stark betonte und erklärte, wenn es so weiter gehe, würde das Offizierskorps des Regiments nichts mehr von mir wissen wollen.« (T1, 1.4.15)

Seine »Wehrlosigkeit« hing auch damit zusammen, dass er vergeblich auf die Solidarität und Unterstützung anderer Offiziere hoffte, die ihm von einer formellen Beschwerde abrieten. »Wenn ich nur einen Menschen im Regiment hätte, auf den ich vertrauen könnte …« (T1, 1.4.15) Otto wollte »möglichst schnell« fort. Er schrieb darüber an den Vater, alles sei »wohlüberlegt und nicht mehr umzustossen. … Durch Ereignisse in der vierten Schwadron, die zu erzählen vorläufig kein Grund vorliegt, habe ich mich veranlasst gesehen, auf jede Weise ein weiteres Zusammenleben mit dem Rittmeister Gemander zu vermeiden.« Er wolle unbedingt zur Infanterie und zur Westfront und er gab dem Vater genaue Anweisungen darüber, wie dies durch ihn vorbereitet werden könne. Am liebsten wolle er in ein ehemaliges Regiment von »Apapa. Ich habe mir alles genau überlegt. Vielleicht würde ich Gewaltmärsche bei der Infanterie nicht aushalten, aber erstens liegt dies in weiter Ferne, vorläufig ist noch Stellungskrieg und dann wäre dies keine Schande, wenn ich erst einmal etwas hinter mir habe.« Sein »Argument«, damit in die Fußstapfen des Großvaters treten zu wollen, unterstützte er mit der Bitte an den Vater, in seinem Namen einen Lorbeerkranz auf das Grab des »Apapas« zu legen. Heinrich erfüllte seinen Wunsch und sandte ihm vom Grab ein Efeublatt. Aber er wiederholte seine Bitte, von einer Versetzung zur Infanterie abzusehen, worin er mit Lily völlig einig sei (9.4.15). An diese schrieb Heinrich im selben Sinne:

»Du hast Zeit zu überlegen, was wir auf sein von Tatendurst strotzendes Verlangen tun sollen. Ich schrieb ihm bereits …(dass) sein Wunsch nach Versetzung zur Infanterie mich unangenehm berührt hat. … Auf diesem Standpunkt bleibe ich. Ich will nichts tun, um ihn noch rascher, als es sonst vielleicht geschehen kann, zu den entsetzlichen Schlachten oder Schlachtereien in den Karpathen[26] oder im Westen gelangen zu lassen. Die relative Untätigkeit seines Jägerregiments ist mir … nicht ganz so entsetzlich wie ihm. Aber bei dem wütenden Eifer und Ehrgeiz den Otto hat, wäre es verfehlt, jede Intervention unsererseits abzulehnen. Denn dann kann es geschehen, daß er auf eigene Faust irgendeinen tollen Streich macht. Ich glaube deshalb, daß man die Beziehung zu Mackensen zugleich für und gegen ihn benutzt. Zunächst muß man … ihm sagen, daß es eine unverantwortliche Brüskierung

26 Wo auch noch nach dem Fall Przemysl schwere Kämpfe stattfanden.

von Mackensen wäre, wenn Otto über seinen Kopf hinweg das Regiment mit einem anderen vertauschte .... Wenn Du oder ich an M. schreiben, so würde ich allerdings wünschen, daß das Verlangen Ottos von uns nicht als ein ebenso dringendes bezeichnet wird .... Wenn statt dessen Mackensen Ottochen zu seinem Stab nähme, hätte sein Übereifer ein gutes Ergebnis.« (7.4.15)

Lily war zunächst gegen eine Einschaltung Mackensens, um Ottos Versetzung zu erwirken: »In Details des Regiments darf er sich nicht mischen ... Jedenfalls müssen wir zuerst wissen, was vorgefallen ist. In einer seine Ehre verletzenden Stellung können wir Otto natürlich nicht lassen.« (8.4.15) Auch Lily zeigte sich von dem lebensgefährlichen Wunsch ihres Sohnes nicht begeistert. Sie schrieb ihm einen langen Brief, in dem sie alle Register zog, um ihn von dem Versetzungsantrag abzuhalten, insbesondere, weil er zur Infanterie strebte und weil sie fürchtete, er werde dann an der Westfront mit ihrem mörderischen Stellungskrieg eingesetzt. Sie machte es – unter Mobilisierung des großväterlichen Vorbilds und Mackensens Autorität – zu einer Frage preußischer »Nerven« und Pflichterfüllung, dass er an der Stelle ausharren müsse, an die er gestellt sei. »Nicht wir haben Dein Regiment Dir ausgesucht, sondern ein Anderer, einer den Deines Großvaters Geist inspirierte. Und Du sollst offenbar mehr geschont werden, als Viele, die jetzt schon längst der Rasen deckt, oder die als Invaliden heim kehrten, weil Du zu größeren Leistungen bestimmt bist, als einer unter Hunderttausenden geopfert zu werden.« (7.4.15) Dem Brief lag die Abschrift eines Kärtchens von Mackensen bei, der für die Broschüre »Die Frauen und der Krieg« dankte und in freundlichem und jovialen Ton von seinem Besuch im Lazarett in Lodz erzählte, bei dem er auch Otto getroffen hatte. »An der Front versäumt er augenblicklich nichts«, schrieb der General. »Der Feind steht uns in stark verschanzter Feldstellung und in Überzahl gegenüber. Der Schützengrabenkrieg blüht u. der junge Reitersmann muß vorläufig seinen Tatendurst auf bessere Zeiten hoffen lassen.« Lily war stolz und hoffte, auch Otto werde es sein und sich mit der Rolle des »jungen Reitersmanns« mit zuviel »Tatendurst« abfinden. Aber Otto beschwor den Vater erneut, seinen Wunsch nach Versetzung ernst zu nehmen. Zusätzlich schaltete er Julie Vogelstein ein. Dem »lieben gnädigen Fräulein« schrieb er, ohne ins Detail zu gehen, von der Sinnlosigkeit seines Daseins, den »nie endenden Angriffen« gegen ihn, denen gegenüber er sich »wehrlos« fühle. Er selbst werde »immer schlechter und häßlicher«.

»Um noch einmal die Gründe zu präzisieren, die mich zu meinem Entschlusse brachten, so ist es erstens die tötende Ruhe dieses Lebens hinter der Front und zweitens, um es gradheraus zu sagen, die Unerträglichkeit dieses Lebens in der Schwadron wie im Regiment. Dass dies Beides vielfach voneinander abhängt und ineinander übergeht, ist natürlich. Wollen Sie in Anbetracht all dieser Dinge meinem Vater recht zureden, daß er die Angelegenheit meiner Versetzung recht rasch betreibt.«

Dann unterrichtete er sie von seinem Plan, schon am folgenden Tag beim Rittmeister um seine Versetzung zu bitten. »Wollen Sie so gut sein und Papa etwas sagen, daß ich nämlich eventuell auch bereit wäre, ... in ein anderes Kavallerieregiment mich versetzen zu lassen, und daß, wenn er nicht bald eine gute andere Möglichkeit fände, es vielleicht doch richtig wäre, wenn er sich wieder einmal direkt an Mackensen wendete. ... Papa müßte natürlich schreiben, neben der Unerträglichkeit dieses ganzen Friedensbetriebes würde ich auch so hier behandelt, daß mein Ehrgefühl mir ein weiteres Verbleiben unmöglich machte.« (3.4.15) Otto machte also ganz gezielt von dem Einfluss Julies auf die Eltern, und hier besonders auf den Vater, Gebrauch – mit Erfolg. Lily bedankte sich bei Julie für deren Vermittlung: »Sie Gute, Liebe, sind wieder der gute Genius gewesen, wie ich eben durch meinen Mann erfuhr!« (10.4.15) Sie war nun bereit, Mackensen um Unterstützung der Versetzung zu bitten. Heinrich billigte Lilys »Entschluß, an Mackensen zu schreiben ... Ich war gestern schon drauf und dran, als ich Ottos schmerzlichen Brief an Frl. Vogelstein las, an M. mich zu wenden. Aber Deine Ehrfurcht vor dem Instanzenweg ... hinderte mich, über Deinen Kopf hinweg den Schritt zu tun, um so besser, daß Du die formalen Schranken beiseite gesetzt hast.« (10.4.15) Sein Versuch, ihre starke Position als »Ehrfurcht vor dem Instanzenweg« zu deuten und sie selbst damit fast ängstlich aussehen zu lassen, blieb unkommentiert. Lily begründete Heinrich gegenüber ihre Bereitschaft zur Intervention mit ihrer Überzeugung, »daß Ottos Tatendurst nicht das Ausschlaggebende bei seinen Wünschen ist« (10.4.15). »Je mehr ich an die immer wahrscheinlicheren Ursachen von unseres geliebten Kindes schwere Kränkungen denke, desto mehr krampft sich mir mein Herz zusammen und mein alter wütender Haß gegen den preußischen Militarismus erwacht wieder. O: sie sollen mich nach dem Kriege kennenlernen, wenn das wahr ist!« Inzwischen sahen die Eltern also »die wahrscheinlicheren Ursachen« für Ottos schlechte Behandlung in der Feindschaft, die ihnen selbst entgegengebracht und an Otto lediglich ausagiert wurde. Da es sich so verhalte, »wie Deine letzten Briefe zwar nicht aussprechen, aber erraten lassen, daß Du von den maßgebenden Personen des Regiments in einer Weise betrachtet wirst, – wie wir vermuten im Hinblick auf Deine Eltern – daß es Deinem Ehrgefühl widerstreitet, das länger zu ertragen, so haben wir nichts dagegen, daß Du die instanzenmäßigen Schritte tust, um zu einem anderen Regiment versetzt oder abkommandiert zu werden,« teilte Heinrich Otto mit (11.4.15). Auch Lily war ja der Überzeugung »daß die Ursache Deiner Kränkungen nichts anderes sein kann, als die Gesinnung Deiner Eltern. Es ist das furchtbar im Hinblick auf die Menschen, die Dich, den Siebzehnjährigen, den freiwillig Eingetretenen, jetzt inmitten dieses Krieges, angesichts der Mahnung des Kaisers und der Erklärung des ›Burgfriedens‹ aus solchem Grunde kränken können – ein trauriges Symptom für die Zukunft. … Ich schrieb an Mackensen …« (11.4.15)[27] Heinrich schickte sie ihren Brief an den Armeeführer mit dem Auftrag, ihn in Berlin auf die Post zu geben. Weiter ging seine Beteiligung an dieser Aktion nicht.

Ottos dunkle Andeutungen über die Verletzung seiner »Ehre«, hatten sich als erfolgreich erwiesen. Bereits Ende März hatte Lily selbst ja schon den Verdacht geäußert, dass die Ehrverletzung sich eigentlich gegen die Eltern richtete und ihm damit das Stichwort geliefert (s. o). Die Eltern seien über seinen Versetzungswunsch »anfangs gar nicht erfreut« gewesen, »als sie aber sahen, dass meine Ehre im Spiele war, da sahen sie die Sache wohl anders an«, notierte er zufrieden (T1, 13.4.15). Mackensen antwortete umge-

27 Die Abschrift des Briefes liegt dem Brief an Otto bei. Auch er enthält die Deutung, dass Otto um seiner Eltern willen schlecht behandelt wird. Unterschrieben ist der Brief mit Lily Braun, geb. von Kretschman (die Schreibweise des Namens wechselt; Lily selbst benutzt immer die Endung mit nur einem »n«.)

hend mit dem Versprechen, sowohl im Sinne Ottos als auch Lilys zu handeln. Otto sollte versetzt werden, aber nicht zur Infanterie. Er kam in eine direkt dem Generalstab unterstellte Abteilung – zur Armee-Telegraphen-Abteilung Nr. 9 nach Lodz. »Ich bin ganz erfüllt und freudig bewegt von Mackensens Brief. Wirklich: das ist ein Mann von meines Vaters Art! Und es ist sichtbarlich seine Hand, die sorgend über dem Haupt des Enkels schwebt«, schrieb Lily an Heinrich (16.4.15). Und dieser schmeichelte seiner Frau, ihre »rechtschaffene Freude« werde wohl »noch besonders erhöht durch das berechtigte Gefühl, daß Du die so vollständig umgestaltete Lage Ottochens Deinem Einfluß allein dankst. Hoffentlich ist unser geliebtes Kind nun in einer Situation, die ihn der größten Gefahr entzieht und seinem Tatendrang dennoch Spielraum gewährt.« (20.4.15)

Die Krise schien ausgestanden. In ihrem Verlauf hatte Otto sich zum ersten Mal in seinem Leben offen gegen die Eltern gestellt und sich dabei als unabhängige Person, die ihre eigenen Angelegenheiten selbst in die Hand nehmen kann und will, erwiesen. Dieser Ablösungskonflikt war auch deshalb zu seinen Gunsten ausgegangen, weil das Erlebnis im Schützengraben ihm zu Hilfe kam, indem es ihm die Möglichkeit gab, sich als Mann und – scheinbar – als Soldat zu bewähren. Zwar blieb der Konflikt mit dem Rittmeister, der in Otto offensichtlich das verwöhnte Berliner Intellektuellenkind aus sozialdemokratisch-jüdischem Hause hasste, bestehen. Otto konnte zwar fort, aber sein eigentliches Problem blieb ungelöst: Es fehlten die »großen Ereignisse«, die ihm Gelegenheit geben würden für wirkliche Taten. Es fehlte der Kampf.

* * *

In Lodz und einer Einheit, die in der Etappe telegraphische und telefonische Leitungen verlegte, reparierte und die entsprechenden Verbindungen und Kontakte herstellte, sollte Otto »vorläufig den Dienst kennen lernen«, wie Mackensen angeordnet hatte. In den nächsten Tagen lernte er Telegramme anzunehmen, zu verteilen und zu versenden. Dass er Mackensens Schützling war, schien hier mehr zu nützen und weniger zu reizen; ohne dass er sich einem Einzigen enger anschloss, fühlte er sich doch unter seinen Kameraden und Vorgesetzten nicht unwohl. Sein Hauptmann signalisierte ihm bald, er sei dabei einen günstigen Bericht über ihn zu schreiben (T2, 6.5.15). Die Tätigkeit umfasste neben dem Dienst am »Klappenschrank« immer häufiger die Arbeit draußen, das Legen von Leitungen – Draht oder Gestänge –, und brachte Otto dabei nicht nur in gelegentliche räumliche Nähe zur Front, sondern schuf auch eine erkennbare Verbindung zwischen seinen eigenen und den militärischen Aktivitäten im Frontabschnitt. Sein Lodzer Standort war zwar auf Dauer wenig inspirierend: »Lodz stinkt, es ist das elendste Nest, das ich kenne« (T2, 4.6.15), und seine Aufgaben hielten ihn vom Zentrum des Geschehens an der Ostfront, an deren noch ruhigem, mittlerem Abschnitt er sich weiterhin befand, fern. Aber die Eltern waren erleichtert, Otto vorerst an sicherem Ort zu wissen. Seinen Wunsch, möglichst bald wenn schon nicht als Infanterist, so doch als »Jäger« in einem anderen Bataillon ins »Feuer« zu kommen, kommentierte Lily, er werde es ihr »nicht verübeln können, wenn ich Deiner Versetzung in das (von Otto vorgeschlagene, DW) Jägerbataillon – wo steht es denn in Friedenszeiten? – mit recht gemischten Gefühlen entgegensehe … Pa schien zuerst den Wunsch zu haben, irgendetwas tun zu können, um Dein Verbleiben in der Sicherheit der Telegraphen-Abt. zu erwirken. Aber er ist auch davon wohl zurückgekommen, und wird es noch mehr, wenn Du mit ihm sprichst.« (9.5.15) Das war ja wohl eine direkte Aufforderung an Otto, den Vater von seinen Plänen abzuhalten. Auch schien sie ein anderes Jäger-Bataillon – je nach Standort »in Friedenszeiten«, also je nach Prestige – zumindest in Erwägung zu ziehen. Heinrich hatte Lily bei deren Besuch in Lodz die als Erwartung formulierte Anweisung mit auf den Weg gegeben, bei seinen Vorgesetzten werde sie »wol Ottos Wunsch, möglichst rasch an die Front zu kommen, nicht unterstreichen. Je später der neue Alexander zu seinen Heldentaten auf die Schlachtfelder gelangt, desto eher kann man erwarten, daß er die größeren Aufgaben im Frieden erfüllen wird.« (20.5.15) Aber Lily tat das nicht und erntete dafür nach ihrer Rückkehr von Heinrich Vorwürfe, »dass ich nicht … dafür eintrat, dass Du bei der A.T.A. bleiben könntest; ich sagte, dass ich das niemals tun würde, weil ich das feste Gefühl habe, daß Du die Tat brauchst, u. zwar die Tat des Kampfes. Du siehst also, daß ich Dich doch am Ende kenne.« (An Otto, 26.5.15)

Dem Vater gegenüber solle er dieses Einverständnis mit ihr aber nicht erwähnen (27.5.15). So bot sie sich dem Sohn als diejenige an, die ihn, anders als der Vater verstand und unterstützte. Sie war die Expertin für das Militär und den Krieg. Auf des Vaters »völliges Unverständnis« in diesen Dingen hatte sie ja schon mehrfach verwiesen. Otto wird ihr, nach seinen Erfahrungen mit den Ungeschicklichkeiten des Vaters, zugestimmt haben.

Ottos Drang nach »Tat« war allerdings nicht ohne innere Kämpfe. Am Sonntag, den 9. Mai ging er »bei schönem Wetter spazieren. Über vieles unklar. Viel Wirrnis über mich und anderes. Schliesslich ›An Ares‹.« (T2) Es handelt sich dabei um das Gedicht, das dem zweiten Tagebuch wie eine Einführung voran steht – dann hätte Otto es später dorthin abgeschrieben,[28] offensichtlich, um es beim Aufschlagen des Tagebuches immer als erstes vor Augen zu haben. So wenig traute er anscheinend der Festigkeit seines Glaubens an den Krieg:

»Von dir o Herr, in dessen starken Armen
Mein Leben eingebettet liegt, erflehe
Ich Mut im Sturm und Lachen in Gefahr.
Von dir o Herr, des Auge gleich dem Stern
In Winternächten leuchtet, fleh ich Sieg
Bekränzte Stirn und Opfer am Alter.
Stemme dein nacktes Bein, o Ares Herr
Steil in die Schlacht, dass alle Feinde fliehn
Und unser Sieg tönt spätestem Geschlecht
Noch hell und kühn in stolzen Melodien«

Otto fühlte sich beflügelt von den Mai-Erfolgen an der russischen Front. »Immer grössere Erfolge«, kommentierte er am 11. Mai 1915 (T2) die Schlacht um Galizien bei Gorlice und Tarnow. Er nahm aber auch eine professionell-kritische Haltung gegenüber der militärischen Entwicklung ein, fragte etwa, »was unsere jetzt von der

28 Gelegentlich hat Otto seine Notizen für mehrere Tage nachträglich aufgeschrieben. Für diese Praxis spricht auch die Tatsache, dass er im Juni mit einem falschen Wochentag beginnt, von da den Fehler weiterträgt und später verbessert.

Einnahme Libaus[29] gekrönte Aktion im Norden für tieferen Sinn hat« (T2, 8.5.15). Am selben Tag begrüßte er wiederum enthusiastisch »die herrliche Nachricht vom Untergang der Lusitania«.[30] Durch seine intensive Beschäftigung mit den militärischen Aktivitäten an der Ostfront und einen durch seine relative Nähe zu den Schauplätzen der Kämpfe bedingten Autoritätsanspruch konnte er allzu enthusiastische Berichte und voreilige Siegesfeiern in der Heimat immer wieder sachkundig kommentieren. Am wichtigsten für das wachsende Selbstwertgefühl als Experte und (künftigen) Kämpfer waren Ottos regelmäßige Fahrten in von den Russen verlassene Frontabschnitte, Ziele, die ihn oft in unmittelbare Nähe der aktuellen Front brachten, vor allem aber an auratische Orte, die den Krieg als Erfahrung für den Besucher noch bereithielten – eine jetzt schon zur Routine gewordene Wiederholung des verheißungsvollen Schützengrabenerlebnisses vom März 1915. Der Vergleich zwischen deutschen und russischen Gräben bot Anschauungsmaterial für den Kulturstand des Gegners, wenn das Ergebnis auch nicht immer eindeutig war. In Mschtschonow[31] war er »ganz überwältigt von der Macht und Stärke der Stellung. Uneinnehmbar am Berghang gelegen, ist sie wie eine uralte Burg massiv gebaut, in ihrer ganzen Länge innen mit Holz verdämmt und im vordersten Gang schmal angelegt. … Sämtliche Wehrgänge eingedeckt, kurz alles auf die Dauer und mit einem eminenten Geschick und Fleiss errichtet. In dieser Beziehung mit unserer nicht zu vergleichen. Hinter dem ersten schmalen Gang das Gewirr der Verbindungs-, Lauf-, Unterstandsgräben. Diese, ob Offiziers- oder

29 Libau, bis 1910 Seefestung in Litauen und russischer Kriegshafen. In der Tat war die Einnahme Libaus (1.-8.5. 15) im Zuge der Offensive gehen Litauen und Kurland nicht unumstritten, da die strategische Bedeutung der Stadt nicht eindeutig war. Die russische Besatzung Libaus war schon vor der Einnahme der Stadt abgezogen. Vgl. Reichsarchiv, Der Weltkrieg 1914-1918, Bd. 8, Berlin 1932, S. 113 ff.

30 Am 7. Mai war die Lusitania, ein britisches Passagierschiff, vor der Küste Irlands im Rahmen des eingeschränkten U-Bootkrieges von der deutschen Marine versenkt worden. Mehr als 1.000 Menschen starben. Die Lusitania hatte in der Tat Waffen und Munition an Bord, aber es ist unklar, ob dies dem U-Boot-Kommandanten bekannt war. Vgl. Stichwort Lusitania in: Enzyklopädie des Ersten Weltkriegs, S. 689 f.

31 Polnische Schreibweise: Mszczonow.

Mannschaftsloch, gelinde gesagt, Schweineställe, eng, dunkel, stinkend (obwohl das nicht nötig gewesen wäre.) Hier überhaupt der prominente Unterschied zwischen uns und jenen. Hier Liebe an allem, Freude, alles hübsch und gefällig zu machen, wenn auch auf Kosten der absoluten Sicherheit, dort eine dumme Masse, die von sich heraus nichts tut, nur auf Befehl einen Riesenfleiss entwickelt, besonders, wo es sich zu verkriechen und zu verbergen gilt. Es fehlt jedoch jedes Gefühl, für sich etwas zu tun. Wir bauen als das höherstehende, von offener Gesinnung erfüllte Volk, jene von vornherein defensiv gerichtet, in wahrer Rattenart.« (T2, 18.7.15)

Und obwohl er auch »auf der Rückfahrt wieder die fabelhaften rückwärtigen Stellungen der Russen bewundert« hatte (ebd.), dienten seine Beobachtungen ihm dazu, die eigene kulturelle Überlegenheit ins Feld zu führen, nicht nur um den Krieg zu rechtfertigen, sondern auch, um den Sieg sicher voraussagen zu können. Aber viele seiner Beobachtungen machten ihn auch nachdenklich und ließen Zweifel an der Kriegführung aufkommen:

»Heute Nacht sollte der große Schlag bei Bolimow[32] geschehen. Mit giftigen Gasen die Gegend auf 10 km verpestet werden und dann durchgestossen. Das A.O.K. alles überhaupt war draussen in Nieborow und Bolimow. Aber die Sache misslang, die Gase reichten nicht und in der Früh (des Sonntag) fuhr alles wieder zurück. Wir scheinen übrigens ziemliche Verluste zu haben.« (T2, 30.5.15)

Am 12. Juni begleitete Otto einige Zugführer auf der Fahrt nach Zylin, ca. 8 km nördlich von Bolimow, wo sie »durch den Laufgraben in die alte Stellung des Regiments (gingen). Vereinzelt tote Russen, die auf dem Transport gestorben und liegen gelassen worden waren. Der deutsche Graben sauber, glatt, hübsch, der erstürmte russische gegenüber verschmutzt, winklig, eng. Das ganze Zwischenfeld und dieser ganze Graben ist gelb von dem grässlichen Gas. Die russischen Toten weiter hinten im Laufgraben, da

32 Landstädtchen zwischen Lodz und Warschau. Während sich die eigentlichen Kämpfe an der Ostfront auf Litauen und Galizien konzentrierten, war der 9. Armee das Pionier-Regiment 36 als eine sogenannte Gastruppe unterstellt worden. Man hoffte, ohne großen Einsatz eigener Truppen, durch das sogenannte Gasabblasen die starken Stellungen der Russen, die den Weg nach Warschau versperrten, durchstoßen zu können. Die Versuche fanden bei Bolimow statt. Vgl. Darstellung in Reichsarchiv, Der Weltkrieg, Bd. 8 S. 133 ff.

sie wegliefen einzelne in Unterständen erstickt oder von Granaten zermalmt. Der Sturm war an dieser Stelle ohne alle Verluste, ausser durch's eigene Gas einige. Die Russen hatten alles zurückgelassen, Waffen, Handgranaten, Leuchtraketen, Ausrüstung, Munition, Briefe usw. Wir stiegen etwas drin herum. Die vier km bis an die Front zu gehen, hatten wir leider keine Zeit. Wenn es nur bald endgültig vorwärts ginge!« (T2)

Den Eltern schrieb er, das Gas sei so wirksam nicht, »andererseits gibt es nichts Grässlicheres als Leute, die daran erstickt sind oder gar noch leben. Ich will lieber nicht davon sprechen. Manchmal ist man ganz verzweifelt über diese Art des Krieges, aber man braucht nur einmal an die grauenvolle Übermacht zu denken, die uns überfällt, um jedes Mittel gerechtfertigt erscheinen zu lassen.« (14.6.15) Lily war sich über die Bedeutung des Gases als Waffe nur halb im Klaren: »Daß die Bomben [sic] so wirken ist aber schauerlich. Töten sie auch oder betäuben sie nur? Und ist die gelbe Farbe etwas Vorübergehendes oder etwas Bleibendes?« (15.6.15) Heinrich dagegen fragte sich (und Otto) besorgt, »ob Du bei Deiner Jugend durch dergleichen nicht dauernd verhärtet wirst?« (16.6.15)

Otto, der in Lodz keinen engen Freund fand, vermisste das Berliner Gesprächsmilieu sehr. Ersatz bot die Korrespondenz mit den Eltern, Julie Vogelstein und einigen Jugendfreunden oder ehemaligen Lehrern. In Lodz ermöglichte seine Arbeit gelegentliche Telefonate nach Hause, die er jedesmal enthusiastisch kommentierte, ebenso wie er jeden Brief, den er erhielt, in seinem Tagebuch erwähnte. Noch begeisternder waren die Besuche der Eltern. Heinrich kam am 12. Mai nach Lodz: »Rasend gefreut. Spazieren. Auf's Polizeipräsidium, wo Pa einen Schein bekam der möglicherweise auch Mutschs Kommen ermöglicht.« (T2) Am nächsten Tag »musste er zu meinem grössten Kummer wieder fort. Er kommt aber möglicherweise wieder. – Kielce genommen!« (T2, 13.5.15) Lily kündigte sich für den 20. Mai in Lodz an. »Mit Mutsch telefoniert. Sie kommt Donnerstag, leider ohne Pa, trotzdem rasende Freude.« (T2, 18.5.15) Nach der abendlichen Ankunft Lilys am 21. Mai »unglaubliche Freude. Viel gesprochen.« (T2) Am kommenden Sonnabend fuhr »Mutsch … mit dem Oberstabsarzt spazieren«, während er Dienst hatte. »Abends hatte ich frei, von nun an überhaupt« (während Lilys Besuch, DW). Am Sonntag dann war man »spazieren gegangen, in der Caserne, viel unterhalten und schrecklich aneinander gefreut« (ebd.), am Montag war ›wie immer strahlendes Wetter. Früh gebadet, dann zu Mutsch. Ich weiss gar nicht mehr recht, was wir taten, es war nur wunderschön.« Am Vorabend ihrer Abreise war »Mutsch schon sehr betrübt über morgigen Abschied« (T2, 25.5.15). Am 26. Mai fuhr Lily früh mit dem Zug fort. Otto war traurig:

»Früher sagten wir stets, dann und dann können wir uns wiedersehen, heute wussten wir nichts, nur dies, dass es ein Abschied zu Kämpfen sein wird. Die Zukunft ist verhängt wie nie, kein Mensch kann wissen wann und was geschehen wird. Nur Hoffnung hält uns aufrecht, Glaube, Liebe. So war auch ich sehr erschüttert und musste mich zusammenhalten. Mamas Selbstbeherrschung ist bewunderungswürdig, wirkte aber noch quälender und peinvoller, als wenn sie sich gehen liesse ... Die arme, arme Mutsch!« (T2)

Lily hatte anscheinend dieselbe Empfindung in Bezug auf ihn – denn Otto erhielt nach ihrer Rückkehr einen Brief, »worin sie sehr aufgeregt schreibt über mein angeblich unglückliches Befinden« (T2, 28.5.15). Am 27. Juni, seinem 18. Geburtstag, schrieb er ein achtseitiges Gedicht, das als Geschenk für Lilys 50. Geburtstag gedacht war. Offensichtlich war er sich der prekären Zahl Fünfzig sehr bewusst, denn der große Mittelteil des Gedichts thematisierte auch das Problem der Lebensmitte, oder prosaischer ausgedrückt: das Altern.

»...Und meine Liebe, einem Falken gleich
Äugt über's Land siehst's, Schönheit wächst Dir zu
Da blickt sie schärfer und erkennt es kaum:
Schönheit vermählt mit Würde, jetzt erst schön
Und Deine Stirne jetzt erst königlich
Reif, heiter, gross wie ernster Göttinnen Stirne
Und Deine Augen auch jetzt erst ganz tief und rein;
Wie jener Augen der schweren und mütterlichen,
Die ruhn in Glut und Strahlenkranz der Himmel
Aber geboren aus brauner scholliger Erden. –
...«

Zu seiner Entschuldigung muss hier angefügt werden, dass Lily mehrere Ausgaben der »Weissen Blätter« und der »Blätter für die

Kunst« (T2, 29.5.15) mitgebracht hatte und die darin abgedruckten Gedichte ihn über die Maßen inspiriert haben mögen. Heinrich bestätigte den Eingang des Geburtstagsgedichts für Lily, das »morgen Mamas tiefste Freude bilden« werde. »Freilich wird Melancholie auch über sie gebreitet sein, die mit der unabsehbaren Länge des Krieges sich steigernde Sorge um Dich kommt hinzu; aber das ist's nicht allein. Mama nimmt den Abschied von der Jugend schon seit langem schwerer als sie sollte …« (1.7.15) Die Mutter bedankte sich auf ihre Weise für das Gedicht des Sohnes mit einem Brief, den sie an ihrem Geburtstag an Otto schrieb. Er war unterzeichnet: »In sehnsüchtiger Liebe umarmt Dich Deine Lily« Damit ging sie auf den erotischen Ton Ottos ein und bestätigte dessen Huldigung mit einer Unterschrift, die wohl vergessen machen sollte, dass es sich um Mutter und Sohn handelte.

Inzwischen war Ottos Einheit, die A.T.A. Nr. 9, nach Lovicz umgezogen. Und auch die so lange stillgestellte Ostfront geriet in Bewegung. Mitte Juli zog Otto in einem Brief an die Eltern Bilanz: »Meine Jugend war so herrlich und so voll, wie wenige wohl eine Jugend verlebt haben, das danke ich Euch; aber ohne die manchmal böse und harte Zeit des Soldatseins hätte sie vielleicht mein Leben verdorben, sie war zu rein, zu gut, zu weich, zu sehr abgeschlossen vom Hässlichen und Harten, von der Berührung mit vielen Menschen. Nun scheint mir das Gleichgewicht so ziemlich wieder da.« (17.7.15) Indirekt bezog Otto sich damit auf die Briefe, die die Mutter ihm in seinen Krisenwochen in Graudenz geschrieben hatte. Er gab ihr recht, nun war er bereit. Am nächsten Tag kam der Marschbefehl an die Front.

Lieben und Lügen

Für Lily Braun hatte der Ausbruch des Krieges einen besonderen, schmerzhaften Einschnitt bedeutet: Der Kontakt zu ihrem Liebhaber Tancredi die Stefano, der in Florenz lebte, wurde durch die Neutralität – und seit Mai 1915 noch mehr durch den Kriegseintritt Italiens auf der Seite der Entente – erheblich erschwert. Obwohl im Nachlass die Spuren dieses Mannes, insbesondere Lilys Tagebuch und die von ihm geschriebenen Briefe, Karten und Telegramme, nach ihrem Tod von der Familie vernichtet wurden, kann man vermuten, dass die Korrespondenz zwischen beiden zwar nicht sehr tiefgehend, aber doch regelmäßig war. Außerdem hatte Lily seit Beginn der Beziehung im Frühjahr 1913 bis zum Kriegsausbruch mehrmals mehrere Wochen in Italien verbracht, während Tancredi eventuell zu gelegentlichen Kurzbesuchen nach Deutschland gereist war.[1] Solche Treffen waren nun fast unmöglich geworden, und die schriftliche Korrespondenz stand unter der Drohung der Zensur, was die von Heinrich zur Bedingung gemachte Geheimhaltung der Beziehung zusätzlich gefährdete.

Nach einer kurzen Unterbrechung des Briefverkehrs bei Kriegsausbruch schienen sich die Postverbindungen zunächst wieder zu normalisieren. So ließ Lily Heinrich kurz vor ihrer ersten Vortragsreise im Oktober 1914 wissen, sie erhalte »Nachrichten aus Italien – die übrigens jetzt ganz regelmäßig kommen – aus denen ich entnehme, daß der Krieg (Italiens DW) – u. zwar natürlich gegen uns! – durchaus nicht mehr unwahrscheinlich ist.« (20.9.14) Von »unterwegs« bat sie ihn dann, ihr sämtliche Post nachzusenden, »auch, bitte, T.s Karten. … T. darf seit Beginn des Krieges die Grenzen Italiens nicht überschreiten. Wir hatten wohl an ein mögliches Zusammensein an einer Grenze gedacht, aber erstens habe ich weder die Zeit noch die Mittel für die Reise, u. zweitens scheint

1 Julie Vogelstein berichtet, es habe sich um einen mittleren Beamten mit geringer Schulbildung und schlechtem Geschmack gehandelt, man habe sich auf Französisch und somit in einer Sprache verständigt, »die ihnen beiden wenig geläufig« war. Braun-Vogelstein, Ein Menschenleben, S. 403 f. Zudem nahm Julie an, dass die ihr von Lily berichteten Besuche Tancredis in Deutschland allein deren Phantasie entsprangen. Ebenda, S. 430 f.

nach den Mitteilungen T.s die Überschreitung der Grenze für mich als Deutsche nicht ohne Gefahren zu sein. Wenn ich nun auch nicht den Pessimismus von Frau Hoesch teile, so glaube ich doch an einen langen Krieg u. halte das Eingreifen Italiens für nicht unmöglich. Das aber vernichtet all meine persönlichen Wünsche u. Hoffnungen. Ob und wann ich lernen werde, innerlich so alt sein, daß ich verzichten kann, weiß ich heute nicht. Ich kann nur wiederholen, daß nur Otto es ist, der mich zum Leben zwingt. Ist doch für Dich mein Dasein auch nur Qual. Über all das sprechen – wie Du es wohl immer wünschst – vermag ich nicht, dazu ist es zu schwer, zu tief. Wir müssen Geduld miteinander haben u. viel Freundschaft. Von ganzem Herzen, Deine Lily.« (21.10.14)

Heinrich antwortete dem »Liebsten Lilychen« nur kurz. Er schickte ihr die Post von Otto, »Karten aus Italien sind bisher nicht eingetroffen. Auf Deinen traurigen, also doppelt liebenswerten, in Cassel aufgegebenen Brief hätte ich so viel zu sagen, daß ich im Moment lieber schweige. Leb wol und laß es Dir so gut gehen als es unter den üblen und schwierigen Verhältnissen möglich ist.« (23.10.14)

Lily hatte inzwischen die neue Freundin ins Vertrauen gezogen. In einem Brief Julies an Heinrich vom 19. Oktober 1917 erinnerte diese ihn nämlich an den nun genau drei Jahre zurückliegenden Tag, »an dem ich Dein Schicksal erfuhr, Dir aber nichts von meinem Wissen verriet«. Julie war somit – von Heinrich abgesehen – die einzige Person, die Lilys Geheimnis kannte. Die sah in der Kommunikation mit der neuen Freundin die einzige Möglichkeit, offen zu klagen, Verständnis und Unterstützung zu suchen. Sie habe »einen der armen, offenen Briefe aus Italien« erhalten, »der wieder einmal von jenem Fieber berichtet, das den Fernen jetzt leider so häufig packt – dann bekomme ich oft tagelang keine Nachricht, weil er niemandem auch nur eine Karte anvertraut«, schrieb sie an Julie (1.11.14). Zwei Wochen später berichtete sie ihr: »Ich bekam auf abenteuerliche, leider nicht zu wiederholende Weise einen langen Brief aus Florenz. Nein, der einsame Freund dort unten ist nicht in dem Sinn Italiäner [sic] wie ich zu meinen glaubte fürchten zu müssen [sic]. Die Tragik der Zeit und unseres persönlichen Erlebens vertieft, erhält und befestigt nur das Gefühl. Ich schreibe es gleich und klage mich an, damit Sie nicht gering von ihm denken.« (13.11.14) Obwohl ein entsprechender Brief nicht erhalten ist, scheint Lily in ihrer Verzweiflung den Liebhaber verdächtigt zu haben – wohl in der Zeit des durch den Kriegsausbruch erzwungenen Schweigens, »in dem Sinn Italiäner« zu sein, dass er den Kriegseintritt Italiens gegen Deutschland unterstützte. Ihr lag daran, dass Julie gut von ihm dachte.

Ende 1914 war Lilys Verzweiflung über die Hindernisse im Postverkehr mit Tancredi immer drängender geworden. »Meine liebe, liebe Lily«, schrieb Julie ihr aus München, »in jeder Stunde der Nacht (denke ich) mit so intensiven Wünschen an Sie, daß sie hypnotisch gewirkt haben sollten. Ich weiß zwar, wie ohnmächtig meine Liebe zu Ihnen ist! Aber als die Sonne heute so köstlich über dem dunklen Wald aufging, da war ich überzeugter als je zuvor, daß es für Sie noch Licht und Leben gibt und Sie noch Beglückendes leisten können.« (10.12.14) Aber Lily klagte, sie sei »seit fünf Tagen … ohne Nachricht und fürchte allerlei: Nikotinvergiftung und Lungenentzündung – zwei alte Feinde meines Freundes« (12.12.14). Es folgte ein nicht überlieferter, anscheinend dramatischer Brief und dann ein ebensolches Telegramm: »bitte meinen letzten brief wenn möglich zu verbrennen nun bin ich in der tiefsten flut des schmerzes alles andere nur oberflaeche lily.« (15.12.14) »Wenn ich wenigstens noch täglich den Gruß aus dem Sonnenland hätte,« schrieb sie zwei Tage später. »Ich fühle täglich mehr, wie ich davon gelebt habe. Und fühle des Anderen Qualen noch mit. Heinrich hat mir nichts Böses antun wollen, als er es verhinderte. Er kann sich, wie andere wohl auch, nicht vorstellen, wie es steht um mich, u. daß es in meinem Alter möglich ist; daß es ein Wiederfinden war von ewig verbunden Gewesenem; daß ich mich immer danach sehnte und nun, eine auseinander Geschnittene, mit einer großen blutenden Wunde umher gehe.« (14.1.15) Lily hatte Julie nämlich nicht zuletzt deshalb im Oktober ins Vertrauen gezogen, weil Heinrich ihr zu diesem Zeitpunkt den weiteren Kontakt mit Tancredi untersagt hatte. Seine Begründung wird die mögliche Entdeckung durch Zensur gewesen sein, und Lily nahm wohl an, dass er – entgegen seinen Beteuerungen – unter der Beziehung litt und den Krieg nur als Vorwand nahm, um sie zu unterbinden. Julie war bereit, ihr zu helfen, denn sie habe »bisher nur alles Gute von Ihnen bekommen«, aber »nichts helfen und lindern können. Ob

Ihnen meine innige Liebe vielleicht doch etwas bedeutet? Damit tröste ich mich.« (14.1.15) Julie erwies sich als geduldige Zuhörerin und Ratgeberin, obwohl Lilys Klagen gleichbleibend um denselben Punkt kreisten: »Und wie es mir sonst geht? Ich möchte einen einzigen Tag mir stehlen können, um in Bellinzona[2] sein zu können und vermag's doch wieder nicht, weil das drei Tage kostet, die ich, falls von Otto Nachricht kommt, ohne Nachricht von ihm bleibe. … Wie sehr werde ich Sie vermissen, wenn ich heim komme!«, schrieb Lily aus Frankfurt (15.1.15). Zurück in Berlin, schickte sie der inzwischen nach München zurückgekehrten Julie zwei Briefe für Tancredi (22.1.15). Julie war bereit, sich der Freundin als Verbindungsperson zur Verfügung zu stellen und deren Liebespost einer Kontaktperson in Italien zukommen zu lassen, die sich dann um die Weiterbeförderung an Tancredi kümmerte, eine Vorsichtsmaßnahme, die sich anscheinend weniger gegen die staatliche Kontrolle als gegen Heinrich richtete, dem auf diese Weise verborgen bleiben sollte, dass Lily trotz seines Verbots weiter in Verbindung mit Tancredi stand. Lilys Briefe steckten in einem besonderen Umschlag mit Tancredis Adresse, der wiederum in einem größeren Umschlag an die italienische Deckadresse mit Julie als Absenderin verschickt wurde. Vor ihrer Abreise nach Loschwitz im Februar 1915 bat Lily ihre Freundin darum, ein Telegramm an Tancredis Büroadresse in der via XXVII aprile, 18 in Florenz aufzugeben und ihm in italienischer oder französischer Sprache ihre Loschwitzer Adresse und die Nachricht zu schicken: »Bin wohler. Schreib wie immer.« (14.2.15) Von wirklicher Geheimhaltung konnte so keine Rede sein, im Gegenteil mussten solche Sendungen jedem Zensor besonders verdächtig vorkommen. Aber Lily hielt Heinrichs Bedenken ja ohnehin für übertrieben und unehrlich. Die auffällige Präparierung der verbotenen Sendung zeigte einmal mehr Lilys Wut auf ihren Ehemann.

Julie spielte mit. Sie wollte sich Lilys Vertrauens würdig zeigen. »Liebe, liebe Gnädige Frau«, schrieb sie der Vortragsreisenden werbend, »Ihre liebe Stimme klang so nah, als könnte ich zu Ihnen laufen. Das tut wohl – doch hörte ich auch Müdes und Schweres

2 Ort in der italienischen Schweiz, ca. 20 km nordöstlich vom Lago Maggiore, wo sich Tancredi wahrscheinlich aufhielt.

in ihr. … Sagen Sie nichts von Lasten, die Sie auf meine Schultern legten. Wenn man Sie so lieb hat, darf man mit Ihnen teilen. Und das tat ich, noch bevor ich die verhüllte Last kannte.« Sie brauche sich ihr gegenüber nicht immer zusammenzunehmen: »Das tun Sie vor andern genug. Und ich glaube ja doch mehr meinem sorgenvollen Gefühl als Ihren Verstellungen.« (30.10.14) Das mit dem gemeinsamen Geheimnis wachsende Vertrauen bewies Lily der Freundin durch den Übergang zur Anrede mit dem Vornamen: »Es ist köstlich, daß ich Lily sagen darf!«, bedankte sich Julie: »Die Gnädige Frau hat mich freilich nie gestört, weil ich … den Reiz genoß, in steifer Förmlichkeit innerste Nähe zu fühlen. Nun aber ist es gerade ein beglückendes Geschenk – etwas, das nicht des Tages Notdurft, nein des Herzens Träume erfüllte. Ich sage es so gern – gleich probierte ich es in einem sonnigen Zimmer und sagte es ganz leise: ›Lily‹. Es klang gut. … Wie mich Ihr Brief heute früh (vom Freitag) freute. Lassen Sie sich nichts leid sein. Ich höre alles mit einem liebenden Herzen, was Sie mir sagen; und so verstehe ich es wohl recht.« (14.11.14) Julies Briefe an Lily waren voll von Liebesbekenntnissen und der Versicherung zärtlicher Freundschaft. Sie hatte sie eben »sehr, sehr lieb« (19.11.14). War Julie Vogelstein eine Lügnerin, wenn sie dies schrieb? Betrog sie Heinrich, wenn sie Lilys Liebesbriefe gegen seinen Willen und ohne sein Wissen nach Italien vermittelte? Jedenfalls schrieb Julie in den Tagen ihrer Liebes- und Treuebekenntnisse an Lily auch Heinrich leidenschaftliche Liebesbriefe aus München, z.B.:

»Ich wag's! Böse bist Du mir doch – umsomehr, weil ich tollkühn bin oder wegen der dummen Lügenbriefe, die Du hoffentlich gleich in den Papierkorb geworfen hast; den Feuertod haben sie kaum verdient. –– Gut, daß Du nicht hier bist oder ich bei Dir! Für Dich gut! Denn ich ließe Dich weder schlafen noch auch nur frei atmen. Meine Theorie, dass das Unendliche nicht wachsen kann, erweist sich als falsch. Ich könnte es Dir demonstrieren! Freilich, dazu bräuchte ich doch Deine ganz konkrete Gegenwart. – Du! – Ach und Du könntest mich ja so sehr gebrauchen jetzt! ›Nein‹, sagst Du. Ich weiß das. Erst würdest Du mich in alle schwarzen Erdteile verwünschen … dann würdest Du über meine Stimme, meine Frostbeulen, meine Unvernunft, meine kindische Torheit ad infinitum schelten (ad infinitum, wenn es ganz nach Deinem

Herzen ginge!) Mir wäre schon wohltuend, daß Du Dich entlastest, und, da ich mich nicht einmal über Deine Geißelworte empören würde, ließest Du auch bald etwas ab – es ist so uninteressant, von einer Seite zu kämpfen. Und dann verstohlen fast käme es wie ein Ruhegefühl über Dich. Und Deine Stirne glättete sich und Deine Augen blickten weniger gequält. Dann, dann wagte ich's. Dann käme ich mit meiner süßesten Innigkeit und küßte Dir Stirn und Augen. Du wehrtest Dich nicht … Und ganz unmerklich wärest Du verwandelt. Der wunderbar vitale Mensch wachte wieder auf und aus allen Sinnen spräche Dein Wesen. Ich jedenfalls würde es hören. Du selbst bist dazu nicht musikalisch genug. –– Ach, ich fühle es so bis in alle Nerven, wie Dir zu Sinn ist! Fast bist Du schon über die Grenze des Dir erlaubten Händedrucks gegangen. Fast hast Du schon eine Todsünde auf Dich geladen. Du fängst an, mich nicht mehr lieb zu haben, aus Mattigkeit und Elendsein. So legst Du Deine Liebe wie ein unbrauchbar Ding irgendwo in den Winkel … –– Aber, Geliebter, über Deine Liebe zu mir kannst Du verfügen, meine ist vor Deiner Macht sicher, ist gegen alles gefeit. Und wehre Dich doch nicht! Laß Dich doch von ihr besonnen! Ich will auch kein Wort sprechen, nur Dir ins liebe, liebe Herz scheinen! … Am Ende sind dienstbare Mädchen klüger als mancher verbarricadierte Herr Doktor.« (17.11.14)

Ein Brief ohne Anrede und Unterschrift, kein »Lügenbrief«, wie sie die Briefe bezeichnete, die auch von anderen, insbesondere von Lily gefunden und gelesen werden durften. Ein neckischer und zugleich forscher Brief, in dem sie eine intime Szene entwarf, in die sie ihn einlud, um ganz offen, sinnlich und körperlich um ihn zu werben. Obwohl sie ihm vorwarf, dass er seine Liebe zu ihr vermeide, verdränge und verzögere, wusste sie, dass dies nur ein Spiel war, das sie aufgreifen und umdrehen konnte. Während sie ihn in ihrer Phantasie mit sich wie mit einem kleinen Mädchen schimpfen ließ, erwies sie sich als die Souveräne, die seine Angriffe ruhig an sich abprallen lassen und ebenso geduldig wie raffiniert seine Seele und seinen Körper entspannen und zum Klingen bringen konnte. Sie war das kluge »dienstbare Mädchen«, das seine Barrikaden niederreißen, das ihn besiegen würde, eigentlich schon besiegt hatte, ohne dass er es wusste. Zugleich bekannte sie sich zu ihrer eigenen Schwäche, wenn sie »unter seiner Stimme dahin« schmolz:

»Wille ist eben nie möglich, wenn ich bei Dir bin. Alles ist gelöst, alles ist wohlige Notwendigkeit: ›statt lästigem Fordern, strengem Wollen/sich aufzugeben ist Genuß.‹[3] … Nur ein Wille, der Liebeswille muß da sein – sonst nichts und keines Efforts bedarf es. – … Du, Du! Daß Du es immer noch nicht glaubst! Und dass Du nie die Küsse fühlst, mit denen ich Dir ins Herz schreibe, wie ich Dich liebe! Dass Du nicht meine Arme um Deinen Hals spürst, nicht meine Lippen auf Deiner Stirn und Deinen Augen! … Du Geliebter!« (19.11.14)

In einer anderen Brief-Phantasie aus München war er ihr während eines Telefongesprächs »so gegenwärtig, als brauchte ich nur aus Theos kleinem Zimmer (mit der Ottomane) ins Schreibzimmer zu laufen, um Dich beim Telefon zu umarmen und meine Liebe Dir in Küssen einzusegnen! Dabei sah ich Dich recht an Deinem Schreibtisch, in Deinem Zimmer, wo wir jenen Donnerstag saßen, an den ich so blühende Erinnerung habe. Auch Deiner Niedergeschlagenheit entsinne ich mich, Geliebter, und all des Wehs, das ich um Dich empfand. Aber blühend wie die Rosen, die Du mir pflücktest, duftend und voll wie sie, … und schöner noch bleibt unverwelkt in mir ein Bild: Du auf dem Sopha neben mir, so ganz Gutsein und überströmende, weiche Innigkeit; viel Falsches sagtest Du, weil Du es nie begreifst, daß Du mir Erfüllung bist, viel ganz Falsches. Aber mit einer Stimme, die mich heute noch fromm macht, denke ich nur daran, mit einem Blick aus Deinen lieben Augen, den ich wie Himmelssegen in mir fühle. Nie kann ich das verlieren, nie. … Du, Du, es ist doch wahr! … Wahr wie die Schwingen, die Dein Kuß mir wachsen ließ« (23.11.14)

Wieder erschien Heinrich als der Zögernde, der Zweifelnde, aber nicht aus Mangel an Liebe, sondern aus Sorge um sie und ihr Glück, auch aus Sorge darum, dass er, der kränkliche 60-Jährige, ihr nicht geben könne, was sie, die junge Frau Anfang 30, brauchte.[4] Julie, die zum ersten Mal und ohne Scheu oder Vorbe-

3 Zitat aus Goethes Gedicht: Eins und Alles (1821), erste Strophe: »Im Grenzenlosen sich zu finden, / Wird gern der einzelne verschwinden, / Da löst sich aller Überdruß; / Statt heißem Wünschen, wildem Wollen, / *Statt lästgem Fordern, strengem Sollen, / Sich aufzugeben ist Genuß.*«

4 Wie weit Heinrich dieses Spiel trieb, zeigt nach Kriegsende seine merkwürdige Werbung um ihre »Hand« bei ihrem Bruder, den er bei dieser Gelegenheit

halt liebte, sah offenbar keinen Konflikt mit ihrer gleichzeitig sich intensivierenden Beziehung zu Lily, die ebenfalls von Zärtlichkeit und Liebe geprägt war. Im Gegenteil schienen die Gefühle, die Julie für Heinrich und für Lily entwickelte, sich wechselseitig zu verstärken und damit auch dem jeweils anderen zugute zu kommen.

Und Heinrich? Nicht alle seine Briefe sind erhalten, man entnimmt aber den überlieferten, dass er während des Krieges in ständiger Furcht vor Entdeckung durch die Postzensur lebte, vor allem wenn er ins Ausland schrieb. Seine Äußerungen gegenüber Julie waren spärlich und so formuliert, dass sie bei Entdeckung noch als Ausdruck enger Freundschaft hätten gelten können. So lassen sich seine Gefühle nur aus schwachen Spuren erahnen. Während Julies Aufenthalt in New York – vom Oktober 1915 bis zum Februar 1916 – schrieb er ihr einen solchen, seine Sehnsucht nur andeutenden Brief:

»Meine liebe Freundin, bisher habe ich an Sie nicht geschrieben. Zunächst widerstrebte mir die Notwendigkeit der offenen Sendung und die Unmöglichkeit, das auszusprechen, was mir am Herzen liegt; zum anderen beherrschte mich der Glaube, daß Sie Ihre Absicht, am 27. November[5] – spät genug – auf dem Dampfer Bergensfjord zurückzukehren, auch ausführen würden, und meine Briefe Sie kaum erreichen könnten. Aber heute nachts um ½ 1, als ich mit Lily von einer Gesellschaft zurückgekehrt war, erhielt ich auf Grund einer telegraphischen Anfrage bei der Schiffsagentur in New York die Mitteilung, daß Sie weder auf Bergensfjord sich eingeschifft, noch auf dem am 11. Dezember (!) abgehenden Schiff Kristiansfjord eine Kabine bestellt haben. Unter diesen traurigen Umständen entschließe ich mich nun doch, diese Zeilen an Sie zu richten … Bei der oben erwähnten Gesellschaft war ich übrigens – wenn auch nur visionär – mit Ihnen zusammen. Nach Tisch (spielte man) das Trio von Schubert (Op. 100). Beim ersten Satz hatte ich den Eindruck, als spiegelte die Musik Ihre Augen

anscheinend explizit aufforderte, seine Schwester vor dem Unglück, das ihr zweifellos an Heinrichs Seite bevorstehe, zu warnen. So Julie Vogelstein in: Ein Menschenleben, S. 508 f.

5 Sein Geburtstag.

und Ihre Blicke; beim Scherzo sah ich Sie in heller Lust sich im Tanz bewegen, und den dritten Satz empfand ich z. Th. als den Ausdruck schmerzvoller Melancholie, die Sie manchmal anwandelt, z. Th. als ein Bild Ihrer Kraft und Leidenschaft. … Warum waren Sie gestern nicht mit uns bei diesem unvergleichlichen Konzert, statt fruchtlose Kämpfe gegen eine Macht[6] zu führen, die auch Götter vergeblich unternehmen! Selbstverständlich meine ich das letztere nur scherzhaft; denn wenn auch in Ihren Briefen an Lily die Erzählung von Ihren Diskussionen mit schlecht orientierten und übelwollenden Amerikanern einen überraschend großen Raum einnimmt, so glaube ich doch, daß Sie Ihre Zeit nur wo weit das gesellschaftlich unausweichlich ist, mit so fruchtlosen Dingen verbringen … Erstaunlich ist freilich, daß Sie über Ihre Rückkehr nur sagen, daß diese später erfolgen werde, als Sie dachten, aber über den Zeitraum nichts Positives äußern. Und doch wissen Sie, daß es in Deutschland Leute gibt, die Tage und Stunden zählen, die Sie abwesend sind und Ihre Rückkehr in peinigender Ungeduld erwarten.« (2.12.15)

Julie Vogelstein war nicht durch ihre zweifache Liebe, wohl aber durch ihre gegen Heinrich gerichtete Komplizenschaft mit Lily in eine schwierige Situation konkurrierender Loyalität geraten, weswegen sie die Freundin überredete, Heinrich über ihre fortdauernde Korrespondenz mit Tancredi zu unterrichten und – falls Heinrich dies verlangen sollte – das Versprechen eines Verzichts abzugeben. Nach ihrer Ankunft in Loschwitz im Februar 1915 versprach Lily der wieder zu Besuch in Berlin weilenden Julie jedenfalls: »Ich werde dann (am Nachmittag, DW) oder morgen, den bewußten Brief an meinen Mann schreiben. Ich möchte nämlich, daß Sie noch in Berlin sind, wenn er ihn bekommt, was also spätestens übermorgen Abend sein könnte.« (17.2.15) Der »bewußte Brief« an Heinrich ist leider nicht erhalten, aber am selben Tag schrieb sie Julie ins Hotel Eden in Berlin, dass sie ihre Absicht wahr gemacht habe:

»Ich habe heute den bewußten Brief an meinen Mann geschrieben – sechs Bögen wie dieser, eng beschrieben. Was er wohl ant-

6 Er spielt hier offensichtlich auf die vermeintliche Dummheit der Amerikaner an, d.h. auf deren politische Parteinahme für die Entente.

worten und wie es wirken wird? Nachdem der Verzicht auf mein Glück – was sage ich: Glück! – auf das was Leben in mir ist und Leben werden wollte, so hart und nüchtern auf dem Papier stand, hat es doch übermenschlich wehe getan. Ob wohl so eine zerbrochene Mutter dem Sohn, – diesem Sohn! – noch einmal mehr wird sein können, als die Ernährerin?! Aber das ist ja schon viel, schrecklich viel, wenn ich es wirklich erreiche! Aus Italien bekam ich einen großen Korb voll Veilchen. Aber auch das kann und darf nicht sein: er ist bis auf jedes Moosbettchen durchwühlt worden, und die armen duftenden Blumen erholen sich trotz aller Pflege davon nicht mehr.« (18.2.15)

Inhaltlich ging Julie auf diese Klagen, in denen Lily sich ja vor allem über ihr zukünftiges Vermögen sorgte, Otto eine gute Mutter zu sein, nicht ein. Über die Wirkung des Briefes auf Heinrich konnte sie keine Angaben machen: »Herrn Doktor sah und sprach ich nicht, seit er die Briefe haben kann. So weiß ich nicht einmal seine Stimmung, die doch sonst so viel verrät. Wie es werden wird und kann ist mir freilich auch noch nicht klar …« (20.2.15) Auch Heinrichs Antwort auf den »bewußten Brief« gibt wenig Hinweise auf dessen Inhalt:

»Zunächst ist Dein Brief der greifbare Beweis, daß nichts verderblicher wäre, als zu schweigen. Hättest Du Dich mit mir wirklich offen ausgesprochen, wie im Sommer 1913, wo Du über Erwarten die Haltung bei mir fandest, die Du wünschen mochtest, so wären auch die letzten Monate so schmerzlich nicht gewesen. Du hättest Dich immer davon überzeugt, daß Du in Bezug auf mich voller Mißverständnisse bist, daß alles, was Du von ›Erniedrigung‹ Deiner Person oder Deiner Gefühle, von ›Herzensroheit‹ sagst, die ich bei dem Vorschlag, nach Vollendung Deiner Kur, nach Florenz zu gehen, vorausgesagt haben soll – daß das nichts als Phantome sind, hinter denen auch nicht die leiseste Spur von Wirklichkeit steckt. Ich bin auch nicht im Mindesten von einer gegensätzlichen oder gar feindlichen Stimmung beeinflußt. Was ich wünsche ist, wie es vom ersten Augenblick der Fall war, auch heute nichts anderes als Dein Glück, und mein ganzes Wesen Dir gegenüber ist nur der Wille, Dir dazu zu helfen, oder wenn das nicht zu erreichen ist, alles Schwere Dir zu erleichtern und alles Entbehren zu mildern. Wenn also irgendeinmal in einer tragischen Lage die

Voraussetzungen tiefer inniger Freundschaft und bedingungsloser Hilfsbereitschaft vorhanden waren, so in meinem Verhältnis zu Dir. Daß Mißtrauen und Mißverständnis den Weg dazu wenn nicht versperren, so doch erschweren, ist eine notwendige Folge; und wenn die Mißverständnisse durch konstantes Schweigen sich festwurzeln, dann schwindet jede Hoffnung, daß mein guter Wille sich zu betätigen vermag. Mit Deinem Briefe hast Du nun das Eis gebrochen, und vielleicht vollzieht sich damit eine Wendung, genau und allein in der Richtung, die Du wünschst, falls es nicht bei diesem Anlauf bleibt, und Du die dargebotene Hand nicht rasch wieder zurückziehst.« (21.2.15)

Lily dankte Heinrich »von ganzem Herzen« für seinen Brief, der »sehr, sehr gut und zärtlich« gewesen sei. »Du sagst, ich würde nun hoffentlich den Bann des Schweigens gebrochen haben. Du weißt aber doch nun auch, daß ich wesentlich deshalb schweige, weil ich ohne größte Erregung nicht reden kann. Und Neues ist ja doch nicht zu sagen.« (23.2.15)

Dass Lily gegenüber der Freundin so sehr auf Otto verwiesen hatte, zeigt, wie sehr dieser auch zwischen ihr und Julie – jenseits des Geheimnisses um den Geliebten – ein gemeinsamer Bezugspunkt geworden war. So bat Lily die Freundin wiederholt, für Otto bestimmte Besorgungen zu machen. Auch von sich aus überhäufte die relativ wohlhabende Julie den Sohn der Freunde mit Geschenken. Wenn sie während Lilys Abwesenheit im Braun'schen Hause wohnte, nahm sie Ottos Briefe in Empfang und las diese oft, bevor sie an Lily weitergesandt wurden. Sie betonte das, indem sie der Freundin schrieb, sie »empfinde es fast als ein Unrecht gegen Sie, Lily, früher einen Brief zu kennen« (18.2.15). Umgekehrt sorgte sich Lily: »Hat mein Mann Ihnen denn Ottos Briefe gezeigt? Sehen Sie ihn überhaupt manchmal? Wo er nur den ganzen Tag in Berlin zubringt! ...« (28.2.15) Julie verwies ihrerseits immer wieder auf Otto, wenn die Freundin sich verzweifelt ihrem Liebeskonflikt hingab.

Lilys Briefe an Julie scheinen frei von Misstrauen und Eifersucht, aber dennoch von dem Bedürfnis bestimmt, wissen zu wollen, wie sich das Leben im Erlenweg ohne sie gestaltete. Denn trotz ihrer freundschaftlichen Gefühle und des Vertrauens, das sie Julie entgegenbrachte, plagte Lily eine unbestimmte Angst um ihre Position in der Gemeinsamkeit der »vier«, deren Zentrum sie doch anfangs gewesen war. Doch bezog sich ihre Angst mehr auf den möglichen Verlust von Heinrichs absoluter Loyalität und Freundschaft ihr gegenüber und richtete sich anscheinend in keiner Weise gegen Julie. Diese mochte ihre eigenen Gründe haben, die Beziehung Lilys mit Tancredi zu fördern. Wir wissen nicht, ob und wie sie mit Heinrich darüber gesprochen hat. Wie haben sie über die Zukunft nach dem Krieg gedacht? Haben sie erwartet oder gar gehofft, Lily würde für immer nach Florenz gehen? Oder konnten sie das des »Skandals« und Ottos wegen nicht wünschen? Jedenfalls unternahm keiner von beiden den Versuch, Lilys Beziehung mit Tancredi zu beenden. Lediglich beschweigen sollte sie ihre Leidenschaft, zumindest in der Öffentlichkeit. Denn auch Heinrich stellte sich seiner Frau für deren Klagen über ihr Unglück geduldig zur Verfügung.

Obwohl der »bewußte Brief« und Heinrichs Antwort darauf völlige Offenheit über Lilys Beziehung zu Tancredi zwischen den beiden herstellen sollte, teilte Lily nur Julie mit, dass der Geliebte telegraphisch seinen Besuch in Loschwitz für den nächsten Tag angekündigt hatte. »Ich war also – u. bin – auf's Tiefste erschüttert … P.S.: Ich teile meinem Mann erst etwas mit, wenn es vorbei ist.« (6.3.15) Die schwierige Kur, der innere und äußere Konflikt um Ottos Lazarettaufenthalt in Lodz und nicht zuletzt der (Heinrich verschwiegene) Besuch Tancredis brachten Lily außer Fassung. Heinrichs Versuche, ihre Verzweiflung und Traurigkeit als »melancholische Anwandlungen« zu bagatellisieren, wies sie zurück: Es seien dies »keine Anwandlungen, sondern – nur – seltene Ausbrüche einer tiefen, notwendigen Grundstimmung, darum haben sie auch mit meinem mehr oder weniger körperlichen Befinden gar nichts zu tun. Weißt Du: ein eigenes zerbrochenes Leben ist leichter zu tragen, als daß man ein anderes zerbrach« (9.3.15), schrieb sie, während Tancredi noch in Loschwitz war. Nach dessen Abreise erhielt Julie einen verzweifelten Brief:

»Ich habe eine Nacht hinter mir, in der ich zum ersten Mal die Empfindung hatte, daß man den Verstand verlieren könnte. Ich hatte die bestimmte Vorstellung, mein Herz sei ein wahnsinnig gewordener Kapellmeister, meine Gedanken lauter aus Takt und Harmonie herauspurzelnde schwarze Notenteufel. … Ich habe so viel durchgemacht: Tiefes, Reiches, Unverlierbares – und das Gräßlichste dabei! Denn alles steht auf der Spitze des Schwertes. Schreiben will ich nicht darüber. Wollen Sie so gut sein, beiliegende Karten in den Kasten zu stecken. Es ist eine Probe. Von hier aus kommt nämlich überhaupt nichts in Italien an! Ich dagegen bekam hier alles. Wie geht es Ihnen? – Daß wir Sie so mit der Last unserer Schicksale beschweren! Und ich kann Ihnen so gar nichts sein, nichts Gutes und Liebes tun! Es geht mir nicht gut. Wenn wenigstens die äußere Misere überwunden wäre!« (10.3.15)

Die äußere Misere – das waren natürlich die nie aufhörenden Geldsorgen und die damit verbundenen privaten und gerichtlichen Auseinandersetzungen, aktuell wegen der drohenden Pfändung des Hauses im Erlenweg. Auch Heinrich schrieb sie am selben Tag und teilweise in denselben Worten von der schrecklichen vergangenen Nacht, ohne aber den wichtigsten Grund, Tancredis Besuch, zu erwähnen. Zwei Tage später klagte sich Lily Heinrich gegenüber wieder an, »jetzt zu versagen, gerade jetzt – körperlich, seelisch und geistig – das ist eine Schande, die wirklich nicht vergeben werden kann«. Ihre Nächte seien schrecklich:

»Du weißt ja auch, wie der Harfner sang: … wer nie die kummervollen Nächte auf seinem Bette weinend saß, der kennt Euch nicht, Ihr Himmelsmächte![7] … Siehst du, Du wolltest daß ich immer die Wahrheit sage. Und nun ist es damit doch wieder, wie immer: ich tu Dir bloß weh damit und nütze mir nichts. Ob ich Dir überhaupt einmal nicht weh getan habe?! Ich weiß es gar nicht mehr. Was ist das Unglück, das Dir die anderen Frauen gebracht haben, gegenüber dem, das ich Dir bringe! Und doch tue ich mir selbst damit am allermeisten weh.« (12.3.15)

Eigentlich hatte sich also, trotz des »bewußten Briefes«, nicht viel geändert, außer dass Heinrich nun wusste, dass sie ihn bezüglich des Kontakts mit Tancredi hintergangen hatte. Ein neuerliches

7 Wer nie sein Brot mit Tränen aß, / *Wer nie die kummervollen Nächte / Auf seinem Bette weinend saß, / Der kennt euch nicht, ihr himmlischen Mächte!* / Ihr führt ins Leben uns hinein, / Ihr laßt den Armen schuldig werden; / Dann überlaßt ihr ihn der Pein: / Denn alle Schuld rächt sich auf Erden. (Goethe, aus: Wilhelm Meisters Lehrjahre/Wanderjahre, 1. Buch, 13. Kapitel).

Verbot sprach er in seinem Antwortbrief nicht aus. Das Grundmuster der ehelichen Kommunikation aber blieb bestehen: Lilys dramatische Klagen und Selbstanklagen, mit denen sie sich Heinrich zugleich als Schuldige an ihm und als Opfer seiner sie quälenden Güte anbot; und Heinrichs gleichbleibend ruhige, gelegentlich kühle Versicherung, in aller Freundschaft nur ihr Glück im Auge zu haben. Unverkennbar war seine Ermüdung durch Lilys ambivalente Gefühlsausbrüche, die sie – sicher nicht zu Unrecht – als zunehmende Gleichgültigkeit ihr gegenüber wahrnahm. Die negative Dynamik der Beziehung zeigte sich u.a. in der Tatsache, dass Heinrich für Anfang April zwar einen Besuch in Loschwitz antrat, diesen aber auf halbem Wege wieder abbrach, weil er beim Umsteigen in Elsterwerda einen Kaffee getrunken und dadurch den Anschlusszug verpasst hatte, am nächsten Morgen wegen eines Gerichtstermins aber schon wieder in Berlin sein musste. Zwar bot er an, die Reise wenige Tage später zu wiederholen (7.4.15), doch Lily lehnte ab, weil es ihr gesundheitlich nicht gut gehe. Als der Besuch eine Woche später dann doch stattfand, ermunterte Heinrich seine Frau, länger als geplant in Loschwitz zu bleiben. Lily kommentierte diesen Vorschlag mit großer Bitterkeit und Angst:

»Du würdest ganz gewiß mehr für meine Rückkehr sein, wenn – ja wenn Dir selbst noch irgend etwas daran läge, daß ich zu Hause bin. Ich darf mich ja nicht darüber beklagen, wenn Du wirklich – wie ich gestern den herzbeklemmenden Eindruck hatte, so ganz und gar mit mir fertig bist, aber es tut mir doch recht, recht weh. Dann habe ich ja eigentlich, wenn Ottochen nicht da ist, gar kein rechtes Zuhause, jedenfalls gar keine Daseinsberechtigung in diesem Zuhause mehr!« (18.4.15)

Dass dieses Zuhause mittlerweile von Julie Vogelstein geführt wurde, schien bei Lilys Angst keine Rolle zu spielen. Im Gegenteil entwickelte sich die Freundschaft zwischen den beiden Frauen in dieser Zeit stürmisch weiter. Nachdem auch Julie einen Besuch in Loschwitz abgestattet hatte, schrieb Lily allerdings:

»Sie glauben nicht, wie dankbar ich Ihnen für Ihren Besuch bin. Es war so gut von Ihnen! Und doch ist etwas ganz Unausgeglichenes, Unerfülltes mir noch als Nachempfindung daran zurückgeblieben. Ich bin mir erst allmählich klar geworden, woran das liegt, und glaube es jetzt zu wissen. Die meisten Menschen, die ich kennen lerne, wollen etwas von mir. Sie öffnen mir darum alle, und nur zu rasch auch die verborgenen Kammern ihres Innern. Nur Sie haben von Anfang an nichts gewollt. Und wenn es auch grade das war, was mir so wohl tat, was mich schließlich … allein dazu bringen konnte, mich selbst Ihnen gegenüber aufzuschließen, so läßt es doch grade, je mehr ich es tat, ein leises wehes Gefühl von Fremdheit und eigener Armut zurück. Es ist, wie wenn Jemand bei einem ihm sehr nahe stehenden Menschen zu Gaste ist, der ihm alle seine, sonst vor der Öffentlichkeit gehüteten Kunstschätze zugänglich macht – ein Zimmer aber, das letzte und reichhaltigste, verschlossen läßt. Das muß dem Gast wehe tun, denn es zeigt ihm, daß er letzten Endes doch für den Gastgeber auch nur ein Fremder ist. Verstehen Sie, was ich meine? Und warum ich eine Gelegenheit geradezu suche, auch geben zu können?« (17.3.15)

Lily schien nicht zu ahnen, dass dieser Schatz im verschlossenen Zimmer Julies Liebe zu Heinrich war. Stattdessen bot sie Julie im selben Brief – quasi als Vorschuss auf die erhoffte Öffnung des »Verschlossenen« – ihr eigenes Heim an:

»So habe ich mir z. B. schon gedacht, wie schön es wäre, wenn ich Ihnen immer so etwas wie ein Zuhause bereit halten könnte. Sie würden es ganz gewiß immer rein und warm und behaglich finden, wenn Sie ruhebedürftig heimkehrten. … Denken Sie, wenn ich z. B. in der Lage wäre, oben im zweiten Stock die Räume für Sie zu einer hübschen, abgeschlossenen Wohnung auszubauen! Aber das gehört ja auch in das Reich meiner vielen, vielen schönen Träume.«

Vier Tage später, nachdem Julie ihr angeboten hatte, im Erlenweg alles für Lilys Rückkehr vorzubereiten, bekräftigte diese ihren Wunsch, der nicht »leichthin« geäußert worden sei. »Daß Sie es nun in Ihrer unerschöpflichen Güte wieder mit einer Wol-Tat [sic] für mich erfüllen sollen, ist eben nur bei Ihnen möglich: Ich möchte Ihnen ein Heim bieten, Sie wollen mir das Heim wieder heimlich [sic] machen?« (21.3.15) Nicht »heimisch« oder »heimelig«, sondern »heimlich« – das hatte Lily schon gemerkt, dass Julie die heimliche Hausfrau im Erlenweg geworden war. Mit großer Selbstverständlichkeit verabschiedete sie die von Heinrich entlassenen Dienstboten und kümmerte sich um die neuen. »Über den Haushalt machen Sie sich keine Sorgen. … Ich … werde es einrichten, daß Herr Doktor es nicht ungemütlicher als sonst – Sie wissen, das leere Haus ist ihm gar nicht lieb – hat, bis Sie kommen wird alles nett sein.« (4.4.15) Und sie berichtete Lily über den Kauf von Vorhängen und Verhandlungen mit Tapezierern.

Während die Beziehung zwischen Heinrich und Lily auf einem Tiefpunkt angekommen zu sein schien, ließ Lily Julie immer näher an sich heran: »Sie sind die Schwester für mich, die ich nicht etwa nur verloren, sondern nie besessen habe,« schrieb sie Julie am 10. April 1915.[8] Doch diese Nähe blieb durch das verschlossene letzte Zimmer, auf das sie in ihrem früheren Brief verwies, weiterhin einseitig begrenzt. Julie wich aus, deutete unbewusst und für Lily unverständlich, manches nur an: »Meiner Freundin in München geht es sehr schlecht.«, schrieb sie z. B. Mitte April. »Das drückt mich so! Sie werden's verstehen! Es ist so schwer, Liebe zu enttäuschen, so schwer, dort nicht zu lindern, wo man selbst schon Linderung erfuhr. Es ist umso schwerer, wenn man an Liebeskraft inzwischen nur gewachsen ist, und gar, wenn man seit Kindheit her zum ersten Mal sich selbst fühlt, frei und lebendig fühlt zu eigenem Sein.« (15.4.15) Vergeblich fragte Lily also, »wie geht es Ihnen – Ihnen!« Aber sie brauchte Julie. »Seien Sie vielmals, vielmals gegrüßt und – wenn Sie mich verstehen – helfen Sie mir bei meinem Mann«, schrieb sie aus Loschwitz (14.4.15). Lily fürchtete sich vor Heinrichs bevorstehendem Besuch: »Verstehen Sie das?« (16.4.15)

Während Lily ihre neue Freundin nicht nur in die Beziehung zum Geliebten, sondern auch in die Krise mit ihrem Ehemann einweihte und auch hier um Unterstützung bat, hatten Heinrich und Julie unter den günstigen Umständen von Lilys Abwesenheiten – zuerst während ihrer Vortragsreise, dann während ihres

8 Zu ihrer 13 Jahre jüngeren Schwester Mascha war das Verhältnis nie eng gewesen und im Erwachsenenalter noch distanzierter geworden, vor allem, nachdem diese den Brauns einen erheblichen Teil ihres Vermögens für das Zeitschriftenprojekt »Die Neue Gesellschaft« geliehen – und verloren hatte. Mascha hatte den Maler Otto Eckmann geheiratet, der 1902 starb. Danach studierte sie in Heidelberg, bewegte sich in illustren Kreisen, heiratete noch zweimal, jeweils Südamerikaner, und ging 1917 in die USA, wo sie als Spionin verhaftet wurde. Vgl. JBVC/VI/1/6, maschinenschriftliche Autobiographie von Mascha, geschrieben im Gefängnis 1919.

Aufenthalts in Loschwitz – Gelegenheit, ihre eigene Beziehung auszuleben, teils in leidenschaftlichen Briefen, teils in leidenschaftlichen Begegnungen, teils im Genuss gemeinsamer Häuslichkeit. Dabei bestand, trotz der Vorsicht, die sie walten ließen, durchaus die Gefahr der Entdeckung. Als Lily Anfang 1915 erneut auf Vortragsreisen ging, war Julie, entgegen ihrer Ankündigung, in Berlin geblieben, statt zurück nach München zu reisen. »Zu meinem Ärger bin ich noch immer hier, da ich wirklich in der Zwickmühle stecke – meine Freundin hat eine schwere Influenza in München; Theodor, der noch recht angegriffen ist, will mich aus nervöser Angst nicht hinreisen lassen,« erklärte sie Lily die Änderung ihrer Pläne (12.1.15). Diese entdeckte darin einen Widerspruch zu dem, was »mein Mann … mir telephonisch (sagte), dass Ihr Bruder sehr krank sei u. Sie darum noch in Berlin wären, und Sie sagen, dass Ihre Freundin krank sei und Sie deshalb von München noch fern bleiben! Was ist Wahrheit? Sollte dahinter eine von den um Sie Besorgten ausgeheckte Schwindelei stecken, mit denen man uns ›zarte‹ Weiber so oft hinters Licht zu führen versucht?!« (14.1.15) Vielleicht war Lily auch zu befangen in ihrem eigentlichen Kummer, als dass sie eine neue Verletzung wahrnehmen konnte. Denn sie fuhr unvermittelt fort, von ihren eigenen Angelegenheiten zu schreiben. Augenscheinlich suchte sie nur nach einer wohlwollenden Motivation für die Lüge, die einer der beiden anscheinend gegen sie ausgesprochen hatte. Im April 1915 musste Heinrich Lily erklären, warum er morgens um sechs Uhr nicht Zuhause war, als Otto ihn aus Lodz anrief. Er habe Julie Vogelstein nach deren Besuch in Loschwitz in Berlin vom Bahnhof abgeholt:

»Der Zug … kam mit erheblicher Verspätung erst gegen 11 Uhr an. Frl. V. hatte noch nichts zu Abend gegessen, ich begleitete sie in ein Wirtshaus und es wurde darüber so spät, daß – (bei den Kosten des Wagens kommt das auf Eins heraus) – ich mich entschloß, in einem kleinen Hotel zu übernachten. Darüber versäumte ich Ottos telephonischen Anruf, der um 6 Uhr früh (!) heute antelephonierte.« (22 4.15)

Ende April kam Lily endlich nach Hause, wo sie sich in die Arbeit am »Lebenssucher« stürzte. Am 20. Mai, einen Tag vor ihrer Abreise nach Lodz zu Otto, erfuhr sie vom Kriegseintritt Italiens.

Dieses bereits befürchtete Ereignis muss bei seinem Eintreten dennoch wie ein Schock gewirkt haben, schließlich war mit einer weiteren Verschlechterung der Kommunikationsmöglichkeiten, mit dem Abbruch der Korrespondenz, mit erhöhter Zensur und dem vorläufigen Ende der Chancen für persönliche Treffen zu rechnen. Tatsächlich erwies es sich im weiteren Verlauf des Krieges als immer komplizierter, Post aus Italien zu erhalten. Dennoch gelang es unter besonderen Umständen. Jedenfalls erhielt Lily vermutlich im März 1916 »einen langen Brief aus Italien, den einer der Mitglieder der Schweizer Ärzte-Deputation[9] mir zustellte. Du kannst über alles Äußere ruhig sein: der Brief kam fünffach gesiegelt unverletzt an« (an Julie, undatiert). Lily trauerte mit Otto um »das arme verblendete Land!« (T2, 18.5.15) Denn beide verbanden mit Italien gemeinsame Reisen, antike Klassiker und vollkommene Schönheit der Landschaft und der Architektur. Insofern fand Lily im Sohn einen Verbündeten in ihrer Verzweiflung.

»Dein schöner, starker Brief klingt immer in mir, besonders heute, wo ich am liebsten hätte weinen mögen, wenn Dein Brief mich nicht gestärkt hätte. Weinen – nicht über persönliches Leid, sondern über das unsagbar Böse, das uns Deutschen widerfährt, über die Korruption in der ganzen Welt, die sich am meisten dadurch zum Ausdruck bringt, daß Niemand – wirklich: Niemand! – von den Neutralen jemals die ganze Tragik unseres Schicksals, die ganze Niedertracht unserer Feinde empfunden hat. Daß alle von rechts und links über uns wie die Raubtiere herfielen, hätte doch an sich schon genügen müssen, daß aber nach einem zehnmonatigen fürchterlichen Ringen Italien – der Bundesgenosse! – und vielleicht bald auch Rumänien … uns in den Rücken fallen, wie feige Hunde und kein Schrei der Empörung die ganze neutrale Welt erschüttert – das ist wahrhaft fürchterlich! … Ich glaube an eine lange, dunkle Zeit, die vor uns liegt. Möchten wir ihr in jeder Beziehung gewachsen sein – wobei ich unter dem ›wir‹ nicht uns Drei, sondern Deutschland meine. Wir Drei werden ihr gewachsen sein.« (3.6.15)

»Wir Drei« – das schloss Julie, die doch eigentlich ein fester Bestandteil des Hauses, ja der Familie geworden war, diesmal aus.

9 Vermutlich im Auftrag des Internationalen Roten Kreuzes unterwegs.

Die Tatsache, dass Italien, die Heimat ihres Geliebten, nun Feindesland war, veränderte auch Lilys Arbeitsplanung. Noch vor der Abgabe des »Lebenssucher«-Manuskripts an den Verlag hatte sie begonnen, an einem Drama zu arbeiten, über dessen geplanten Inhalt nichts bekannt ist. Nun entwickelte sie aber ein neues Vorhaben, das ihr wohl als Kompensation für die gewaltsame Trennung vom Geliebten eingefallen war: »Ich brenne jetzt darauf, mein Buch baldigst abzuschließen, um ein neues beginnen zu können, das in Form von Briefen einer Frau an den fernen und einer feindlichen Nation angehörenden Geliebten alles enthalten soll, was der Krieg in mir auslöste. Die Romanfabel ist notwendig, um diesem Buch Verbreitung zu sichern«, schrieb sie Otto im selben Brief, so als hätte sie der »Romanfabel« die Realität ihrer eigenen Geschichte vorgezogen (3.6.15). Anfang Juli hatte sie die Idee präzisiert, war aber durch die letzten Arbeiten am »Lebenssucher« noch aufgehalten:

»Was nun mein Buch betrifft, so ist die Idee folgende. Es wird den Titel tragen: Die Kriegschronik der Sybille Voß. Die Heldin, die der Krieg von dem Mann, den sie liebt, trennte, weil er ein Ausländer – Italiäner – ist, schreibt für ihn die Chronik des Krieges. Dabei erinnert sie sich zugleich der persönlichen Vergangenheit und ihre persönliche Geschichte entwickelt sich daneben. Ich werde dabei vor allem die Lügen der Auslandspresse, die Greuel der Russen und Belgier, etc., etc. bemühen, da ›Sybille‹ die Chronik schreibt, um sie nach dem Kriege dem Geliebten als ihre und ihres Vaterlands Rechtfertigung geben zu können. Ich werde dabei auch innere Verhältnisse kritisieren und Zukunftshoffnungen erörtern, und möchte, daß das Buch so fertig wird, um gleich bei dem Anfang der Friedensverhandlungen erscheinen zu können; womöglich sollte es französisch und englisch zugleich herauskommen.« (An Otto, 3.7.15)

Der Sommer im Erlenweg gestaltete sich spannungsreich. Julie war zwar eingezogen – aber diese Tatsache trug nicht dazu bei, das Verhältnis zwischen Lily und Heinrich zu verbessern. Nach einem morgendlichen Streit, dessen Zeugin Julie anscheinend geworden war, schrieb Lily ihr einen Brief, den sie vermutlich in das Zimmer der Freundin legte:

»Wundern Sie sich nicht über diese Zeilen. Aber es ist eine Gewohnheit von mir, Dinge, die mich sehr bewegen, lieber schriftlich zu besprechen, weil ich weiß, daß mich, wenn ich es mündlich tue, die Kraft verläßt. Besonders heute – wo ich durch das häßliche Nachgeben heute früh schon aus dem Gleichgewicht geraten bin. Ich habe Verschiedenes zu sagen, das Einfache zuerst: daß ich fest entschlossen bin, in ein Berliner Hotel überzusiedeln, wenn mein Mann nicht fortgeht. Vor den Dienstboten kann es unter der Form einer Kur geschehen; Andere brauchen es nicht zu wissen. Ich muß die Arbeit, von der ich Alles erwarte, rasch vollenden können. Wir sind sonst in wenigen Monaten so weit, als wir eben waren. Und eine Vollendung der Arbeit ist unmöglich, wenn ich bestenfalls um 11 Uhr zu arbeiten anfangen kann, und dabei immerfort aus der Stimmung gerissen werde. Die bloße Anwesenheit meines Mannes reizt mich schon auf's Äußerste.« (6.9.15)[10]

Mitte September 1915 begab sich Heinrich tatsächlich auf Reisen, fuhr über München nach Wien, um sich dann einige Zeit in Partenkirchen zu erholen, wo auch Julie Vogelstein sich mittlerweile aufhielt. Solche gemeinsamen Reisen oder Treffen wurden ganz offen erwähnt – anscheinend ohne dass Lily Braun Anzeichen von Eifersucht gezeigt hätte. Im Gegenteil: Lily schien Julie für den Einfluss, den sie auf Heinrich ausübte, und die damit für sie selbst verbundene Entlastung dankbar und fühlte sich ihr immer verbundener: »Sie sind eine Schwester für mich, eine, wie ich sie niemals hatte«, wiederholte sie. »Darum möchte ich das ›Sie‹ fallen lassen. Da ich das nur sehr, sehr selten tue, sehen Sie vielleicht daraus, wie nahe Sie mir stehen. Wollen Sie?« (15.9.15) Julie wollte.

Lily nutzte die Zeit von Heinrichs und Julies Abwesenheit intensiv für ihre Arbeit, einem strengen Tagesrhythmus folgend. Vormittags und abends saß sie an den Korrekturfahnen des »Lebenssucher«-Manuskripts, die zweimal täglich eintrafen; dazwischen arbeitete sie an ihren neuen Projekten. Offensichtlich hatte sie die Idee des Dramas (das sie zu einer Oper vertont wünschte) nicht völlig aufgegeben. Körperlich ging es ihr nicht sehr gut, wie sie Julie schrieb.

10 Der Brief ist leider nur unvollständig erhalten.

»Ich glaube nachgerade, daß die Ursache eine gar zu schlechte Ernährung ist. Einen wahren Heißhunger nach Fleisch habe ich nämlich wieder, wie fast stets, wenn ich geistig arbeite. Das ist aber alles nur Dir gesagt! Ich finde sowieso, daß ich meinem Mann zu viel sage und mitteile. Er hat es mir aber zur Aufgabe gemacht, daß ich nichts Wesentliches selbständig tue … Aber ich werde von nun an mehr über mich selber schweigen … Das Alleinsein tut mir gut, weil die Anstrengung des vielen Heuchelns wegfällt. Dafür aber tritt das wirkliche Sein und Wesen, das dadurch auch ziemlich zurückgedrängt wurde, deutlicher hervor und ich graue mich oft davor, wie vor Gespenstern.«

Sie sei ganz freudlos. »Kunst, Musik, Bücher, – welche Genüsse kamen mir aus ihnen! Jetzt kann ich weder hören, noch sehen, noch lesen. Es ist mir alles gleichgültig. Und solch einen Menschen liebst Du?! Solch einem opferst Du Dich?!«, fragte sie Julie (23.9.15).[11] Diese antwortete mit einem langen Brief aus Partenkirchen, wo sie sich mit Heinrich aufhielt. Sie äußerte sich zu gesunder Ernährung, warnte Lily vor der Flucht in die Arbeit und beschwor sie, sich stattdessen mutig den eigenen Gefühlen zu stellen und optimistisch zu sein:

»Daß man immer wieder leben und grünen müsse, sich und seine Sehnsucht verschwenden müsse. Dann erst erkennt man, was es heißt, sich niedrig zu fühlen, nicht erniedrigt, nein, niedrig selbst! Nur eben jenes letzte Empfinden ist das Empfinden seiner selbst. Das kann man nicht töten, und darum ist es grenzenloses Elendsein wenn man sich abstirbt ehe man stirbt. Was aber hilft? Was hülfe? Dir wüßte ich manche Hilfe, doch ich weiß nicht, wie Du meine Erkenntnisse aufnimmst. Und so warte ich und sage Dir heute nur: Otto!« (26.9.15)

Man fragt sich, inwieweit Julie hier auch über sich selbst sprach, und wie diese Rede von ihren Erfahrungen der gemeinsamen Reise mit Heinrich geprägt war. Wie so oft, hatte sich Lilys Stimmung schon wieder gewandelt, als die besorgten Antwortbriefe bei ihr angekommen waren. Sie wunderte sich: »Über meine Briefe scheint Ihr Euch gar zu sehr erregt zu haben – vielleicht viel mehr als ich. Darum schreibe ich an meinen Mann von jetzt ab ohne jede intime

11 Auch dieser Brief ist unvollständig.

Äußerung von Gedanken und Gefühlen. Und selbst wenn Du von ihm fort bist, kannst Du ruhig sein. … Nur um Eins bitte ich Dich: Schreibe mir doch Genaueres über Heinz! Du schweigst ganz über ihn, sein Befinden, sein Leben, seine Stimmung, sodaß ich Schlimmes befürchte.« (25.9.15)[12] So führte sie das eingespielte Muster dramatischer Klagen und ihrer Rücknahme, sobald die Adressaten sorgenvoll auf sie eingingen, fort – nun unter Einbeziehung Julie Vogelsteins. Diese antwortete, Heinrich gehe es gut: »Du brauchst Dich um Herrn Doktor gar nicht zu ängstigen. Kaum wiedererkennen würdest Du ihn in Aussehen und Art. Er hat Farbe und Frische bekommen, freut sich an Landschaft und Luft, schläft normal …« (28.9.15) Der Zeit- und Arbeitsdruck in der Endphase der Produktion des »Lebenssuchers« machte Lily zu schaffen. Der Verleger saß ihr im Nacken: »›Auf Ihrem Fleiß beruht Alles‹, sagte er. Fleiß!! Ob ich nicht doch lieber ein Hutgeschäft eröffnen sollte?!« (25.9.15) Sie dankte Julie für ihren Brief vom 26. September, der »so warm und so gut, und so wahr« gewesen sei. »Aber daß Du ihn schreiben konntest, hat mir sehr weh getan! Ich möchte jetzt mehr als je, daß ich Dir etwas sein könnte und nicht immer nur die Empfangende wäre!« Julies Brief habe ihr eben auch »die Grenzen gegenseitigen Erkennens« gezeigt. »Wie kann ich je meines Reichtums vergessen, den ich in Otto habe?! … Aber das Muttergefühl und jene andere Liebe sind voneinander so durchaus verschieden, haben so gar keine Berührungs(punkte)…« (28.9.15, unvollständig)

Mitte Oktober 1915 brachte Heinrich Julie über Kopenhagen nach Bergen, wo sie sich nach New York einschiffte, um ihren Bruder Ludwig zu besuchen. Lily mochte sich nicht von ihr trennen, hegte auch kriegsbedingte Abneigung gegen die Vereinigten Staaten. Aber Julie fuhr auch in Heinrichs Auftrag, der ihren Bruder (oder vielmehr dessen Geld) für sein Zeitschriftenprojekt zu gewinnen hoffte. Lily hatte ihr geschrieben: »Ich glaube noch nicht an Deine Reise nach Amerika, obwohl ich sie Dir von Herzen wünsche.

12 Lily begann diesen Brief, der eine Antwort auf Julies (nicht überlieferten) vom 23. 9. darstellte, mit der Bemerkung, dieser habe sie »ganz traurig gemacht. Er klingt so gequält, fast ablehnend … Was ist geschehen? Habe ich etwas getan oder unterlassen?«

Denn Du opferst Dich jetzt weiter, kannst nicht aus unserer Atmosphäre und brauchst doch so dringend das Fernsein, auch das Alleinsein, das Du auf der Oceanfahrt haben würdest.« (25.9.15) Für die Reise nach Bergen hatte Lily dann einen Bekannten im Auswärtigen Amt eingeschaltet, um den beiden die Formalitäten beim Grenzübergang zu erleichtern. Deshalb schrieben ihr Heinrich und Julie vor Besteigen der Fähre nach Dänemark einen schmeichelhaften Dankesbrief, in dem Heinrich schwärmte, man »beobachtete gegenüber uns ein – fast hätte ich gesagt – gentlemanlikes Benehmen«, während Julie hinzufügte: »Durch Dich ging es mir hier wie einer Prinzessin. Liebevoll küsse ich Dich, Deine Julie.« (12.10.15) Lily schrieb am selben Tag einen Abschiedsbrief, als Begleiter für »Blumen, die alle Sommersonne getrunken haben … Wirf sie weg, wenn sie Dich beschweren, aber ein paar davon behalte, damit Du immer erinnert wirst, wieviel Warmes, Gutes, Treues, wieviel Dank und Liebe Dich begleitet. Ich komme nicht mehr selbst. Es ist besser so. Mir ist, als gingst Du etwas sehr Leuchtendem entgegen – vielleicht einem Glück, wie ich es Dir wünsche. Und ich tauche unter in unserem Nebel.« Auf den Wunsch Lilys, als Ahnung verbrämt, sie möge ein Glück finden, »wie ich es Dir wünsche« – offensichtlich Liebesglück –, ging Julie erst später ausweichend ein. Aus dem Hotel Eden in Berlin, nach Empfang der Blumen und unmittelbar vor ihrer Abreise, schrieb sie Lily zum Abschied aber ihrerseits von einer Glücksahnung:

»Geliebte Lily, Deine leuchtenden Blumen nehme ich alle mit, Du gibst mir immer noch so viel Helles, auch wenn Du selbst so im Dunkel bist. Ich habe nur meine Liebe – die aber bleibt bei Dir, sorgend und voll Wunsch, mehr als Du's weißt, Lilychen. Ich will Dir nichts Leeres sagen. Aber mein Gefühl ist, daß Du noch einmal froh wirst – der dumme Verstand braucht es noch nicht zu sehen, das Herz ist hellsichtiger. Was ich in jedem Sinne für Dich sein könnte, was ich bin, gehört Dir in unbedingter Freundschaft. Ich bin voll Dank, daß ich Dich fand und bin fast stolz – wenn es mich nicht so beschämte, weil ich Dir gar nicht helfe – daß Du mich lieb hast.« (12.10.15)

In Abwesenheit Julies ging der Kampf zwischen Lily und Heinrich weiter. Dieser schrieb ihr aus Loschwitz, wo er im November in

Behandlung war, ihm sei wieder bewusst geworden, »daß ich Dir, ohne es zu wollen, Schmerz zufüge, und ich kaum imstande bin, das zu ändern, da die Ursachen an Dir oder an von mir unbeeinflußbaren Verhältnissen liegen. Die entscheidende Voraussetzung für ein Verhältnis, wie Du es (und ich auch) wünschst, ist, Freud und Leid mit einander zu teilen und damit eine gemeinsame Lebensatmosphäre zu schaffen. Aber von Otto abgesehen, verschließt Du Dich in Allem, was Dich nahe angeht, seit sehr langer Zeit, so vollständig und konsequent vor mir, daß ich nur Deinen Wünschen entgegenzukommen glaubte, wenn ich auch jeden Versuch unterließ, in Dein intimes Leben einzudringen. Ich sehe Dich schwer leiden, aber so innig und glücklich mein Wille ist, Dir zu helfen, es ist mir das, auch in den etwa möglichen Grenzen durch Dein Verhalten subjektiv unmöglich gemacht (und vielleicht auch objektiv durch unveränderliche Tatsachen). Unter diesen Umständen bleibt mir nichts übrig, als zu warten, bis vielleicht einmal der Zeitpunkt doch noch eintritt, wo Du von meiner unveränderlich zärtlichen Freundschaft Gebrauch machen willst.« (24.11.15)

Und, nach einigen kritischen Bemerkungen über seine Kur, fügte er im P.S. auf die letzte Seite unten gedrängt die Frage hinzu: »Wie kommst Du zu der Vermutung, daß ich Frl. V. liebe?«

»Dein lieber Brief«, antwortete sie am 25. November 1915, »zeigte mir, wie wenig Du mich in gewisser Richtung verstehst. Du hälst für Mangel an Vertrauen, was nichts ist als Selbstdisziplin: würde ich mich ›aussprechen‹, so wäre das, wie wenn man einen Tollen aus der Zwangsjacke läßt. Nur ein Beispiel für meine Wesensart: wenn ich mir hie und da erlaube zu weinen, so bricht alle Verzweiflung mit einer Macht hervor, daß es kein Halten mehr giebt u. ich seelisch und körperlich zusammenbreche …« (25.11.15) Da der Brief unvollständig ist, lässt sich nicht sagen, auf welche Äußerung Lilys Heinrich reagiert hatte, als er sie nach dem Grund ihrer Annahme, er liebe »Frl. V«, fragte; ebenso wenig wissen wir, ob und wenn ja wie sie auf seine merkwürdige Gegenfrage einging. Schließlich hatte er die Möglichkeit seiner Liebe für Julie nicht geleugnet. Doch in der weiteren Korrespondenz spielte das keine Rolle mehr. Dass Julie ihrerseits Heinrich lieben könne, erwog Lily, zumindest in ihren Briefen, nicht. Dabei hatte sie schon im Januar 1915, zu Julies Geburtstag, dieser »ein Frauenschicksal, ein ganz reiches«, gewünscht. »Es ist das Höchste, das Wünschenswerteste, – selbst wenn man daran zu Grunde geht.« (25.1.15)

Auf Heinrichs Bitten und Rat, ihren Gefühlen zu folgen und es sich, wie er ihr empfahl, einfach wohl ergehen zu lassen, antwortete Lily, das sei unmöglich: »vielleicht gerade weil ich zu sehr ›grande amoureuse‹ bin, d.h. mit dem ganzen Sein und Wesen liebe …« (14.1.16) Heinrich antwortete liebevoll: »Deinen sehr traurigen Brief habe ich heute Mittag von der Post geholt. Meinen ›Rat‹, der ja nicht willkürlich ausgeführt werden kann, weil er von Schicksalsbedingungen abhängt, wollen wir nicht weiter erörtern und von der Zeit erwarten, was sie bringen wird.« (15.1.16) Doch nach Erhalt dieser Antwort korrigierte sie den bitteren Eindruck; sie wolle nicht, »daß Du meinen letzten Brief gar zu schwer nimmst. Nicht einen Augenblick entschwindet es meinem Bewußtsein, daß das unbeschreibliche Glück, einen solchen Sohn zu haben, so groß ist, daß ich vom Leben nicht mehr verlangen darf. Wir beide, lieber Heinz, Du und ich, müssen dafür ruhig, und immer noch mit amor fati, alles Böse, alles persönliche Entbehren hinnehmen. Was natürlich nicht hindert, daß es bitter wehe tut.« (16.1.16)

Von Julie ist nur ein längerer Brief an Lily aus New York erhalten, rätselhaft Tiefes andeutend, wie so oft – und zugleich eine unklare Antwort auf Lilys Ahnung eines zukünftigen Glücks für die Freundin: »Ehe ich fortging, schriebst Du mir, Dir sei, als ginge ich einem Hellen, Leuchtenden entgegen. In einem seltsamen Sinn ist es jetzt wahr geworden. Aber was bringt es Dir? Was bringt Dir ein Mensch, an dem gar nichts mehr ist als sein Herz? Ein Herz hast Du ja selbst, und fühlst es leider schmerzlich.« (27.1.16) Am 24. Februar 1916 machte Heinrich sich von Berlin nach Bergen auf, wo er Julie Vogelstein von ihrer Rückreise aus den USA erwartete. Doch war sie nicht unter den Passagieren und er musste bis zum 8. März in Bergen auf ihre Ankunft warten. Von dort schickte er Julie sehnsüchtige Telegramme: »ist es möglich stern der sterne«.[13] Im Erlenweg erwartete Julie Lilys Begrüßungsbrief.

13 »Ist es möglich! Stern der Sterne, / Drück ich wieder dich ans Herz! / Ach, was ist die Nacht der Ferne / Für ein Abgrund, für ein Schmerz! / Ja, du bist es! meiner Freuden / Süßer, lieber Widerpart; / Eingedenk vergangner Leiden, / Schaudr' ich vor der Gegenwart.« (So beginnt das Gedicht: »Wiederfinden«, Goethe, Westöstlicher Diwan, Buch Suleika).

Sie selbst hatte eine Vortragsverpflichtung in Leipzig: »Du findest hier lauter Menschen, die sich nach Dir sehnen und – als böse Egoisten! – Dich brauchen. Du findest sicher auch, statt des ungetrübten Sonnenscheins, und der Frühlingsblumen, die gar kein Frost mehr traf, wie ich sie Dir schaffen wollte, viel an Leid und Aufregung. Ich selbst habe solch ein Bedürfnis, mit Dir zu reden – aber ich will Dich nicht quälen. Ich will vielmehr Alles tun, um Dir's wohl werden zu lassen.« (9.3.16)

Die Beziehung zwischen Heinrich und Lily blieb auch nach Julies Rückkehr fragil. Ein Telefonat mit Heinrich löste bei Lily großen Schrecken aus: »Es ist ja nicht so sehr Deine Heftigkeit, die mich erschütterte, als vielmehr ein Ton, den Du mir gegenüber anschlugst, der mich wirklich zur Verzweiflung brachte: ich spürte etwas in ihm, was nach Haß klang, das – wie mir schien – nur von Haß ausgehen konnte. Und der Gedanke, nebeneinander leben, um Ottos willen glücklich leben zu müssen, während Du mich haßt, war vernichtend für mich. Genug davon! ––«, schrieb sie ihm als Antwort auf einen »beglückenden Brief« (24.3.16), den er ihr nach dem schrecklichen Telefongespräch geschickt hatte und der nicht erhalten ist. Heinrich antwortete am 26. März 1916 unterkühlt: »Für Deinen letzten Brief vielen Dank mit dem Vorbehalt gegenüber dem unverständlichen Verdacht« – nämlich dem, dass er sie hasse.

Im Frühjahr 1916 war Lily fast ständig unterwegs, entweder auf Vortragsreise oder um sich von einer solchen zu erholen. Julie wohnte im Erlenweg, kümmerte sich um Dienstbotenprobleme und nahm, da sie »früher aufsteht, … jetzt immer die für Dich eingetroffenen Briefe in Empfang« (Heinrich an Lily, 4.4.16). Lily akzeptierte Julies Rolle, wenn auch mit einem Hauch von Spott, Selbstironie und Aggression gegen Heinrich. Über die Freundin erfuhr sie von den weiter bestehenden häuslichen Dienstbotenproblemen, wegen derer sie sich telefonisch mit Heinrich gestritten hatte. Julie verteidigte Heinrich als unschuldig am (erneuten) Weggang der Dienstmädchen und erzählte stolz, sie sei schon dabei, neue Mädchen anzulernen (8.4.16). Julies Brief, schrieb Lily, enthalte »eine für Dich sehr gefährliche Bemerkung: die über Deine Hausfrauentugenden! Du weißt ja nun, daß sie mir ganz abgehen!! Übrigens: Welch ein Triumph für Heinrich! Schimpfen tut er zwar nur noch innerlich auf mich, aber glauben wird er nun an alle vergangenen und gegenwärtigen Ursachen seines Zorns: ich, ich, ich und meine schlechte Wirtschaftsführung sind einzig und allein an unserer Lage schuld!! … Ist Heinrich wieder gut? Herzlichste Grüße sende ich ihm … Kamen gar keine Briefe außer Rechnungen?« (an Julie, 9.4.16) Nein, Briefe aus Italien waren nicht gekommen, und die erwähnten Rechnungen, also Geldsorgen, waren wohl eine weitere Quelle für den erneuten Ehestreit gewesen.

Zwischen Heinrich und Lily wurden die Themen von Leiden und Schuld ständig neu variiert. So schrieb Lily Anfang Mai aus Baden-Baden, wo sie sich von ihrer anstrengenden Vortragsreise erholte:

»Liebster Heinz: ich möchte Dir so viel sagen um Dir, um uns zu helfen. Aber es bleibt immer nur ein Gestammel. Ich weiß wie wir uns beide schuldig fühlen: Du an meinem Elendsein, ich an dem Deinen u. ich weiß, wie gräßlich das quält, auch wenn man sich immer wieder sagt, daß es Schicksal ist und nicht Schuld. Eines steht jedenfalls fest: wir müssen fürchterlich hart über das Menschenmögliche hinaus büßen. Mir ist sogar oft als versagte meine Kraft unter der Last dreifacher Qualen: Otto im Krieg, Du durch mich unglücklich gemacht, und ich selbst verzehrt von unauslöschlicher zehrender Leidenschaft. – Dazu als viertes, das freilich im Vergleich klein ist, aber doch das tägliche Leben verbittert, die Sorgen!—« (3.5.16)

Die Sorgen, das waren stets die finanziellen, die nie aufhörten, den Alltag zu belasten: die Schulden, die damit verbundenen Prozesse, die ständige Gefahr der Pfändung, die windigen Pläne Heinrichs und die falschen Hoffnungen, die sich daran knüpften. Den Erlenweg, Heinrich und Otto wusste Lily in Julies guter Obhut. Bei dieser erkundigte sie sich nach dem »armen, lieben Heinz« (4.5.16) und bat sie, alles für Ottos erwarteten Urlaub vorzubereiten: »Es ist doch unser Junge, der kommt, also er kommt auch (zu) Dir. … Wie es Dir gehen, wirklich gehen mag?!« (6.5.16) Julie, so Lily in Dankbarkeit, sei »wie die Verkörperung des guten Geistes unseres Hauses zu uns gekommen«. Sie beschrieb ihr das wunderbare Naturerlebnis des badischen Frühlings: »Wie Offenbarungen kommt es dann über mich. Und ich möchte oft fast jauchzen dem Leben entgegen! Wenn nicht doch der Tod so nahe wäre – mir – (denn auch Altwerden ist Sterben!) – und der armen blutenden Menschheit. Mir kam heute voll Entsetzen der Gedanke an meine Großmutter, die so schönheits- und sonnendurstig und trunken war wie ich und das letzte Jahrzehnt ihres Lebens in der Öde verbringen mußte![14] –– Ich werde erfüllt zurückkommen. … Dir schreibe ich das Alles, aber Heinz soll es auch lesen, damit er sich mal ein bißchen freut und beruhigt.« (9.5.16) Da sich auch der Urlaubsantritt Ottos verschoben hatte, entschied Lily, offensichtlich auf Drängen Julies, länger in Baden-Baden zu bleiben, obwohl sie sich auch nach Hause sehnte. »Wirst Du nun auch einmal etwas von Dir erzählen?!«, fragte sie ihre Freundin wieder einmal. »Oder bist Du nur meine Freundin und ich nicht Deine?! Immerfort rollt der Kanonendonner. Und die Vögel singen dazu!! Von Herzen grüßt Dich und Heinz Deine Lily« (16.5.16) So nah lagen in diesen Wochen Euphorie und Melancholie beieinander. Am folgenden Tag schrieb sie nach einem Spaziergang durch die wunderbaren Wälder der Umgebung an Heinrich:

»Ich meine auf solchen Wegen müßten wir uns wieder finden, lieber Heinz – müßten die Brücke über den Abgrund von Schuld und Mißverstehen und Groll und Reue schlagen können, wozu das gehetzte zerrissene Leben uns sonst gar keine Zeit läßt. So viel, so ungeheuer viel des Gemeinsamen haben wir: die Gesinnung, die Erinnerung, die Vergangenheit und die Zukunft, das noch nie zerrissene geistige Band. – Und unser Kind! – Wollen wir wirklich weiter so fremd, immer fremder neben einander hergehen? Kann ich Dir gar nichts mehr sein, weil ich Deine Geliebte nicht mehr bin? Viel, sehr viel Groll habe ich oft gegen Dich in meinem Herzen getragen. Ich bitte es Dir ab – tausendmal. Aber das Härteste ist die fressende Bitterkeit, daß ich beobachten muß, wie zwecklos gleichgültig ich neben Dir hergehen muß. Heinz: wir werden doch ein ganzes Leben lang weiter allein miteinander sein. Denn unser Kind wird der Welt gehören – nicht uns. Wollen wir nicht endlich wieder zueinander zu finden versuchen? – Ach, daß wir es vermöchten, zusammen – innerlich zusammen auf stillen Wegen zu gehen! Ich mag heute nichts mehr schreiben. Daß Julie mich an der Heimkehr hinderte, weißt Du u. ich glaube, es ist gut so.« (17.5.16)

14 Lilys Großmutter war 1890 auf dem ostpreußischen Besitz der Gustedts, Gut Lablacken, gestorben.

Drei Wochen später nahm Lily, noch immer in Baden-Baden, die schöne Zukunftshoffnung indirekt – allerdings in einem Brief an Julie –, zurück. Wieder war sie von einem Spaziergang wiedergekommen, auf dem ihr Lujo Brentano mit seiner langjährigen heimlichen Geliebten, Irene Forbes-Mosse,[15] begegnet war. Die Vorstellung gemeinsamen Alterns schien sie jetzt nur noch zu bedrücken: »Angesichts des melancholischen alten Paares … fing ich den feuchten, grauen hoffnungslosen Nebeltag erst an, zu empfinden. Als alte Menschen, wenn alles große, jauchzende Glück auf immer begraben ist, zusammenleben, bedrückt von Allem nie Einzuholenden, wie entsetzlich! Mir schnürt es das Herz zusammen.« (8.6.16)

Liebe und Lügen gehörten im Verhältnis Lily – Heinrich – Julie untrennbar zusammen. In der Liebesbeziehung Lilys zu Tancredi di Stefano musste Letzterer ja leider stumm und unsichtbar bleiben. Hier sind wir ganz angewiesen auf die Deutungen Julie Vogelsteins, die nur begrenzt überprüfbar sind, weil nach Lily Brauns Tod die verbliebenen drei entschieden, welche Texte überliefert werden sollten. Aber auch Tancredi wird ja geliebt haben, er schrieb ihr, schickte ihr Blumen und vielleicht hat er Lily ja tatsächlich besucht. Lily glaubte jedenfalls, T. sei der ihr im Leben bestimmte Liebhaber: ein Kettenraucher, und mithin ein Gegenentwurf zum Gesundheitsfanatiker Heinrich! Er trat jedenfalls zur rechten Zeit in Lilys Leben, als sie fürchtete, alt zu werden und ihr Ideal als »grande amoureuse« nicht mehr leben zu können. Ganz anders gestaltete sich die Liebe zwischen Heinrich und Julie, die einander zwar sicher, aber auch nicht zusammen sein konnten: Hier waren Hindernisse und Geheimnis Teil des erotischen Spiels. Selbst wenn das nicht, wie manche Briefstellen andeuten, »körperliche« Liebe im konventionellen Sinne war, so doch in hohem Maße sinnliche, erotische, sexuelle Liebe, und sei es nur in der Phantasie oder im spielerischen Widerstand, wobei Erstere von Julie, Letzterer von Heinrich eingebracht wurde. Das Ergebnis stellte ein vertrauensvolles Einverständnis zwischen beiden dar, das solche Spiele und

15 Die Schriftstellerin Irene Forbes-Mosse (1864-1946) war eine entfernte Cousine Brentanos.

vor allem die dazu notwendigen Lügen aushielt. Ihre Liebe beruhigte und verlieh Stärke. »Erfüllung ist Befriedigung, da endet das strebende Suchen«, notierte Heinrich für Julie am 8. Mai 1915. Man versteht, warum Lily nicht störte, sondern wie ein Kind von beiden versorgt wurde; warum sie sich nicht schuldig fühlten: Sie würden Lily ja nicht im Stich lassen. Es erscheint nachvollziehbar, warum Heinrich so großzügig, so freundschaftlich mit Lily und ihren Sorgen umgehen konnte, eben weil er über die Liebe zu ihr hinaus war und sich nun nur noch im Geist der Freundschaft und der Fürsorge auf sie bezog. Dass Heinrich einen Brief Lilys, der sehr traurig anmutete, gerade deshalb als »doppelt liebenswert« charakterisierte (s.o.), verweist gleichwohl auf das durchaus vorhandene sadistische Element in seiner Haltung zur untreuen Ehefrau. Man kann deshalb auch verstehen, warum Heinrichs Großzügigkeit für Lily etwas Provozierendes, ja geradezu Verletzendes hatte: einmal, weil sie ihm nicht glaubte, stattdessen annahm, er verberge seine Eifersucht und vermehre damit – absichtlich oder nicht – ihre Schuld; zum andern weil seine Großzügigkeit letztlich auf seine Gleichgültigkeit verwies: Sie musste sich deshalb tendenziell verlassen und verstoßen fühlen. Sie hatte Angst, den Mann, den Freund, das Zuhause zu verlieren. Merkwürdigerweise richtete sich das alles gar nicht, zumindest nicht spürbar, gegen Julie; im Gegenteil wurde dieser die Aufgabe zuteil, das fragile Heim nicht nur mit zu bewohnen, sondern auch zu gestalten, zu organisieren, durch ihre Anwesenheit Entspannung und Harmonie herbeizuführen: »Helfen Sie mir bei meinem Mann!« Dass Julies Anwesenheit gefährlich sein könnte, wurde nur in schwächsten Bemerkungen und Scherzen angedeutet. Eindeutig war nur Lilys Frage an Heinrich: ob er Julie liebe – und seine ausweichende Gegenfrage, von der wir nicht wissen, ob sie jemals beantwortet wurde. Vielleicht wich Heinrich auch deshalb aus, weil er einen Moment überlegte, ob die Wahrheit über seine Liebe vielleicht die Lösung sein könnte. Das Risiko neuen privaten Unglücks, insbesondere für Otto, und eines öffentlichen Skandals, den vor allem Heinrich fürchtete, wurde nicht eingegangen. So stellte die vermeintliche Balance des Unglücks und seine Verheimlichung auch einen Trost dar. Zugleich erschien dieses Unglück als letzte Gemeinsamkeit zwischen Lily und Heinrich. Dennoch erwies sich dieser mit präzisen psychologischen Waffen geführte Kampf als nervenaufreibend und ermüdend. Nicht nur Heinrich, auch Lily hatte sich darin erschöpft, was ihren versöhnlichen Ton im Mai 1916 erklären mag.

Julie Vogelstein dagegen schuf sich gerade dadurch, dass sie beide verstand, beiden diente und beide liebte, eine Position, von der aus sie selbst – unter der Voraussetzung, dass ihre Liebesbeziehung zu Heinrich ein Geheimnis blieb – unersetzlich geworden war. Julies wachsende Machtstellung entging Lily durchaus nicht, wenn sie sich auch nicht dagegen wehren mochte und ohne den eigentlichen Grund dieser Macht zu erkennen. Zwar ahnte sie: Die Freundin enthielt ihr etwas vor, ein Geheimnis, aber auch Vertrauen und vor allem eine Schwäche, die es Lily gestattet hätte, ihrerseits zu helfen und zu trösten, um so eine Position gleichberechtigter Freundschaft einnehmen zu können. Vielleicht machte Julie sich deshalb kleiner, jünger, und der Freundin gegenüber bedürftiger, als sie es tatsächlich war; überblickte sie doch in Wahrheit voller Selbstvertrauen das sie umgebende Beziehungschaos. Insofern glich Lily wirklich einer Betrogenen, als sie weder den Grund von Julies Sicherheit noch den von Heinrichs Gelassenheit kannte und damit auch nicht die Quelle der unauflöslichen Freundschaft, die beide ihr garantierten: die Kraft, die Julie und Heinrich aus ihrer Liebe schöpfen konnten. Lily fühlte sich im Frühsommer 1916 also zu Recht allein: vom Liebhaber getrennt, der Sohn im Krieg, und vor den unsichtbaren Schranken des Geheimnisses, das ihre einzigen Freunde miteinander teilten. Bis zuletzt kam ihr deren Liebesverhältnis nicht in den Sinn, wie ihr Brief an Otto vom 25. Juli 1916, zwei Wochen vor ihrem Tod, zeigt. Darin drückte sie ihre Hoffnung aus, dass Heinrich, dessen Gegenwart sie vom Arbeiten abhielt und vielleicht auch sonst störte, bald verreise, vielleicht mit Julie. »Du glaubst nicht, was für ein feiner und guter Mensch sie ist – von ihrer geistigen Begabung ganz zu schweigen. Ein Jammer, dass sie keinen Mann findet.«

Exkurs: Kriegslektüren

»Wenn ihr mir Reclamhefte schickt, so bitte nicht Werthers Leiden, das ist für uns heute nicht mehr möglich im Feld. Ja der Faust oder die Pandora, aber nicht Werther und Stella.« (2.1.15) So schrieb Otto seinen Eltern knapp zwei Wochen nach seiner Ankunft »im Feld«.

Er, der leidenschaftliche und unermüdliche Leser, der in Zeiten der Ausbildung, der Etappe, der »Ruhestellungen« und der Lazarettaufenthalte reichlich Zeit zum Lesen haben sollte, hatte schnell gelernt, welche Lektüre seiner neuen Rolle als Soldat im Krieg angemessen war. Der Verweis auf ein kollektives »uns heute« hatte einen sehr konkreten Bezug: Es umfasste seine unmittelbaren Kameraden und Vorgesetzten, die anscheinend genau registrierten, was jemand las, um daraus ihre Schlüsse auf den Leser zu ziehen. Die Lektüre im Krieg war deshalb nicht nur ein wichtiges Medium der Sinnbildung und ein Hinweis auf die Haltung zum Krieg, sondern zugleich ein Faktor für die soziale Anerkennung in der militärischen Einheit, die die wichtigste Bezugsgruppe an der Front darstellte. Was »möglich« war, womit man sich also unter den Kameraden nicht »unmöglich« machte, das war freilich eine komplexe Frage; denn es ging keineswegs nur um den Nachweis von bürgerlicher Bildung, Feinfühligkeit und gutem Geschmack, sondern auch darum, Zeichen zu setzen für den erreichten Grad an Männlichkeit, Patriotismus und Professionalität.

Soziale Anerkennung und Distinktion waren wichtige Aspekte der Lektüre im Krieg, ebenso wie die Befriedigung von Kultur-, Bildungs- und Entspannungsbedürfnissen. Diese verschiedenen Funktionen waren nicht immer leicht in Einklang zu bringen oder den Daheimgebliebenen zu vermitteln. So bat Otto Monate später die Eltern:

»Für Meinecke (s.u. DW) bin ich Feuer und Flamme. Trotzdem ist es mir unmöglich, immer nur solche Bücher zu lesen. Meinethalben mögt Ihr das oberflächlich nennen, es ist nun mal so. Ich habe daher an Mutsch die große Bitte, mir regelmäßig, (d.h. immer ein und erst wenn ich das zurückgeschickt habe wieder eines!) Bücher anderer Art zu schicken. Ich denke an Bücher, die irgendwie spannend sind … und um Gotteswillen nichts à la Ullstein-Bücher; all diese modernen Romane ›aus der Gesellschaft‹, wie sie Aretz, Herzog[1], … und andere seichte Rindviecher schreiben sind einfach tötend für mich. Lieber irgendwelche Abenteuergeschichten wie es z.B. das in der Inselbibliothek der Romane erschienene sog. ›Kajütenbuch‹ von? (ein Mann mit englischem Namen) sein soll[2], auch von Balzer[3] würde ich sehr gern einmal etwas haben, kurz Du weißt schon was ich will: gute Sachen von nicht allzu lyrischer Stimmung (bitte nicht etwa Dostojewski); aber Du hast ja vieles und auch in den billigen Inselbänden, (die man hier nirgends findet, während Ullsteins volksvergiftender Kitsch bei jedem kleinsten Juden prangt, kein Unterstand, in dem Du nicht diese seichten Flachheiten findest!) gibt es mancherlei. Also haltet mich nicht für ganz verblödet, weil ich nicht immer nur Meinecke und Scheler lesen kann.« (25.6.15)

Ausführlich rechtfertigte Otto sich vor den Eltern, detailliert benannte er seine Wünsche. Vor allem musste er ihnen erläutern, dass bei der Lektüre »im Feld« andere Regeln und Normen galten, andere Faktoren den eigenen Status bestimmten. Lesend zeigte man, wer man war: auf welchem geistigen Niveau man sich befand, in welche Richtung man dachte und fühlte, worüber man sich austauschen wollte. Man taxierte und wurde taxiert: nach Klasse, Männlichkeit und nach stigmatisierenden Zugehörigkeiten. Nichts Lyrisches, nichts Weibliches, nichts Jüdisches! Eher schon konnte man seine robuste Männlichkeit durch Schmöker und Abenteuerromane beglaubigen, auch wenn diese sich wie Liebesromane mit

1 Bei Herzog handelt es sich vermutlich um den damals viel gelesenen Autor Rudolf Herzog (1869-1943), der 1914 zwei Romane veröffentlicht hatte. Aretz konnte nicht ermittelt werden.

2 Charles Sealsfield, Das Cajütenbuch oder Nationale Charakteristika, zuerst 1841, wurde 1915 von Philipp Reclam verlegt. Der Autor österreichischer Herkunft (Carl Anton Postl) siedelte den Roman in Texas zur Zeit des Unabhängigkeitskrieges von Mexiko und im Milieu einer kühnen, männlichen Elite des nordamerikanischen Südens an. Das Buch hat bis heute zahlreiche Auflagen erlebt. Die »Bibliothek der Romane« des Insel-Verlags war eine 1911 begonnene preiswerte Buchreihe mit hohen Auflagen. Bei den verachteten Ullstein-Büchern kann es sich um die Billigreihe: Rote Ullstein-Bücher handeln, die seit 1910 erschien, oder um die Kriegsbücher-Serie des Ersten Weltkriegs.

3 Konnte nicht identifiziert werden.

einem kräftigen Schuss Erotik lasen. Unterhaltung sollte spannend und »männlich« sein, nicht aber »lyrisch« und auch nicht »Gesellschaft« und deren Konflikte zum Thema haben, was offensichtlich als unmännlich galt. Als Inbegriff solch verachteter Literatur galt ihm der Ullstein-Verlag, der mit seinen preislich und geschmacklich billigen Reihen auf stigmatisierte Leser verwies, nämlich auf »kleinste Juden«. Dass er selbst als der körperlich schmächtige Sohn eines jüdischen Vaters alles tun zu müssen glaubte, um mit diesen »kleinsten Juden« nicht verwechselt zu werden, leuchtet ein. Zugleich diente ihm deren Erwähnung dazu, den Eltern gegenüber deutlich zu machen, dass er trotz seines Bedürfnisses nach Unterhaltung seinen Sinn für Qualität nicht verloren hatte. Wenn er später immer wieder selbst »Schmöker« anforderte oder zugab, »Schund« gelesen zu haben, dann im Sinne einer notwendigen und bewussten Erholung von der anspruchsvollen Lektüre, die unter normalen Bedingungen für sein Wesen charakteristisch war.

Vor allem »im Feld«, also vor Beginn seines Kampfeinsatzes, las Otto gern »Schmöker«, im März 1915 z.B. »einen spannenden Schundroman: »Der Krieg im Dunkel« (T1, 6.3.15)[4] und in der folgenden Woche »nachts einen Roman ›Sturmzeichen‹ von Skowronnek. Nicht uninteressant.« Beide Bücher hatte übrigens der von ihm so verachtete Ullstein-Verlag herausgegeben. Der aus Ostpreußen stammende und in Berlin lebende Journalist und Romanschriftsteller Skowronnek[5] hatte den Roman »Sturmzeichen« schon vor Kriegsbeginn geschrieben; seit Mai 1914 war er in der »Berliner Illustrierten Zeitung« veröffentlicht worden und erschien im September 1914 auch als Buch – mit riesigem Erfolg.[6] Anders als durch den Titel nahegelegt, handelte der Roman aber nicht vom Krieg, sondern vom Warten darauf – an der ostpreußischen Grenze zu Russland. Dorthin hat sich der junge, kluge und gute Hauptmann von Foucar versetzen lassen, um eine etwas verkommene Schwadron zu übernehmen. Seine Versetzung überkreuzte sich aber mit einem Liebesabenteuer: Foucar hatte noch in

4 Ludwig Wolff, Krieg im Dunkel, Berlin/Wien 1915. Ein Spionageroman, der in Wien angesiedelt ist und 1928 mit Greta Garbo verfilmt wurde.

5 Richard Skowronnek, Sturmzeichen, Berlin/Wien 1914.

6 Die mir vorliegende Ausgabe (o.J.) verzeichnet das 301. – 320. Tausend.

Berlin der schönen, reichen, unglücklich verheirateten und sehr in ihn verliebten Josepha die Ehe nach ihrer Scheidung versprochen. Doch schon vor dem Marschbefehl nach Ostpreußen bat er die Geliebte, ihn aus seinem Versprechen zu entlassen. Am Bestimmungsort traf er die schöne, kluge, junge und unschuldige Tochter eines ostpreußischen Gutsbesitzers; die verlassene und rachsüchtige Berliner Dame aber fädelte an Foucars Standort eine Intrige ein, die ihn der Spionage überführen sollte. Im 10. Kapitel wird alles aufgelöst, Foucar kann sich verloben und glücklich werden. Der Krieg aber wird von allen ersehnt, von den Russen provoziert und bricht vor Romanschluss doch nicht aus. Was Otto »nicht uninteressant« gefunden haben mag, sind vermutlich die erotischen Passagen in Verbindung mit der dunklen und sinnlichen Schönheit Josepha. Andere Botschaften scheint er hingegen nicht wahrgenommen zu haben, z.B. die Unordnung nationaler Zugehörigkeiten: Foucar stammt aus einer französischen Familie, die vor der Revolution floh; die ostpreußischen Gutsbesitzer haben oft polnische Namen, sind aber Deutsche; und der russische Kommandeur, der beinah durch einen Grenzübertritt während eines Manövers den Weltkrieg ausgelöst hätte, trägt einen baltendeutschen Namen. Die »Sturmzeichen« fielen eindeutig unter die Rubrik »Schmöker«, wenn nicht sogar »Schund« – und sie dienten weniger der kriegerischen Mobilisierung, als der leichten Unterhaltung, die ein gewisses Maß an Erotik einschloss.

Trat Langeweile ein, griff Otto – auch im Bewegungskrieg des Herbstes 1915 – unsystematisch immer wieder zu »Schmökern« oder Journalistischem: »Mit dem Auto an der Front« – oder die Reportage einer Reise »Durch Deutschland und Frankreich während des Krieges« (T2, 9.9.15).[7] In die erotische Kategorie fiel wohl eher der »amüsante Roman ›Tänzerin Barberina‹«[8] (T3, 4.3.16), der die Geschichte der Balletttänzerin Barbara Campanini erzählt, die von Friedrich dem Großen an den preußischen Hof geholt wurde und angeblich eine Affäre mit ihm hatte. Für diesen Tag

7 Anton Fendrich, Mit dem Auto an der Front. Kriegserlebnisse, Stuttgart 1915; G.W. Zimmerli, Durch Frankreich und Deutschland während des Krieges 1914/1915. Beobachtungen und Erlebnisse eines Schweizers, Berlin 1915.

8 Adolf Paul, Die Tänzerin Barberina, Berlin 1915.

vermerkt das Tagebuch: »Früh zu Bett«. Im Roman »Ayesha von Mücke[9]. Sehr hübsch.« (T3, 16.3.16) geht es dagegen um die Geschichte eines britischen Schiffs, das ein deutscher Kapitän, der bei Kriegsausbruch in Tsingtao stationiert ist, beschlagnahmt, um sich nach Deutschland durchzuschlagen. Nach seiner Verwundung Ende 1916 las Otto im Lazarett Hans Paasches »Fremdenlegionär Kirsch«[10] – die etwas lakonische Erzählung eines bei Kriegsausbruch in Kamerun lebenden Deutschen, der sich als Fremdenlegionär am Krieg beteiligt, um auf diese Weise an die deutsch-französische Front zu gelangen, wo er schließlich bei Reims »überläuft« und als Anerkennung das Eiserne Kreuz verliehen bekommt.

Diese Kriegslektüren dienten vor allem dem Vertreib der langen Wartezeit auf den Kampf, als leichte Kost im Lazarett und zum Rückzug in eine andere Welt der Abenteuer und der Erotik. Wenn der Krieg in diesen Geschichten als Hintergrund eine Rolle spielte, konnte er dadurch selbst als ein solches Abenteuer gedeutet werden. Wichtiger war wohl, dass es hier um ein Genre anspruchsloser Lektüre ging, die zugleich »männlichen« Lesern würdig war. Das meiste dieser Art dürfte Otto in den Feldbüchereien gefunden haben.

So war also das Lesen im Krieg den Gruppennormen und dem sozialen Druck unterworfen, nicht in dem Sinne, dass man lesen musste, was alle lasen, sondern dass man nichts lesen durfte, womit man sich die Verachtung der anderen, speziell natürlich der Gruppe der jungen Offiziere, an denen Otto sich orientierte, zuziehen könnte. Dass sich das in Wirklichkeit gar nicht durchhalten ließ, weil es an den Möglichkeiten und Bedürfnissen im Krieg auch vorbei ging, steht auf einem anderen Blatt.

Kriegslektüren, das sind aber vor allem Lesarten des Krieges selbst. Bei der Lektüre historischer und politischer Literatur ging es einerseits darum, dem Krieg einen Platz in der Geschichte zuzuweisen: Warum er kommen, wie er richtig geführt werden musste; warum er siegreich beendet werden und welcher Frieden sich daraus ergeben würde. Es ging um die historische Einordnung und die geord-

9 Hellmuth von Mücke, Ayesha, Berlin 1915.
10 Hans Paasche, Fremdenlegionär Kirsch. Eine abenteuerliche Fahrt von Kamerun in den deutschen Schützengraben in den Kriegsjahren 1914/15, Berlin 1916.

nete Führung des Krieges: seinen angemessenen Platz und seine richtige Form. Damit verbunden war aber auch die Rolle der vier Korrespondenten in diesem weltgeschichtlichen Ereignis. Lily sah sich als Kriegerin, Heinrich als politischer Netzwerker für einen parteienübergreifend vorbereiteten Nachkriegsstaat, beide sahen Otto, wie dieser sich selbst, als künftigen Führer einer Nation, die ihrerseits einen exponierten Platz in der Weltgeschichte einnehmen würde. Julie sah sich als bloße Betrachterin dieser Geschichte. Lektüre sollte die Angemessenheit dieser Selbstdeutungen und den Sinn des Krieges sichtbar und erfahrbar machen. Insbesondere Otto war auf der Suche nach einer schlüssigen Interpretation der Geschichte, die sich unter seiner Beteiligung abspielte. Die ihm angebotenen Deutungen differierten, widersprachen sich gelegentlich, als Ensemble waren sie vielstimmig. Otto suchte Klarheit, aber er wollte sich auch auseinandersetzen. Der Sinn, den er dem Krieg abzugewinnen suchte, musste in geistiger Anstrengung erarbeitet werden.

Dieser Sinn entstand nicht beim Lesen allein, sondern wurde, oft über gemeinsame Lektüren, kommunikativ ausgehandelt, und zwar sowohl an der Front, im Kreise der Kameraden und mit den Vorgesetzten, als auch mit den Daheimgebliebenen: die vier strebten Gemeinsamkeit an, indem sie sich nicht nur über ihre persönlichen Erfahrungen austauschten, sondern auch über die literarischen und publizistischen Angebote. Lektüre wurde empfohlen, Lesarten abgeglichen, man konnte sich mit Autoren identifizieren oder sich von ihnen abgrenzen; und das möglichst, aber nicht zwingend, im Gleichklang.

Auch Lily und Heinrich Braun ebenso wie Julie Vogelstein lasen im Krieg und über den Krieg – überwiegend das, was in ihren bildungsbürgerlichen Kreisen üblich war. Über ihre Lektüre sind wir allerdings nur insoweit informiert, als sie darüber mit Otto korrespondierten, ihm bestimmte Bücher oder Zeitschriften schickten oder empfahlen. Der Versuch, innerhalb der Familie ein gemeinsames Verständnis des Krieges zu schaffen bzw. zu verstärken, beruhte auf einer gewissen Arbeitsteilung: Lily Braun äußerte sich gegenüber Otto insbesondere über Nietzsche, dessen Texte sie ihm zusandte; Heinrich Braun empfahl Otto vor allem politische und historische Schriften; Julie Vogelstein versorgte ihn überwiegend mit klassischer und altertumswissenschaftlicher Literatur.

Otto las, so scheint es, unablässig, vermutlich immer mehrere Bücher gleichzeitig, unterbrochen von Zeitschriftenaufsätzen und kleineren Erzählungen. Seine Tagebücher erlauben die Aufstellung einer lückenlosen Liste seiner Kriegslektüre. Deren Würdigung als Ganzes kann hier zwar nicht erfolgen. Im Folgenden soll aber der Versuch gemacht werden, die Masse des Gelesenen, die bei bloß chronologischer Aufzählung wahllos und willkürlich erscheinen könnte, im Hinblick auf literarische Genres und ihre Funktion für den Leser zu ordnen. An typischen Lektüren soll gezeigt werden, welche Beziehung zwischen Ottos Lesen und seinem Krieg bestand, welche Bedeutung diese Lektüre dem Krieg verlieh, wer er durch sie zu werden trachtete und wie er sich bei seiner Lektüre ins Verhältnis zu seinen Eltern und Julie Vogelstein setzte.

* * *

Otto hatte die Eltern zwar um Literatur von »nicht allzu lyrischer Stimmung« gebeten, aber das bezog sich auf einen Typ von Prosa, den er unter Friedensbedingungen schätzen mochte, die ihm eines Soldaten aber unwürdig erschien, weil er es als Kämpfer nicht zulassen konnte, selbst in eine »allzu lyrische Stimmung« versetzt zu werden. Echte Lyrik dagegen, also Gedichte, waren eine wichtige Literaturform des Ersten Weltkriegs, zumal für die jungen Freiwilligen aus dem Bildungsbürgertum, die ja auch schon vor dem Krieg Leser von Gedichten und selbst »Dichter« gewesen waren. Kriegsgedichte wurden von den jungen Kriegsfreiwilligen massenhaft gelesen und selbst verfasst.[11] Alle gängigen Literaturzeitschriften widmeten sich diesem Genre und auch Otto wurde damit versorgt. So brachte Lily Braun ihm einige mit nach Lodz, wo sie ihn im Juni 1915 besuchte. Otto las diese Ausgaben der »Weissen Blätter« und der »Blätter für die Kunst« aufmerksam und schrieb Ende Juni 1915 an Julie Vogelstein, die er anscheinend für die Urheberin dieser Auswahl hielt – und indirekt auch an Lily –, einen langen Brief als Reaktion auf seine Lektüre. Darin machte er sich darüber lustig, dass Julie und »Mama« sicher von den »Weissen Blättern« alles,

11 Vgl. Bernd Hüppauf, »Kriegsdichtung«, in: Enzyklopädie Erster Weltkrieg, S. 635 ff.

von den »Blättern für die Kunst« wohl nichts gelesen hätten. Er kritisierte den Stil der erstgenannten Zeitschrift, »in dem alle die Gedichte, die besonders schröcklich donnern wollen, vorerst einmal die Lachmuskeln reizen«,[12] während er die »Blätter für die Kunst« lobte und an Julie »und Mama (ev. auch Papa!)« zurückschickte mit der Empfehlung, in diesen insbesondere die Gedichte von Stefan George, »vielleicht« Friedrich Wolters, Gundolf und Hölderlin zu lesen, wobei auf die genauen Seitenzahlen verwiesen wurde.[13] Julie wehrte sich – halb im Ernst, halb im Scherz, gegen Ottos Unterstellungen. Keineswegs habe sie sich an den »Weissen Blättern« »delektiert«, Exemplare davon überhaupt nur zweimal in ihrem Leben in der Hand gehabt. Und die »Blätter für die Kunst« habe sie gar nicht gesehen, »aber nach den schönen, schön abgeschriebenen Partien verlangt es mich sehr danach. (Sie sind nämlich nicht modisch und daher mir zeitlich nah). Auch glaube ich einigermaßen, wahrer Dichtung gläubig zu sein, und Form, wenn sie bis ins Letzte, ja Subtilste geht, hat mich noch nie abgestoßen. … Also, lieber Otto, mir ist's zu öde, mehr zu schimpfen. Aber schade bleibt's, dass Sie Ihre schönen Warnungen und Ermunterungen nicht an jemanden richteten, der's nötiger hat als ich.« (6.6.15)

Otto fragte sich anscheinend nicht, wer denn derjenige – bzw. diejenige – sein könnte, »der's nötiger hat als ich«. Stattdessen reagierte er auf ihre spürbare Verstimmung ungewöhnlich neckisch,

12 Die Weissen Blätter. Eine Monatsschrift, erschienen im Verlag der Weissen Bücher, Leipzig 1914 ff. Nimmt man die Texte des Zweiten Quartals 1915, auf die Otto sich beziehen muss, dann ist seine Kritik allerdings unverständlich. Später lernte er den Herausgeber, René Schickele, persönlich kennen und las mit Gewinn dessen Roman »Hans im Schnakenloch« (1915) über das Elsass im Krieg. Die »Blätter für die Kunst« wurden von Stefan George herausgegeben und enthielten in kleinster Auflage seine eigenen sowie Gedichte aus seinem »Kreis«. Bei dem Otto vorliegenden Band handelt es sich vermutlich um den zehnten, der 1914 erschienen, aber vor Kriegsausbruch schon fertiggestellt worden war. Vgl. aus der Innenansicht Friedrich Wolters, Stefan George und die Blätter für die Kunst. Deutsche Geistesgeschichte seit 1890, Berlin 1930.

13 »Seite 3-16 George, besonders S. 3-6, 12-16// Seite 33-54 vielleicht Wolters ….// Seite 91-100, sehr merkwürdige napoleonische Phantasien, mir noch nicht ganz klar// Seite 101-118 Gundolf// Seite 130 »A …..‹// Seite 135 Hölderlin II// Seite 153 »Leib und Seele« 154 »Erzieher, Belehrung«. (An Julie, 30.5.15, vgl. auch T2/29.5.15).

fast wie ein älterer Liebhaber, der die junge Frau nicht ganz ernst nehmen kann:

»Liebes gnädiges Fräulein! Ich habe mich so sehr darüber gefreut, wie bös Sie waren, wie heftig Sie mit den Füßen aufstampfen in dem Brief, wie liebenswürdig empört Sie sind. Ich glaube, das muß Ihnen entzückend stehen. Sehen Sie, wie äußerlich sind nun wir Männer und dabei hat man eine Mutter, die über 20 Jahre in der Frauenbewegung steht und diese Äußerlichkeit im Grunde sehr nett findet.« (18.6.15)

Auch später schimpfte er noch einmal auf »die schwächlichen ›Weissen Blätter‹«, sie seien »alles, was man heute wesentlich nicht sein darf: geschwätzig, zappelig, geil, albern, von allen kleinen Teufelchen des 19. Jahrhunderts umschwirrt, hin- und herzüngelnd zwischen Beardsley und Paul Claudel … stets begierig auf das Neueste, darüber selbst des Geistes nicht achtend, ganz dumm werdend, wie in den Schwärmern für Weltfrieden. Kurz und gut höchst frevelnd am neuen Geist….« (T2, 18.9.15) Die »Weissen Blätter« waren nämlich keineswegs eine Literaturzeitschrift, in der »Gedichte schröcklich donnern wollten«. Vielmehr waren die meisten Gedichte, die sich mit dem Krieg befassten, ausgesprochen ambivalent, antiheroisch und krass in ihrer Beschreibung von Kriegsgewalt. Das war es wohl, woran Otto sich stieß.

Gedichte waren zwar als »lyrische« Gattung potentiell problematisch; andererseits war deren extreme sprachliche Verdichtung eben auch höchste Kunst, und für Otto waren George, Goethe und Hölderlin als Dichter Gegenstand seiner reinsten Verehrung. Gedichte waren eben – auch im Krieg – Ausweis höchsten männlichen Sprachkünstlertums. Otto blieb aber distanziert. Am 14. Januar 1915 hatte er in sein Tagebuch notiert: »Recht schöne Gedichte von Dehmel, Binding und anderen in der Sammlung ›Der Heilige Krieg‹ gelesen.«[14] Wie hat Otto diese Gedichte gelesen? Warum hob er z. B. Rudolf Bindings Gedicht: »Der Heilige Reiter« hervor:

14 Die kleine Broschüre von etwas über 90 Seiten war 1914 im Verlag Eugen Diederichs (Jena) erschienen und enthielt 82 Gedichte von 62 Autoren, darunter neben den von Otto hervorgehobenen auch bekannte Namen wie Gerhart Hauptmann, Klabund, Isolde Kurz, Herrmann Löns, Margarete Susman und Fritz von Unruh. Sie erschienen in einer als »Feldpostbücherei« deklarierten

»Ich zieh in einen heiligen Krieg,
frag nicht nach Lohn, frag nicht nach Sieg.
Ich bin ein heiliger Reiter,
kein Kreuz such ich und keinen Gral.
Und bin doch heilig tausendmal
Als meiner Seele Streiter.

Nun bin ich ledig aller Laun
Und Gunst der Welt und Gunst der Fraun.
Ich bin ein heiliger Reiter.
Mein Herz schlägt still bewehrt in mir,
Still unter mir regt sich mein Tier,
und sonst regt sich nichts weiter.« (S. 4 f.)

Ganz konnten ihn solche – unfreiwillig komischen – Gedichte nicht überzeugt haben, vermutlich erschienen sie ihm noch als das Beste in einer ansonsten minderwertigen Sammlung. Während er selbst zwar regelmäßig dichtete und die Produkte ins Tagebuch schrieb oder an die Eltern schickte, zögerte er, mit einem eigenen Kriegsgedicht an die Öffentlichkeit zu treten. Einerseits glaubte er, erst die »Feuertaufe« hinter sich haben zu müssen, damit er eine Erfahrung vorweisen konnte, die ein solches Gedicht rechtfertigen würde; andererseits erschien ihm der Schritt in die Öffentlichkeit als Zeichen mangelnder Würde. Dennoch schickte er seiner Mutter Anfang Juni 1915 ein Gedicht, von dem er meinte, es sei gelungen. Lily glaubte fest an Otto als Dichter. Sein Gedicht: »Nachmittag an der Bzura« sei »sehr schön«, und sie lobte den »Traberrhythmus, der geradezu zündend wirkt« (14.6.15). Gern sähe sie das Gedicht veröffentlicht, »etwa in der Jugend … der Wieland ist zu schlecht![15] … Würde Dir das recht sein? Natürlich geschieht es nur mit

Reihe, welche die vom selben Verlag herausgegebene »Kulturzeitschrift« »Die Tat für die Zeit des Krieges ersetzen sollte.

15 »Jugend« war eine seit 1896 in München erscheinende Literaturzeitschrift, die zum Namensgeber des Jugendstils wurde. Der »Wieland. Deutsche Monatszeitschrift« erschien 1915-1920 als eine aufwändig gestaltete Literaturzeitschrift mit recht nationaler Ausrichtung, herausgegeben von dem Architekten und Illustrator Bruno Paul, einem Mitbegründer des Deutschen Werkbunds. Der Signatur unten links im Bild nach könnte es sich bei dem Illustrator um Georg Alexander Mathéy (1884-1968) handeln, der in dieser Zeit von Bruno Paul gefördert wurde und auch nachweislich im »Wieland« veröffentlicht hat.

Nachmittag an der Bzura

von Otto Braun

Vergessend des Krieges und des wirbelnden Donners der Schlachten
An blauendem grünendem golden erschimmerndem Tag –
Rings die Kam'raden riefen und liefen und lachten –
Ritten wir nackt in den Fluß, der zu Füßen uns lag.

Warfen wir unsre in Kämpfen gekräftigten Leiber
Heiß in der zierlichen Wellen erschillernden Glanz,
Und der geschmeidigen Rosse geschmeidige Treiber
Stritten und jubelten, jagten und kämpften im Tanz.

Droben der Sonnengott ragte und freute sich dessen,
Jüngling er selbst an der Jünglinge mutigem Spiel –
Ruhend, verweilend aufatmeten wir und indessen
Streichelt und trocknet sein Strahl, der uns sachte umfiel.

Müde von Fröhlichkeit, blitzend auf blitzendem Pferde,
Rege die Glieder und blank der spielende Blick,
Uber die glühende, blühende, grünende Erde
Ritten wir ruhigen Trabs zu den Häusern zurück.

Otto Brauns Gedicht »Nachmittag an der Bzura« in »Wieland« 1915.

Deinem ausdrücklichen Willen.« (15.6.15) Am Ende erschien das Gedicht doch im »Wieland« und wurde nicht, wie von Lily geplant, von Binchen, Stefan Lepsius' Schwester und Ottos Freundin illustriert. Otto stand der Veröffentlichung höchst ambivalent gegenüber. »Der einzig richtige Weg (sei) der Georges (gewesen), … ca. 10 Jahre nur in kleinem Kreise zu wirken … Auch Goethe hat Gedichte sehr lang zurückgehalten.« (T3, 24.8.15) Aber es war zu spät. Im September erfuhr er, dass sein Gedicht erschienen war, und er schickte den Eltern eine Liste der Personen, an die es gesendet werden sollte, darunter einige befreundete Offiziere. Dennoch: »Im Grunde finde ich diese Veröffentlichung gräulich stillos, (es) ist gerade diese Zeitschrift ohne Würde und ganz bar jeder Haltung, ich

Otto Braun, undatiert, vermutlich im Frühsommer 1915

schäme mich wirklich.« (T3, 18.9.15) Und als er Anfang Oktober das Exemplar des »Wieland« mit seinem Gedicht selbst in Händen hielt, kommentierte er, die Zeichnung sei »eine ganz üble Schmiererei« (T3, 2.10.15). Der »Wieland« war Otto verständlicherweise peinlich, aber sein Gedicht war eigentlich schön – jedenfalls schöner als Anderes aus seiner Feder – wenn auch insofern unehrlich, als die beschriebene Situation ja gerade nicht eine Pause im Gefecht war, sondern ein herausragendes Ereignis in Zeiten der Langeweile darstellte.

Stefan George blieb Ottos Dichter-Held, den er in der Korrespondenz mit der skeptischen Lily und Julie immer wieder verteidigte (Heinrich interessierte sich nicht für George als Dichter); den er immer wieder zitierte, der ihm zum Kompass bei der Deutung seiner dramatischen und verstörenden Kriegserfahrungen wurde: »George bleibt mir immer gleich gross und stark und rein.« (15.4.16, an die Eltern) Solches Lob wiederholte er im folgenden Jahr nicht mehr, obwohl er auch später George noch zitierte (T6, 8.9.,14.10.,13.11.17). Das mag an einem Gedicht gelegen haben, das jener im Juli 1917 veröffentlichte: Es hieß »Der Krieg« und enthielt eine deutliche Absage an die naive Begeisterung, mit der die Deutschen diesen bejubelt hatten.

Sie kamen zu dem siedler auf dem berg:
»Liegst du noch still beim ungeheuren los?«
Der sprach: dies frösteln war das edelste!..
Was euch erschüttert ist mir lang vertraut.
Lang hab ich roten schweiß der angst geschwitzt.
Als man mit feuer spielte.. meine tränen
Vorweg geweint.. heut find ich keine mehr.
Das meiste war geschehn und keiner sah..
Das trübste wird erst sein und keiner sieht.
Ihr laßt euch pressen von der äußern wucht..
Dies sind die flammenzeichen o nicht die kunde.
Am streit wie ihr ihn fühlt nehm ich nicht teil.

Nie wird dem Seher dank.. er trifft auf hohn
Und steine o ruft er unheil – wut und steine
Wenn es hereinbrach. Angehäufte frevel
Von allen zwang und glück genannt o verhehlter
Abfall von Mensch zu Larve heischen buße..
Was ist IHM mord von hunderttausenden
Vorm mord am Leben selbst? Er kann nicht schwärmen
Von heimischer tugend und von welscher tücke.

So hieß es in dem zwölfstrophigen Gedicht von 144 Zeilen, das Otto sicher las, aber weder in seinem Tagebuch noch in einem Brief kommentierte. Nach dem, was er inzwischen im Krieg erlebt hatte, und nach der Verehrung und dem Vertrauen, dass er – wie so viele seiner Altersgenossen – George im Krieg entgegengebracht hatte, muss er das Gedicht aber als einen einzigen Verrat gelesen haben.[16]

16 Stefan George, Der Krieg, Berlin 1917; Georg Peter Landmann, Stefan George und sein Kreis. Eine Bibliographie (1890-1976), Hamburg 1976, S. 97. Dort

Ottos entschiedene Ablehnung des »allzu Lyrischen« hatte sich vor allem auf eine Form von Prosa bezogen, die er als zu gefühlig und weiblich empfand. Tatsächlich aber las er im Laufe des Krieges eine große Zahl von Novellen, Romanen und Darstellungen, die der romantischen Periode oder der großen europäischen Romantradition angehörten und von ihm gerade wegen ihrer »Zartheit« bewundert wurden: Geschichten, deren Menschlichkeit er im Tagebuch pries, z.B. Novellen von E.T.A Hoffmann und Maupassant, »den ich erstaunlich zart und klug finde«. (T3, 17.6.16). Er las auch, was nicht zum bildungsbürgerlichen Literaturkanon gehörte, so z.B. »seltsam gute Geschichten von Otto Julius Bierbaum. Welch weises und zartes Gefühl ist darin!«[17](T2, 17.5.15), oder »einen menschlich tiefen und interessanten Roman von Max Brod ...: Tycho Brahes Weg zu Gott.«[18] (T2, 30.6.15)

1917, das Jahr, welches er in Berlin verbrachte, bildete den Höhepunkt seiner romantischen und biedermeierlichen Lektüre: Anfang März las er mehrere Novellen von C.F. Meyer, die er »prachtvoll« fand, »Die Richterin« sogar »höchst erregend und bedeutend. Einige Bedenken freilich, doch schon als Versuch sehr interessant.«[19] (T4, 6.u.9.3.17) Es folgte eine Phase der Gottfried Keller-Lektüre, darunter »Züricher Novellen«, »Fähnlein der sieben Aufrechten«, »Landvogt von Greifenstein« und die mit besonders viel Lob bedachte Erzählung »Ursula«. Er las ebenfalls Brentano:

auch Verweise auf verschiedene Besprechungen; Gershom Scholem, genauso alt wie Otto Braun, schrieb im September 1917: »Der Krieg« sei »eine ... Flugschrift mit dem ungeschriebenen aber deutlichen Titel: was geht mich das an?, eine Überschrift, die ich nur zu billigen vermag, wenn sie aus letzter legitimierter Ablehnung kommt, was hier offensichtlich nicht der Fall ist.« In: Gershom Scholem, Briefe an Werner Kraft, hg. von Werner Kraft, Frankfurt a.M. 1986, S. 30.

17 Otto Julius Bierbaum (1865-1910), Lyriker, Publizist, Schriftsteller. Was Otto sicher nicht wusste: Bierbaum war ein Kritiker und Verspotter Georges und des Georgekults. In seinen 1900 unter dem Pseudonym Martin Möbius veröffentlichten »Steckbriefen« mit Porträts von 30 Zeitgenossen schrieb er über George: »Feierlich sein ist alles! Sei dumm wie ein Thunfisch, temperamentlos wie eine Qualle, stier besessen wie ein narkotisierter Frosch, aber sei feierlich, und du wirst plötzlich Leute um dich sehen, die vor Bewunderung nicht mehr mäh sagen können.«

18 Leipzig 1915.

19 Die Novelle um einen vermeintlichen Bruder-Schwester-Inzest erschien 1885.

»Casperl und Annerl«[20], außerdem »einige sehr schöne Kriegslieder von Brentano« (T5, 27.7.17), schließlich Novalis: »Heinrich von Ofterdingen« und »König und Königin« (T6, 8.9.17). Überhaupt wurde Novalis von ihm als Heilmittel in seiner tiefen Niedergeschlagenheit entdeckt (T6, 10. 9.17). Die fiebrige Erkrankung, die ihn Ende 1917 eine Weile ans Bett fesselte, führte zur Entdeckung Adalbert Stifters als einem der bedeutendsten Prosakünstler, »neben Flaubert und ganz wenige zu stellen« (T6, 2.11.17), er begann mit »Brigitta«, dann folgten »Hagestolz« und »Zwei Schwestern«.[21] Die biedermeierlich-betuliche Stifterprosa, in der recht wenig passiert, mag Otto als Kontrastprogramm zu der sich 1917 in rasendem Tempo verändernden Weltlage gedient haben. 1918, im schlimmsten Kriegschaos der Westfront, las er Friedrich Hebbel: »Mutter und Kind«[22]: »Ein fabelhaft ›humanes‹, aber doch sehr weites grosses und schönes Epos. Auch herrliche Verse darin. Es hat wahren epischen Stil, indem es im Schicksal von Einzelnen ein Gemälde der ganzen Zeit gibt.« (T7, 23.4.18)

Im Herbst 1917 wandte er sich dann, nach so viel Literatur des 19. Jahrhunderts, deren literaturwissenschaftlicher Betrachtung zu. Am 16. Oktober begann er Ricarda Huchs »Romantik«, ein Buch, das ihn nun über Tage beschäftigen und zu langen Ausführungen über die Romantik und die Moderne, über Ricarda Huch und ihren »weiblichen« Stil animieren sollte. Er verurteilte abschließend Ricarda Huchs Romantikbuch als »ein oberflächliches, schönrednerisches, allzu weibliches Buch«, mit Gefühl geschrieben, aber »im Ganzen doch ein Buch, an dem sich ästhetisierende Damen Beschwipstheit holen, in der sie sich dann immerhin geistig und auf der Höhe der Zeit vorkommen mögen«. Es war, als wäre er der romantischen – d.h. weiblichen – Literatur nach Monaten in Berlin

20 Clemens Brentano, Geschichte von dem braven Kasperl und der schönen Annerl, 1817.

21 Adalbert Stifter (1805-1868). »Brigitta« erschien 1844, »Der Hagestolz« 1845 und »Die Schwestern« 1850.

22 In der Erzählung geht es um ein armes junges Paar, das seiner kinderlosen Herrschaft das erste Kind verspricht als Preis für finanzielle Hilfe bei der Familiengründung. Doch nach der Geburt wollen sie das Kind nicht hergeben und fliehen. Die Herrschaft folgt ihnen, verzeiht aber den Vertragsbruch und versöhnt sich mit dem jungen Paar.

überdrüssig geworden. Als er aber im Dezember 1917 mit Julie bei Grainau Urlaub machte, nicht zuletzt, um sich von einem Liebeskummer zu erholen, bemerkte er an sich selbst – angeregt durch Gespräche mit ihr – »einen weiblichen Zug« und fragte sich, ob »das Meiste und Beste, was mir zu wirken bestimmt ist«, vielleicht von jener Art sei, »die den Frauen vor allem zufällt und in der diese wohl ganz ausschliesslich wirken« (T6, 16.-28.12.17). Julie hatte ihm, auch durch Kriegslektüren und das Gespräch darüber, seine weibliche Seite als ein Potential eröffnet.

Der anspruchsvollen Gegenwartsliteratur stand Otto allgemein kritisch gegenüber: Kampferfahren kritisierte er selbstbewusst scharf das Märzheft 1916 der »Neuen Rundschau«, das ganze Heft sei voll vom modernen Gefasel der Expressionisten.

»Immer affektiertes Geschwätz ohne Ausnahme. Dass es dergleichen noch gibt. Im Zweifel gibt Edschmidts Novelle ›Die Herzogin‹[23] bei sehr viel leidenschaftlichem Talent eine völlige Verwirrung des Stilgefühls (in unerträglicher Weise französisierend, Sätze wie (ich finde im Moment kein gutes Beispiel). Viel Gequältes, Widerwärtiges neben Kraft und Kühnheit alles in allem aber für mein Gefühl überhaupt ein Irrweg und ganz anders als das was wir brauchen. Manchmal freilich schaudre ich, bin ich so fern der Zeit geworden, alles was Dir zu Haus als neu, groß, modern … erscheint mir öd, längst überwunden, plump höchstens so dass man lachen könnte, wenn man nicht weinen müsste.« (An die Eltern, 5.3.16)

Zeitgenössisch Belletristisches und Literarisches ödete Otto an – nur die Alten hätten überhaupt Substantielles zu sagen (an die Eltern, 9.4.16). Vielleicht war es auch diese Art »moderner« Lektüre, die ihn im Sommer 1917, irritiert von innenpolitischen Krisen und vom »berliner Leben« dazu brachte, die aktuelle »Überspannung des Kampfes und der Raserei äusserer Geschehnisse« zu beklagen, die nur »Treibhauskulturen« hervorbringen, »die wohl dem Geniesser … reizvoll dünken, dem tief blickenden, streng richtenden Geiste eines ernsten und feurigen, vom Heiligen erregten Menschen aber nur tiefen Schmerz abnötigen.« (T5, 4.7.17)

23 Die Neue Rundschau 1916, Bd 1, S. 351-376.

Aber Otto ließ Ausnahmen gelten: Wieder an der Front, beschäftigte er sich mit »Victoria« von Knut Hamsun,[24] einem Roman um eine unerfüllte Liebe, die ihn wohl an seine eigenen diesbezüglichen Erfahrungen im Berliner Jahr 1917 (vgl. das Kap. »Berliner Leben«) erinnerte.

»Ein unendliches Wissen um menschliche Dinge, fabelhafteste Klugheit und Kunst steckt darin. Trotzdem kann ich abgesehen von einigen herrlichen, ganz zu reiner Gestalt gewordenen Absätzen einen inneren Widerwillen gegen den psychologischen Roman, selbst in seinen höchsten Vertretern nicht überwinden. Er hat etwas Unsauberes, Unreines in seinem Wesen, es bleibt immer so viel Schlacke. Auch habe ich immer das Gefühl von etwas Benebelung und Betrunkenheit danach, die völlig verschieden ist von der göttlichen erregenden und beglückenden Trunkenheit, in die einen wahre Dichtung versetzt. Es bleibt doch ein Herumwühlen in der Seele des Menschen, ein Suchen nach den geheimsten, verborgensten Dingen. Meine Empfindung, mag sie auch sehr primitiv sein, ist nun einmal, dass dies unerlaubt ist. Deshalb lese ich im Ganzen, auch zur Erholung, lieber geschichtliche Darstellungen als Romane.« Das Romanlesen »gemahnt an etwas wie seelische Onanie«.

Er habe sich »hinterher an Goetheschen Gedichten erbaut« (T7, 17.3.18). Hamsuns Roman, so scheint es, bedrohte Otto in seiner psychologisierenden Maßlosigkeit mit einem emotionalen Kontrollverlust, der Aufgabe von Grenzen und Form. Seine Angst und das daraus resultierende Verbot, sich mit dem »Unerlaubten« zu beschäftigen, mag in Zusammenhang gestanden haben mit seinen jüngsten Erkenntnissen über die erotischen Spannungen im Bataillon (vgl. das Kap. »Der Tod«). Dennoch hatte Otto diesen Ausflug in das Unheimliche des Seelenlebens gewagt und wohl auch genossen. Denn merkwürdigerweise bezog er sich einige Tage später nochmals auf Hamsuns »Victoria« als einen »sehr klugen, sehr feinen psychologischen Roman,« über den er lange an Julie V. geschrieben habe (T7, 20.3.18). In diesem Brief vom 20. März 1918 hatte er allerdings seinen Bedenken, ja seinem Ekel in ähnlichen

24 Knut Hamsun, Victoria. Geschichte einer Liebe, in deutscher Übersetzung München 1899.

Worten wie im Tagebuch Ausdruck verliehen. Seine Verwirrung war offensichtlich. Julie Vogelstein stimmte ihm übrigens in Bezug auf den »modernen Roman« zu. Sie forderte von einem literarischen Kunstwerk: »Die künstlerische Tat sehen wir, empfinden wir in der anderen Gesetzmäßigkeit, in der ordnenden Hand des Gestalters. Rhythmus und Vers, Wiederkehr und Folge heben das poetische Werk … aus der Welt des Ungefähr, des unaufhaltsam fließenden Geschehens in ein anderes Reich, ein Reich der Notwendigkeit und des faßbar Begrenzten.« Das aber böte nur das Drama, allenfalls der klassische Bildungsroman (28.3.18). Sie bestätigte damit ganz allgemein Ottos Überzeugung von der Aufgabe der Literatur, dem Erleben Gestalt, Form und Grenzen zu geben. Im Krieg leuchtete das besonders ein.

* * *

Mitte Februar 1915 hatte Julie Vogelstein ihrer Freundin Lily Braun Max Schelers »Der Genius des Krieges« nach Loschwitz geschickt.[25] Lily war sich unschlüssig, ob das Buch für Otto geeignet sei: »Das Schelersche Buch weckt die zwiespältigsten Empfindungen: Begeisterung, Aerger, Nervosität, Freude auch an reiner Form. Ich glaube kaum, daß Du es wirst mitten im Dienst lesen können«, warnte sie Otto am 1. März 1915. Sie bot es ihm dann doch an, nachdem sie darin ein Zitat gefunden hatte, von dem sie annahm, dass die Lektüre für Otto gewinnbringend sein könne: »›Auf jener neuen Jugend Europas, die jetzt im Felde kämpft, auf ihres Schwertes Spitze steht auch der neue menschliche Typus, der ›Ethos‹ u. ›Geist‹ des Kapitalismus überwinden kann, überwinden muß. Noch im äußersten Kampf gegeneinander ist diese europäische Jugend gegen ihre Friedensväter solidarisch in dieser einen Richtung: in der Richtung einer Beseitigung des moralischen

25 Max Scheler, Der Genius des Krieges und der Deutsche Krieg, Leipzig 1915. Der 1874 in München geborene Philosoph konnte aus gesundheitlichen Gründen nicht am Krieg teilnehmen. Im November 1914 hatte er das Manuskript abgeschlossen. »Der Genius des Krieges und der Deutsche Krieg« erlebte 1917 eine weitere, fast identische Auflage und erschien 1919 überarbeitet unter dem Titel »Vom Umsturz der Werte«.

Umsturzes, der den kapitalistischen Geist charakterisiert‹.[26] Daß das innerste Wesen des gegenwärtigen Sozialismus auch nichts als ein Teil dieses kapitalistischen Geistes ist, haben wir endlich auch erkannt«, schrieb die vom sogenannten Kriegssozialismus enttäuschte Lily. »Soll ich Dir das Buch doch schicken?« (6.3.15) Sie tat es, aber Otto bekannte ihr Ende April, sich an Scheler noch nicht herangetraut zu haben (25.4.15). Beide fanden den Text schwierig und von widersprüchlicher Wirkung. Ende Mai 1915 brach Otto die Lektüre Schelers ab, da er für ihn »zu schwer« war, wofür ihn Lily am 26. Mai kritisierte, zugleich entsetzt über seine Vorliebe für »Schmöker«. Sie selbst blieb bei Scheler, wenn sie ihn auch »zuweilen zu spitzfindig, zu subtil, aber immer sehr interessant« fand (an Otto, 26.11.15). Offensichtlich eignete sie sich das Werk nicht systematisch an, sondern nutzte es zur gelegentlichen, anregenden Lektüre.

Was hatte es mit dem Text auf sich, dass er sich für Lily und Otto Braun so sperrig las? Scheler hatte seinen Text ausdrücklich für diejenigen geschrieben, die zwischen spontaner Begeisterung und Tatkraft einerseits, Zweifeln und Abwehr andererseits schwankten. Ihnen wollte er eine geistige Analyse anbieten, die Widersprüche nicht scheute und sich jenseits kleinbürgerlicher Ressentiments, die jetzt allenthalben gegen die Gegner zu spüren seien, der Frage annahm, welches höhere Recht und damit welcher höhere Sinn den Krieg nicht nur erklärte, sondern ihn historisch notwendig erscheinen ließ. Der Krieg war für Scheler die höchste Form der Willenskundgebung eines Staates, den er als organische Lebensform von Völkern verstand. Dieser war ihm aber immer mit der (positiven) Idee der Macht und ihrer Entfaltung verbunden, woraus er seine Legitimität schöpfte. Deshalb war der Krieg auch da von hohem Wert, wo er zerstörte – da die wahre, geistige Kultur sich im Kriege umso mehr entfalte, während ihre materiellen Erscheinungsweisen von geringerem Wert seien. Der Krieg sei auch nichts Unethisches, da es nicht um das Töten und den Hass

26 Lily Brauns Zitat findet sich in der Auflage von 1917 S. 326. Unter Kriegssozialismus verstanden dessen Befürworter wegen der weitgehenden staatlichen Eingriffe in die Wirtschaft die mögliche Vorform eines deutschen Sozialismus mit einem starken Staat, während Kritiker angesichts der privaten Kriegsgewinne eher von Kriegskapitalismus sprachen.

gehe, sondern ausschließlich um das Ziel, einen anderen Staat wehrlos zu machen. Im Gegenteil sei der Krieg Ausdruck höchster Liebe, nämlich derjenigen zur eigenen Nation. Der Krieg sei zudem ein Gottesgericht, weil sich in ihm die bessere, die höhere, die geistigere, die stärker liebende Nation durchsetze. Der stärkste Kriegsgrund sei aber der Kampf »um die Existenz, die politische Selbständigkeit und Freiheit des Staates« (S. 156).

Man versteht, warum Otto das Buch weglegte und Lily es »spitzfindig« fand. Um den konkreten Krieg zu erklären und mit Sinn auszustatten, brauchten sie diese komplizierte Argumentation eigentlich nicht – in diesem Sinne repräsentierten sie nämlich genau jenes Kleinbürgertum, das Scheler wegen seiner Ressentiments so verachtete. Den aktuellen »Deutschen Krieg« sah Scheler deshalb als einen gerechten an, weil es sich um einen »durch und durch politischen Krieg« handele, bei dem es »um die Macht im Herzen der Welt, – ja um das Herz der Welt, um die Hegemonie in Europa« (S. 167 f.) gehe: und zwar nicht nur von Seiten Deutschlands und seiner Verbündeten, sondern auch von Seiten der zentralen Kontrahenten: Russlands und Englands. Nur Frankreich habe insofern keine »gerechte« Sache vorzubringen, als es sich bei ihm nur um einen Revanchegedanken handele – die Rückeroberung Elsass-Lothringens. Deutschland sei also kein Opfer, sondern habe den Krieg gewollt, weil sein europäischer Führungsanspruch legitim sei. Dieser Führungsanspruch sei auch deshalb »gerecht«, weil es ein Spezifikum des deutschen Nationalgefühls sei, zugleich »kosmopolitisch« zu sein; weil, und hier folgte er Meinecke (s. u.), »eine tiefgeheime Mitverantwortlichkeitsempfindung für das Geschick der ganzen Menschheit im deutschen Geiste gerade die Seinsform eines einmaligen, ganz individuellen, ›nationalen‹ Geistes angenommen habe« (S. 213). Der Krieg habe für Deutschland zwar keinen »Zweck« im Sinne konkreter Kriegsziele, wohl aber einen Sinn.

Was für eine Hybris, was für ein Glaube! Und das alles eingewickelt in eine Sprache höchster Bedeutsamkeit und philosophischer Abgeklärtheit! Wenn Lily Braun den Text zu subtil fand, dann meinte sie vermutlich: zu wenig direkt und ungeschützt über die Gewalt, den Sieg, den Feind geschrieben; zu manieriert und selbstgefällig, etwa wenn Scheler das gegenseitige Töten im Krieg zum

Akt der Liebe deklarierte, auf den man sich im Frieden und der für dann geplanten europäischen Vereinigung wieder positiv werde berufen können: »Der *Patriotismus Europas* – er wird im Blute und Eisen dieses Krieges geboren! Fühlt ihr – empfindet ihr, ihr Freunde, diese herrlichste aller Liebesgeburten der Weltgeschichte seit urdenklich langen Zeiten? … wie in Mitleid und verschämter Liebe zu dem christlichen Bruder in Gott, den euch heilige Pflicht und Liebe zum Vaterlande zu töten oder gefangen zu nehmen befahl …«, so Scheler (S. 276 f.). Lily machte die Gleichzeitigkeit von Hass und Liebe, von Gewalt und Friedensvision, vom Krieg als Tat und als Philosophie »nervös«. Sie fand all das unvereinbar und die Behauptung eines inneren Zusammenhangs (zu Recht) verlogen. Von Otto fehlen Kommentare zur abgebrochenen Lektüre. Aber auch er bevorzugte offensichtlich eine Geschichte, deren Botschaft klarer, eindeutiger und damit akzeptabler war. Eine solche Botschaft fand er bei Rudolf Kjéllen.[27] Ende März 1915 notierte er in sein Tagebuch, er habe ein »höchst interessantes und bedeutsames Buch begonnen, Kjellén, Die Großmächte der Gegenwart.[28] Papa schickte es mir. Wie merkwürdig klug urteilt dieser Geist in der Vorahnung vieles dann Geschehenen. Nur den tiefsten Sinn der deutsch-englischen Feindschaft sieht er nicht. Ungemein fesselte mich auch die Darstellung von Frankreich und besonders die Englands, ebenso wie die deutsche mit viel Liebe gezeichnet. Jetzt erkenne ich erst das ungeheure Gefüge von Englands Macht und was ich früher glaubte wird mir jetzt zur Gewißheit, daß nach diesem Kriege, der mit Englands Schwächung, aber nicht Vernichtung enden wird, ein neuer kommen muss, in 10-20 Jahren, der die endgültige Auseinandersetzung bringen wird. … Wie glühend wünschte ich mir, dies alles und was dann noch kommt, zu erleben, wie glühend überhaupt, weiter zu leben.« (T1, 27.3.15)

Kjelléns: »Die Großmächte der Gegenwart« war kurz vor Ausbruch des Ersten Weltkriegs veröffentlicht worden. Der schwedische Staatswissenschaftler identifizierte darin acht Großmächte,

27 Rudolf Kjellén (1864-1922) war ein schwedischer Staatswissenschaftler, der dem völkischen Denken verhaftet war und den Weltkrieg als einen Kampf grundlegender Ideen verstand, einen Kampf, bei dem er sich auf der Seite des Kaiserreichs und gegen England und Frankreich verortete.

28 Berlin 1914.

von denen einige alte sich bis in die Gegenwart behauptet, andere sich seit dem frühen 19. Jahrhundert herausgebildet und die alten kolonialen Mächte und Reiche des 18. Jahrhunderts – die Niederlande, Spanien und Portugal – abgelöst hätten. Österreich-Ungarn, Frankreich, England und Russland gehörten zu Ersteren; Italien, Deutschland, die Vereinigten Staaten von Amerika und Japan zu den letzteren. Kjellén verglich diese »Großen Acht« nach »natürlichen« und politischen Kriterien, vor allem aber unterschied er alte von jungen Großmächten, wobei er Erstere wohl bewunderte, insbesondere England, welches er an der Spitze der gegenwärtigen Großmächte sah (weshalb Otto, selbst beeindruckt, den Sieg über England auch erst in einem späteren Krieg anstrebte), Letzteren aber die Zukunft verhieß. Denn Großmächte, so Kjellén, definierten sich nicht über eine bestimmte geographische Position oder eine bestimmte Regierungsform, unterschieden sich nicht einmal durch Größe und ökonomische Kraft, sondern vor allem durch einen dynamischen Willen zur Macht. Diese Dynamik aber lag seiner Ansicht nach bei den jungen Mächten und war insbesondere ein Merkmal Deutschlands. Dieses aus der Geschichte abgeleitete Zukunftsversprechen war ganz nach Ottos Geschmack – und er blieb dem Autor treu, las gleich nach dessen Erscheinen Kjelléns »Ideen von 1914«[29] und erwähnte im September 1917 zustimmend dessen »Studien zur Weltkrise«[30] Anderes begeisterte ihn aber mehr:

»Sie sind wohl noch eifrig mit dem Weimarer (Goethe, DW) beschäftigt. Doch schickte ich Ihnen Meineckes Bücher, weil in ihnen ein historisches Denken Verbindungen und Wirkungen findet, wo andere nur Gegensätze sehen.« So kündigte Julie Vogelstein Otto am 6. Juni 1915 ihre Buchsendung an. Am 13. Juni begann dieser die Lektüre von Meineckes »Weltbürgertum und Nationalstaat«.[31] Immer wieder und mit wachsender Begeisterung kam er darauf zurück. Er habe, so schrieb er den Eltern nach Beginn der Meineckelektüre, »beim ersten Satz … gesehen, dass er augenblicklich das

29 Leipzig 1915.

30 München 1917.

31 Friedrich Meinecke, Weltbürgertum und Nationalstaat. Studien zur Genesis des deutschen Nationalstaats, München 1908. Otto las vermutlich die dritte Auflage von 1915. Zitiert wird hier nach der Ausgabe von 1962.

Buch für mich ist« (14.6.15). Dieser erste Satz lautet: »Wer über die Entstehungsgeschichte des nationalstaatlichen Gedankens in Deutschland etwas sagen will, muß sich zunächst eine klare Vorstellung vom Wesen der Nation und des Nationalstaates und vom Verhältnis beider Begriffe zueinander bilden.« (S. 9) Man versteht, warum Otto sich von der Lektüre viel versprach: Schon vor dem Krieg hatte er sich mit den Projekten des Vaters identifiziert, mit dem Wesen des Staates befasst – und seit Kriegsbeginn war dieser Staat mit so viel Macht ausgestattet: nach außen über seine militärische Macht, nach innen über die zunehmende Machtfülle gegenüber den Bürgern, insbesondere natürlich durch seine Verfügungsmacht über das Leben der Soldaten. Zugleich beobachteten Heinrich und Otto die zunehmende Verstaatlichung der Gesellschaft im Krieg als eine mögliche Form staatlicher Herrschaft auch im Frieden. Andererseits hatte Otto sich vor dem Krieg schon intensiv mit dem Konzept des Volkes und, Meinecke hätte gesagt: der Deutschheit beschäftigt. Der Kriegsausbruch hatte sein Interesse an beiden Konzepten intensiviert; für ihn waren sie Schlüsselbegriffe zum Verständnis des Krieges und zur Planung der Nachkriegsordnung. Von Meinecke versprach er sich diesbezüglich intellektuelle Klärung und Durchdringung. Und die Abhandlung hielt anscheinend, was er sich von ihr versprochen hatte. Obwohl einzelne Äußerungen dazu fehlen, da er sich mit Julie Vogelstein und den Eltern anscheinend einig war über die hohe Qualität des Buches, kann man aus der Lektüre des Werks selbst den für Otto damit verbundenen Gewinn erschließen. Das Buch behandelt zunächst die geistesgeschichtliche Entwicklung des nationalstaatlichen Gedankens in Deutschland von der Mitte des 18. Jahrhunderts bis in die 1840er Jahre. Im ersten Kapitel entwickelt Meinecke die Konzepte und Strukturen, in denen sich diese Geistesgeschichte entwickelt: Kulturnation und Staatsnation, Nationalstaat und Europa, nationales und universalistisches Denken. Er zeigt, wie stark die letztgenannten Denkrichtungen in der frühen Geistesgeschichte des deutschen Nationalismus miteinander verwoben sind. Den Fortschritt sieht Meinecke dabei in der Durchsetzung des nationalen Gedankens, in der Anerkennung des Rechts einer Nation auf einen Staat und dieses Nationalstaates auf Autonomie, Macht und Kampf. Dabei behandelt er die universalistischen Aspekte dieser Geschichte – die Idee des Ewigen Friedens, das Aufgehen des Deutschen Ideals in der Menschheit oder das Wirken des Weltgeistes im dominierenden Staat – mit Sympathie, ist aber überzeugt, »daß der universale Gedanke im Staatenleben … zu den geistigen Elementen (gehört), die ihren Segen nur entfalten können, wenn sie unfaßbarer Lebenshauch bleiben.« (S. 277) Inzwischen hatte der Krieg den Gedanken an universelle Werte und Orientierungen jedoch in den Hintergrund gedrängt. Mehr noch: Was Meinecke als ein strukturelles Problem des Kaiserreichs angesehen hatte, den Gegensatz zwischen dem preußischen Herrschaftsprinzip und seiner Basis, dem »konservativen Agrarstaat« einerseits und dem »industriellen Deutschland« andererseits, sei durch den Krieg »gelöst« worden, schrieb er im Nachwort zur dritten Auflage im Frühjahr 1915: Deutschland habe, »mit allen Massen, die es umfaßt, … seinen Willen und seine Kraft gezeigt, den deutschen Nationalstaat gegen eine Welt von Feinden zu verteidigen«. Auch das »preußische System« habe sich bewährt. Seine »Formen« könnten aber »ohne Schaden für seine Leistungsfähigkeit etwas umgestaltet und gemildert werden … Der liberale Bürger und der sozialdemokratische Arbeiter wird, wie jetzt im Kriege, so auch in Friedenszeiten mit Freude im Heere dienen, wenn ihm Vertrauen geschenkt wird und ihm alle Rechte gegeben werden, die er als Mitverteidiger des Staates beanspruchen kann.« Meinecke forderte offen »die Reform des preußischen Wahlrechts«, die »zur Staats- und Nationalnotwendigkeit« geworden sei (S. 453).

Auf Otto muss dieses Angebot eines Liberalkonservativen wie Meinecke begeisternd gewirkt haben: Er, der in der Nachfolge seiner Eltern der SPD immer kritischer gegenüberstand, konnte hier die konservative Sinngebung der deutschen Nationalgeschichte mit einem Reformziel verknüpfen, welches an die Forderungen der SPD anschloss, seinen moralischen Anspruch aber auf den Krieg bezog und mit der Hingabe an den nationalen Kampf begründete. Vor allem aber muss Otto sich im Zentrum einer historischen Situation gesehen haben, in der die deutsche Nation wirklich zur Vollendung kam: in ihrem Machtanspruch nach außen und ihrer Vergemeinschaftung nach innen. Das war mehr als der pathetische Appell, den er selbst bei Kriegsausbruch formuliert hatte. Denn Meinecke schrieb ja als Historiker, der scheinbar nüchtern, gelehrt und mit kluger, einfühlsamer Haltung zeigte, dass sich im Krieg schon erfüllte und weiter erfüllen würde, was seinen Ursprung in den großen Denkern des 18. und 19. Jahrhunderts gehabt hatte; es ging um den Entwurf einer wirklichen deutschen Nation, die zu ihrem »Wesen« gekommen war. Dafür, so empfand Otto wohl, lohnte es sich zu kämpfen.

Werke, in denen der Weltkrieg historisch, politisch und geistesgeschichtlich eingeordnet wurde, insbesondere in eine deutsche Nationalgeschichte, die sich in ihm erfüllte, blieben eine wichtige Textsorte für Otto – und auch für seine Familie, von der er entsprechende Anregungen und Sendungen erhielt. Am 20. Februar 1916 hatte Lily ihrem Sohn Johann Plenges »1789 und 1914. Die symbolischen Jahre in der Geschichte des europäischen Geistes«[32] geschickt – mit der Empfehlung, mit dem zweiten, besseren Teil zu beginnen. Auch Plenge machte, wie andere im »Geist von 1914« geschriebenen Werke, an diesen beiden Jahren den tiefen kulturellen Gegensatz zwischen der französischen und der deutschen politischen Kultur fest. In diesen Deutungen avancierte der August 1914 zu einer weltgeschichtlichen Zäsur als Beginn deutscher Kulturhegemonie in der Welt. Diese stand für »Gemeinschaft«, während der Französischen Revolution die Grundidee des Individualismus zugrunde lag. Nicht nur Lily Braun, auch Heinrich und Julie Vogelstein lasen Plenge und ermunterten Otto zur Lektüre. Doch dieser studierte zwar Plenges weltgeschichtlichen Entwurf, entwickelte aber keine Leidenschaft für den Autor und äußerte sich sogar distanziert, nachdem er am 8. März 1916 das Buch beendet hatte: »Plenges Schrift 1789 und 1914 … Sehr bedeutsam und bedeutend, doch stört die dumme Polemik gegen einen Zeitungsartikel viel.«[33] Einen weiteren Text von Plenge, den Julie Vogelstein

32 Berlin 1916.

33 Steffen Bruendel, Volksgemeinschaft oder Volksstaat. Die »Ideen von 1914« und die Neuordnung Deutschlands im Ersten Weltkrieg, Berlin 2003; Axel Schildt, Ein konservativer Prophet moderner nationaler Integration. Biographische Skizze des streitbaren Soziologen Johann Plenge (1874-1963), Vierteljahreshefte für Zeitgeschichte, S. 523-570; Plenge hatte sich, unter anderem in Heinrichs »Annalen«, in eine bittere Debatte um einige seiner volkswirtschaftlichen Theorien verbissen.

ihm empfahl und dessen Rezeption sie in einem späteren Brief erfragte, las er anscheinend nicht mehr (Otto an Julie, 22.4.16).[34]

Heinrich Braun war vor allem »zuständig« für die politisch-ökonomischen Deutungen, vor allem im Hinblick auf den inneren Zustand Deutschlands während des Krieges und die sich aus dem Krieg ergebende Nachkriegsordnung. Er selbst beschränkte sich anscheinend, wie man den Kriegsausgaben der »Annalen« entnehmen kann, auf die Erörterung politischer Sachfragen durch ausgewiesene Fachleute, sieht man von den Beiträgen zur Wahlrechtsreform ab. Der Überfluss und die Vielfalt an politisch-historischen Büchern, Aufsätzen, Autoren und Deutungen, in denen Otto seit Kriegsbeginn schwelgte, hatte natürlich viel mit der Position der Eltern, insbesondere Heinrichs, im aus Sozialdemokraten, Liberalen und Konservativen zusammengesetzten Intellektuellenmilieu der Hauptstadt zu tun, wie es sich auch in der »Deutschen Gesellschaft von 1914«[35] abbildete. Heinrich hatte als »revisionistischer« Sozialist und als selbst ernannter Brückenbauer ins bürgerliche Lager ebenso wie als Redakteur einer diesem Zweck dienenden Zeitschrift eine Fülle von Briefkontakten und persönlichen Bekanntschaften, Männer, die er selbst, Lily und auch Otto in Berlin trafen oder sogar als regelmäßige Gäste in ihr Haus im Erlenweg einluden. Schon deshalb fühlte Otto sich vermutlich als jüngs-

34 Vermutlich handelte es sich um das 1915 in Münster erschienene Buch: »Der Krieg und die Volkswirtschaft«, das die These von der gesellschaftlichen Prägekraft des Krieges für die Zukunft auf dem Gebiet der Kriegswirtschaft ausführte und den Anlass für die wissenschaftliche Kontroverse geliefert hatte.

35 Die »Deutsche Gesellschaft 1914« war Ende November 1915 in Berlin gegründet worden und fungierte als ein politische Lager übergreifender, loser Zusammenschluss von einflussreichen Persönlichkeiten aus Politik, Wissenschaft, Kunst, Militär, Presse und Wirtschaft, von dem Impulse für den »Geist von 1914« und die Gestaltung eines reformierten Nachkriegsdeutschlands ausgehen sollten. Heinrich Braun gehörte zu den Gründungsmitgliedern. Die D.G. unterhielt in Berlin und München je einen Klub, in dem sowohl die Vortragsveranstaltungen stattfanden als auch den Mitgliedern tagsüber Gesellschaftsräume zur Verfügung standen. Bernd Sösemann: Jenseits von Partei und Parlament. Walther Rathenaus »aufbauende Ideenpolitik« in der »Deutschen Gesellschaft 1914«, in: Hans Wilderotter (Hg.): Die Extreme berühren sich. Walther Rathenau 1867-1922. Eine Ausstellung des Deutschen Historischen Museums, Berlin 1993, S. 169-178.

tes Mitglied und künftigen Führer eines eingeweihten Kreises, in dem die wichtigsten Denker Deutschlands Gegenwart analysierten und seine Zukunft entwarfen. Insofern waren seine Lektüren Teil eines langfristig angelegten biographischen Entwurfs und die Korrespondenz mit dem Vater darüber diente zugleich der wechselseitigen Versicherung, ein gemeinsames politisches Projekt zu verfolgen. Dabei hatte Otto keine Scheu vor strengen Urteilen. Troeltsch[36] fand er »etwas zu vornehm und abgeklärt« (an die Eltern undatiert, Ende Februar 1916). Rudolf Borchardts Rede »Der Krieg und die deutsche Selbsteinkehr«, eine Empfehlung des Vaters, dagegen »sehr erregend« (T3, 26.11.15). »Einen Stich durch die Seele gibt mir allerdings der Waschzettel auf dem Umschlag; dieser Sau-Fischer ist doch das Zerrbild des degoutanten, ekligen Juden und solch ein unsauberer Kerl macht ›deutsche Literatur‹, nun ja, Literatur.«[37] »Jüdisches« blieb ihm suspekt, wobei diese Abneigung sich meist nicht gegen konkrete Juden (wie Borchardt einer war) richtete, sondern gegen etwas, was sich ihm im negativen Sinn als jüdische, d.h. national nicht ganz zuverlässige Kultur darstellte.

Im »Feuer« der Ostfront im Frühjahr 1916 mochte Otto gar nichts anderes lesen als politisch-historische Literatur. Im Frühsommer 1916 hatte er »Treitschke mit Begeisterung begonnen« (T3, 20.6.16),[38] eine Empfehlung seines engen Kriegsfreunds, des jungen Leutnants Boye, und er schrieb darüber enthusiastisch an

36 Ernst Troeltsch (1865-1921), Theologe und Liberaler, wurde 1915 Professor für Philosophie in Berlin.

37 Rudolf Borchardt, Der Krieg und die deutsche Selbsteinkehr. Rede öffentlich gehalten am 5. Dezember 1914 zu Heidelberg, wurde (zuerst) in der Zeitschrift »Die Argonauten« veröffentlicht (Heft 8, 1915). Die Rede Borchardts wurde von den meisten Zeitgenossen als patriotischer Text aufgenommen und entsprechend gewürdigt; tatsächlich nahm B. darin eine recht kritische Haltung zu den aggressiven Kriegszielen Deutschlands ein. Ein Nachdruck bei Fischer und ein dazugehöriger »Waschzettel« konnten nicht gefunden werden. Er könnte aber den anscheinend sehr verschlüsselt formulierten kritischen Gehalt der Rede verstärkt und dadurch Ottos Wut erregt haben. Fischer veröffentlichte 1916 eine ähnlich betitelte Schrift Borchardts, »Der Krieg und die deutsche Verantwortung«.

38 Heinrich von Treitschke (1834-1896). Vermutlich handelt es sich um die zwischen 1879 und 1894 erschienene »Deutsche Geschichte im neunzehnten Jahrhundert«.

Julie, Treitschke erzähle »die Geschichte Deutschlands wahrhaft wie ein Heldengedicht mit erhaben bewegten Gestalten vor gewaltigem Hintergrund«. (undatiert, 2. Junihälfte 1916) Im November kommentierte er allerdings die Lektüre des siebten Bandes (»Belle Alliance«): »Sehr viel Schönes, Lehrreiches; doch ist Tr. oft unangenehm voreingenommen.« (T4, 2.11.16) Otto begann auch die Parteilichkeit Treitschkes, der bei der Darstellung innerpreußischer Konflikte immer mit dem König hielt, zu kritisieren. Schließlich wandte er sich von Treitschke ab bzw. las ihn immer stärker, um sich von ihm zu distanzieren.[39] Im Sommer 1916, inmitten verschärfter Kämpfe, begann er mit der Lektüre »einige(r) von Lichtenbergs Aphorismen; viele eminent Geistreiche, selbst Weise. Immer wieder fällt bei diesem, wie bei den meisten Deutschen des 18. und 19. Jahrhdts. die tiefe Mißachtung Deutschlands, das mangelnde Vertrauen, ja und ich kann mir nicht helfen, auch die mangelnde Liebe und der Glauben und die Hoffnung zum Vaterlande auf.« Wie könne man erklären, dass sich dies so ins Gegenteil verändert habe? »Es ist nicht zu leugnen, dass diese, wie alle ähnlichen Wandlungen, ganz wesentlich der politischen Neugestaltung zu verdanken ist und zwar nicht nur der großen Tat an sich, sondern der Tat die augenfällig sichtbar baut und schafft. Kurz, um einen Namen zu nennen, Bismarck vor allem haben wir es zu danken, dass es wieder ein deutsches Nationalgefühl gibt.« (T3, 20.6.16) Mitten im schlimmsten Beschuss an der Ostfront (T3, 31.7.16) las er »Th. Mann ›Friedrich u.d. gr. Koalition‹«[40] und in Galizien »Friedjung, Kampf um die Vorherrschaft«[41] (T4, 9.10.16). Die Lektüre des österreichischen Juden, Deutschnationalen und Anhänger einer großdeutschen Lösung sollte wohl dazu dienen, seiner Enttäuschung über das multinationale Habsburger Reich,

39 Ausführlich auch T4/18.1.17, 6.2.17, 8.2.17. Allerdings schrieb er dem Vater am 22. März 1918 über Treitschkes »Cavour« (in: Historische und politische Aufsätze, Bd. 2/1886, S. 243-402), er lese den Text über den Protagonisten der italienischen Nationalstaatsbildung »mit Entzücken«.

40 Thomas Mann: Friedrich und die große Koalition, Berlin 1915.

41 Heinrich Friedjung, 1851 in Mähren geboren, behandelte in seinem zweibändigen Werk »Der Kampf um die Vorherrschaft in Deutschland 1859-1866« (Stuttgart 1900) die Auseinandersetzungen zwischen Preußen und Österreich um die Nationalstaatsgründung.

an dessen Seite er jetzt kämpfte, historische Tiefe zu geben. In den nächsten Tagen las er »viel Friedjung« (T4, 11.10.16), den er nach zehn Tagen beendete. »Ich bin jetzt in einer richtigen Periode der Arbeit, lese Friedjung der wie ein Epiker schreibt, breit, farbig und mit dem verhaltenen Pathos des Sängers, der die Enkel trotz allem, – mahnt, ich habe selten ein interessanteres, spannenderes Buch gelesen, wie arm erscheinen mir die Geschichte der Einzelnen gegenüber derjenigen der Völker, wie langweilig ein Roman gegenüber einem Geschichtswerk!« (An Julie, 6.11.16) An der galizischen Front hatte er »Abends Ranke's Große Mächte« begonnen.[42] (T4, 29.10.16), der Berliner Sommer 1917 war dagegen weniger von historischen Studien geprägt gewesen, eine Ausnahme bildeten Bismarcks Memoiren: »Gedanken und Erinnerungen« (T5, 8.7.17). Im Winter und Frühjahr 1918, zurück im Krieg, las er wieder mit Vorliebe historische Werke; so schrieb er dem Vater nach seiner Ankunft an der Westfront (6.4.18) beruhigend, es gebe nicht viel zu tun, er lese Rohrbachs »Weltpolitische Wanderungen«.[43] Es folgten Schiller »Der Abfall der Niederlande«, (T7, 11.4.18) und Otto Hammann »Der Neue Kurs. Erinnerungen«[44] (T7, 21.4.18). Erst in den letzten Tagen vor seinem Tod fand er für diese Lektüre keine Zeit mehr.

* * *

Jenseits solcher Werke, in denen die nationale und weltgeschichtliche Bedeutung des Krieges entfaltet bzw. der Weltkrieg als Ereignis gedeutet wurde, in dem sich die Verheißungen der deutschen Geschichte erfüllten, versuchte Otto, sich im engeren Sinne

42 Leopold von Ranke, Die großen Mächte, zuerst 1833. Vermutlich las Otto die von Friedrich Meinecke eingeleitete Ausgabe des Leipziger Inselverlags von 1916.

43 Paul Rohrbach, Weltpolitisches Wanderbuch 1897-1915, Königstein 1916. Rohrbach (1869-1956) stammte aus einer baltendeutschen Familie, war Theologe, vor dem Ersten Weltkrieg Kolonialbeamter und Anhänger eines antirussischen Nationalismus.

44 Berlin 1918. Hammann war – als Publizist – Zeitzeuge der Etablierung des Neuen Kurses, also der Richtungsänderung in der Innenpolitik nach der Abdankung Bismarcks, gewesen. Dennoch ist unklar, warum Otto sich für Buch oder Autor interessierte.

Klarheit darüber zu verschaffen, wie sich an dem konkreten Ort, an den er gestellt war, Geschichte vollzog bzw. Zukunft gestaltet werden konnte. Sein Einsatz an der Ostfront führte deshalb zu einem starken Interesse an Russland, Polen und allgemeiner dem »Slawentum«.

Ende April 1915 begann er »Mereschkowski, ›Zar Peter und Alexei‹« (T1, 23.4.15), dessen Lektüre er in den folgenden Tagen und Wochen immer wieder begeistert erwähnte.[45] Angesiedelt im Russland Peters des Großen und basierend auf dem Konflikt des Zaren mit seinem Sohn Alexei, der in der Hinrichtung des Letzteren gipfelte, entwirft Mereschkowski ein Bild Russlands, das durch den von Peter dem Großen vertretenen Terror der Aufklärung in tiefste Unordnung geraten ist. Alexei, der den Vater liebt aber auch fürchtet, kann sich diesem nicht entziehen, lebt ziel- und haltlos am Hofe, wo er zum exzessiven Trinken und Feiern gezwungen wird. Erst die zunehmende Grausamkeit des Vaters auch ihm gegenüber stärkt seinen inneren Widerstand und führt schließlich zur Flucht, zusammen mit seiner Geliebten, einer einfachen Frau aus dem Volke. Dem Zar gelingt es mit falschen Versprechungen, den Sohn aus Italien zurück nach Russland zu holen, wo ihm der Prozess gemacht wird, der mit seiner Verurteilung und Hinrichtung endet. Dieser Gang der Erzählung gibt Mereschkowski Gelegenheit, das Russland Peters des Großen in seiner ganzen Primitivität und Rückständigkeit zu zeigen: materiell, kulturell und moralisch. Zar Peters Versuche, durch Reformen und die Übernahme westlicher Wissenschaften und Philosophie sein Reich zu europäisieren, scheitern trotz allen Terrors an der Unvereinbarkeit russischer Kultur mit europäischen und westlichen Sitten und Werten.

45 Dmitrij S. Mereschkowski, Peter der Große und sein Sohn Alexei. Historischer Roman aus Rußlands großer Zeit, Berlin 1913. Mereschkowski gilt als früher Vertreter des russischen Symbolismus mit stark antiwestlichen, religiösen und völkischen Zügen, der eine Zeitlang beträchtlichen Einfluss auf die deutsche intellektuelle Rechte, so auch Moeller van den Bruck ausübte. Volker Weiß, Dostojewskijs *Dämonen.* Thomas Mann, Dmitri Mereschkowski und Arthur Moeller van den Bruck im Kampf gegen »den Westen«, in: Heiko Kauffmann, Helmut Kellershohn, Jobst Paul (Hg.): Völkische Bande. Dekadenz und Wiedergeburt – Analysen rechter Ideologie, Münster 2005.

Otto las den – durch seine drastisch ausgeführten Gewaltszenen zutiefst verstörenden – Roman als ein derbes, Abscheu erregendes Sittenbild Russlands. Das »Wissen« um russische Despotie und Rückständigkeit, das Otto sich schon vor dem Krieg durch seine Dostojewski-Lektüre verschafft hatte und das er im polnisch-russischen Land, in dem er auf den Kampf wartete, bestätigt fand, verband sich ihm mit dem Erlebnis der Lektüre zu einem großen, negativen Ganzen und gab dem Krieg, den er an der Ostfront führen wollte, einen weltgeschichtlichen Sinn: »Gestern las ich mit höchster Spannung Mereschkowskis ›Peter den Großen‹ zu Ende«, schrieb er den Eltern.

»Das Buch ist in eminentem Grade aktuell und mit ungemeiner Klugheit geschrieben. Es hat natürlich nichts mit Dichtung zu tun, und manches, was wohl künstlerisch komponiert sein soll, ist gekünstelt. Aber es ist fabelhaft, wie stark und leibhaft ›Russland‹ sich hier darstellt. Toll und wüst, unheimlich überwältigend und kindlich schwach, zwischen allen Extremen schwankend, Tier und Gott, strudelnd und sich überstürzend, ohne Form und Ziel, wer kann aber ahnen, was in diesen Weiten schlummert? Kennt Ihr die Verse: Östliche Wirren ›Strohfeuer bleibt dies Schlagen und dies Rasen//Bis sich inmitten ziellosen Geschreis//Der Eine hebt – doch wahre Gluten blasen//Wer kann es in ein Volk aus Kind und Greis‹.[46] Das ist so fabelhaft war [sic]. ›Der Eine‹ war gewiss Peter, dennoch ist sein Leben so grenzenlos tragisch wie kaum eins. Man kann wohl sagen, dass sie sich gegenseitig zermalmt haben, das Land und sein Zar. ~~Er ist~~ Sein Europäertum ist doch zuletzt von der wahnwitzigsten Barbarei überwunden worden, ihn vernichtete das alte Russland, aber er rächte sich und das alte Russland hat er wieder vernichtet. Wie dieser unermessliche Zwiespalt, an dem das Land seit jener Zeit siecht, enden soll, ist nicht auszudenken. Vielleicht kommt ›der Eine‹ ein noch größerer als Peter und gibt diesem Weltteil … Sinn und Ziel, vielleicht auch überfluten diese formlosen Massen das stolze Europa wie ein langsam fortschreitendes Moor ohne einen neuen Gott der Welt zu gebären. Das wäre wohl das Ende der Welt … Aber ich glaube dass vorläufig und

46 Otto zitiert hier ein Gedicht von Stefan George aus: Der siebente Ring. Die Unterstreichungen stammen von ihm.

noch auf lange das Herz der Völker immer noch in Europa schlägt, vielleicht, wie Hölderlin sagt, gar noch im heutigen Deutschland und dass dies Europa und dies Deutschland unendliches »im Griff halten«, eh in Jahrhunderten die Bestien von Ost, dann vielleicht schon gewachsen und gebildet durch uns, über uns siegend herfallen. Trotzdem werden die kommenden Jahrhunderte in eminentem Maße den Kampf zwischen Slawen und Germanen zeigen; darum ist die Frage auch von höchstem Interesse.« (28.4.15)

So glaubte er, sich auch noch Georges bedienen zu können, um sein Russlandbild bestätigt zu finden. Indem er diesen zitierte und sich dabei ausnahmsweise der Groß- und Kleinschreibung bediente, nahm er nicht nur Rücksicht auf Lily, die sich über Georges Sonderschreibregeln aufgeregt hatte, er gab dem Gedicht auch einen weniger geheimnisvollen, wirklichkeitsbezogeneren Charakter. Georges dunkler »Eine« wird Peter der Große, die »östlichen Wirren« werden im ganz konkreten Russland mit seinem Chaos und Volk aus Kindern und Greisen verortet. Otto, der mit russischer Geschichte vermutlich wenig vertraut war, schien das Gelesene wie eine Beschreibung und Erklärung des Gesehenen. Dafür konnte er mit Mereschkowski sowohl einen russischen Zeugen anführen als sich auch auf höchste Dichterautoritäten berufen. Zwischen Europa und dem Westen einerseits, Russland und dem Osten andererseits bestand demnach ein unüberbrückbarer, grundlegender Gegensatz. Russland war nicht nur »anders« im Sinne Mereschkowskis, sondern unheimlich. Das Land war für Otto Inbegriff von Chaos, während Deutschland »Form« repräsentierte. Daraus folgerte er die Notwendigkeit des Krieges gegen Russland, ja: dessen kulturelle Vernichtung.

Während seines Heimaturlaubs im November 1915, also nachdem er an dem schnellen Vorstoß tief in russisches Gebiet teilgenommen hatte, verfolgte er sein »Interesse« an »den slawischen Dingen« weiter. »Oft mit Wut las ich des grauenhaft widerwärtigen Dostojewski ›Literarische Schriften‹.[47] Von einer uns Euro-

47 Die »literarischen Schriften« waren eine Sammlung von oft autobiographisch geprägten Aufsätzen. Dostojewskis Werke wurden seit 1906 ins Deutsche übersetzt, vom Verlag Piper in München verlegt und von Arthur Moeller van den Bruck herausgegeben.

päern, die wir die Form gewohnt sind, oft unerträglichen Breite und Geschwätzigkeit, dumpf und bös, sagt er doch vieles, was wir im tiefsten beachten und wissen müssen. Darum las ich ihn.« (T2, 6.-19.11.15) Die wiederholte Dostojewski-Lektüre diente ihm also nicht nur dazu, sich des »Dumpfen und Bösen« der russischen Kultur erneut zu vergewissern (er las parallel sein eigenes Vorkriegsdrama »Eros und Psyche«), sondern er wollte auch etwas Undefiniertes daraus mitnehmen; dessen Inhalt und Zweck blieb zwar unerwähnt, insofern lässt seine Bemerkung auch die Möglichkeit offen, dass es sich um etwas Wertvolles handeln könnte und nicht nur um Wissen über eine Kultur, die man beherrschen oder vernichten will. Unfähig, sich von Dostojewski zu lösen, las er im Dezember 1917 dessen Erzählung »Die Sanfte«, um sich wieder über ihn zu ereifern: Es tue ihm »physisch weh, ihn zu lesen, quält und reizt mich unerhört«[48] (T6, 16.-28.12.17). Nach seiner Verwundung im November 1916 begann er im Lazarett die Lektüre der Memoiren Katharina II.,[49] und im Sommer 1917, als in Russland die Februarrevolution ausgebrochen und ein Separatfrieden absehbar war, und als er sich selbst als zukünftigen Führer Russlands imaginierte, diente ihm Trubetzkois »Russland als Großmacht«[50] als historische Folie (T6, 28.8.17).

Unmittelbar nach Beendigung von Mereschkowskis Roman hatte Otto am 27. April 1915 »Cleinow, ›Zukunft Polens‹« zu lesen begonnen.[51] Ins Tagebuch (T1) notierte er am selben Tag:

48 Es handelt sich um eine tragische Ehegeschichte, die mit dem Selbstmord der Frau endet. Der Text lag zu dieser Zeit sowohl im Rahmen der »Gesammelten Werke« beim Verlag Piper als auch als Einzelausgabe in der Insel-Bücherei vor.

49 G. Kuntze (Herausgeber und Übersetzer), Erinnerungen der Kaiserin Katharina II, Stuttgart 1907.

50 Grigory Trubetzkoi, Russland als Großmacht, Stuttgart/Berlin 1913.

51 George (Georg) Cleinow, Die Zukunft Polens, 2 Bde., Leipzig 1908-1914. Cleinow wurde 1873 in Lublin geboren und starb 1936 in Berlin. Er war von 1909-1920 Herausgeber der Zeitschrift »Die Grenzboten« für die deutschsprachige Bevölkerung im polnischen Territorium; die 1841 gegründete »Zeitschrift für Politik, Literatur und Kunst« sah sich als »das Organ aller nationalgesinnten Deutschen« (vgl. Werbung im Anhang zu Cleinow Bd. 1. 1914-1916). Während des Weltkriegs arbeitete er bei der deutschen Presseverwaltung in Lodz und Warschau. Nach Kriegsende gründete er in Westpreußen und Posen »Deutsche Volksräte« als Gegengewicht zu den polnischen Volksräten und wurde deren Vorsitzender.

»Viele Gedanken über Slawentum.« Solche »Gedanken« dienten ihm auch in Bezug auf Polen dazu, sich durch Lektüre, sowohl wissenschaftlicher als auch belletristischer Natur, eine Vorstellung von der Kultur zu machen, der, im weitesten Sinne, der »Feind« angehörte. Denn dieser »Feind« war ja vor allem durch seine minderwertige bzw. fremde Kultur definiert. Diese aber verstand Otto als ethnisch, weniger als national bestimmt. Insofern repräsentierten Russen und die von ihnen unterworfenen Polen dasselbe »Slawentum«. Beide begegneten ihm überwiegend als eine ungebildete und sinnliche Masse, und in dieser Hinsicht ähnelten sie den Juden aus den Dörfern und Kleinstädten, durch die Otto geritten war. Mit Cleinow hatte er sich nun einem Autor anvertraut, der als Deutschstämmiger in Polen geboren und aufgewachsen war, aber dann von Deutschland aus eine dezidiert antipolnische Position vertrat. Cleinow, den er allerdings nur einmal erwähnte und wahrscheinlich nicht ganz las – es handelt sich um ein zweibändiges, insgesamt knapp 600 Seiten starkes Werk – folgte der damals in Deutschland vorherrschenden Deutung, der polnische Staat habe seinen Untergang selbst verschuldet. Zwar gestand er auch den Polen, »dem schwergeprüften Volke«,[52] ein Menschenrecht auf den Kampf um eigene Staatlichkeit zu, aber »sie zurückzudrängen und womöglich zu vernichten ist nicht nur unser Recht, sondern unsre Pflicht. *Unser* Kampfmittel ist *unsere* Kultur, die uns solange den Rechtstitel für unsre Polenpolitik gibt, solange sie besser, d.h. stärker ist als die polnische.«[53] Otto wollte sich jenseits seiner unmittelbaren, ganz überwiegend negativen Wahrnehmungen mit polnischer (= slawischer) Kultur und Geschichte ernsthaft auseinandersetzen. Deshalb las er anschließend Aleksander Brückners »Der Weltkrieg und die Slawen«.[54] Brückner, einem polnischstämmigen Professor an der Berliner Universität, ging es um die Dekonstruktion der Idee des »Slawischen« bzw. des Panslawismus. Es handele sich dabei um den Versuch Russlands, unter solchen

52 Cleinow Bd. 1, S. 35.

53 Ebenda S. 13. Hervorhebungen durch mich.

54 Aleksander Brückner: Der Weltkrieg und die Slawen, Rede gehalten am 15. März 1915 (Deutsche Reden in schwerer Zeit 21), Berlin 1915; später hat Brückner seine Vorträge und Aufsätze aus der ersten Hälfte des Krieges in einem Sammelband veröffentlicht: Die Slawen und der Weltkrieg, Tübingen 1916.

Begriffen die eigene Vorherrschaft über andere slawische Völker zu gewinnen, und hier sah er insbesondere Polen im Gegensatz zu Russland, Polen, das sich frühzeitig westlich orientiert habe und dessen historische Mission es sei, Europa vor dem nach dem Orient ausgerichteten Russland zu schützen: ein Bollwerk gegen die russischen Weltmachtansprüche und seine uneuropäischen Werte. Otto setzte sich durch diese Lektüre widersprüchlichen Geschichtsdeutungen Polens aus. Das alles verweist auf seine Ernsthaftigkeit, mit der er den Gegner bekämpfen, aber auch den historischen Sinn dieses Kampfes verstehen wollte.

Ottos »slawische Gedanken« (T2, 18.9.15) schwankten zwischen antirussischer und antipolnischer Orientierung. Anders als die Literatur zur Rolle Deutschlands in der Geschichte und in der Welt, die er von seinen Eltern oder Julie Vogelstein erhielt und mit ihnen erörterte, scheint die Lektüre über »das Slawentum« Otto eher dazu gedient haben, seine eigenen Aufgaben im Krieg historisch-politisch zu verstehen – und gleichzeitig Friedensvorstellungen zu entwickeln, die stets vom Siegfrieden ausgingen und Pläne einer langfristigen Nachkriegsordnung im Zeichen deutscher Hegemonie beinhalteten.

Als er im Februar 1918 Richtung Italien auszog, stattete er sich wieder mit entsprechender Reiseliteratur aus: Jetzt las er Italienisches, nach Ricarda Huchs Biographie über Federico Confalonieri[55] eine »sehr schöne italienische Novelle von Stendhal« (T7, 21.2.18, S. 22), außerdem eine Überblicksdarstellung italienischer Geschichte des 19. Jahrhunderts[56], aus der er wieder einmal lernte, »dass in der Weltgeschichte immer nur der lebendige Organismus, das organisierte Volk, der Staat Recht behält, niemals die theoretische Konstruktion und ein noch so geniales Ideengebäude« (T7, 6.3.18).

In die Lektürekategorie fachwissenschaftlicher Begleitung des Krieges gehörte auch militärkundliche Fachliteratur über Kriegsführung als Profession. Je mehr Otto den Krieg nämlich als ein Handwerk verstand, das gelernt werden konnte, und als eine Kunst,

55 Das Leben des Federico Confalonieri, Leipzig 1910. Es handelte sich um die Geschichte eines lombardischen Adligen, der Anfang des 19. Jahrhunderts für die Unabhängigkeit von Frankreich gekämpft hatte.

56 Udo M. Hartmann, 100 Jahre italienischer Geschichte 1815-1915, München 1916.

zu der er Talent verspürte, umso drängender wurde sein Wunsch nach systematischer Bildung auf diesem Gebiet – von Clausewitz bis zum »Handbuch für Einjährig-Freiwillige, Reserve-Offizier-Aspiranten und Offiziere des Beurlaubtenstandes«[57]. Clausewitz' »Vom Kriege«[58] dürfte Otto gefallen haben, weil es sowohl einen systematischen, philosophischen Zugang als auch eine komplexe, historische Sicht auf das Phänomen des Krieges bot. Hier fand sich für ihn auch ein intellektuell reizvoller Ansatz, den Krieg ganz unter dem Gesichtspunkt eines neuen Expertentums zu betrachten. Zwar begann er im Verlaufe seines eigenen Krieges erst allmählich, sich als Berufssoldat zu verstehen, also auch eine militärische Karriere zu erwägen – aber wichtiger war es zunächst, aktuelle Fragen der Strategie und Taktik, der Kriegstechnik und des militärischen Regelwerks beurteilen zu können – denn dass er im Krieg selbst Karriere machen, also möglichst hochrangig befördert werden wollte, war insofern eine Selbstverständlichkeit, als er sich ja hier als Führer bewähren musste und Beförderungen Ausdruck der Anerkennung seiner militärischen Bewährung – im Feld und im Feuer – darstellten. Während der unbefriedigenden Kämpfe in Galizien entdeckte Otto den 1913 verstorbenen Alfred von Schlieffen. Dem Vater gegenüber bezeichnete er dessen Analyse der Schlacht bei Cannae[59] als »ein offenbar unvergleichliches Werk, das den Einen Gedanken der Vernichtungsschlacht mit genialer Einfachheit durch alle Zeiten verfolgt. Herrlich ist hier die monumentale Einfachheit des dennoch bis ins feinste durchgeführten Stils, kein Wort zuviel, kein Satz, den man nicht zweimal lesen müsste, um seinen immer im Knappsten ausgeprägten Sinn zu erfassen. Ich kenne kein Buch, das weniger redete, mehr sagte als dieses, vielleicht Caesar …« (23.10.16)

57 Das »Handbuch« stammte von Emil Hartmann und war 1915 in Berlin in 8., aktualisierter Auflage erschienen.

58 Vermutlich benutzte Otto eine gekürzte Ausgabe des 1831 erschienenen, mehrbändigen Werkes »Vom Kriege«, das der Leipziger Insel-Verlag herausgegeben hatte.

59 Alfred von Schlieffen, Cannae, in ders., Gesammelte Schriften, Bd. 1, Berlin 1913. Die Schlacht von Cannae im 2. Punischen Krieg wurde von Hannibals Truppen trotz Unterzahl gewonnen, nachdem es gelang, die Römischen Streitkräfte in einer sogenannten Umfassungsschlacht einzukreisen.

Die Lazarettzeit im November 1916 verbrachte Otto dann mit intensiver, fast schwärmerischer Schlieffen-Lektüre, aus der er nicht nur die Überzeugung mitnahm, dass dieser ein genialer Stratege war, sondern dass er auch beim Schreiben eine eleganten, formvollendeten Stil pflegte. Diese Eleganz las Otto auch in dessen Schlacht-Entwürfen, die er wie Choreographien in seinem Tagebuch wiedergab. Erneut war ihm der Krieg als ein vornehmlich ästhetischer Vorgang zentral. »Wie hätte dieser Mann unseren Krieg geführt!« (T4, 27.11.16) Ab Mitte Dezember 1916 widmete er sich der Lektüre der Befreiungskriege, begann mit Gneisenau, »hingerissen von der Kraft und Grösse dieser heldischen Erscheinung, dabei von welch durchdringender Schärfe des Gedankens!« (T4, 18.12.16)

Zu einer militärwissenschaftlichen Aneignung des Krieges gehörte natürlich die Lektüre der jüngsten Weltkriegsgeschichten, die ja schon während des Krieges erschienen. So begann er 1917 in Berlin die Lektüre von Stegemanns »Geschichte des Krieges«.[60] Im März hatte er dessen Darstellung der Marneschlacht zu Ende gelesen und war »Fabelhaft erschüttert. Das tiefe Geheimnis dieser Götterschlacht bleibt dennoch ungeklärt. …« (13.3.17) Auch las er »zum ersten Mal eine vernünftige Darstellung von ›Tannenberg‹. Auf's höchste ergriffen davon. Hier zum ersten Mal eine Durchführung der klaren edlen Schlieffenschen Grundsätze.[61] Keine Anhäufung von Reserven. Ein wahrhaft heroisches Vertrauen auf die Truppe … Es ist doch das Höchste, das einem Menschen beschieden sein kann, den Sieg in der Feldschlacht davonzutragen. Es grenzt ans Letzte und die Alten wussten wohl, warum sie gerade die Helden des Schlachtfeldes so oft zu Helden erhoben, es ist wirklich beinahe das Tun eines Gottes.« (T5, 3.3.17) So eignete er sich den Krieg als Kunst an, die derjenigen der großen Dramatiker ähnelte: eine schlüssige, durchdachte und überzeugende Disposition mit einer angemessenen Inszenierung durch einen begabten Regisseur, die bei Mitspielern wie Betrachtern die große Zufriedenheit des Gelingens hervorrief. Hatte er nie Tolstois »Krieg und Frieden« ge-

60 Herrmann Stegemann, Geschichte des Krieges, 4 Bände, Stuttgart 1917 (Bd. 1, 2), 1919 (Bd. 3), 1921 (Bd. 4).

61 Gemeint ist der sogenannte Schlieffen-Plan (1905), demzufolge ein zukünftiger Zweifrontenkrieg vermieden werden sollte, indem zunächst Frankreich unterworfen, danach Russland besiegt würde.

lesen, dessen ausführliche Schlachtbeschreibungen seinen eigenen Erfahrungen sehr viel näher waren?

* * *

Dass Otto selbst bei militärischer Fachlektüre von den Göttern nicht absehen mochte, verweist auf die durchgängige, themenunabhängige Bedeutung des klassischen Griechenland als eines umfassenden Interpretaments. Die entsprechenden Texte und Autoren bildeten einen Teil seiner »Hausbibliothek« im Krieg, auf die er immer wieder zurückgriff. Zu dieser gehörten auch seine literarischen Vorbilder Friedrich Hölderlin, Johann Wolfgang Goethe, Friedrich Nietzsche und Stefan George; Letztere bildeten auch insofern eine Gruppe, als sich jeder dieser Autoren positiv auf die anderen bezog, denen er nachlebte, während alle im klassischen Griechenland einen zentralen Bezugspunkt fanden.[62] Später, als Otto »im Feuer« lag und weniger Zeit zum Lesen hatte, blieben deren Schriften ebenso bei ihm wie die griechischen Klassiker, besonders nachdem er einen Freund gefunden hatte, mit dem er seine Leseerlebnisse teilen konnte. Diese Lektüre stammte zwar aus der Vorkriegszeit, war aber im Krieg mit zusätzlichem Sinn aufgeladen worden, weil es ja galt, diese Kultur vor der Barbarei der Feinde zu verteidigen. Sie diente unter den Bedingungen des täglichen Tötens und Sterbens aber auch dazu, sich eines unverlierbaren, unveränderbaren Persönlichkeitskerns immer wieder zu versichern und sich zu vergewissern, dass der durch den Krieg keinen Schaden genommen hatte.

Scheinbar zeitlos waren die griechischen Helden und ihre Geschichten. So las Otto den »Prometheus« von Aischylos in deutscher Übersetzung,[63] wobei er sich das griechische Original vorstellte, »und da ward es ungeheuer, wie das ganze Werk mir

62 Esther Sünderhauf, Griechensehnsucht und Kulturkritik. Die deutsche Rezeption von Winckelmanns Antikenideal 1840-1945, Berlin 2004; mein Dank an die Autorin für ein ausführliches Gespräch! Barbara Stiewe, Der Dritte Humanismus. Aspekte deutscher Griechenrezeption vom Georgekreis bis zum Nationalsozialismus, Berlin 2008. Dank an Justus Cobet für den Verweis auf den »Dritten Humanismus«.

63 Vermutlich benutzte er die 1913 im Insel-Verlag erschienene Übersetzung von Carlo Philips.

den Eindruck unerhörter Mächtigkeit und Inbrunst macht« (T1, 16.1.15). Da hatte sich schon der Konflikt mit dem Rittmeister abgezeichnet und der Beginn der in seinen Augen unwürdigen Existenz als junger Offiziersanwärter, der, statt zu kämpfen, sich sinnlos drillen lassen musste. »Der gefesselte Prometheus« bot sich in seinem jugendlichen Aufbegehren gegen Gottvater Zeus, dem er das Feuer gestohlen hatte, besonders zur Identifikation an. Die »ungeheure« Lektüre mag ihn auch zu den pathetischen Ausführungen über den Krieg inspiriert haben, die vom Tag nach der Erwähnung des »Prometheus« stammen.

Am 29. April 1915 beendete Otto sein erstes Tagebuch mit dem Eintrag: »Mit großer Begeisterung und brennendem Interesse den Alexander von Plutarch begonnen.[64] Was ist das ein Held! Wie rein, und stolz, so ganz ›Held‹ erscheint er. Welch eine Lebendigkeit geht von ihm aus!« Offensichtlich war Ottos Alexander-Lektüre von dem Wunsch geprägt, selbst ein solcher Held zu sein – aber welche Eigenschaften machten den Protagonisten eigentlich zum Helden? Otto erwähnte seine Reinheit und seinen Stolz. Plutarchs Beschreibung Alexanders spricht in der Tat von seiner Großzügigkeit gegenüber seinen Freunden und Feinden, gegenüber seinen Gefangenen und den Frauen. Er erscheint dort ohne Rachsucht oder Grausamkeit – zumindest zu Beginn. Je erfolgreicher und mächtiger der Held wurde, desto größer wurde jedoch – in Plutarchs Darstellung – seine Unberechenbarkeit gegenüber Freund und Feind. Sein Stolz hingegen war zunächst eine Folge seines außergewöhnlichen kriegerischen Erfolgs, und dieser wiederum war Alexanders Kunst und Geschick bei der Kriegführung und Friedenssicherung geschuldet. Er war kultiviert, wusste zu herrschen im Sinne der Griechen ebenso wie im Sinne der Barbaren. Alexanders Leben, von Kampf und Eroberung erfüllt, stand jedenfalls in krassem Gegensatz zu Ottos lähmendem Warten auf den Krieg. Ganz unten auf der letzten Heftseite fügte er am 30. April 1915 dem Eintrag über Alexander an: »Ich glaube, es geht los.« (T1)

64 Wahrscheinlich las Otto Plutarchs Alexanderbiographie in der Langenscheidt'schen Ausgabe, dem 43. Band griechischer und römischer Klassiker (Plutarch I, Plutarchs ausgewählte Biographien, Berlin o.J.), in der Übersetzung von Eduard Eyth.

Die griechischen Klassiker boten mit dem Konzept des Helden eine zentrale Figur, auf die Otto sich im Sinne eines Ich-Ideals direkt beziehen konnte. Das ganze Pathos seiner Existenz im Krieg lebte ja von der Idee des mutigen, anmaßenden, tragischen, großartigen, auftrumpfenden und edlen Helden. Solange er im Krieg noch keine Gelegenheit gefunden hatte, dieses Ideal Wirklichkeit werden zu lassen, bereitete er sich zumindest innerlich darauf vor.

Während des ersten Heimaturlaubs im November 1915 las Otto den 6. und 7. Gesang der Odyssee,[65] und dazu Stefan George, »dessen Sprache und Kunst mir nun wohl ganz notwendig und vollkommen erscheint, er selbst als hohes Sinnbild des neuen kommenden Reichs … ich las auch meine eigenen … Gedichte und Eros und Psyche[66], erstaunt fand ich das viel neuer, reifer, schöner, als ich gedacht. So bemerkte ich voll Glück, dass die Götterbilder früherer Zeit mir nicht geblichen sind, sondern hehr wie ehemals funkeln, wenn auch ein neues Leben viel Neues zeigte und Altes manchmal anders erscheinen liess.« (T2, 6.-19.11.15)

So überprüfte er sich lesend, ob er noch der war, als der er ausgezogen war, oder inwieweit er zumindest an diesen Früheren anknüpfen konnte; inwieweit die Versprechen der Kultur, die er vor dem Krieg und in dessen Verlauf so aufgesogen hatte, noch Geltung hatten; und indem er einen Dostojewskitext anschloss (s.o.) bestätigte er die kulturellen Feindbilder, die im Krieg so wichtig geworden waren.

Anfang 1916 vertiefte Otto sich nächtelang in Nietzsches »Götzendämmerung«; außerdem sandte ihm Lily den 2. Band des »Willen zur Macht«, in dem sie selbst viel lese. Sie »komme aus Staunen und Bewunderung nicht heraus. So unglaublich viel ist drin, was uns als neuste, eben geborene Erkenntnis erscheint.« (2.2.16) In Ruhestunden vertrieb Otto sich die Zeit anschließend mit der Lektüre der »Fröhlichen Wissenschaft«[67], die er »mit Leidenschaft« (T3,

65 Im 6. Gesang findet Nausikaa den gestrandeten Odysseus und nimmt sich seiner an. Im 7. Gesang empfängt ihr Vater Alkinoos, der König der Phaiaken, den Fremden, und dieser beginnt, die Geschichte seiner Irrfahrten zu erzählen.

66 Von Otto als »Fünf Szenen nach Motiven aus Apuleius 64« untertitelt und posthum veröffentlicht in Julie Vogelstein (Hg.), Otto Braun. Aus nachgelassenen Schriften eines Frühvollendeten, Berlin 1920, S. 245-289.

67 Welche Ausgaben Otto zur Verfügung standen, konnte nicht festgestellt werden. Vermutlich handelt es sich um Taschenausgaben, die vom Nietzsche-Ar-

11.4.16) und »mit Begeisterung« las: »Was für Tempelworte der Zukunft stehen dort!« (T3, 13.4.16) Später kamen Vorbehalte auf: »Wo Nietzsche auf erkenntnistheoretische, logische Probleme kommt, wird er falsch und fad und sehr gefährlich.« (An die Eltern, 15.4.16) Doch auch in der Folge fand Nietzsche immer wieder Erwähnung, so »Die Geburt der Tragödie« am 2. März 1917: »Tiefsten Eindruck. So wunderbare Dinge über Kunst, nur schade immer die Beziehung auf Wagner.« Otto mochte Wagner nicht, er war ihm »fremd«. Am 5. April 1917 schrieb er Julie drei Seiten über eine Parzival-Aufführung, die ihn überwiegend ermattet und zunehmend verärgert habe. Und über eine spätere »Tristan und Isolde«-Inszenierung notierte er fast widerwillig, er glaube, »trotz großer Erschöpfung … doch, es in manchem wirklich schön gefunden zu haben« (T6, 10.10.17).

An der galizischen Front begann Otto im Oktober 1916 Friedrich Gundolfs »Goethe«.[68] Er beendete den ersten Teil am 31. Oktober: »Teilweise ungemein begeistert, doch auch viel Bedenken.« (T4) Julie, die ihm das Werk geschickt hatte, nutzte die Lektüre, um die geistige Gemeinschaft zwischen sich selbst und Otto zu verstärken: »Auf Ihre mich besonders erfreuenden Bemerkungen zu Gundolf's Goethe gehe ich auch heute nicht ein, tu's aber gewiß einmal. Denn selten habe ich so wenig mich einsam gefühlt im geistigen Leben wie als mich Ihr Brief erreichte, als ich gerade glaubte, auch hier wieder einmal allein zu stehen in meiner Enttäuschung.« (8.11.16) Nach einem »Langen Luftbad im Wald« im Sommer 1917 machte er sich an die Lektüre von Schillers »Braut von Messina«, »Demetrius und Semele« (»ohne Eindruck«), dann war er »ganz in Schillers Gedichten« und begann »Wallenstein«, von dem er wieder hellauf begeistert war (T5, 27.28.7.17).

Die Lektüre Wilhelm Humboldts: »Geschichtsphilosophisches« schloss sich an, gefolgt von »Humboldts Briefe(n) an Schiller« (T5, 3. u.7.8.17). Abends las er nebenher »immer etwas in Wilamowitz-Leo-Krumbachers Geschichte der griechisch-römischen Literatur« (T6, 7.9.17).[69]

chiv (d.h. von Nietzsches Schwester, Elisabeth Förster-Nietzsche) autorisiert waren.

68 Friedrich Gundolf: Goethe, Berlin 1916.

69 Ulrich von Wilamowitz-Moellendorf, Friedrich Leo, Karl Krumbacher u.a., Die griechische und lateinische Literatur und Sprache, Berlin 1907.

Auch an der Westfront Anfang 1918 waren klassische Texte seine stetigen Begleiter. Kurz vor der Ablösung in die vorderste Linie während der Frühjahrskämpfe an der Somme, als es, in Ottos Worten, »um das Letzte« ging, begann er »die entzückende Geschichte ›Daphnis und Chloe‹ von Longos. Jetzt weder Zeit noch Stimmung, darüber zu schreiben.« (T7, 24.4.18)[70] Während er sich – im Wortsinn – mühsam durch ein Land voller Leichen kämpfte, träumte er von der unschuldig-sexuellen Liebe zweier Findelkinder auf der Insel Lesbos. Die Welten der Literatur und des Krieges drohten am Ende doch, zu weit auseinander zu fallen. Es war das letzte Buch, das Otto erwähnte.

* * *

Lässt sich ein Muster dieses riesigen Leseprogramms jenseits der Zuordnung zu bestimmten literarischen Genres entziffern?

Einerseits nahm Otto intensiven Anteil an dem, was von Deutschlands Bildungsbürgertum gelesen und diskutiert wurde. Die Meinungen, die er sich dazu bildete, wurden immer selbstbewusster, je mehr er das Gefühl hatte, auf Grund seiner soldatischen Aufgabe und Erfahrung näher am Geschehen und am Sinnzentrum der Geschichte zu sein. Andererseits ging es für ihn in verstärktem Maße um die literarische Gestaltung des Todes, der Gewalt, der Angst; seine Leseliste enthielt allerdings sehr wenig eigentliche Kriegsliteratur, außer diejenige, die sich auf die kulturelle Bedeutung des Krieges, auf seinen politischen Sinn, auf die Zukunft nach dem Kriege bezog. Aber darin spielte der Krieg als Töten und Sterben kaum eine Rolle. Hier wurden offensichtlich die »Schmöker« eingesetzt. Hinzu kam die Literatur über – und als – das Andere des Krieges, die Schönheit, die Ordnung (Form, sagt Otto), das Ewige, z.B. die Klassik, Griechen, Goethe, George. Bei den Griechen und Goethe wurde Julie Vogelstein, die ja ohnehin primär in dieser Welt lebte, eine wichtige Partnerin, ebenso in

70 Longos: Daphnis und Chloe, vermutlich aus dem 2. Jahrhundert n. Chr. Es handelt sich um den frühesten überlieferten »Schäferroman«, ein Genre, in dessen Mittelpunkt das Leben einfacher Hirten in der Natur steht.

Bezug auf Goethe. Seine Sehnsucht nach Form führte ihn politisch zum Staat, weniger zum völkischen Denken.

Alles andere war strittiger. Welche Literaturzeitschrift war der Zeit würdig? Welche bildende Kunst? Otto nahm eine Zwischenposition ein bzw. lebte die Uneindeutigkeit: Er war gegen alles Slawische, Französische (als Klischee und Stereotyp), liebte aber Maupassant und mochte von Dostojewski nicht lassen. Er trat für eine deutsche Kunst ein – aber keineswegs eine, wo es »schröcklich donnert«, kein Kitsch, sondern Form und Reinheit –, George blieb vorläufig sein Held. Er lehnte das Expressionistisch-Destruktive ab, ebenso wie das Psychologisierende, zog es aber dem Konventionellen doch vor. Er suchte das Männliche, erfreute sich aber am Zarten. Dichten erschien als Rettung der Kultur in den Krieg hinein.

Versucht man, systematischer den Gebrauch zu bestimmen, den Otto von seinen Lektüren machte, so ergeben sich drei Funktionen, die quer zu den Gattungen liegen. Eine Aufgabe der Lektüre war die rationale Durchdringung des Kriegsgeschehens: Hier spielte die geschichtswissenschaftliche Literatur im weitesten Sinn die herausragende Rolle. Die Historiographie versprach Ordnung, Sinn und Ziel in das zunehmend komplexere und unbegreiflichere Geschehen zu bringen. Sie machte aus Unverstandenem Ereignisse mit innerer Notwendigkeit und erleichterte dadurch das Handeln im ja nur scheinbaren Chaos. Eine zweite Funktion der Kriegslektüre war die Ästhetisierung des Krieges. Schlachten wurden zu Aufführungen, ihr (literarisches) Gelingen versöhnte und beruhigte. Selbst Tod und Grausamkeit wurden durch die Literatur »schön«. Schließlich diente die Lektüre auch der Versicherung, dass es jenseits der Welt des Krieges noch eine andere gab, eine in der gedichtet, geliebt und getrauert wurde, in der Menschen in Schlössern und in der Natur lebten, in der sie Reiseabenteuer erlebten, Familien gründeten und sich bildeten. Eine Welt, in der menschliche Körper Maß, Schönheit und Ruhe ausstrahlten, anstatt, wie im Krieg, hassverzerrt ineinander verkeilt zu sterben. Ottos besessenes Lesen im Krieg zeigt, wie sehr er auf Deutungen und Trost angewiesen war, wie sehr er sich aber auch nach Texten sehnte, die von diesem Krieg nichts wussten. Nur so konnte er ihn ertragen.

Im Feuer

Am 18. Juli 1915 ging es für Otto endlich »vor! Nach sieben Monaten des Wartens. Ich habe das Glück (!) ... die hinteren Verbindungsleitungen zu bauen. Doch es verlohnt nicht, davon zu reden! Die Verbindung wird nun natürlich schlecht sein. Die erwähnte Tatsache hat jedoch das eine gute, das Ihr auch beim Ausbleiben von Nachrichten völlig beruhigt sein könnt.« (An die Eltern) Am 22. Juli folgte dann die Nachricht, er sei zurück zum 21. Reserve-Jäger-Bataillon versetzt worden. Vom Rittmeister Gemander war aber nicht mehr die Rede. »Ich bin ganz froh und frei, an einem sonnenglühenden 27. ziehe ich nun richtig nach vorn. Was ich hoffte und was notwendig war, geschieht nun. Der Geist meines Großvaters soll mich schützen.« Vor dem Aufbruch bat er die Eltern noch, Julie Vogelstein und Stefan Lepsius von seiner Versetzung Mitteilung zu machen. »Noch eins, regt Euch nicht über Verlustlisten auf, die Angaben sind meist 4 Wochen alt, also die über das Btl. in den nächsten Wochen erscheinenden bedeuten nur zurückliegende Kämpfe.« (27.7.15) Julie beglückwünschte Otto »zum Ausmarsch, zur Erfüllung Ihres Wunsches«.

»Im Traum sah ich Sie neulich reiten, wie einer der Griechenjünglinge vom Parthenonfries, den Blick hoch und voraus gerichtet, alles schien diesem Blick dienstbar, Roß und Körper des Reiters, ja fast als rücke der ... sich selber näher. Haben Sie eigentlich den kleinen Meinecke (preußische Erhebung)[1] bekommen? Es gibt so viel Anregung und so viel Beweise für das Ungeheure, das möglich ist ... Freilich zur Zeit kann man nur die Schwierigkeiten des Augenblicks sehen. Doch nie überwände man sie mit gleicher Energie und Tüchtigkeit, wenn es nicht ein großes Später gäbe.« (14.8.15)[2]

Ottos Kampfeinsatz stand im Zusammenhang mit dem Entschluss der Obersten Heeresleitung vom Juni 1915, eine die ge-

1 Friedrich Meinecke: Das Zeitalter der deutschen Erhebung, Bielefeld/Leipzig 1906 (^{2}1913).

2 Vermutlich handelt es sich hier um eine Zweitverwertung des Traums, mit dem Julie im Dezember 1914 Heinrich hatte aufbauen wollen, vgl. Julies Brief an Heinrich vom 18.12.1914, Kap. »Der Freiwillige«.

samte Ostfront umfassende Offensive zu beginnen, in deren Verlauf die russischen Truppen insbesondere aus dem sich bauchig gegen Deutschland ausdehnenden Mittelabschnitt der Ostfront, also aus Polen, zurückgedrängt werden sollten. Dabei sollte die gesamte Front nach Osten verschoben werden. An der Offensive waren drei Armeegruppen beteiligt, wobei die im Süden operierende österreichische Armeegruppe Woyrsch und im Mittelabschnitt die Armeegruppe Mackensen mit der 9. Armee, der auch Ottos Bataillon angehörte, den eigentlichen Vorstoß durchführen sollten. Die russische Armee reagierte darauf mit der Strategie des »Großen Rückzugs«, bei dem zwar ein erhebliches Territorium des Zarenreiches aufgegeben wurde, insbesondere Polen, zugleich aber die Front begradigt und damit verkürzt, sowie in einem für die Verteidigung günstigen Raum zum Stillstand gebracht wurde. Das Reserve-Jäger-Bataillon 21 war Teil des Vormarsches, der von der 9. Armee rasch und erfolgreich durchgeführt werden konnte, handelte es sich doch um einen Bewegungskrieg, der vor allem von kleineren Rückzugsgefechten geprägt war.[3] Otto sah sich am Ziel seiner Wünsche.

»Nun habe ich, was ich wollte. Es ist gut so. Den ganzen Krieg werde ich jetzt kennen lernen, Gefahr und Qual; dies musste sein. Es entscheidet sich nun, ob ich wert bin und stark für das Spätere oder falle wie Zehntausende fallen. – Meine Träume heut früh waren herrlich und glühend, geben die Götter, zu denen ich bete, der Geist meines Ahnen, der über mir sei, meine eigene Kraft, die ich in mir fühle, dass es so gelinge, wie ich träumte. Mich führen Hoffnung und Glaube, Wunsch und Wille, so will ich heiter und sicher diesen notwendigen Weg gehen, voll der Zuversicht, die mich von je her trug. – Alles gepackt und geordnet; an die Eltern geschrieben; ich fürchte mich etwas, dass sie sich sehr aufregen.« (T2, 27.7.15)

Und er fügte das unvermeidliche Gedicht, vermutlich an seinen Kriegsgott Ares, hinzu:

»Nun endlich tret ich unter Deinen Arm
Gott der Gefechte halt mich treu und warm

3 Norman Stone, The Eastern Front 1914-1917, London 1998 (zuerst 1975), S. 165 ff.

Nun endlich hebe ich Dein blankes Schwert
Gott der Gefechte halt mich kühn und wert
Dann will ich furchtlos gen den Ort mich wenden
Verehrend alles was die Götter senden.« (Ebd.)

Am nächsten Tag meldete er sich beim Bataillonskommandeur Major von Kummer. Er wurde »vorläufig … als Meldereiter dem Stabe zugeteilt« (T2, 30.7.15). Heinrich war natürlich hoch erfreut über diese Nachricht: »Daß Du zum Stabe Deines Regiments gekommen bist, den freundlichsten Empfang der Vorgesetzten erfahren hast, Meldereiter wurdest, ein gutes Offizierspferd erhieltest, ist mehr als wir im Moment erhofften … Seitdem wir Deinen letzten Brief haben, ist das Gewölk einer sehr gedrückten Stimmung verflogen.« (3.8.15) Am folgenden Tag ging es nach Rembertow, 30 km westlich von Warschau. Heinrich schrieb, Otto könne sich »denken, wie wir erregt sind angesichts der außerordentlichen Ereignisse, die sich jetzt vollziehen, und der Tatsache, daß Du als lebendiges Glied in der Kette mitwirkst«. Er verstehe »die ungeheure Steigerung, die Dein Leben erfährt, das Hochgefühl, das Dich durchströmt«, hoffe aber, »daß Du das Schicksal durch Übermut und Tollkühnheit nicht herausforderst«. Aber »selbstverständlich wirst Du freudig und rückhaltlos jedes Opfer bringen, das die herrliche Pflicht von Dir fordert« (2.8.15). »Auf dem Wege« fand Otto »alle Dörfer niedergebrannt. Die Stadt (Rembertow, DW) völlig menschenleer.« (T2, 3.8.15) Den Eltern schrieb er, alles sei vorbildlich geregelt, er schreibe nach Diktat das Kriegstagebuch und sei noch in Reserve (2.8.15). Am nächsten Tag konnte er schon Warschau sehen und in der Nacht aus der Reserve die Einnahme der Stadt beobachten, die inzwischen von den Russen kampflos und unter Mitnahme der schweren Waffen und Munition geräumt worden war. Am 5. August rückte Otto mit seiner Einheit in Warschau ein. »Unsagbares Gefühl von Rausch und Lust. Die Bevölkerung sehr freundlich.« (T2) Am nächsten Tag spazierte er mit den Leutnants Neubert und Hildenhagen durch die Stadt, die ihm wegen ihrer Schönheit und Eleganz als eine erschien, »in der sich leben liesse. Mit Hildenhagen gegessen und spazieren. Kleines Abenteuer, das ihn (und also mich mit) lange aufhielt.« (T2, 6.8.15) Wir können annehmen, dass es sich um ein sexuelles Abenteuer handelte. Otto, der »Eroberer«

von Warschau, war im Siegesrausch, der ihn bis dahin noch nichts gekostet hatte. Die Eltern erhielten zahlreiche Ansichtskarten aus Warschau, »dem Zentrum des Polentums«. Auch Heinrich war begeistert: »Von Herzen wünsche ich Dir Glück ... gütiges Geschick gestatte, daß Du in Deinem Leben den inneren Gewinn in fruchtbare Tat für das deutsche Volk und die ganze Menschheit ausgestaltest.« Im Übrigen hoffte er, Warschau möge über den Krieg hinaus besetzt bleiben, um die Russen auf Dauer in den Osten zu verweisen.[4] (10.8.15) Am 11. August erhielt das Bataillon den Befehl, als Vorauskommando die Weichsel zu überschreiten und das ca. 60 km östlich gelegene Siedlce zu besetzen.

»Auf halber Strecke bekam die Kavallerie Feuer ... bei Boimje und wir entfalteten uns zum Gefecht. ... Beim 7. Schuss der Artillerie antworteten die Russen, beschossen uns, die wir in Deckung stehen, derart mit Schrapnells, dass wir weichen müssen und auch die Artillerie sich ... nicht halten kann. Alles flutete zurück über eine kleine brennende Brücke. Tolle Angst erfasst vor allem die Ponies und dies war eigentlich ein höchst lächerlicher Anblick. Es waren immerhin um 130 Fahrzeuge die aus dichtem Knäuel quietschend und stoßend, den dicken Feldwebel der Vierten (Kompanie, DW), der in ihrer Mitte lebhaft fluchte und gestikulierte, fast überrennend, ... in aller Hast durch das sumpfige Gelände zu entkommen suchten. Einem versank das Pferd bis an den Bauch, der fing heftig zu weinen an; ... Zwei wurden übrigens leicht verwundet. Unterdess platzten auf die Brücke hin Schrapnells; Bosse entging einem mit knapper Not, das jedoch dem armen lieben Oberjäger Knabe die Stirn durchschlug und ihn auf der Stelle tötete. Wir begruben ihn dann unter einem grossen Kreuz. Es war der erste Kamerad, der so neben mir hinsank; es packte mich doch.« (T2, 11.8.15)

»Doch«! – als sei das eine unerwartete oder sogar unerwünschte Reaktion. Otto gestaltete die Beschreibung des ersten »Feuers« recht bemerkenswert: einerseits im militär-technischen Jargon, so als sitze er nach dem Gefecht über einer Karte, um die Vorgänge nachzustellen. Nach der vorschriftsmäßigen Aufstellung war aber Chaos ausgebrochen, das zum ungeordneten Rückzug über eine

4 Zur Eroberung Warschaus: Reichsarchiv, Der Weltkrieg Bd. 8, Die Operationen des Jahres 1915, Berlin 1932, S. 333-340.

Brücke durch sumpfiges Gelände führte, eine Szene, die Otto als Slapstick zu schildern versuchte – die Angst der Ponies, der aufgeregte dicke Feldwebel, der weinende Soldat – komische Figuren in Todesangst. Aber einer starb wirklich. Die Geschichte endete ernst. Auch der Ton änderte sich – ein Kamerad »sank neben« ihm hin. Neben ihm – obwohl er die ganze Szene doch beschrieb, als habe er in sicherer Entfernung alles genau beobachten können, als jemand, der nicht dabei war, jedenfalls nicht mittendrin. Die nachrückende Division entschied schließlich die Schlacht, aber »unsere Verluste waren stark, 17 Tote 57 Verwundete .... Es war eine ganz üble Sache.« (Ebd.) Den Eltern schrieb er von dem Vorfall, der immerhin sein erstes Gefecht darstellte, in fast identischen Worten, wobei er betonte, als Meldereiter und Angehöriger des Stabes weiter hinten gewesen zu sein. Dem Oberjäger Knabe habe man »ein schönes Grab bereitet«. Wie es ihn »doch gepackt« hatte, schrieb er dagegen nicht (undatiert).

Siedlce wurde besetzt, »die Stadt scheint Vergangenheit zu haben und zeigt originelle Bauwerke aus dem Barock. Ein verflogener russischer [sic] Schrapnell zerschmetterte, wie stets in solchen Fällen, drei Zivilisten, darunter auf's Grässlichste ein schönes Judenmädchen.« Otto musste – bewaffnet – Wagen für den weiteren Vormarsch requirieren, »das ekelhafteste Geschäft« (T2, 12.8.15). Sofort ging es Richtung Osten weiter in Verfolgung der sich zurückziehenden russischen Truppen. Als Meldereiter hielt er die Verbindung zwischen den Kompanien.

»Ich nahm Rheinsperger mit und wir ritten bei voller Dunkelheit im Galopp auf Rudnik, setzten über den russischen Graben und durchquerten das Dorf. Der Weg machte eine scharfe Biegung nach rechts, Gebüsch versperrte vollends jeden Ausblick. Plötzlich hörte ich Menschen sich bewegen. Ich rief: ›He Jäger!‹ Da hörten wir russische Worte. Rheinsperger ritt etwas hinter mir und sagte: ›Oho, die Russen!‹ warf dann das Pferd herum und versuchte zu entkommen, mein Pferd sprang schon selbst zurück und wir jagten nun drauf zu, plötzlich blieb Rheinsperger ab .... Nie habe ich mich grässlicher gefühlt, denn ich war überzeugt, dass Rheinsperger tot oder gefangen sei ... Als ich meine Meldung, für die ich sehr belobigt wurde, abgegeben, erfuhr ich, dass Rheinsperger entkommen ist. Es war das Schönste, was mich treffen konnte.« (T2, 12.8.15)

Otto hatte sich in der Gefahr bewährt. Er war stolz, zuversichtlich bewegte er sich mit seiner Einheit weiter in Richtung Osten, »die Strassen … überfüllt von Juden«[5] (T2, 15.8.15). Unterwegs führte er »wieder … mit Lt. Boye, einem Pfortenser[6] und klassischen Philologen gutes Gespräch. Es ist wie auf ein Aufblinken der Sonne, wenn man im Schmutze dieser weltentlegenen Dörfer plötzlich die Namen Hölderlin und Nietzsche aussprechen darf!« (T2, 16.8.15)

Ohne weitere Zwischenfälle ging es vorwärts. In Ottos Augen herrschte allerdings »unerhörte Unordnung in Befehlsgebung und Aufklärung« (T2, 19.8.15), die verschiedenen Armeegruppen waren sich buchstäblich im Wege.[7] Am 21. August holte Otto beim Divisionsstab fünf Eiserne Kreuze ab, vermutlich der Klasse II. »Eines davon bekam ich! Es war für den Ritt mit Rheinsperger. Ich schäme mich eigentlich. Es war zu unbedeutend. Trotzdem natürlich grosse Freude.« (T2) In diesem Sinne schrieb er auch den Eltern und fügte hinzu, die jetzige deutsche Regierung[8] müsse den Krieg siegreich zu Ende führen, wie er auch ende, »dass sie an ihm stirbt, ist gewiss«. Doch sei es besser für die Sicherung des Reiches, länger als kürzer zu kämpfen. »Hoffen wir, dass ihr (der Regierung, DW) Instinkt und ihr Auge so rein und sicher sind, um das rastlose Ende, wenn auch in mancher Ahnung wissend, heranzuführen, dann wird das Ende ruhmvoll sein und sie selbst des ewigen Gedenkens wert.« (Undatiert) – Gedanken und Worte, zu denen ihn wohl der stürmische Vormarsch und das gerade erhaltene Eiserne Kreuz verleitet hatten. Heinrich gratulierte, verbunden mit der Bitte, das Schicksal nicht herauszufordern, das sei ein doppelter Frevel, »weil daraus die Gefahr entsteht, daß Du den größeren und schwereren Aufgaben Dich entziehst, die nach dem Krieg sich ergeben und die äußerste Anspannung aller geistigen und sittlichen

5 Die nach dem Abzug der Russen zurück in ihre Dörfer zogen, nachdem sie zuvor aus diesen vertrieben worden waren.

6 Eliteinternat Schulpforta.

7 Weil mehrere deutsche Armeegruppen gleichzeitig – allerdings in unterschiedlichem Tempo – vorstießen.

8 Unter Reichskanzler Bethmann-Hollweg. Im Sommer war die Kriegszieldebatte im Deutschen Reich voll entbrannt, wobei der Kanzler eine gemäßigte Annexionspolitik vertrat.

Kräfte fordern werden.« (29.8.15) Lily zitierte in einem Brief an Heinrich stolz das Glückwunschtelegramm Mackensens: »›Meinen aufrichtigen Glückwunsch zur Auszeichnung Ihres tapferen Sohnes mit dem Eisernen Kreuz! .... Möchten ihn die feindlichen Kugeln verschonen!‹ Du kannst Dir denken, wie ich mich freute!« (13.9.15)

Vorläufiges Ziel der 9. Armee war der Urwald von Bialowicz.[9] Ein Urwald, warnte Otto nach Erreichen des Ziels, »der geschlossenen Verbänden leicht ein Teutoburger Wald werden könnte« (T2, 24.8.15), womit er sich durch den Bezug auf die Varusschlacht in die Rolle der Römer versetzte. Otto ging mit wenigen Kameraden auf Patrouille.

»Wir trieben ständig 3 Kosaken vor uns her, schneidige Bengels. Ein vierter, der dazugehörte, war abgeschossen worden. Ein blutjunger Kerl, hübsch und fein, aber von echtestem slawischen Typus. Er hatte vier Schüsse, von denen einer ... den rechten Hoden weggerissen hatte. Eine grässliche Wunde, die er wahrhaft heldenhaft trug. Wie seltsam ist der Krieg! Jetzt verbanden wir ihn, wünschten sein Leben, oder vielmehr seinen raschen Tod, aber nur, weil die Art der Wunden doch aussichtslos war. Zugleich aber beglückwünschten wir den glücklichen Schützen und brannten auf weitere Beute.« (T2, 25.8.15)

Eine Jagdszene. Und zugleich Begegnung mit einem jungen, schönen, feinen und tapferen Menschen. Otto empfand den Krieg als »seltsam«, weil er »seltsames« d.h. widersprüchliches menschliches Verhalten hervorrief: Mitleid und Tötungslust, Respekt vor dem Gegner als Mitmenschen und dessen Missachtung als »Beute«. Die Anerkennung durch die Gruppe der Kameraden besiegte am Ende den Respekt gegenüber dem getroffenen Feind. Den Eltern schrieb er:

»Einen Kosaken schossen wir ab. Es war ein blutjunger Bursche von sehr feinen Zügen, der auch nach der Brieftasche ein gebildeter Mensch sein musste. Seine Wunde war sehr hässlich, so dass ich

9 Vgl. Karten 5, 6 und 7 in Reichsarchiv, Weltkrieg Bd. 8. Heute ist das der Bialowieza-Nationalpark an der Grenze Polens zu Weißrussland. Das Gebiet war in der Zwischenkriegszeit unter Naturschutz gestellt worden; vor dem Ersten Weltkrieg war es Jagdgebiet des Zaren gewesen.

nicht davon sprechen mag, er trug die wahnwitzigen Schmerzen wahrhaft heldenmutig, so dass wir ihn alle bewunderten. Er starb dann bald.« (26.8.15)

Otto oder ein anderer hatten dem tödlich Verletzten also die Brieftasche und damit ein Wissen über ihn entnommen: Es handelte sich um einen gebildeten Menschen. Der junge Russe war – in dieser Formulierung – nicht länger ein fremder Gegner, sondern jemand, in dem man sich selbst wiedererkennen konnte. Drei Tage später schrieb er diesem Erlebnis jedoch einen anderen Sinn zu; Julie Vogelstein beschrieb er die Schönheit des Bialowiczer Waldes, aber auch die vielen zerstörten Dörfer, durch die man gezogen war.

»Man ist sehr abgehärtet gegen diesen Anblick, aber der Gedanke, dass hier zweifellos nur zarentreue Leute gelebt haben, die nun sinnlos durch die Kosaken an allem beraubt wurden, macht doch schaudern. Der kleine Kosak, den wir abschossen (Sie lasen wohl meinen Brief darüber) erregte sehr mein Mitleid, aber ich glaube, jetzt würde er es nicht mehr tun. Wenn man hier Frauen mit Kindern auf der Strasse vor etwas stehen sieht, was man doch nur als Gerippe ihres Hauses bezeichnen kann, und daneben unberührt die pompöse Geschmacklosigkeit des Schlosses mit allen Nebengebäuden, die Frauen sagen nur tonlos ›Kosaki‹, dann kann man sozusagen die richtige Kriegsstimmung bekommen.« (29.8.15)

Ottos Darstellung Julie gegenüber war insofern nicht ganz schlüssig (bzw. nicht ganz ehrlich), als der Anblick brennender Häuser ihn schon vor der Begegnung mit dem »kleinen Kosaken« begleitet hatte; die russische Armee wollte so verhindern, dass den Verfolgern Vieh und Ernten in die Hände fielen. Umso bedeutsamer erscheint sein Versuch, sich nach dem Erlebnis mit dem getöteten Feind erneut in »die richtige Kriegsstimmung« zu versetzen, zumindest »sozusagen«, und zugleich der Familie in Berlin, nach seinem früheren, zartfühlenden Brief über sein russisches Alter Ego, über Julie Vogelstein mitzuteilen, dass er trotz allem ein mitleidloser, d.h. ein kämpferischer, guter Soldat war. Julie lobte seine Tapferkeit, aber sie versuchte auch, ganz im Sinne Heinrichs, ihn von zu eifrigem Kriegseinsatz abzuhalten: »Sie sollten auch daran denken, wenn Ihr kühner Sinn Sie fortreißen will, und Ihnen den Rausch des kriegerischen Helden bereitet. Ihr Leben ist nicht im Schlachtenkampf erfüllt.« (9.9.15)

Einen Tag später kam Otto am Rande des »Urwalds« in Reserve. Dort ging er »mit dem Major und ein paar andern zur Jagd. Wir sahen viel Rot- und Schwarzwild, der Major schoss eine Sau.« (T2, 27.8.15) Die Nachrichten vom raschen Vormarsch entlang der gesamten Front stimmten euphorisch. »Jetzt geht's wahrhaft an die Vernichtung! … – Mit Boye geplaudert.« (T2, 28.8.15) Im Brief an die Eltern fasste er die »Tage im Wald« als »schön und abenteuerreich« zusammen. »Wir jagen abwechselnd auf Büffel und Kosaken, wobei sich mit jenen mehr die Offiziere, mit diesen mehr die Mannschaften abgeben.« (31.8.15) Während mit der Beschreibung des Krieges als »Jagd« in scherzhafter Form dem Kampf das Gefährliche genommen wurde – schließlich sah er sich nur in der Rolle des Jägers, nicht des Gejagten – transportierte die Äußerung doch auch den Versuch, dem Gegner das Menschliche abzusprechen, ihn erneut zur »Beute« zu erklären.

Die Nachricht von Ottos endgültiger Abkommandierung an die Front hatte Lily vor allem mit Freude und Stolz erfüllt. Dabei hatte sie selbst den Konkurrenzdruck systematisch erhöht, indem sie ihn über das Schicksal seiner Freunde auf dem Laufenden hielt. Von Stefan Lepsius habe sie, »offen gestanden, nicht den Eindruck, daß er sehr hinausdrängt; vielleicht wirkt dabei der Umstand mit, daß eben der zweite seiner Vettern – der Sohn des Johannes Lepsius – gefallen ist.« Ein anderer Konkurrent studiere in Göttingen, »Denke Dir … Warum er wohl nicht im Felde ist?« (28.7.15) Mit dem Kampfeinsatz erfülle »sich, was Du immer wünschtest und was Dein Schicksal ist! Daß es uns im ersten Augenblick sehr hart traf, … wirst Du auch von den tapfersten Eltern nicht anders erwarten können. Aber … ich bin abergläubisch … genug, um anzunehmen, daß auch diese unsere Zuversicht, dieses Sich-nicht-gestatten, Angst zu haben, ein Schutz für Dich ist.« Der Brief endete: »An Stefan telegraphierte ich gleich.« (30.7.15) Aufmerksam verfolgte sie sie Bewegungen an der russischen Front. Ob er schon in Warschau sei? »Ich beneide Dich! Ihr habt die Erregung, die Abwechslung, die Gefahr, die Begeisterung – wir: die Angst, das Warten, die Freudlosigkeit« (9.8.15). Am 11. August legte sie nach: »Denke Dir, Stefan ist immer noch hier. Er tut mir doch leid!« Das verräterische »doch« verwies auf ihren Triumph angesichts der Tatsache, dass sie Otto mittlerweile als Eroberer von Warschau imaginieren konnte: »Wie Du gestrahlt haben magst!« (10.8.15) In dieser Phase eines vermeintlichen Blitzkrieges konnte sie den Diskussionen um einen Frieden wenig abgewinnen. Ihr eigenes Kriegsziel bestand darin, Polen den Russen zu entreißen und Deutschland einen Zugang zum Ärmelkanal zu sichern, wie sie Otto am 14. August schrieb. Sie fürchtete den Frieden als eine Situation »mit völliger genügsamer Versenkung ins persönliche Leben und Abkehr von der Politik. Nur die Jugend, die jetzt draußen ist und noch keine Familie hat, in deren Armen alle Ideale erstickt werden können, wird imstande sein, uns davor zu retten«, schrieb sie in dem Brief mit der Gratulation zum Eisernen Kreuz. »Wie stolz Dein Großvater nun auf Dich ist!«, verkündete sie dann im Präsens, als wäre dieser wieder auferstanden, um den Enkel höchstpersönlich zu beglückwünschen (28.8.15). Am folgenden Tag schickte sie Otto das Band, an dem der Großvater sein eigenes Eisernes Kreuz getragen hatte. Das aber heftete sie zu Hause an das Bild Ottos, neben dem sie einen Strauß roter Rosen mit Eichenblättern platziert hatte. Mit diesem rituellen Austausch identifizierte sie Otto symbolisch mit ihrem Vater und feierte ihn als dessen Reinkarnation. Dann informierte sie die Presse über Ottos Ehrung – sehr zu dessen Ärger. In ihrer Triumphstimmung fühlte sie sich von der wachsenden Kriegsgegnerschaft der Linken besonders angewidert: »Es ist mir gelungen, den geradezu skandalösen Aufruf zu bekommen, der die Ursache der Verhaftung der Zetkin sein soll. Es ist fürchterlich, wie vollkommen bar jeden Einheits- und Staatsgefühls die Sozialdemokratie … ist. Diese Wirkung auf das Volk, die sie ausüben, ist tatsächlich geradezu verheerend. Wenn doch der Krieg das wieder gut machen könnte! Ich bin froh, nichts mehr mit dieser Partei zu tun zu haben …« (an Otto, 6.9.15). Einige Tage zuvor hatte sie Otto verraten, sie plane ein neues Drama: »Die Heldin: eine verwandelte Frau Zetkin, der Held ihr Sohn, der freiwillig ins Heer tritt, daneben einige verschiedenartige Sozitypen, im Hintergrund das Volk und der Krieg …« (27.8.15)[10] Ottos neue Lage hatte auch

10 Clara Zetkin war im Juli 1915 verhaftet worden, weil sie im März an der Berner Internationalen Konferenz Sozialistischer Frauen teilgenommen und diese mit organisiert hatte. Auf der Konferenz wurde eine Erklärung »An die

Lilys Kriegslust wieder entfacht. Mit Sehnsucht verabschiedete sie einen Kameraden Ottos, der sie in Berlin besucht hatte. »Wenn ich doch eine Tarnkappe hätte, um ihn begleiten zu können! Keine Strapaze würde mich schrecken!« (8.9.15)

Auch im September rückte Ottos Einheit im Rahmen der 9. Armee relativ rasch weiter Richtung Nordosten vor. Gelegentlich gab es kleinere Gefechte, die auch den Stab, dem Otto als Meldereiter zugeordnet war, gefährdeten; als solcher geriet auch er selbst immer wieder unter Beschuss. In seinem Tagebuch wurde das alles sachlich, um Professionalität bemüht, beschrieben, auch begann Otto, von den Gefechtsszenen kleinere Skizzen anzufertigen. Angst schien er nicht zu haben, doch noch befremdete ihn der Krieg mit seiner unvermittelten Nähe von Tod und Normalität:

»Nachts wird das brennende Dorf Bojary durchschritten. Um 4 Uhr früh ging der Stab in Gefechtsstand am Westausgang von Bojar. In nächster Nähe einschlagende Schrapnells und Granaten veranlassten den Stab sich in den Wald südlich zurückzuziehen. Da der Weg ungedeckt war gegen Sicht, blieb ich mit den Pferden zurück. Wir blieben dann vom Feuer verschont, während der Stab 3[11] mit größter Sicherheit gezielte schwere Brummer erhielt. Eine Granate … erschlug 3 Telefonisten und verwundete 4 schwer. Wir kochten unterdess Kartoffeln und schrieben Briefe. So seltsam geht's manchmal zu. Übrigens waren auch vorn starke Verluste … . Um 2 (Uhr nachmittags, DW) ging der Stab zurück, um 4 ging der Major auf Jagd, um ½ 5 der Graf, das Btl. grub sich vorne ein. Wenn das ein sibirisches Schützenregiment wäre und man erführe das Vorkommnis, ich glaube gewiss, unter der Überschrift ›Russisch‹ und ›typisch‹ würde die Sache in den Blättern figurieren.« (T2, 2.9.15)

Kartoffeln zu schälen, während vorne Kameraden starben, war das Eine – als Offizier zur Jagd zu gehen, während die Leute Schüt-

Genossinnen aller Länder« verfasst und verbreitet, die den Krieg verurteilte und sein baldiges Ende forderte (vgl. bundesarchiv.de/tools/docview). Zetkin wurde kurz nach ihrer Verhaftung gegen Kaution auf freien Fuß gesetzt. Ihr Ehemann hatte sich übrigens freiwillig gemeldet, ihr Sohn Kostja, ein Medizinstudent, wurde 1915 eingezogen.

11 Gemeint ist vermutlich der Stab der 3. Kompanie. Laut Reserve-Jäger-Bataillon, S. 158, handelte es sich um einen Gefechtsstand, in dem sich zur Zeit des Angriffs der Bataillonskommandeur Major von Kummer aufhielt.

zengräben aushoben, das Andere. Das war nicht, was Otto sich unter deutscher Führung und Verantwortung vorstellte. Solche Zustände widersprachen seinem positivem Bild des preußischen Militarismus auf's Schärfste, dessen vermeintliche Klarheit und Form er in der Tradition griechischer Klassik verkörpert sah. Er selbst strengte sich an, zuverlässig und verantwortungsvoll zu handeln und erhielt von seinen Vorgesetzten entsprechende Anerkennung. Den Eltern gegenüber erwähnte er solche Bewährungen und Belobigungen mit Stolz und verschwieg die damit verbundenen Gefahren und Verluste nicht, verharmloste die meisten Verwundungen aber als »sogenannte ›Urlaubsschüsse‹, die recht gern gesehen werden« (2.-3.9.15).

Der rasche Vormarsch war körperlich anstrengend und schnitt die Truppe von Nachschub und Versorgung ab; die Verpflegung wurde knapp und schlecht, die »große Bagage« kam nicht hinterher, so dass die Soldaten keine Kleidung wechseln, kein Buch lesen und keine Post erhalten konnten. Otto selbst schrieb sehnsüchtige Briefe nach Hause, ohne zu wissen, ob und wann sie ankommen würden. Am 13. September schrieb Lily besorgt: »Wenn ich auch meinen festen Glauben an Deinen Stern nicht erschüttern lasse, u. jede Anwandlung schwächlichen u. ängstlichen Zweifels bekämpfe, so (ist) der Gedanke an die unvermeidliche Anstrengung doch sehr quälend. Wenn die Verhältnisse es ermöglichen sollten, denke daran, Dir zu Deiner Erholung Urlaub gewähren zu lassen. Ich sage das nicht aus Egoismus u. Du sollst es auch gewiß nicht tun im Gedanken, daß Du es etwa uns schuldig wärst. … Es sollte nur geschehen, wenn Du fühlst, daß es für Dich notwendig ist.« (13.9.15) Noch ohne Nachricht von zu Hause erlebte Otto den Jahrestag seiner Einberufung.

»Vielleicht bekommt Ihr diesen Brief am 17., wo ich zuerst den bunten Rock anzog. Was ich in dieser Zeit erlebt und erfahren und gewonnen habe, das lässt sich überhaupt nicht sagen, in wie vielfacher Weise bin ich gewachsen und erneut! Und doch, wie sinnlos und wertlos wäre das alles, wenn ich nicht jene Jugend gehabt hätte, die ich Euch verdanke … Nun kam der Krieg hinzu und mit ihm Härte und Kennenlernen vieler Dinge. Den Glauben aber trage ich ganz tief, wenn ich diesen Krieg überlebe … dann hoffe ich auf eine grosse Zukunft, die mir beschieden ist.« (8.9.15)

Eine Woche später erhielt Otto endlich »Post in herrlichen Mengen, lauter Briefpost, 5 von Mutsch, … Massen Zeitungen und Bücher«. Dem Vater beschrieb er, auf dessen Nachfrage, die Stimmung an der Front. Bei vielen gebe es »Wut auf alle Daheimgebliebenen, auf alles zu Hause überhaupt und es wird in dieser Beziehung alles erzählt und geglaubt. So sind die Zahlen von Reservistenfrauen aus verschiedenen Städten, die unter Controlle stehen sollen, geradezu horrent. Aber man glaubt es gerne und je nach der Stellung, die er einnimmt, flucht der eine auf die ›Weiber‹, der andere auf ›die ganze Bande zu Hause‹, die sich an Kriegslieferungen dicke Bäuche frisst und, während wir uns totschlagen lassen, unsere Frauen durch zu kärgliche Unterstützungen auf die Straße treibt.«

Doch sei die Stimmung nicht etwa revolutionär: »Das einzige Element ist ein Gefühl, ich möchte sagen, eines neuerwachten Souveränitätsgefühls. Jeder Einzelne ist erstaunlich selbstständig und selbstbewusst geworden, seines Wertes auch bewusst … Ungeheuer befestigt ist … das Selbstgefühl des Volkes, das sagt: Ich habe es gemacht, ich und das wird es nicht vergessen hinzuzufügen, ich und die großen Führer Hindenburg, Mackensen …usw. usw.« (11.-12.9.15)

Lily antwortete ihm darauf später ausführlich und warnte, »gerade die Soldaten im Felde (sollten) nicht so urteilen, wie sie es nach Deinem Briefe tun. Ihr Männer vergeßt immer Eins, und leider hat eine ganz falsche traditionelle Ansicht über die Frauen Euch immer darin unterstützt, daß eine gesunde, nicht an Abstinenz gewöhnte Frau genau dieselben geschlechtlichen Bedürfnisse hat wie der Mann, – Bedürfnisse, deren Nichtbefriedigung sie oft halb wahnsinnig machen kann, um so mehr, wenn sie keine geistigen u. seelischen Gegengewichte zu bieten vermag. Die Männer im Felde finden noch feile Weiber – das weißt Du. Die Frauen zu Hause fallen … in ihrer zurückgedämmten Leidenschaft gewissenlosen Verführern zu, von denen … sehr, sehr viele Soldaten sind! … Du solltest hier nur die überfüllten Kaffees und Restaurants sehen …! … Die weibliche Dienstpflicht erscheint mir darum immer notwendiger.« (24.9.15)

Zwei Tage später saß sie allerdings selbst in einem dieser »überfüllten Kaffees«, sie »geriet«, wie sie Otto schrieb, »ins Kaufhaus des Westens, dessen Teeraum in ein phantastisches türkisches Kaffee umgewandelt wurde. Er war überfüllt mit solchen und ›solchen‹ Damen, zahllosen Feldgrauen und ekelhaften Tauentzienjünglingen, von denen ich nicht begreife, warum man sie nicht samt und sonders schippen läßt. Italiäner machten gute Musik dazu.« (26.9.15) Heinrich beschrieb sie dieselbe Szene am selben Tag weniger empört: »Das Publikum bestand aus Damen, Dämchen, Feldgrauen und Tauentzienjünglingen. Ganz amüsant.« (26.9.15)

Auf Ottos Briefe vom Vormarsch reagierte Lily einerseits mit Stolz und Eitelkeit: »Woher kommt es denn, daß selbst so hohe Herren (wie seine Kommandeure, DW) immer gleich wissen, wer Du bist?« – andererseits mit Besorgnis, die sich scheinbar noch immer auf eine mögliche Erkältung ihres Sohnes konzentrierte: »Ob Du Dich warm genug anziehst und der trügerischen Sonne nicht traust … Ach, hätte ich Dich doch zu Hause, in Deinem Bett und könnte Dich füttern und pflegen und lieb haben!« (28.9.15)

Otto aber sah sich nicht länger als Kind. Seine »Feuertaufe«, sein mutiges Verhalten als Meldereiter und dessen Anerkennung durch die Verleihung des Eisernen Kreuzes waren Beweise seiner Männlichkeit. Dazu gehörte in seinen Augen aber auch eine die persönliche Würde betonende Zurückhaltung. Er war deshalb beschämt, als er von der Veröffentlichung seiner Auszeichnung erfuhr und sah darin eher eine Herabsetzung als eine Ehrung:

»Groß und glühend wie nie ist mir der Wunsch und Wille, einmal dazustehen vor Volk und Welt einem Heros gleich emporragend in Erz über die Zeiten. Was aber am meisten solchem Willen entgegensteht, ist das Tagesgerede und der ›Name‹ beim Publikum; so war es mir auch höchst widerwärtig, mein eis. Kreuz (eine rein persönliche Angelegenheit) in allen Zeitungen zu sehen. (Major, DW) Kummer kam gleich auf mich zugestürzt und zeigte es mir in der – Kreuzzeitung!«[12] (An die Eltern, 18.9.15)

Auch Lily hatte Ottos am 17. September gedacht. Ihr Brief an ihn aus diesem Anlass bestätigte den Gleichklang, den Mutter und Sohn in der Sinngebung seiner Kriegsteilnahme mittlerweile ge-

12 Die »Kreuzzeitung«, eigentlich »Preussische Zeitung«, war eine konservative Tageszeitung mit antisemitischer Tendenz.

funden hatten: »Du bist seitdem ein Mann geworden, mein Kind; gebe Dir Dein Schicksal und Dein Gott, daß Du nicht nur heil an Leib und Seele, sondern wahrhaft gekräftigt aus dieser frei gewählten Kriegsschule hervorgehen mögest!« Sie hoffe wie er, daß er »nach dem Westen« käme, »nicht nur des besseren Klimas wegen, sondern auch, weil ich dann an ein Wiedersehen, wenn auch nur auf der Durchreise, hätte glauben können.« (17.9.15) Zu Hause arbeitete Lily intensiv an den Fahnen des »Lebenssuchers«, während Heinrich in Partenkirchen zur Erholung weilte. Julie gegenüber, die sich auch dort aufhielt, klagte Lily, Otto sei »so fern und so stumm« (23.9.15). Ottos Briefe wurden beiden nachgeschickt, und Lily fragte Julie: »Ottos Brief war schön, nicht wahr?« (25.9.15)

Am selben Tag wurde Ottos Einheit mitten in der Nacht alarmiert.

»Viel Verwirrung. In der Eile ein paar Zentner requirierten Hafer mitgeschleppt; Nachtmarsch hin und her … nach Norden, wo wir den linken Flügel unserer Division verlängern sollten. Zwischen uns und der 5. R(eserve) D(ivision) bestand nämlich eine Lücke, in die die Russen zu ungefähr gleicher Zeit einbrachen und arge Verwirrung anrichteten. Es heisst, dass von der 5. R.D. 2 Kompagnien, M.G.s und angeblich auch 2 Geschütze geschnappt seien. Auch wir marschierten blindlings in Russen hinein, wurden dann von allen Seiten beschossen, und konnten uns nur mit Mühe vom Feinde loslösen. Es war eine ziemlich heikle Sache.« (T2, 25.9.15)

Am kommenden Tag kam es zum Gefecht, bei dem Gefangene gemacht und der Rückzug der Russen über den Fluss Serwetsch[13] beobachtet wurde:

»Man sah dichte Kolonnen auf dem weiten Gelände marschieren, Kompagnien, Schwadronen, Kolonnen, in völliger Ruhe, fabelhafte Artillerieziele. Obwohl hier (ich sage und hoffe vorläufig) Schluss sein sollte, hätte man dieses letzte Gefecht dennoch nicht so läppisch und matt führen müssen. Es war die hellste Schande. Zirka 3 Stunden waren die Russen auf's Genaueste zu beobachten, aber unsere Artillerie rückte im Schritt vor und begann die Be-

13 Seitenfluss des Njemen, der vorerst die Frontlinie bilden würde. Vgl. Reichsarchiv, Weltkrieg Bd. 8, Karte 6.

schiessung erst als die letzten Kolonnen in aller Ruhe die Brücke abgebrochen hatten!« (T2, 26.9.15)

Der Vormarsch war am Serwetsch an sein Ende gekommen.

Innerhalb von weniger als sechs Wochen hatte Otto Menschen im Krieg sterben sehen, er hatte Menschen töten sehen, vielleicht auch selbst getötet. Er hatte verstanden, dass er, um dazu fähig zu sein, sich in »Kriegsstimmung« versetzen, also hassen lernen musste. Das war das Eine. Das Andere war, den Krieg als rationale geplante und exakt durchgeführte Aktion zu sehen, als Handwerk, zu dem Entwurfszeichnungen, planmäßige Ausführungen und Überprüfungen gehörten. Hierin aber lag, trotz des schnellen und leichten Vormarsches, ein Problem: Krieg als Kampf bedeutete überwiegend Chaos, Verwirrung, Planlosigkeit. Damit widersprach der Krieg einer zentralen Hoffnung Ottos: der Hoffnung auf Ordnung und Form im und durch den Kampf. Noch gab er seine Enttäuschung nicht recht zu. Es war ja erst der Anfang.

* * *

Ende September bezog das Bataillon das »endgültige (ich sage vorläufige) Winterquartier« in dem kleinen Ort Raizy unweit Nowogródek (T2, 30.9.15). Nach Einrichtung »in einem hübschen Hause« (T2, 1.10.15) vermerkte Otto im Tagebuch für die nächsten zwei Tage »Nichtstun!« Der gesamte Krieg schien ins Winterquartier eingezogen zu sein. »Die Russen schießen ganz selten, die Gräben werden nur nachts besetzt« (T2, 3.10.15). Otto beschaffte Heu, Geräte und Möbel, nicht ohne schlechtes Gewissen. Es sei »alles aus fremden Dörfern geklaut, … obwohl laut wiederholtem Div(isions). Bef(ehl). Requirieren in fremden Dörfern verboten!« (T2, 5.10.15) Er hatte dabei aber Gelegenheit, die Gegend zu erkunden, alte Kameraden zu treffen und neue kennenzulernen – sowie am Regimentstratsch teilzunehmen. Sorgen machte allen die Cholera, die in der Gegend ausgebrochen war und auch die deutschen Truppen erreicht hatte. »Ich hörte, dass Bialk, der eine der Meldereiter, … an Cholera gestorben ist. … Wie oft habe ich von Bialk gepflücktes, unreifes Obst gegessen, aus seinem Becher rohe Milch getrunken und mir geschah nichts, obwohl ich nicht geimpft bin.« (T2, 9.10.15) Sprach aus ihm Angst oder die Gewissheit, vor einem solchen Tod vom »Schicksal« oder den »Göttern« beschützt zu sein?

Eigene Untätigkeit angesichts großer Siege an anderer Stelle begann ihn bald wieder zu verärgern, zumal er fürchtete, der Krieg könne ohne ihn zu Ende gehen: »Wir hörten, dass Mackensen in Belgrad einzog![14] Und wir müssen hier sitzen. Ich glaube offen gestanden nicht, dass es lange dauert. Wir hörten auch ... vom endgültigen Abschlagen der fürchterlichen französischen Angriffe ...So steht im Balkan jetzt alles auf dem Spiel. Ich denke, wir werden bald starke Verstärkungen dort brauchen. Wie gern möchte ich da sein!« (T2, 10.10.15) Nun konnte er aber auch Pakete und Briefe empfangen und schreiben: »Das R.T. B. (Regimentstagebuch DW) durchkorrigiert. Allerlei geordnet. ... Warschau-Gedicht zu Ende.«[15] (T2, 13.-16.10.15) Der Brand einer von Otto eingerichteten Relais-Station und der umliegenden Häuser verschaffte ihm eine willkommene Abwechslung:

»Ekstatisch wildes Bild, die gereizt hochprasselnden Flammen, die irr kreischenden Weiber dazwischen, rings herum Soldaten mit großen Stangen, die Häuser einschlagend. Auch diese etwas ungeordnet, da kein Truppenteil am Ort war. Schließlich kam im raschen Marsch ein Zug Pioniere; sachverständig und sicher gingen sie hin, wo die Lage für die Nachbarhäuser am gefährdetsten schien, und taten, was notwendig war, all dies ein tiefergreifendes Bild menschlich geordneten Handelns im Wust der entfesselten Sinnlosigkeit. Als die Pioniere ihre Arbeit getan, zogen sie mit lautem, klarem Gesang wieder fort durch die Dunkelheit. – An diesem schönen Tag erfuhr ich meine Beförderung zum Fähnrich. Obwohl längst erwartet, freute es mich doch.« (T2, 19.10.15)

Das Bild »menschlich geordneten Handelns«, dem von den Pionieren gelebten Krieger-Ideal, stellte Otto dem wilden Wust des Brandes und der panischen Dorfbewohner gegenüber. Vielleicht war seine Deutung auch durch seine Beförderung motiviert und diente als Beglaubigung dafür, dass er hier am richtigen Ort war.

14 Die Stadt war am 9. Oktober 1915 endgültig erobert worden, nachdem Mackensen die Führung über die deutsch-österreichischen Truppen an der südlichen Ostfront übernommen hatte.

15 Das Gedicht feiert die Stadt als »die Königliche«, die sich nach der Befreiung durch die Deutschen gesehnt hat.

Die Eltern informierte er am selben Tag telegraphisch von seiner Ernennung. Lily übermittelte ihm »zunächst, Herr Fähnrich, meinen devotesten Glückwunsch«. Dann erörterte sie ausführlich Ottos Möglichkeiten, nach dem Krieg als Reserveoffizier in ein interessanteres Regiment zu kommen; da sie schon lauter grüne Uniformteile gekauft habe, wäre ein Jägerregiment das Beste. Schließlich habe sie »Schritte« unternommen, »um, nachdem Friedrich von Kretschman[16] gefallen ist, den Ehrensäbel meines Vaters für Dich zurückzuverlangen. Hoffentlich gelingt es.« (18.10.15) Lily deutete Ottos Beförderung also als einen Schritt auf dem Weg zu einer militärischen Karriere nach dem Krieg. Gerade in Verbindung mit ihrer Reklamierung des väterlichen Ehrensäbels sah sie das anscheinend als Chance auch für sich selbst, an ihre Herkunft anzuknüpfen. Die Öde des Winterquartiers und seine Aussichten als Fähnrich verleiteten auch Otto zu allerlei Betrachtungen, die er den Eltern nun ausführlich mitteilen konnte:

»Es ist auch gar nicht zu sagen, wie sehr gerade beim Kommiss, alles und jedes vom eigenen Verhalten abhängt; die denkbar kräftigste Erziehung und Betonung der Persönlichkeit in strengst begrenzter Form. Im unsäglich fruchtbaren Zusammenbinden dieser beiden Kräfte liegt vielleicht eine Quelle für die weltbezwingende Macht und Wucht unseres Militarismus … Ich hoffe etwas von dieser kaum definierten Eigenschaft zu haben, die man vielleicht als Führerbegabung annähernd aber schlecht bezeichnen kann; jene Mischung von Strenge und Milde, von harter Gerechtigkeit und mitempfindendem Menschtum, von Schwung und Ernst, von feinem, durchgebildetem Takt und dann wieder grober Art und unverwüstlichem Humor … im Ganzen eben jene vollkommene Haltung, die nur aus mit hartem Bewusstsein erzogener Naturanlage stammen kann und dem Führer vor der Menge zukommt.« (21.10.15)[17]

So sah er, der frisch ernannte Fähnrich, sich also in Zukunft, als »Führer vor der Menge«. Seine Lieblingsworte waren jetzt Dienst und Haltung. Seine Hingabe galt dem Staat. Als »Symbol des Unendlichen wie jedes Endlichen, … erscheint er mir ganz streng und

16 Ein Cousin Lilys.

17 Ottos Briefe an seine Eltern von August bis Dezember 1915 sind online nicht verfügbar.

gross und vollkommen geformt, innen aber von der vielfältigsten Bewegung und dem buntesten Spiel der Kräfte, denn im Hinblick auf ihn bin ich der heftigste Feind jeder übertriebenen Zentralisation.« (T2, 21.10.15) Ottos positive Sicht der inneren Vielfalt im deutschen Staat wurde von Lily nicht geteilt. Seine negative Einschätzung der Zeitschrift »Aufbruch«[18], von der sie ihm am 4. Oktober eine Ausgabe geschickt hatte, aufnehmend, schrieb sie:

»Was Du im Anschluss an den ›Aufbruch‹ sagst, halte ich durchaus für zutreffend. Das Schlimmste ist aber, daß solche ›Aufbruch‹-Menschen nicht vereinzelt sind. Zu ihnen gehören viele Sozis, viele Frauen aller Kreise, die ganzen Leute der Friedensbewegungen etc. Es treibt mich sehr, besonders den Frauen ein deutliches Wort zu sagen und ich werde es wohl auf eine oder die andere Weise tun. Es wäre furchtbar, (wenn, DW) sobald nach dem Krieg alle gestopften Mäuler wieder frei würden, das Gezetere und Geheule laut würde. Aber ich hoffe, daß die Jugend, die dann vom Felde zurück kam, das große Wort führen und alle anderen Laute ersticken wird.« (21.10.15)

Und zwei Tage später fügte sie hinzu, die Empörung über die unerschwinglich hohen Lebensmittelpreise neben dem steigenden Jammer über die Verluste – die vielfach als ›unnütz vergossenes Blut‹ bezeichnet werden!« – nehme »starke Dimensionen« an. Ihre trotzige Kampfeslust und Siegesgewissheit mögen auch dazu gedient haben, ihre Ängste um Otto niederzuhalten. Der Tod des Braun'schen Hundes »Mister« zwei Monaten zuvor regte nämlich jetzt einen »sehr lebhaften« Traum »von einer Menge Hunden, die mir vorgeführt wurden«, an: »Plötzlich löste sich aus ihrem dichten Haufen das kleine Furzelchen los und lief mir entgegen. Gleich darauf sah ich, wie um das Brandenburger Tor Tribünen aufgebaut wurden. ›Für den Einzug der Sieger‹, dachte ich im Traum. Das alles zusammen sah ich als ein gutes Omen an« (23.10.15) – er-

18 Die nur im Jahre 1915 mit drei Heften, davon eine Doppelnummer, bei Diederichs erschienene pazifistische Zeitschrift: »Der Aufbruch. Monatsblätter aus der Jugendbewegung« wurde von Ernst Joel herausgegeben und enthielt Beiträge von Mitgliedern des »Aufbruch-Kreises«, der der Freideutschen Jugend nahe- und in der Tradition der Zeitschrift »Anfang« stand, zu der auch Otto als Schüler beigetragen hatte. Der »Aufbruch« wurde im Herbst 1915 verboten und Joel, der in Berlin Medizin studierte, von der Universität relegiert.

staunlich, wo doch der Tod des Hundes, der im Traum womöglich für Otto stand, den Traum ausgelöst hatte.

Von seinem Major hörte der tatendurstige Otto über andere Kriegsschauplätze »von unerhörtestem Aushalten in Feuer und Gas und Gift … von heldenhaftesten Kämpfen gegen Turka [sic][19] und Senegalesen. Was ist dagegen hier der Krieg!« (T2, 26.10.15) Dennoch war er seit Beginn des Vormarsches glücklicher als je zuvor im Krieg: Er war tätig, er wurde anerkannt und er hatte in Major von Kummer und dessen Adjutant Leutnant Boye zwei Personen gefunden, denen er vertraute. Umso mehr schmerzte es ihn, dass dieser Major nun, nach einer Auseinandersetzung mit einem untergebenen Offizier, der sich daraufhin über ihn beschwert hatte, von der Bataillonsspitze entfernt und versetzt wurde. Als letzte Amtshandlung genehmigte von Kummer Otto einen dreiwöchigen Urlaub und gab ihm das Versprechen, sich für seine Ausbildung zum Reserveoffizier in der Offiziersschule in Weißenfels[20] einzusetzen. Otto wusste nicht, was er tun oder wünschen sollte.

»Ich dichtete auf dem Pferde dies:
Jetzt bin ich ganz verzweiflungsvoll und irre
So schwankte ich noch nie auf meiner Bahn
Wohin auch suchend meine Sehnsucht schwirre
Da ist es gleich vorbei und abgetan.
…
Fahr Du mich dahin wo im rechten Schreiten
In tapferm guten Handeln dein Gebot
Durch alle Fährnis treu mich durchzuleiten
Erquickung wird und Lösung aus der Not.
Dann will ich kühn wie deine Engel streiten
Mich rührt kein Weh wo mir Dein Auge loht
Wenn einst der Sieg mich küsst beim Heimwärtsreiten
Müd und beseligt preis ich Dein Gebot.
Danach wundervoll und leicht.« (T2, 1.11.15)

19 Gemeint sind u.U. Gurkha, Söldner aus den britischen Protektorat Gorkha (dem heutigen Nepal), die auch an der Westfront eingesetzt wurden (Dank an Joachim Szodrzynski für den Hinweis).

20 Seit 1869 bestand auf dem Schloss in Weißenfels eine Unteroffiziersschule, deren Ausbildungsaufgaben sich im Ersten Weltkrieg erweitert hatten.

Auch Lily machte sich über Ottos Zukunft Gedanken, die sie ihm in einem langen Brief vor seinem Urlaub mitteilte. Zunächst schilderte sie ihm eine unerfreuliche Abendgesellschaft bei Frau von Nathusius, bei der sie sich mit einigen kriegskritischen Anwesenden gestritten hatte.

»Ist das nicht bei alledem ein besonderes Glück, daß wir drei im Hinblick auf diese Aufgabe eines Sinnes sind? Auf Grund Deines letzten Briefes finde ich bei Dir übrigens eine immer stärker hervortretende Wesensverwandtschaft mit Deinem Großvater. In allem was Du über Dienst und Haltung, über die Felddienstordnungen und dergl., über die Erziehung durch die Armee etc. sagst, glaube ich ihn zu hören. Und ich frage mich oft, was wohl nun Deine innere Bestimmung ist: Soldat in Uniform … oder Soldat nur im Volksdienst. Daß Du in jeder Beziehung Dein eigener Herr bist, weißt Du. Was für mich wesentlich gegen einen Berufsoffizier spricht, ist allein dies, daß ich die Überzeugung einer sehr ernsten und nahen Zukunftsentwicklung Deutschlands habe, an der tätig teilzunehmen Deiner inneren Bestimmung entspricht, von der Du aber als Offizier lange Jahre hindurch ausgeschlossen wärst, wenn es nicht weitere Kriege giebt. Aber das sind Friedensfragen, die einen jetzt wie eine Utopie anmuten. … Jetzt kann ich Dir ja auch gestehen, daß ich über Dein Nicht-Fähnrich-Werden sehr empört war und schon die direkte Einwirkung von S(einer). M(ajestät). vermutete. Es darf immerhin nicht vergessen werden, daß er Deinen Großvater und Deine Mutter haßt oder mindestens gehaßt hat.[21] Am selben Tage, an dessen Abend wir aus dem Militärwochenblatt Deine Beförderung erfuhren, schrieb ich darüber an Herrn von Bosse[22], da ich zunächst Mackensen nicht behelligen wollte. … Hoffentlich bist Du mir nicht böse wegen dieses Schritts, der, das betonte ich, nur eine private Erkundigung bedeuten sollte.« (26.10.15)

Indem sie dem »Volksdienst«, also der Politik, ein »nur« vorangestellte, hatte Lily, obwohl sie sofort anschloss, Otto sei sein eigener

21 Lilys Vater war 1890 vom Kaiser der Abschied nahegelegt worden, wahrscheinlich, weil er noch als Kronprinz von ihm in einem Manöver besiegt worden war.

22 von Bosse konnte nicht identifiziert werden. Vermutlich handelt es sich um einen Adjutanten von Mackensen.

Herr, ihre persönliche Vorliebe für den Soldaten in Uniform deutlich ausgesprochen. Dass sie hinter Ottos »Nicht-Fähnrich-Werden« eine direkte Intervention des Kaisers vermutete, verweist auf ihren ausgeprägten Hang zur Selbstüberschätzung. In der Angelegenheit einer weiteren Beförderung Ottos gab ihr der Herr von Bosse, vermutlich nach Rücksprache mit Mackensen, allerdings zu verstehen, die Ernennung Ottos zum Offizier sei sehr unwahrscheinlich. Lily war verärgert und bat Otto, sich zu erkundigen, ob diese Auskunft zutreffe (2.11.15). Sie schien der festen Überzeugung zu sein, dass dem 18-jährigen Otto dieser Status jetzt schon zukomme.

Unterdessen mehrten sich die politischen Diskussionen im Braun'schen Bekanntenkreis. Kurt Eisner, berichtete Lily, glaube wie andere auch, dass Deutschland am Krieg schuld sei und dass man zu einem baldigen Frieden kommen müsse. Im Detail stellte sie seine Argumente dar, wenngleich sie sich auch davon distanzierte und den Begriff »Schuld« nur in Anführungszeichen wiedergab. Länger berichtete sie auch wieder von Stefan Lepsius, dessen Mutter »sehr deprimiert (ist) über Stefans Lage, (sie) sagte mir, daß er nicht eher wieder hinaus will, als bis er mindestens Vicefeldwebel geworden ist. Er hätte es als Unteroffizier zu schlecht gehabt, wie sie seinem Tagebuch entnehme. … Ist es denkbar, daß Du noch auf einen Offizierskurs kommst? Im Felde hast Du doch sicher mehr gelernt, als Du da noch lernen könntest.« (1.11.15)

Lily war so stolz, so siegesgewiss vor allem für ihren Sohn, für dessen glänzende Karriere der Krieg sorgen würde!

Am 5. November 1915 kam Otto zum ersten Heimaturlaub in Berlin an. »Dort um 8 Uhr Mama und Papa auf dem Bahnhof, gleich nach Haus. Nicht auszusprechende Gefühle der Freude und des Dankes erfüllten mich. Lang war alles wie ein Traum. Dann ging ich müd und selig schlafen, um endlich wieder am neuen Tag froh in der Heimat aufzuwachen.« (T2) Die restlichen Urlaubstage fasste er abschließend zusammen:

»Zu Haus. Ich kostete alle Seligkeit wiedererwachender Erinnerungen, freute mich an alten Orten und Wegen, ging mit Mutsch wieder durch den Wald, … jede Biegung war Erinnerung an ein Gespräch, ein Gedicht, einen Freund oder einen Gedanken. Dann – vor allem in Haus und Garten, wo alles so schön war wie ehemals … Wie viele alte Freunde sah ich auch, … wie groß war die Freude an der Vergangenheit, grösser allerdings, wenn auch getrübt durch eine aufregende Geschichte, über die ich noch berichte.« (T2, 6.-19.11.15)

Diese »Geschichte« war sein vergeblicher Versuch, tatsächlich zum Offizierskurs angenommen zu werden. Ein Besuch in Weißenfels hatte einen negativen Bescheid ergeben. Erst am Tag seiner Abreise zurück an die Front erhielt er die Ablehnung auch in schriftlicher Form. Otto war enttäuscht. Jetzt, wo dieser Weg ihm versperrt war, schien es ihm, als habe er sich – nach seinem letzten Gedicht – doch klar dafür entschieden und sei nun gescheitert. Er deutete das als Schicksal, das angenommen werden müsse. »Mit etwas zwiespältigen Gefühlen gehe ich, doch ebenso wie ich das jetzt als richtig erwiesene Gefühl hatte, dass ich zurückfahren müsse, ebenso habe ich jetzt eigentlich ein Gefühl, als ob alles gut würde. Wenn ich auch glaube, dass der Empfang nicht gerade sehr freundlich sein wird …« (Ebd.)

Neben der guten Vergangenheit, in die Otto bei seinem Besuch eintauchte, und der durch die Ablehnung des Weißenfels-Kurses getrübten Gegenwart, von der er sich mit einem Theaterbesuch (Maria Stuart) und einem Ausstellungsbesuch (»in die erbärmliche Sezession«[23], ebd.) ablenkte, war »die grösste Freude vielleicht … der Gedanke an eine kommende Zukunft. Doch davon ist schwer sprechen. Wir träumten manchmal davon, planten wie Kinder allerlei Schönes und Grosses, doch wer kann wissen, was die Zukunft wird. Nur darauf kommt es an, Ja zu sagen zu ihr von vornherein und einen Bund mit ihr zu machen, der nicht reissen wird. An solch stolzem Gefühl darf man auch nicht durch Erbärmlichkeiten, die einen momentan ärgern und bös machen können, irre werden.« (Ebd.)

Otto fuhr also mit gemischten Gefühlen zurück zur Front. Dabei spielte weniger Angst eine Rolle, als vielmehr die Sorge, als Protegé des abgesetzten Major von Kummer erneut um Anerken-

23 Die Berliner Secession hatte 1915 ein neues Gebäude am Kurfürstendamm 232 bezogen. Die Ausstellung enthielt Werke von Lovis Corinth, seiner Frau Charlotte Behrend, Otto Modersohn und anderen deutschen Impressionisten. Sie scheint weder künstlerisch noch politisch anstößig gewesen zu sein. Katalog der 27. Ausstellung der Berliner Secession, Oktober – Dezember 1915, Berlin o.J. (1915).

nung kämpfen zu müssen. Otto fragte sich auch, inwieweit die Ablehnung in Weißenfels seiner Karriere – nicht nur im Krieg – schaden würde. Entgegen seinen Erwartungen war bei seiner Ankunft aber eigentlich alles »schön«: das Wetter, die Begrüßung, das Essen im Casino und die ersten Gespräche mit dem neuen Bataillonskommandeur Hauptmann von Rautter. Dieser organisierte für alle jungen Offiziere einen Kompanieführerkursus und ordnete Otto der 1. Kompanie unter dem sympathischen Leutnant Neuser zu. Er machte Schießübungen und baute Schanzen, schrieb und erhielt Briefe. Otto spielte Schach mit dem Unterarzt Dr. Graetz und unterhielt sich häufig mit Boye, der sein engster Freund werden sollte. Otto war gut angekommen. Positiv hob sich ihm »das gesunde Gefühl« an der Front von dem in der Heimat ab:

»Wir haben im Casino eine Kasse für die Jäger (um den Eltern Bedürftiger etwas in die Heimat zu schicken!) und für diese Kasse wird auf alle erdenkliche Weise gesammelt. Sämtliche Spielgewinne fliesen hinein, Strafgelder für Zuspätkommen, für schmutzige oder schlüpfrige Witze bei Tisch usw. Da wurde der Vorschlag gemacht, auch für Fremdwörter Strafgeld einzuführen, aber sofort und entschieden abgelehnt! Ich glaube man kann hier draussen doch mehr Echtes von Unechtem unterscheiden und wirklichen Patriotismus üben. Wenn man z.B. in der Zeitung liest, wie die Berliner Hausfrauen die Fleischerläden stürmten, möchte man überhaupt glauben, dass Vaterlandsliebe, Anstand und Haltung im Hinterland völlig gewichen und zur kämpfenden Truppe geflohen sei, denn eine gemeinere, selbstsüchtigere Handlungsweise ist ja undenkbar.« (An die Eltern, 30.11.15)

Von Lily erreichte ihn ein liebevoller Brief, den sie gleich nach seiner Abreise geschrieben hatte: Sie wollte am Nachmittag auf den Garnisonsfriedhof gehen, wo der Großvater begraben lag, und dort – ganz im Sinne des von ihr gepflegten Ahnenkults – für Otto beten. So hielt sie den Gedanken an Ottos »Berufung« wach. Vermutlich hatte aber auch Heinrich versucht, seinen Sohn während seines Urlaubs erneut für seine eigenen Nachkriegspläne zu interessieren. Dass diese im Widerspruch zu Lilys Hoffnungen auf eine militärische Laufbahn Ottos standen, wurde nicht thematisiert. Heinrich berichtete Otto ausführlich über die konstituierende Versammlung der »Deutschen Gesellschaft 1914« und trat so in einen Austausch mit dem Sohn über politische Zukunftsfragen ein (29.11.15). Er bot dem Sohn dabei die Rolle eines gleichberechtigten Kollegen oder Freundes an; so war es Otto, der den Vater zuerst auf Rudolf Borchardt aufmerksam machte, wofür dieser ihm ausführlich und überschwänglich dankte (17.12.15). Heinrich wiederholte seine frühere Beteuerung, die zu gründende Zeitung sei als künftige Wirkungsstätte für Otto gedacht, verbunden mit der ebenfalls wiederholten Mahnung, »Dich nicht in zweckloser Weise mit Ritten oder sonst unvorsichtig als Ziel feindlicher Kugeln zu exponieren« (1.2.16).

Trotz der unverhofft glücklichen Ankunft beim Bataillon waren die ersten Wochen nicht ohne Irritationen für Otto. Eine betraf seine persönlichen Kämpfe um Tugend und Reinheit, anscheinend ausgelöst von einer erotisch aufgeladenen Stimmung unter den Offizieren. Nach einem Casinoabend fühlte er sich »überfallen von unsäglich gedrückter Stimmung, verwirrt, chaotisch, zerrissenes Gefühl. Schrieb ein Gebet, vielleicht das bedrängteste von je: An Apollon: ›Ward mir mein Mund schon unrein zum Gebet …‹ Dann ›Heldisch Leben, strahlend in Glut und Helle/ Langhin leben, wirkend in Bild und Gesetz.‹ Schluß ›Glaube Herr, nie war meine Rede bedrängter/ und den Bedrängten Herr beglück und erlöse!‹ Doch muß man Erlösung natürlich aus sich selbst schöpfen und erst zum Schluß nahen die Götter! ›Nimmer sich beugen/ kräftig sich zeigen/ rufet die Arme der Götter herbei.« (T3, 7.12.15)

So zitierte er am Ende das Goethegedicht, das die Mutter ihm mit in den Krieg gegeben hatte. Und er beschwor seitenlang den »ungeheuren Einfluss, jene herrliche Welt neuer Einsichten und Einstellungen, die mir in einstmals befreiender Fülle Schmalenbach geschenkt hat«, und die ihm jetzt »in alle Poren, durch alle Nerven« gedrungen und »zu etwas Selbstverständlichem« geworden seien. »So ist es bei mir mit meinem Verhältnis zum Griechentum, auch mit dem zu George, der … nun ganz über das Stadium des Problematischen oder Diskutablen hinausgetreten ist und einfach als der große Dichter und Künder dasteht.« (Ebd.) Die Erwähnung des Griechentums und Georges als etwas »Problematischem« und »Diskutablen« verweist auf homoerotische Gefühle, die ihn »bedrängten« oder mit denen andere ihn bedrängt hatten, die vermutlich von dem gemeinsamen Casinoabend ausgingen und von denen er – für sich oder andere – Erlösung erflehte. Sie waren vielleicht auch der Grund für weitere Spannungen unter den Offizieren: »Am Sonnabend großer Krach im Casino; sehr übel«, deutete Otto in einer kurzen Notiz vom Sonntag den 19. Dezember über den vorhergehenden Abend an, ohne den Gegenstand des »Krachs« zu benennen (T3). Nach einem anscheinend harmonischen Weihnachtsfest feierte man am »Abend des 31. in lustiger Kamingesellschaft, bei der jedoch die starken Gegensätze öfters recht unerfreulich hervortraten.« (T3) Erst sehr viel später sollte Otto besser verstehen, worum es eigentlich ging. Er war erst 18 Jahre alt; er sehnte sich nach widerspruchsfreien Vorbildern.

Otto behalf sich vorerst mit Dostojewski, den er ja mit schöner Eindeutigkeit zu hassen glaubte, und schickte den Eltern »ein rasch hingeworfenes Gedicht«. Sein Brief werde wohl erst Weihnachten ankommen, das sie zum zweiten Mal getrennt voneinander verbrächten:

»Wir können vielleicht einigermassen diese vornehme Kraftentfaltung und wahrhaft göttliche Größe des deutschen Volkes ermessen, das eingeschnürt von allen Seiten, von Hass und Wut umbellt, nicht nur durchzuhalten, sondern siegreich durchzuhalten versteht. Wenn wir das ungeheure Mass dessen betrachten, was unser Volk geleistet hat, dann muss ein solches Glück, ein solcher Glaube an die Zukunft uns erfüllen, dass alles andere daneben ins Wesenlose verblasst. Und dieser Gegenwart dienstbar sein zu dürfen, dieser Zukunft inbrünstig zu harren, das ist vielleicht die größte Gnade, die jemals Menschen zuteil wurde. Dieser will ich mich wert erweisen, indem ich nie rückwärts schaue, nie eine feige Sehnsucht nähre, sondern weiterschreite und glaube.« (15.12.15)

Das Jahr 1916 begann scheinbar ereignislos, glaubt man den spärlichen, jeweils mehrere Tage zusammenfassenden Tagebuchnotizen. Allerdings empfing Otto seine offizielle Beförderung zum Leutnant und wurde Führer des 2. Zugs der 1. Kompanie. »Sehr gefreut. Man kommt in ein wunderschönes Verhältnis zu den Leuten und sie scheinen mich lieb zu gewinnen.« (T3, 1.-12.1.16) Heinrich schickte Lily ein Telegramm mit der Nachricht von Ottos Beförderung. Sie war begeistert: »Wie ich mir würdig vorkomme als

Leutnantsmutter!! Alle Welt, selbst ganz Fremde, gratulierten mir. Aber die allergrößte Freude hat es mir gemacht, daß der Hauptmann Deine Beförderung mit der Erinnerung an meinen Vater gefeiert hat. Das hat mich so gerührt, wie selten etwas. Wie würde aber auch Dein Großvater sich jetzt über den Enkel gefreut haben!« Paketchen vom Delikatessgeschäft Rollenhagen seien unterwegs, Süßigkeiten werde sie ihm aus München schicken (12.1.16). Vorher sorgte sie noch dafür, dass die Beförderung Ottos im Berliner Tageblatt veröffentlicht wurde und bat Heinrich: »Gestatte, daß ich meine mütterliche Eitelkeit verleugne und ihm (Otto, DW) nicht sage, daß ich an der Veröffentlichung im Berl. Tagebl. schuld bin!« (15.1.16) Lily befürchtete wohl eine ähnlich negative Reaktion Ottos wie nach der Veröffentlichung der Verleihung des Eisernen Kreuzes, denn sie schrieb Heinrich am nächsten Tag nochmals aus München, sie habe versucht, ihn »telephonisch zu erreichen, um – wenn es noch geht! – zu verhindern, daß Du Otto mitteilst, wer die Pressenotiz veranlasste. Lieber lügen oder verheimlichen, als von ihm auch nur einen Augenblick gering geschätzt zu werden!« (16.1.16) Mackensen zeigte sich als treuer Verehrer Lilys, der er »In aufrichtiger Antheilnahme meinen Glückwunsch zur Beförderung des Sohnes zum Offizier« zukommen ließ. »Gott erhalte Ihnen, Gnädige Frau, den hoffnungsvollen Sohn! Ehrerbietigst Mackensen.« (15.1.16) Heinrich wurde wie immer ignoriert.

Nach einigen Tagen als Zugführer schrieb Otto den Eltern, sein »großes Erlebnis der letzten Zeit« sei »das Kennenlernen der Leute« gewesen. »Was man da erfährt durch diese Berührung mit Menschen, menschlichen Zuständen, Verhältnissen und Beziehungen bisher doch so fremder Sphären, das ist in höchstem Masse beeindruckend. Diese demokratisierende Tendenz des deutschen Heeres ist unvergleichlich und unübertrefflich.« (20.1.16)[24] Mit Boye duzte er sich jetzt und hatte auch sonst »sehr angenehmen Verkehr«, bekam viele Briefe, schrieb selbst viel und führte »viel

24 Dass Ottos etwas unelegant formulierte Begeisterung für »die Leute« auch seiner Unsicherheit ihnen gegenüber und sogar Angst vor ihnen entsprang, wird aus einem Gespräch deutlich, das er ein Jahr später mit einem Kameraden in Berlin führte.

griechische Gespräche mit B(oye). Zarathustra«, aus dem man sich gegenseitig vorlas (T3, 13.- 16.1.16).

Während Otto eine neue Etappe auf dem Weg der Bewährung erreicht hatte und innerlich zur Ruhe kam, fühlte Lily sich zunehmend verunsichert. Sie »fühle immer stärker, je ungeheurer das Chaos der Zeit uns sichtbar wird, wie Religion uns fehlt; wir sind viel mehr Gottessucher als Lebenssucher. Man kommt sich mehr und mehr wie ein Schiff vor, das zwar nicht das Steuer verloren hat, wohl aber den Kompaß, und nun nicht weiß, wohin es das Steuer einstellen soll. Ich bin mir übrigens keineswegs ganz klar, ob das religiöse Bedürfnis nicht doch nur ein Angstprodukt ist, wie etwa das Kind, wenn es dunkel ist, sich an die Schürze der Mutter klammert; reife Menschen sollten sich im Dunkeln gar nicht fürchten, sondern das Morgenlicht erwarten.« (An Otto, 2.1.16)

Zum geplanten neuen Vortrag falle ihr nichts ein. Wie Goethe in den napoleonischen Kriegen sei sie zu nah an der Welttragödie und verstumme. Lily hatte Angst, angesichts der wachsenden Kriegsmüdigkeit ihrer Umgebung selbst die Orientierung und den Sinn zu verlieren – und sollte doch demnächst als große Sinnstifterin auftreten. Otto antwortete den Eltern auf Lilys Brief und die darin erörterten »religiösen Fragen. Ich komme mehr und mehr zu der Überzeugung, dass all jenes, was von vielen Leuten als ›religiöse Vertiefung‹ ›erwachendes Gottesbewusstsein‹ usw. gepriesen wird, nichts ist als Schwäche, Feigheit, Flucht. Es ist nicht schwer, in rasendem Trommelfeuer nach plötzlichen Überfällen oder in den sonstigen Zufälligkeiten des Krieges auf Gott zu fallen, sich an ihn als letzte Rettung zu klammern, es ist nicht nur nicht schwer, es ist, wenn auch verzeihlich, (ich selber bin durchaus davon nicht frei) doch nichts mehr als eine Äusserung des Selbsterhaltungstriebs der zu Tode geängstigten Psyche. Schwer dagegen, sehr schwer, ist es für den nicht conventionell religiösen Menschen (dem also nicht die Formen des Gottesdienstes von vornherein gegeben sind) aus der höchsten Lust heraus, aus dem voll ausgebreiteten Glücke zum Gebet sich aufzuschwingen, zum Dankgebet, das in jedem Fall höher und ›Gott wohlgefälliger‹ ist als das dumpfe Bittgebet.«

Seine kritischen Äußerungen bezögen sich, »obwohl veranlasst durch Mamas Brief, … in keiner Weise auf Euch«. Sie seien vielmehr wesentlich »entstanden durch manche Unterhaltungen hier, die mich in einiger Hinsicht bedenklich stimmten«. Er selbst sei »dezidierter Nichtchrist wie eh und je«, bekannte er stolz (8.-10.1.1916).

Im Winterquartier begann Otto wieder zu dichten, angeregt durch die ihn umgebende Natur:

»›Weiß ist die Welt. Es sprudelt der Wind Millionen Flocken
Über die atmenden Weiten rinnt Wirbel von blendenden Locken‹

Besonders der Schluß, nachdem die Sonne den Sturm durch einen Kuss gewissermassen gesegnet hat (aber ganz so ist es nicht, so etwas läßt sich eben nur im Gedicht sagen sonst wird es falsch)

›Da erglühet er schlank und jung
Leis beben die Hüften
Und er neigt in der Dämmerung
Sich gelinderen Lüften.‹« (T3, 16.1.16)

Hier hatte Otto offensichtlich versucht, seinen »unreinen« Gedanken »Bild und Gesetz« zu geben. Insgesamt deuten seine mageren Eintragungen aber darauf hin, dass er einerseits zufrieden und ausgelastet war, andererseits nichts Dramatisches oder Erhabenes passierte, das ihn zu längeren Ausführungen veranlassen konnte. Aber am 20. Januar 1916 »erfahren wir, dass es Ende des Monats in den Schützengraben geht. In vieler Hinsicht sehr gefreut; es wird gemütlich, abwechslungsreich, man hat andererseits auch viel Zeit zu Beschäftigung mit den Leuten, Lesen usw., andererseits war das Zusammenleben mit Boye in letzter Zeit derart ideal, wir haben so wunderbare Gespräche, ergänzen uns so schön in Anlage, Temperament, Interessen, dass wir eigentlich ganz bedrückt waren. Die Leute sind natürlich alle selig. Sie haben das Schanzen p.p. bis dahin und freuen sich an [sic] Abwechslung.« (T3)

Den Eltern beschrieb er die Neuigkeit als »Eine …, über die Ihr Euch aber nicht weiter erregen braucht: Wir lösen für ca. 4 Wochen ein vor uns liegendes Bataillon im Schützengraben ab. Es ist ganz harmlos und alles ist sehr froh; ich im Grunde auch, nur das schöne Zusammenleben mit Boye hört dann auf. Aber offenbar wollen Sie [sic] uns nur kurze Zeit herausschicken, um dem Drängen der anderen Truppen nachzugeben, die sich über unsere angebliche ›Ruhe‹ beschweren. Sie werden sich schön umkucken [sic] denn hier ist ja wirklich was zu tun, während im schön ausgebauten Schützengraben es ja direkt Erholung ist. Zu ängstigen braucht Ihr Euch wirklich nicht. Einen russischen Angriff kann man hier ruhig als ausgeschlossen betrachten und die Entfernung der beiderseitigen Gräben (1000-1500 m) verbietet Infanterie- und Masch. Gew. Feuer. Verluste haben die Truppen vorne überhaupt nicht, höchstens bei dem wieder einsetzenden Tauwetter Rheumatismus! Ihr solltet sehen, wie die Leute, vor allem mein Drescher[25] sich freut .... An sich wird das Leben viel gemütlicher und ruhiger als hier. Ich freue mich schon auf die Lektüre .... Bitte um Folgendes: Regelmässig Licht, wenn möglich etwas Karbid, Closettpapier, Tinte ... Tausend zärtliche Küsse, Otto« (20.1.16)

Heinrich suchte Lily, die auf Vortragsreise war, zu beruhigen: »Hoffentlich erschrickt Dich die Versetzung in den Schützengraben nicht; sie ist gewiß nicht angenehm, aber relativ unter den dort (d.h. an der Ostfront) herrschenden und vorauszusehenden Umständen etwas sehr viel Gefahrloseres als fast überall anderswo.« (Undatiert) Vorsichtshalber beschwor er Otto wieder »sehr, Dich nicht in zweckloser Weise mit Ritten oder sonst unvorsichtig als Ziel feindlicher Kugeln zu exponieren. Unter den gegebenen Verhältnissen wo Du damit nicht das Mindeste nützest, wäre das – sagen wir milde – das Gegenteil von heroischem Ernst.« (1.2.16) Lily hingegen reagierte auf Ottos Ankündigung mit leichter Ironie: »Daß Du im Schützengraben bist, mein Liebling, will ich versuchen, mir so rosig vorzustellen, wie Du es darstellst, obwohl ich weiß, daß Du erstens gar nicht gern Dein gerade fertig gewordenes, angenehmes Quartier verlassen wirst, und daß zweitens alle Möglichkeiten, also auch die einsetzende Gefahr gegeben sind. Ganz so dumm ist die Mutsch nicht, wie Du sie jetzt gerne haben möchtest!« (26.1.16) Ihr Brief aus Nürnberg vom 30. Januar 1916 erhellt, was sie stattdessen unter angemessener mütterlicher Haltung im Krieg verstand. Sie hatte gehört, »daß Stef sogar wieder im Feuer ist. Frau Lepsius soll sehr ängstlich sein und voll bösester Ahnungen. Das halte ich für recht, recht schlimm. Wir dürfen uns

25 Vermutlich sein Bursche. Ein Franz Drescher wird in der Gefallenenliste des 21. Reserve-Jäger-Bataillons aufgeführt. Er starb am 18. September 1918 bei Gouzeaucourt. Die Gefallenenliste des Bataillons ist online einsehbar unter www.denkmalprojekt.org/Verlustlisten/vl_res_jaeg-bat_21.

dergleichen nicht erlauben.« In Nürnberg wollte Lily »versuchen, den Siegelring des früheren Stadthauptmanns Kretschman für Otto zu bekommen, und sehr gespannt bin ich auf Deinen ersten Brief aus dem Schützengraben. Warum kommt er noch nicht?« (30.1.16) Der Siegelring war auch Thema in ihrem Nürnberger Brief an Heinrich, wo sie ihn beschrieb als: »groß und breit, aus fein modelliertem vergoldeten Silber, mit demselben alten Wappen, das auf dem Grabstein (des Vaters, DW) ist« (31.1.16). Zwei Tage später meldete sie sich aus Frankfurt, nach einer Reise in überfüllten Zügen mit Soldaten auf dem Weg zur Westfront; während sie einerseits deren kriegerische Stimmung und die tapferen Angehörigen lobte, beschwor sie andererseits Otto, in seiner relativen Untätigkeit das Gute zu sehen, nämlich für Deutschlands Zukunft nach dem Kriege bereit zu stehen (2.2.16). Ottos Freund Hans von Eckardt aus Karlsruhe habe »einen recht unglücklichen Brief« von den Schmerzen nach seiner Verwundung geschrieben.

So sehr sie konnte, nahm Lily Anteil an dem, was an der Front geschah – nicht nur im Sinne der militärischen Lage, sondern auch als Unterstützung seiner neuen Rolle als Zugführer: So erkundigte sie sich bei Otto, was die »Leute« gern läsen, um es ihm dann zu schicken. »Bei meinen vielen Reiseunterhaltungen habe ich nur zu sehr herausgefühlt, daß Soldaten und Offiziere sich vielfach vor dem Frieden grausen u. der Krieg mit all seinen Möglichkeiten an Abenteuern u. Ruhm u. seinem verhältnismäßig freiem Leben sie mehr u. mehr fesselt.« (6.2.16) An »Persönlichem« berichtete sie – in dieser Reihenfolge – vom guten Allgemeinbefinden des Vaters, von der Verlobung des Dienstmädchens Minna und von der erwarteten Rückreise Julie Vogelsteins aus den USA, »wie es scheint ohne die gehofften Resultate«.[26] (16.2.16)

* * *

Am 2. Februar 1916 war Otto, wie angekündigt, mit seinem Zug unter Gesang (Muß i denn …) »in den Graben« d.h. die soge-

26 Julie hatte von ihrem Bruder Geld erbitten wollen für das Zeitschriftenprojekt Heinrichs.

nannte Saslugi-Stellung[27] östlich des Dorfes Kaischowka direkt vor der Front, die vom Fluss Serwetsch gebildet wurde, eingerückt. Es handelte sich, wie Otto geschrieben hatte, um eine reine Verteidigungsstellung an der relativ ruhigen Front.[28] »Alles ging verhältnismäßig gut. Ich habe einen Abschnitt von 500 m, einen Zug von 40 lieben Jungen und den Willen, möglichst viel in dieser Zeit zu lernen.« (T3) Otto hatte nun fünf Gruppenführer unter sich und »einen ungemein sympathischen Gefreiten, Czindy, habe ich mir als Ordonnanz genommen« (T3, 2.2.16). Zwischen der eigentlichen Stellung mit ihren Gräben gab es zum Ufer hin Horchposten, von denen aus Otto, wie andere Zug- und Kompanieführer auch, nächtliche Patrouillen durchführte, die aber lediglich der Erkundung dienten. Auf der Seite der Russen, die einen schmalen Steg über den Fluss gebaut hatten, sah es ähnlich aus, und so kam es zu gelegentlichem Abschießen von Leuchtraketen und vereinzelten Schusswechseln. Die jungen Offiziere der benachbarten Stellungen besuchten sich gegenseitig und sprachen sich ab, konkurrierten aber auch in Bezug auf mutige Patrouillen und hautnahe Beobachtungen des Feindes. Am 8. Februar wurden »die Russen … frecher« (T3). Einer von Ottos Gruppenführern wurde während der Patrouille beschossen und musste sich zurückziehen. Otto wollte »durchaus Verluste vermeiden, es hat gar keinen Sinn, tüchtige Leute in zwecklosen, mindestens unwesentlichen Knallereien vor Serwetsch zu verlieren« (T3, 8.2.16). Dennoch wollte auch er etwas wagen und ging in der nächsten Nacht selbst mit einigen »Leuten« auf Patrouille.

»Ca. 700 m vor unserem Horchposten bemerkten wir bei der sternklaren Nacht (Mond uns im Rücken!) in ca. 150 m Entfernung zwei Russen. Wir ließen sie auf ca. 80 m herankommen, sie hatten sich unterdessen ungefähr verzehnfacht, aber aus der Dunkelheit rechts kamen noch immer mehr. Da wir uns mit 8 Mann doch nicht auf einen Angriff einlassen konnten, beschlossen wir, langsam zurückzugehen. Leider bemerkte uns der Feind zu früh,

27 Nach dem gleichnamigen Vorwerk in unmittelbarer Nähe.

28 Vgl. Der Weltkrieg Bd. 10, Die Operationen des Jahres 1916 bis zum Wechsel der Obersten Heeresleitung, Berlin 1936, S. 424 ff. Seit der Machtübernahme der Nationalsozialisten wurde die Reihe von der »Forschungsanstalt für Kriegs- und Heeresgeschichte« herausgegeben.

ein Pfiff, und alle lagen. Nach einiger Zeit standen sie aber wieder auf … Ich ließ alles links und rechts zurückspringen und Arndt, Schöbel und ich schossen wie die Tollen. Dies wiederholte ich drei Mal, da die Russen uns ständig in gewissem Abstand folgten ohne selbst mehr als ein paar Zufallsschüsse abzugeben. Offenbar wollten sie uns zum Warten veranlassen und dann abschneiden. Als wir aber ca. 200 m vor dem Horchposten waren, blieben sie doch zurück. Das Ganze war sehr amüsant und erfreute allgemein.« (T3, 9.2.16)

Der Krieg als Geländespiel! Solche »Ausflüge« und kleinen Abenteuer gehörten zu Ottos selbst auferlegtem Lern- und Bewährungsprogramm an einer Front ohne Kämpfe, an der er dennoch zum ersten Mal als militärischer Führer »Feindberührung« hatte. Den Eltern schrieb er aus dem Schützengraben über die guten »Leute« und sein eigenes Führergeschick, so als handele es sich lediglich um ein Manöver. Zurück in der Ruhestellung berichtete er zum Beweis für die heilsamen Auswirkungen des Grabens, die Krankenrate habe sich dort (gegenüber der Etappe, wo sie bei 8-15 Prozent läge) auf 0-1 Prozent gesenkt. »Einen sprechenderen Beweis für die Einwirkung anregender Tätigkeit, Abwechslung und interessanter Beschäftigung auf den Körper kann es kaum geben …. Vor allem das dauernde Zusammensein mit den Leuten gibt so viel Neues …, dass ich voller Befriedigung zurückkehrte.« Auch ein »nettes« Erlebnis habe er gehabt, als man nachts »auf einmal ein ganz wahnsinniges Schimpfen, wüstes Geschrei von den Russen her« gehört habe, »es klang sehr belustigend und wir vermuteten gleich, dass die Russen sich gegenseitig beschossen hätten. Ein paar Stunden später kam ein Überläufer, ein Jude … natürlich allgemeines Hallo bei uns.« Nicht ganz passend dazu zitierte er dann Stefan George: »Zehntausend muss der heilige Wahnsinn schlagen, zehntausende muss die heilige Seuche raffen, zehntausende der heilige Krieg.«[29] (An die Eltern, 12.2.16) Er

29 »Ihr baut verbrechende an maass und grenze: / ›Was hoch ist kann auch höher!‹ doch kein fund / Kein stütz und flick mehr dient.. es wankt der bau. / Und an der weisheit end ruft ihr zum himmel: / ›Was tun eh wir im eignen schutt ersticken / Eh eignes spukgebild das hirn uns zehrt?‹ / Der lacht: zu spät für stillstand und arznei! / Zehntausend muss der heilige wahnsinn schlagen / Zehntausend muss die heilige seuche raffen / Zehntausende

konnte sich wohl zwischen jungenhaftem Spiel und heldischem Ernst nicht recht entscheiden.

Am 28. Februar unternahm Otto eine weitere »sehr interessante Patrouille«. Einen militärischen Zweck hatte die Unternehmung nicht:

»Ich hatte mir eigentlich unbedingt vorgenommen, an den Serwetsch zu kommen, da den Tag vorher zwei Gefreite vom andern Zuge das erreicht und die Russen beworfen hatten … Wir hörten sie husten und sprechen, sahen auch einige mit der elektrischen Taschenlampe die Posten entlang gehen, uns bemerkten sie offenbar nicht oder wollten uns nicht bemerken. Nach 6 Stunden ca. kamen wir zurück, die Leute arg durchfroren, daher schimpfend. Ich freue mich dabei immer über meine totale Ruhe; so nervös, phantasiegeängstigt ich sonst sein kann, leicht Herzklopfen spüre und dergleichen, so unbedingt ruhig, ja heiter bin ich, sobald die Gefahr wirklich ist. Ich bin sehr froh darüber. Hinterher las ich bis ½ 3 Uhr nachts Nietzsches Götzendämmerung in steigender Begeisterung.« (T3)

Zu den Russen entstand trotz der latenten Gefahr eine merkwürdige Nähe – nicht nur räumlich; denn sie schienen sich – ähnlich gelangweilt und verspielt – auf dieselbe Weise die Zeit zu vertreiben. So fand einer von Ottos Jägern auf seiner nächtlichen Patrouille »einen Stab mit einem Zettel (gedruckt) mit einer längeren Mitteilung von der Einnahme Erzerums [sic][30], dahin führend eine einzelne Fusspur. Ich ging nicht mit wegen sehr starker Kopfschmerzen.« (21.2.16) Andere aber gingen: Gefangene wurden gemacht, Überläufer befragt, schließlich ein erschossener Russe auf die eigene Seite geschleppt. Otto schrieb auf, was dieser bei sich trug: »nur einen Sack mit Handgranaten und eine Drahtschere, kein Gewehr«. In der Tasche des Toten fand er einen aus Petrograd[31] abgestempelten Brief, den bekannten deutschen »Erzerum«-Zettel, ein Verzeichnis von 26 Leuten … und Kleinigkeiten. Ich

der heilige krieg.« Stefan George, Der Stern des Bundes, Berlin 1914. Der Gedichtzyklus war zuerst 1913 im Privatdruck erschienen.

30 Die Stadt Erzurum lag in Armenien und wurde in einer längeren Schlacht zwischen Mitte Januar und Mitte Februar im Rahmen des Kaukasusfeldzugs von den Russen erobert.

31 Im Tagebuch in kyrillisch wiedergegeben.

nahm eine Handgranate mit und will sie zerlegen.« (T3, 24.2.16). Den »Zettel« schickte Otto den Eltern als Erinnerung an sein »kleines Abenteuer«. Dabei war das »Spiel« unvermittelt in Krieg übergegangen.

Vom 11. bis 20. Februar war man wieder »in den Ruhequartieren«, eine Zeit, über die Otto nichts zu schreiben hatte, außer, dass sie »ganz nett« gewesen sei. (T3, 20.2.16) Auch die Ablösung habe nichts erlebt, bemerkte er beinahe erleichtert. Doch was sich wie Indianerspiel darstellte, war nicht ohne reale Gefahr: »Neuser wäre beinahe totgeschossen worden; eine … Granate krepierte 5 m vor ihm. Wie merkwürdig nahe selbst in diesen ruhigen Stellen der Tod oft an einem vorbeistreift!« Nach dem tödlichen Kopfschuss eines »netten Kerls von der M.G. (Maschinengewehr-Batterie, DW)« las Otto »zur Aufheiterung George« (T3, 22.2.16).

Spazierritte, Einkäufe, Besuche bei Nachbar-Einheiten, die abends im Casinos endeten – so verbrachte Otto die nächste Ruhezeit. Briefe und Pakete kamen von Zuhause mit Büchern und Gänseleberpastete. Am 11. März »lösten wir Gottlob wieder die 2. Kompagnie im Graben ab« (T3). Die abenteuerlichen Patrouillen begannen erneut:

»Wir kamen unbemerkt bis an den Serwetsch, der plötzlich schwarz wie der Styx[32] vor uns rieselte. Links bemerkten wir russische Posten und einzelne Leute … Ich wollte gerade die Böschung hinunter … kriechen, um meinen Stock im Wasser zu taufen, als mich Arend heftig am Beine zurückzog und ich nach rechts mich herumdrehte; da sah ich wie ca. 5 Russen in raschem Laufe hintereinander zu uns über den Serwetsch liefen; es schien ein schmaler Steg zu sein; wir legten uns einen Augenblick auf Lauer, die Russen verschwanden in offenbar vorbereiteter Deckung; dann zogen wir uns langsam und ohne Störung zurück. Erst als wir an dem Horchposten warn, gingen einige (Leucht-, DW) Raketen hoch.« (T3, 12.3.16)

Auch bei dieser Patrouille ging es Otto um nichts anderes als eben jene – im letzten Moment missglückte – »Taufe« des Stocks, den Fetischbeweis dafür, dass Otto es bis ins russische Gelände und wieder zurück geschafft hatte. Immerhin schickte er zwei

32 Der »Fluss« oder »das Wasser des Grausens« bildet in der griechischen Mythologie die Grenze zum Hades.

Tage später eine Patrouille an dieselbe Stelle, »meinen [sic] Steg zu erreichen und Größe und Art festzustellen .... Sie kamen an den Steg heran, den sie ziemlich stark fanden, wurden dort stark unter Feuer genommen, Klee leicht am linken Unterarm verwundet.« (T3, 14.3.16) Hatte er sich nicht vorgenommen, »tüchtige Leute (nicht) in zwecklosen, mindestens unwesentlichen Knallereien vor Serwetsch zu verlieren«?

Lily hatte Anfang März von »›Patrouillengefechte(n) am Serwetsch‹« gelesen. »Das bist Du! – Ich werde mich also wieder an den Gedanken gewöhnen müssen!« – Osterpakete waren an ihn abgegangen, voll mit Büchern, Marzipanostereiern, einer Flasche vom Weingut Chateau d'Yquem, die aber »nur für ein Freundesmahl« geteilt werden sollen, und zwei Cognacflaschen »für Deine Leute, am besten als Grog zu trinken« (4.3.16).

Am Serwetsch setzte Tauwetter ein. Die Gräben liefen voll Wasser, verschlammten, mussten getrocknet und zum Teil massiv ausgebaut werden. Durch Los wurden Otto und sein Zug in der zweiten Märzhälfte »als Unterstützung rechts«, also im benachbarten südlichen Abschnitt der von den Österreichern gehaltenen Frontlinie bestimmt. »Vergnügt trottete ich los. Schlamm allerdings unergründlich, aber die Leute verloren den Humor nicht und das ist die Hauptsache. Im Ganzen ist die Stellung recht interessant ...« (T3, 21.3.16) Doch schon am folgenden Tag wurde er zugunsten einer anderen Einheit wieder abgelöst, für den verärgerten Otto eine »üble Schiebung«,[33] mit der ihn ein wenig die »ehrliche Freude« über das Eiserne Kreuz I. Klasse für den befreundeten Leutnant Neuser aussöhnte, »da es hier einmal ein Mensch, der es wirklich verdient hat, ohne jede Schiebung, unter Übergehung älterer Herren, die nach mancher Leute Meinung mehr ›dran‹ waren, völlig gerecht bekommen hat«. (T3, 23.3.16). Die Eltern bat er, in Berlin ein Eisernes Kreuz Erster Klasse zu kaufen und es an Neusers Eltern zu schicken, sozusagen als Duplikat für den Orden, den der Sohn verliehen bekommen hatte (24.3.16). Heinrich Braun bezahlte beim Juwelier 12 RM dafür (1.4.16).

33 Leider sind mehrere Briefe dieser Tage unleserlich, da mit verblasstem Bleistift geschrieben.

Zwar fühlte sich Otto im Kreise seiner Freunde und nächsten Kameraden wohl, in dem man »von Kriegserlebnissen erzählte … sehr gemütlich und nett« zusammensaß und die Kompanie als Ganze »so äusserst angenehm« war (T3, 23.3.16). Doch all das half nur unvollkommen darüber hinweg, dass er an einem Frontabschnitt lag, wo die »Russen … sehr träge« und ihre »Gräben offenbar schwach besetzt« waren, so dass sie nicht angriffen (T3, 23.3.16). Am 28. März kam zwar die Meldung, »dass auch hier mit der Möglichkeit russischer Angriffe zu rechnen sei. Es würde alles jubeln, wenn sie kämen, aber ich fürchte, sie kommen nicht; was sollten sie auch hier!« (T3) Otto ersetzte den fehlenden Kampf durch regelmäßiges Exerzieren mit seinem Zug und das Studium von militärischen Handbüchern. Gerechnet wurde höchstens mit Nebenangriffen einer eventuellen russischen Offensive auf Baranowitschi.[34] Andere Verschiebungen, Zuordnungen und Anordnungen blieben Otto in ihrer Logik unklar. »Befehle kamen«, es wurde »gemunkelt« (T3, 9.4.16). »Was los ist, weiß niemand, der Stab weiss entweder selbst nichts oder lässt einen jedenfalls völlig im Unklaren, kümmert sich um nichts.« (T3, 11.4.16) Seine Langeweile vertrieb er sich auf ausgedehnten Spaziergängen, die er anschließend literarisch gestaltete:

»Fern von Norden blauten die Sümpfe und Wälder des Njemen, weit umfing der Blick das schön gewellte Land, wo hier und dort prunkvoll und so aus der Ferne edelsteinartig aufblitzend die grün- und goldgekuppelten Kirchen aufblicken: … Das weite Tal des Serwetsch, hier, wo ihm noch die Newda zufliesst, versickert in eine Seenebene, spiegelt tausendfältig das schon warme Sonnenlicht. …Die lange Pappelallee … wo damals, als wir den Vormarsch stecken liessen, unsere Patrouillen, zum letzten Male im Bewegungskriege vorgehend, die grossen Kolonnen, Artillerie, Kavallerie und allerlei Wagen der Russen langsam abziehen sahen … hier hinter dem Birkenwalde … woran die Kosaken noch einmal ihre Zerstörungswut auslassen konnten und wir dann

34 Der Ort befand sich ca. 50 km südlich im benachbarten Frontabschnitt, der von den Österreichern gehalten wurde (vgl. Der Weltkrieg Bd. 10, Karte 6, S. 274). Die Schreibweise entspricht derjenigen in den meisten gedruckten deutschen Quellen, während Otto im Tagebuch gelegentlich »Baranovicze« schreibt. Im Folgenden wird die Schreibweise vereinheitlicht.

die vielen Gänse, Käse und Obst fanden, kurz alles gemahnte an schöne, frohe Zeit. – Wir sollen hier als Reserve 3 Wochen bleiben, und dann?!« (T3, 14.4.16)

Ostern kam an die Front mit einem »höchst kindischen Feldgottesdienst« zum Karfreitag (T3, 21.4.16), Wegebau, Übungsritten und Schießübungen, einmal auch mit einem gemeinsamen Ausflug des Stabes, »wo wir allesamt die mir schon vom Ende des Vormarsches her bekannten Polinnen besuchten. Ziemlich übel. Danach Bierabend beim Stabe.« (T3, 24.4.16)

Otto konnte die Langeweile, jetzt wo er den Krieg wirklich kennengelernt hatte, kaum noch ertragen. Als am letzten Aprilwochenende »das ganze Jägerbataillon … die Gegend durchstreifen mußte«, weil »auf irgendein Etappenschwein … angeblich ein paar Schüsse abgegeben worden (waren)«, klang das gar nicht nach den Jagdszenen und Geländespielen früherer Tage. Otto fand es nur »recht anstrengend« (T3, 29.4.16). Auch die Offiziersgeselligkeit ging ihm mehr und mehr auf die Nerven. Zwar »haben wir doch beinah die besten Offiziere (und angenehmsten) bei uns«. Aber besonders die Besuche aus anderen Einheiten, die erst am frühen Morgen endeten, waren für Otto »furchtbar öde«, wenn es sich nicht gerade um seine besten Freunde handelte (T3, 12.5.16). Vor allem der Alkohol führte anscheinend zu Konflikten – so notierte Otto am 15. Mai einen weiteren »Bierabend beim Stabe (Streit mit Hildenhagen); im Ganzen lustig«. (T3) Immerhin: nachdem Anfang Mai noch die Schreckensnachricht gekommen war: »Urlaub ist aufgehoben. Man spricht von Vorbereitungen der Russen zu Gasangriffen bes. bei Baranowitschi …« (T3, 5.5.16), jubelte Otto am 15. Mai: »Urlaubsbeschränkung fällt fort, wir fahren morgen! Hurrah!« (T3)

Lily Braun hatte Ottos positiv-harmlose Beschreibung des Schützengrabens dankbar aufgenommen. Zur Anregung und Aufregung sandte sie ihm weitere Ausgaben der von ihr verachteten pazifistischen Zeitungen zu (18.2.16). Bald darauf referierte sie einen Brief von Stefan Lepsius, der nun doch Aussicht auf eine Offiziersernennung habe. »Von Dir ist er überzeugt, daß Du dabei bleibst (!!) und rasch in den Generalsstab kommst (!!!)« (20.2.16) Und sie erwähnte, dass der zweite Bruder der Köchin Pauline gefallen sei – und zwar im Zeppelin verbrannte.[35] »Kannst Du wirklich gar kein Kommando in Berlin bekommen?« (25.2.16) Solche Fragen wird Otto als das verstanden haben, was sie waren: rein rhetorische Wendungen, die ihrer Sorge um ihn Ausdruck verleihen sollten, aber nicht bedeuteten, dass sie ihn wirklich daheim haben wollte. Von der Ausstellung der (Freien) Sezession berichtete Lily entgeistert: »Alles ›lehmbruckt‹! Leider auch Käthe Kollwitz in einer Gruppe in Gips ›Die Liebenden‹: ein schwindsüchtiges, jammervoll elendes Mädchen sitzt ganz gleichgültig auf dem Schoß eines ebensolchen Mannes, von dem man nicht weiß, warum er sie küßt.« (27.2.16)[36] Die Skulptur entsprach weder Lilys Vorstellungen von Liebe noch ihren Bedürfnissen nach kraftvoller Kriegskunst. Sie passte daher gut in die sich anscheinend immer weiter ausbreitende bedrückte und resignative Stimmung in der Hauptstadt. Heinrich, der Ende März im norwegischen Bergen auf die Rückkehr von Julie aus New York wartete, wurde von Lily über Ottos Briefe und andere Kriegsneuigkeiten informiert.

»Von Otto sind zwei liebe Briefe mit sehr guten Nachrichten da. Er ist glücklich (!!), wieder im Schützengraben zu sein. … Gestern war ich in Berlin. Der Fall des großen Forts von Verdun hatte eine fast gleich starke frohe Stimmung hervorgerufen, die eigentlich erst dem endgültigen Fall der Festung zukäme. Ich hoffe, ich bin in der Stadt, wenn das geschieht! Geflaggt habe ich aber nicht aus Rücksicht auf unsere arme Pauline, die gerade die Nachricht hatte, daß ihr netter Bruder, der Obersteuermann mit dem Zeppelin – von dessen Vernichtung die Zeitungen vor einer Woche berichteten – verbrannt ist. Der zweite Bruder schon!« (27.2.16)

In Bergen las Heinrich in der internationalen Presse, »daß der Durchbruch im Westen uns mißlungen ist und die Japaner Rußland nicht nur Munition, sondern auch Truppen zur Verfügung

35 Vermutlich handelt es sich um eines der vier »Lenkluftschiffe«, die bei der Eröffnung der Schlacht um Verdun eingesetzt wurden. Es wurde am 21. Februar bei Revigny, ca. 50 km südwestlich von Verdun, abgeschossen (Der Weltkrieg, Bd. 10, S. 74).

36 Es handelt sich um die Plastik: »Die (oder auch: Große) Liebesgruppe«, zuerst 1913 entworfen, dann mehrfach überarbeitet, heute im Käthe-Kollwitz-Museum Berlin. Die Freie Secession hatte sich 1914 von der Berliner Secession abgespalten.

stellen. Hoffentlich ist beides unwahr. Wie geht es Dir und hast Du Nachricht von Otto?« Lily fragte ihn verärgert, wie er nur den negativen Zeitungsberichten im Ausland Glauben schenken könne? »Aus authentischer Quelle, an die ich mich telephonisch wandte, weiß ich daß wir – ganz abgesehen von den fabelhaften Erfolgen vor Verdun, sehr gut stehen«. (Undatiert) Glaubte sie das wirklich, oder wollte sie Heinrich nur beruhigen? Nahm sie wirklich an, sie habe Zugang zu besonders »authentischen« Quellen, oder war das, ähnlich wie in ihren religiösen Erwägungen vom Januar, das Festhalten des verängstigten Kindes an der Schürze der Mutter? War es Ausdruck ihrer Sorge, dass sie sich aus eigenem Antrieb an eine solche »Quelle« gewandt hatte? Heinrich verbarg seine Angst gegenüber Otto und lobte dessen Briefe aus dem Graben, »weil sie die Bestätigung boten, daß Du Dir selber treu bleibst und damit diejenige Pflicht erfüllst, deren Verletzung durch nichts entschuldigt werden kann. Laß auch in aller Zukunft nie geschehen, daß das Göttliche in Dir geschwächt wird, und aufhört, das alles beherrschende Centrum zu sein.« Damit wiederholte er das pädagogische Muster, den Sohn nicht etwa zu kritisieren, sondern die von ihm erhofften Aspekte seines Verhaltens durch Lob zu verstärken. Selbst Ottos Vermutung, die Eltern missbilligten seine Wertschätzung militärischer Disziplin, verneinte Heinrich, wenn auch manches diskutabel sei – aber im Prinzip stimme er mit Otto überein (22.2.16).

Bei Lily schlug die kämpferische, aktive Stimmung unter dem Einfluss ihrer Umgebung und der unleugbar kritischen Frontlage um: Am 6. März ergriff sie »eine beinahe krankhafte Sehnsucht nach Italien«, am 8. März schrieb sie aus dem Berliner Hotel Esplanade nach einem Gespräch mit der seit Kriegsbeginn kritischen Frau von Nathusius, dass an deren Einschätzung der Kriegslage vielleicht »ein Körnchen Wahrheit« sei: »Die arme Pauline kam gestern (nach dem Tod ihres Bruders, DW) von zu Hause zurück. Nun hat sie noch einen Bruder im Feld u. der muß auch gerade bei Verdun im Feld sehen! Sie behauptet steif u. fest, sie hätte von Anfang an gewußt, daß alle ihre Brüder fallen würden. Und ich mag ihr Herz nicht damit beschweren, daß ich ihr sage, daß diese Überzeugung mit Schuld ist am Tode der Brüder.« Glaubte sie das wirklich? Am nächsten Tag träumte sie von Otto,

»wir beide, Du und ich stünden auf einer Hotelterrasse und unten zögen mit Blumen und Fahnen die Tiroler Kaiserjäger in die festlich geschmückte Stadt zurück. Es war Frieden! Sehnst Du Dich auch danach?! Oder schweben Dir nur blutige Nahkampfbilder vor? Möchten die Götter Dich davor beschützen!« (8./9.3.16) »Nun muß ich notwendig ins Baba-Bett. Weißt Du noch, wie es früher war: ›bis morgen frühchen, Du liebes, liebes Duchen!‹ Aber still – wir wollen uns nicht weich machen!« (10.3.16) Aber sie war ja schon ganz weich, kindlich und traurig. In diesen Tagen schrieb sie auch die drei Briefe, die für Heinrich, Otto und Julie bestimmt waren und nach ihrem Tod von ihnen gelesen werden sollten (vgl. S. 289 f.).

Otto nahm die Nachrichten aus der Heimat und den Zerfall des »Geistes von 1914« kritisch auf. Seine entsprechenden Rückmeldungen waren dann wieder Anlass, sich wechselseitig des Einverständnisses über den Verlauf und den Sinn des Krieges zu versichern. Selbst Julie Vogelstein, die sich sonst über Kriegsangelegenheiten wenig äußerte, hielt mit und bekannte nach ihrer Rückkehr aus den USA, sie könne Ottos »Bemerkung, daß Sie sich in Deutschland und der Stimmung des Landes nicht mehr ganz auskennen, so gut verstehen. Mir ging's, mir geht's gerade so seit meiner Rückkehr. Ich war und bin traurig überrascht. Aber das macht mich nur umso feuriger.« (9.4.16)

Lily Braun war Anfang April 1916, während Otto sich am Serwetsch mit »Wickersdorf-Tätigkeiten«[37] die Zeit vertrieb, wieder auf Vortragsreise gefahren. Ottos Briefe wurden ihr mit Heinrichs kurzen, beruhigenden Kommentaren nachgeschickt. Die Mutter versorgte Otto mit Neuigkeiten von zuhause. Die Dienstmädchen hatten beide gekündigt, »der Köchin (Pauline, DW) weine ich keine Träne nach, und Minna wurde von ihrem Bräutigam schlecht beeinflußt, dem sein ungeheurer Kriegslohn[38] zu Kopfe stieg. Die gute Julie hat inzwischen Perlen gefunden.« (10.4.16) Hatte Pauline mehr Tränen im Braun'schen Hause geweint, als Lily ertragen

37 So Julie Vogelsteins treffende Charakterisierung in einem späteren Brief (s.u.).

38 In einem früheren Brief mit der Nachricht von Minnas Verlobung hatte sie des Verlobten Wochenlohn von 200 RM hervorgehoben.

konnte? War ihr, die noch immer für den Sozialismus schwärmte, das relative Erstarken der Arbeiterklasse im Krieg unheimlich? Wieder zu Hause, geriet Lily in einen Streit mit dem neuen »Mädchen«, auch klagte sie, außer über den internationalistischen Adel, die radikalen Sozis, die kriegsbedingten sozialen Umwälzungen und die pessimistischen Intellektuellen, erstmals auch über die Teuerung. Dann kam Leutnant Boye zu Besuch, den Otto etwas arrogant angekündigt hatte, er sei »ein sehr lieber Mensch und unbedingt anständiger, ehrlicher Charakter«, habe allerdings »seine Schrullen und manche Kindlichkeiten. Übrigens hängt er sehr an mir.« (18.4.16) Boye brachte unter anderem einen Brief von Otto mit, der auch einen Gedichtversuch enthielt, den Lily – vielleicht in Erwägung einer Veröffentlichung – recht kritisch kommentierte. Sie beanstandete am Entwurf, »daß ›der Krieg in seine Betten gleitet‹! Selbst wenn Du den Krieg als einen Strom auffaßt, kann doch der Krieg nie in ein Bett gleiten; man könnte ihn durch Bäume fesseln, in Ketten schmieden etc. Du mußt also diese Stelle ändern.« (25.4.16) Ottos Gedicht, am breiten Bett des trägen Serwetsch verfasst, war ihr nicht kriegerisch genug. Aber auch sie konnte sich der mentalen Auflösung der Heimatfront nicht ganz entziehen. An Ostern sah sie Euripides' »Troerinnen«, ein ausgesprochenes Antikriegsstück, aber nur, verteidigte sie sich vor Otto, weil eine Bekannte darin die Kassandra spiele.

Otto kam im Frühsommer auf Heimaturlaub und genoss das Elternhaus mehr als je zuvor, ebenso das Zusammensein mit seiner Familie, zu der nun auch Julie Vogelstein gehörte, und die Stadt: »Es hat sich kaum etwas verändert. Nur die mangelhafte Organisation der Lebensmittel verwundert stark.« (T3, 19.5.16) Die Aufführungen im Deutschen Theater – Lustspiel und Ballett – fand er »entzückend«, die Sezession beurteilte er diesmal besser als zuvor, jedenfalls viel besser als die »Grosse Kunstausstellung.[39] Dass der-

39 Otto verglich hier die Frühjahrsausstellung der Berliner Secession mit der zeitgleich in den Ausstellungshallen des Lehrter Bahnhofs laufenden »Großen Kunstausstellung« der Akademie. Erstere enthielt viel Kriegskunst, darunter Kohlezeichnungen von Ury Lesser und Plastiken, die den Schrecken des Krieges zeigen; bei Letzterer handelte es sich um eine äußerst konventionelle Sammlung von Generalsporträts, klassizistischen Plastiken, idyllischen

lei noch geduldet wird ist ein böses Zeichen, allerdings ein ebensolcher Beweis für den bösen Tiefstand allgemeinen Geschmacks wie die fürchterlichen Nagelungsfiguren. … Gegen all so was sind selbst die utriertesten Modernen in der Sezession erfreulich.« (T3, 22.5.16) Er suchte und ersteigerte Autographen, die er zu Hause sorgfältig ordnete; mehr als während seines letzten Besuchs wurde er in die erwachsene Geselligkeit eingebunden oder aber eine solche hatte sich im Hause Braun mehr entwickelt, vielleicht auch dank Julie Vogelstein; jedenfalls trafen sich dort u.a. Alfred Weber, Max Scheler und Friedrich Stampfer. Otto nahm selbstbewusst an den Unterhaltungen teil: »Ich brachte meinen immer sichtbarer werdenden Gedanken an, dass eine starke, unbedingt auf's Praktische gerichtete, ja sozialdemokratische Linke als Stütze der Regierung, eventuell in Zusammenarbeit mit gewissen Konservativen die Zukunft bestimmen müsste und könnte«, notierte er stolz (T3, 28.5.16). Darin war er sich mit dem Vater also einig.

Für Otto waren solche Gespräche über die politische Zukunft immer verknüpft mit seinem persönlichen Zukunftsentwurf, der ihn in diesem Frühsommer besonders beschäftigte, vermutlich angefeuert durch die konkurrierenden Angebote und Ratschläge der Eltern.

»Meine Zukunft erscheint mir jetzt oft ganz dunkel und verhangen … So gerate ich oft in Unruhe darüber, gar nicht wissend, was werden wird. Doch ist mir eines ganz gewiß: Wenn ich diesen Krieg überdaure, dann wird etwas aus mir, und mehr als etwas. Nur kann ich mich sogar nicht in einen Rahmen, einen Beruf oder dergleichen hineinstellen. Zum Gelehrten habe ich viel zu viel Tätigkeitsdrang in mir, zum Offizier – ich glaube nicht, dass ich das Garnisonsleben ein Jahr ertrüge. – Es gibt im Grunde, den beiden Formen menschlichen Lebens entsprechend, zwei Ideale des Lebens, der vita activa entspricht der Held, der vita contemplativa der Priester, wozu sich der Dichter und der Weise in erhabner Gesinnung rechnen mögen. Irgendwelche anderen Zwischenstufen des männlichen Ideals lasse ich nicht zu; und so ist mein Ideal der

Städte- und häuslichen Szenen sowie Kriegsbildern, die Landschaften und Natur in den Vordergrund stellten. Vgl. Katalog der 28. Ausstellung der Berliner Secession 1916 Berlin o.J. (1916) sowie Katalog der Grossen Berliner Kunstausstellung 1916, Berlin o.J. (1916).

Held. Was aber heisst das heute? Staatsmann wohl ... Heißt es etwa Politiker, dieser mit soviel erbärmlichem, kleinbürgerlichem, so viel fadem und zänkischem Beigeschmack behaftete Name ...? Heisst es Offizier, Diplomat, oder irgend sonst etwas, alles registrierte Kategorien, die so gar nicht dem entsprechen, was an Grösse auf diesen Gebieten verlangt werden kann. So gäbe es nur einen directen und mächtigen Ausweg: wenn ich mich nicht hineinpassen mag in die ... Zeit, vielleicht dass sie mich ausspeit und hinter sich läßt und wenn der Grosse Krieg verklungen ist ...? Aber auch das wird nicht sein. Dann also: wenn ich mich nicht füge nach dem Willen der Zeit, muß die Zeit sich wohl nach meinem Willen fügen, und ich werde doch, was ich bin. – Möge dieses Wort nicht für den Ausdruck titanischer Willkür genommen werden, ... vielmehr (als) ein demütig-gehorsames Folgen jenem erhabenen Dämonen, von dem ich glaube und hoffe, dass er der meine ist, ... dass ich einst nicht ein Zerstörer, sondern ein neuer Aufgang und Morgenglanz sein möge einer neu sich gestaltenden Welt.« (T3, 21.5.16)

Otto konnte sich nicht vorstellen, was nach dem Krieg aus ihm werden könnte, etwas, das seinem Ideal des Helden entsprach und den Krieg darin noch übertraf, ohne wie dieser destruktiv zu sein: ein Held ohne Kampf, Tat im Frieden – was konnte das sein? Seine Alternative hieß Heldentod oder Führerschaft. Dass er sich selbst nur als Akteur des für ihn höchsten Prinzips, des Staates sah, machte es ihm schwer, diese Rolle so zu entwerfen, dass daraus ein ihn und andere begeisterndes Ziel formuliert werden konnte.

Sorgfältig verfolgte Otto auch im Urlaub die Nachrichten von den Fronten, Spaziergänge und Gespräche füllten die Zeit: »Lange und schöne Unterhaltungen mit Pa, Mutsch, Julie V. über Zeitschrift.« (T3, 27.5.16) So gestaltete und erlebte Otto seinen Urlaub »wie ein(en) unerschöpfliche(n) Jungbrunnen. Noch in den ersten Tagen, mit der ganzen Nervosität, die ich mitgebracht hatte, wirkte der Gedanke ans Feld ziemlich quälend auf mich, jetzt freue ich mich schon wieder riesig, da man wieder gesund ist und stark und froh, bereit zu allem und offen für alles.« (T3, 28.5.16) Und am Tag seiner Abreise bilanzierte er: »So schön war es noch nie zu Haus! Wie lang wird es nun wieder dauern; hoffentlich bleiben wir wenigstens nicht die ganze Zeit am Serwetsch und erleben Interessanteres!« (T3, 6.6.16)

Er war in Gedanken schon wieder an der Front, die in seinen Augen keine echte war –, und seiner Meinung nach auch in den Ohren seiner Berliner Zuhörer kaum sein konnte – denn Interessanteres erleben hieß ja auch: Interessanteres erzählen können.

Auch Lily war glücklich. Am Tag nach seiner Abreise schrieb sie ihm, wie dankbar sie für seinen Besuch sei, besonders, »weil Du rein an Leib und Seele, wie die Heimat Dich entließ, zu ihr zurückkehrtest. Ich bin, wie Du weißt, unendlich weit entfernt von allem Moralpredigen u. nur aus tiefster Erfahrung sage ich Dir: sich seelisch rein erhalten ist die erste Grundlage aller Kraft, allen Wachsens, allen Glücks.« Zwar seien sie beide äußerlich getrennt, aber nicht innerlich, weil »wir, wie zwei Ströme, auch wenn ganze Länder zwischen ihnen liegen, den gleichen Lauf zum Meer nehmen, weil wir von denselben Bergen kommen.« (7.6.16)

* * *

Zurück in seinem Bataillon, das inzwischen nach Baranowitschi verlegt worden war, fand Otto »überall sehr schönen Empfang. Der Hauptmann schleifte mich gleich wieder mit in die Stadt, wo er sich bei Gen. v. Woyno, Kdr. der 3. L[andwehr]. D[ivision]. melden musste.[40] Dann ins Casino.« (T3, 7.6.16) Ottos Rückkehr aus dem Urlaub fiel zusammen mit dem Beginn der sogenannten Brussilow-Offensive, benannt nach dem russischen Strategen und General, der den Plan entworfen hatte und die Truppen im Südabschnitt der Ostfront befehligte. Im Süden beginnend, sollten diese über die gesamte Frontlänge angreifen. So sollte verhindert werden, dass die Mittelmächte Truppenreserven in die besonders bedrohten Abschnitte verlegten. Der Zeitpunkt war günstig: Die Masse der deutschen Truppen war in Verdun gebunden. Die Monate in den Stellungen an einer ruhigen Front waren von der militärischen Führung genutzt worden, um Kräfte zu tanken, Munition zu produzieren und eine klügere Kampftaktik zu entwickeln.[41] Zuerst klang alles ganz harmlos: Den Eltern schrieb Otto

40 Der das Bataillon vorübergehend zugeordnet wurde.
41 Norman Stone, Eastern Front, S. 165 ff.

beruhigend, es gehe nur um die Vertretung einer österreichischen Einheit. Julie antwortete für alle drei auf seine Briefe:

»Daß Sie so freudig begrüßt wurden, ist die schönste Nachricht. Aber auch die Reize des Truppenlagers gönnen wir Ihnen so lange es eben ein Lager ist! Die schrecklichen russischen Heeresberichte (d.h. die von der russischen Front, DW) haben uns schon seit Tagen arg gequält .... Was wir so im Geheimen jeder für sich, noch bange gefühlt, daß Ihr Bataillon aus seiner Wickersdorf-Tätigkeit gerissen würde, ist also wahr geworden. Aber mein Gefühl bleibt darum doch ganz zuversichtlich und sagt mir deutlich, Ihnen wird alles zum Segen werden.« (12.6.16)

Ottos Bataillon wurde hin- und herverlegt und zunächst der 4. Landwehrdivision zugeordnet, da man einen Durchbruchsversuch der Russen bei Baranowitschi erwartete. Von der Front hörte man Artilleriefeuer. Otto machte sich Sorgen wegen der Österreicher, von denen 115.000 in russische Gefangenschaft geraten sein sollten. Beim Stab erreichte ihn die Nachricht, sein Bataillon sei zum Beskidenkorps[42] weiter südlich befohlen und werde um Mitternacht am Postamt in Gorodischtsche erwartet. Dort war man unvorbereitet: »Wir liegen einfach nebeneinander auf dem Fußboden und schlafen wie die Säcke.« (T3, 15.6.16) Am 17. Juni ging es ohne Erklärung – bei heftigem Regen in offenen Wagen – wieder zurück ins Lager Baranowitschi. Otto ließ seine schlechte Laune an den Feldgeistlichen aus: »Dem Gewäsch dieser unerzogenen, libertinen, weltenfernen, gewissermassen verwahrlosten, verjurnalisierten [sic] Priester kann man nur in einer helleren Welt, der des Altertums, entfliehen.« Er las zum Trost Winckelmann und war »entzückt von der hellen, vornehm-reinen Gestalt dieses Mannes« (T3, 18.6.16). Den besorgten Eltern schrieb er – beruhigend und missmutig, aber zutreffend –, es sei eigentlich nichts passiert, ausser, dass man zweieinhalb Stunden irgendwo hingeschafft worden sei, wo aber gar nichts los war (17.6.16). Es passierte aber doch etwas, wenn auch nicht ihm. Ein russisches Korps hatte inzwischen unter erheblichen Verlusten – und letzlich ohne Erfolg – versucht, Baranowitschi einzunehmen, »übrigens soll das Korps

42 Das sogenannte Beskiden-Korps lag ca. 30 km südlich des 3. Landwehrkorps in den Rokitno-Sümpfen.

ungemein gut gestürmt haben, die Offiziere weit vor dem Sturm, alles mit Schneid darauf, auch die beiden Regimenter werden gelobt ... Sobald der Sturm abgeschlagen war, liessen die Russen eine Fahne mit dem Genfer Kreuz[43] hoch, darauf wurden die Toten gemeinschaftlich begraben. Die Vornehmheit dieses Korps zeigt sich auch sonst. Kürzlich wurde irgendeinem Regiment die Patrouille abgefangen, tags darauf schickten die Russen einen Bericht hierher, wer genau drin stand, verwundet oder unverwundet gefangen genommen wurde. Auch in den Oster- und Pfingsttagen fiel kein Schuss! Ohne dass dabei irgendeins der aus Spionagegründen von den Russen an anderen Orten eingeleiteten ›Verbrüderungsfeste‹ stattfand.« (T3, 18.6.16)

Nach wie vor gab es also Momente der Anerkennung und »Ritterlichkeit«, mitten im Chaos des sich aufbauenden Angriffs, Momente, die auch Otto bemerkenswert fand.

Lily, die intensiv an ihrem neuen Roman arbeitete, bei dem sie sich überwiegend an italienische Schauplätze versetzte, las in Berlin von den Kämpfen an der Ostfront und war beunruhigt. Im Übrigen werde es in Russland bald Obst geben, aber er solle nur reifes essen, »wenn Du es nicht selbst pflücken kannst, nie ungeschält. Denke, welche Hände, mit welchen Krankheiten behaftet, es gepflückt haben mögen!« (18.6.16) Sie dachte lieber an die Cholera als an die russischen Geschütze. Otto notierte weiter »dauernde Truppenverschiebungen, aus denen kein Mensch klug wird« (T3, 21.6.16f.). In Berlin las man in den Zeitungen über die russische Offensive, die auch Baranowitschi betraf. Otto versuchte wieder, die Eltern zu beruhigen: »Die Euch so völlig einnehmende Affaire bei Baranowitschi ist für uns nicht allzu erheblich gewesen; wir haben nach dem, was ich jetzt hörte, keine 200 Mann Verluste, darunter etwas über 20 Tote. Die russischen Verluste ~~haben~~ sollen mindestens 6000-8000 betragen .... Ganz geringe Abtheilungen konnten bei kräftigem Zufassen das 5-10fache ihrer Stärke teils gefangen nehmen, teils niedermachen.« Und er schickte zum Beweis Fotographien von russischen Gefangenen mit (24.6.16). Seinen

43 Internationales Rotes Kreuz.

Geburtstag am 27. Juni feierte er mit der ganzen Kompanie, gerührt über deren Glückwünsche:

»Neuser (und die Kameraden) hatte mir einen entzückenden Korb mit Sommerblumen geschenkt, einen andren die Oberjäger, noch einen Boye. Es war herrliche Sonne. Nachmittag feierten wir sehr bescheiden, aber umso vergnügter, in der schönen Waldstellung, Major Seyd[44] kam dazu. Wir sprachen viel über den für morgen erwarteten Angriff. Abends beim Stabe … Der Kommandeur hielt eine Rede, wir tranken Sekt und waren in der gemütlichsten Stimmung, als plötzlich der Befehl kam, Jäger sofort herauszuziehen …. Nach vielerlei Hin- und Hergehetze zogen wir los … und bezogen Biwak im Wäldchen nördlich Novozjolski.[45] Ein schöner Geburtstag! Wird das ganze Jahr so sein, ein Aufbruch ins Neue, Ungewisse, voll Abenteuer vielleicht und Kampf, wo ›Fernwunder locken und Fahrfreude winkt‹.« (T3, 27.6.16) Noch immer verband sich ihm der Krieg mit der Idee der Abenteuerreise und der »Fahrt«.

Von Lily erhielt er einen liebevollen und melancholischen Geburtstagsbrief, den sie auf der sonnigen Terrasse des Braun'schen Hauses geschrieben hatte:

»Neunzehn Jahre! – Freilich, ich hatte mir einmal diesen Tag anders gedacht; hatte geträumt, Du würdest ihn in irgendeiner schönen Universitätsstadt verleben und wir würden zu Dir kommen und Dich besuchen, und ihn mit Dir – vielleicht oben auf dem Heidelberger Schloßberg – feiern. Es ist alles anders gekommen. Nur Eins ist geblieben, wie ich es träumte, und geworden, wie ich es erwartete: Du. Und das lässt alle unerfüllten Wünsche in diesem Augenblick vergessen, das wird auch fern von Dir diesen Tag zu einer Feier für uns gestalten. … Ich wünsche Dir aus der Zärtlichkeit meines Mutterherzens heraus wohl auch Glück, richtiges, warmes Menschenglück, wie wir es verstehen. Aber mehr als Alles wünsche ich Dir immer wieder das Eine: Wirken können, gestalten, schaffen. Das vor Dir liegende Feld ist so groß, wie es wohl nur selten vor einem jungen Menschen gelegen hat. … Sei froh an

44 Seyd war der Kommandeur der 122. Brigade der 4. Landwehrdivision, der das Bataillon am 25. 6. unterstellt worden war.

45 In schriftlichen Quellen Nowosiolki, 12 km nördlich von Baranowitschi.

Deinem Geburtstag; feiere ihn so gut Du kannst mit Deinen Kameraden. Laß Dir nur über die ganz vagen Möglichkeiten, daß wir unseren Wohnsitz etwa verändern könnten, keine grauen Haare wachsen.« (23.6.16)

Ganz am Schluss des Briefes fand sich damit eine der wenigen Andeutungen über die prekäre finanzielle Lage der Brauns, die sie unter Umständen (wieder einmal) zu einem Verkauf des Hauses im Erlenweg zwingen könnte. Schon zuvor war das einmal angedeutet worden mit der fadenscheinigen Begründung, das Haus sei Lily zu feucht. Und auch Heinrich hatte in seinem Brief vom 21. Juni 1916 angefragt: »War Mamas Beobachtung während Deines letzten Urlaubs richtig, daß Du an dem Haus in Zehlendorf nicht mehr so hängst wie früher, und daß es Dir zwar leid täte, wenn wir es mit einem anderen Wohnsitz vertauschten, aber keinen tiefen Schmerz bedeutete?« Offensichtlich hatten die Eltern den Urlaub Ottos dazu genutzt, den Sohn auf den möglichen Verlust einzustimmen – und dieser hatte die Eltern zu beruhigen versucht, indem er seine Bindung an das Haus, den Garten und die unmittelbare Nachbarschaft leugnete. Das Tagebuch, in dem er seine Urlaubsfreuden zusammenfassend erzählte, spricht freilich eine andere Sprache. In seinem Brief vom 28. Juni erzählte er den Eltern von seinem Geburtstag und der Wende, die dieser am Abend genommen hatte. Die auch im Tagebuch unerwähnte Tatsache, dass »bei strömendem Regen im Freien biwakiert werden mußte«,[46] versuchte er hier, romantisch umzudeuten:

»Wie überall an den hochlodernden Biwakfeuern die Jäger sitzen, die einen träumen, jene Gruppe singt, dort plaudern zwei oder ein paar spielen Karten, dazwischen schreibt einer oder liest. Dieser oder jener hat sich auch schon in irgendeiner Stellung schlafen gelegt; draussen aber die muntersten, spielen unermüdlich Fußball oder werfen um die Wette mit immer grösserer Geschicklichkeit die hölzernen Übungsgranaten. Das ist alles so ungebrochen, so rein, Lachen und Lust, Schwermut und Träumerei. ›Welche Lust Soldat zu sein‹ möchte man da ehrlich ausrufen.«

Am 30. Juni wurde Otto »um 4 alarmiert, um 5 Abmarsch, um ½ 11 Ankunft im Lager Baranowitschi.« (T3) Wieder einmal

46 Reserve-Jäger-Bataillon 21, S. 189.

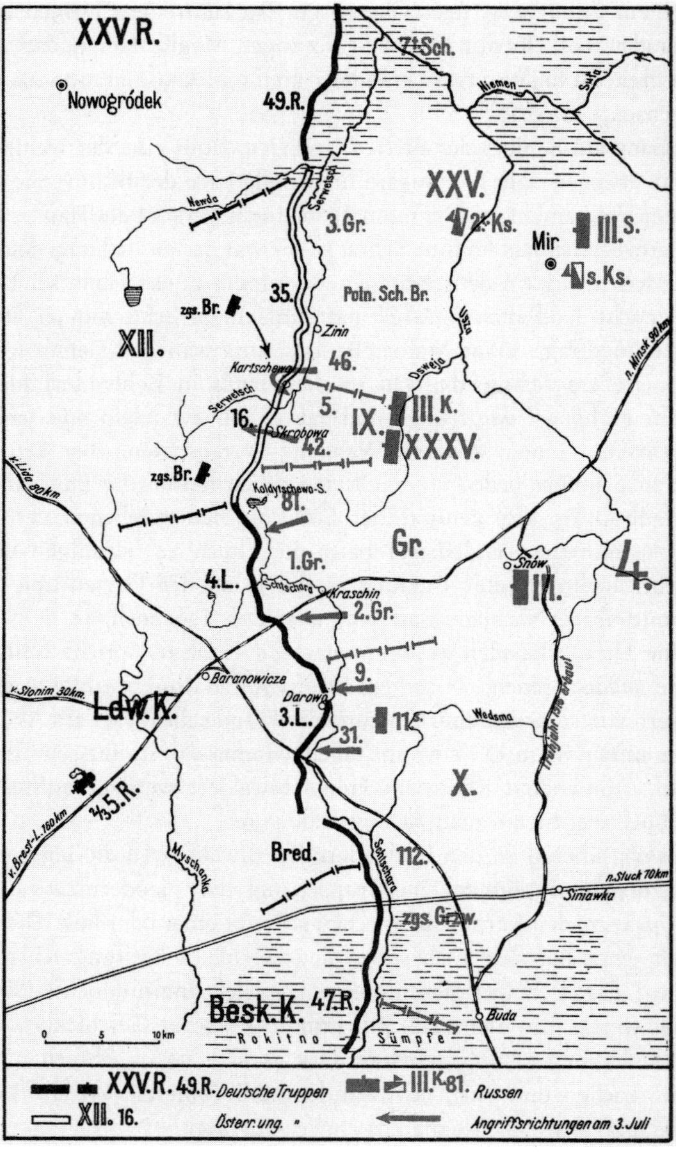

Otto Brauns Stellung im Sommer 1916. Die 3. Landwehr-Division befindet sich oberhalb der Bahnlinie nach Lida. Das umkämpfte Baranowitschi liegt westlich an der Kreuzung mit der Bahnlinie Brest-Litowsk — Minsk. Im Norden der Frontabschnitt H entlang des Serwetsch.

war er ohne erkennbaren Grund von einem Ort zum andern und aus ebenso undurchsichtigen Erwägungen wieder zurückgeschickt worden. Bei den »Leuten« hatte diese letzte militärische Unternehmung, deren Planlosigkeit offensichtlich war, Unmut hervorgerufen: »Die Kompagnie hatte sich gestern auf dem Marsche sehr undiszipliniert gezeigt … Nichts ist verwerflicher als der Hetzer, der Stänker und Aufwiegler …. Gutsein, namentlich mit den Leuten ist erstes Gebot im Kriege, man muss aber wissen, wo man es nicht sein darf, wo man nur Vorgesetzter sein und nichts durchlassen soll. Auch ich bin oft (vielleicht besser: gerade ich) unerlaubt schlapp und nachgiebig zu den Leuten.« (T3, 1.7.16) Waren es vor allem seine Leute gewesen, die sich »undiszipliniert gezeigt« hatten, und wurde er selbst deswegen getadelt? Am 2. Juli, »Mamas Geburtstag«, notierte er »den Tag über heftiges Feuer von der ganzen Front der Österreicher und des Landwehrkorps« (T3). Am folgenden Tag »hatte sich die Artillerietätigkeit zum Trommelfeuer nach westlicher Art gesteigert« (T3, 3.7.16).[47] In den folgenden zwei Tagen bewegte sich Ottos Bataillon, wenn auch nicht in vorderster Linie, entlang des Frontabschnitts von Baranowitschi Richtung Norden. Die Schlacht war im vollen Gange. Ottos Tagebucheinträge, im Graben hastig mit Bleistift notiert, sind unleserlich, auch nach Hause konnte er unter diesen Bedingungen nicht schreiben. Stattdessen erreichte ein früherer Brief die Berliner Familie, in dem er sich, gegen das tatsächliche Chaos und den Dreck anschreibend und vermutlich unter dem Einfluss der Winckelmannlektüre, ausführlich und schwärmerisch zur griechischen Klassik geäußert hatte. Julie antwortete am 4. Juli: »Gerade sprach der amtliche Bericht von heftigen Kämpfen Ihrer Heeresgruppe, da kam wie ein Schock aus der dauernden Welt geistiger Regsamkeit Ihr schöner Brief, den Sie am 29. geschrieben … Das ist lebende Klassik: in der höchsten Leidenschaft und Hingabe an den drängenden, dräuenden Gott der Gegenwart, der Dienste heischend vor Ihnen steht, jenen ewigen Göttern frönen, die sich nur in Stürmen enthüllen, die nur dem ehrfürchtigen, ahnenden Sinn erscheinen. Wie ich mich drum

47 Am 3. Juli 1916 begann der Vorstoß der Russen auf einer Länge von ca. 20 km nördlich und 30 km südlich von Baranowitschi, vgl. Der Weltkrieg Bd. 10, Skizze 29, vorherige Seite.

über Ihren Brief freue! Ich will auch gleich antworten.« Und sie tat es ihrerseits mit sehr langen Ausführungen über griechische Plastik, griechische Form und griechisches Maß.

Am 5. Juli kam Verstärkung, Ottos Zug wurde dem Landwehr-Infanterie-Regiment 19 als Reserve zugeordnet.[48] Dessen Befehlshaber, Oberst von Lüttwitz, hielt eine Ansprache, die Otto aus dem Gedächtnis zitierte: »›Se. Maj. der Kaiser lässt den Truppen bekannt geben, dass die Entscheidung heranreift. Grosse Offensiven sind auf allen Fronten im Gange. Es kommt darauf an, unsere Stellungen bis zum letzten Atemzuge zu halten.‹« Otto dachte bei sich: »Meinem Gefühl nach werden wir ohne Verluste und, sagen wir, erfolgreich, aus dem Kriege hervorgehen, einen nicht ungünstigen Frieden schliessen, wenn wir den jetzigen Angriffen standhalten, wir werden aber schlechthin siegen, wenn wir danach noch eigene Offensiven folgen lassen können. Herr Gott, wäre das herrlich!« (T3, 5.7.16) Noch wollte er also mehr als die nächste Schlacht gewinnen. Den Eltern schickte er während der Kämpfe nur eine Karte, die »von uns mit hellem Jubel begrüßt wurde, obwohl Du von Müdigkeit und Erschöpfung sprichst. Das ist, weiß Gott, das Wenigste! Besonders, wenn Du Dich jetzt wieder ausruhen kannst. Auf Deinen Brief sind wir natürlich gespannt. Wie mag wohl während all der Anstrengungen das Wetter gewesen sein?« (Von Lily, 8.7.17) Unterdessen erlebte Otto »nachts heftiges Gewitter und Feuer« auf die Höhe 200, vor dem die deutschen Truppen zurückwichen: »Damit war ein Loch in der Stellung.« (T3, 6.7.16) Hier sollte das Bataillon zum Einsatz kommen. Otto besichtigte das Gelände:

»Es stellte sich alles als wesentlich einfacher und harmloser heraus ... die 335er[49] begannen schon wieder, auf die Höhe hinauf zu gehen. Der Feind bietet den Eindruck völliger Erschöpfung. Die 335er sind zwar ausserordentlich erschöpft, haben aber den Humor und den Mut durchaus nicht verloren. ... Man sieht auch Leute, mit denen es aus ist. So eben einen Gefreiten, der offenbar Veitstanz hatte und vorgestern Abend einen Zugführer, der schrei-

48 Das Landwehr-Infanterie-Regiment 19 unter dem Kommando von Lüttwitz war der 4. Landwehrdivision unterstellt.

49 Reserve-Jäger-Regiment 335.

end und in tollem Lauf ankam: ›Die Russen kommen, die Russen kommen‹. Fort war er. Über solche Leute abfällig zu urteilen, vermag nur der naive Dünkel nie vorne gewesener Etappenschweine. Langen Brief nach Hause.« (T3, 6.7.16)

In diesem Brief schilderte Otto den russischen Angriff ausführlich und professionell-sachlich. 25 Mann seines Bataillons waren gefallen, da die versprochene Artillerie zu spät eintraf. Er selbst sei mit seinem Zug gar nicht eingesetzt gewesen, an anderer Stelle seien die Russen jedoch durchgebrochen. Im Tagebuch notierte er »eine große Wirrnis überall .... Eine Schande ist, dass die Kommandeure so völlig unorientiert sind.« (T3, 6.7.16) Russische Angriffe am 7. Juli abends und in der folgenden Nacht konnten zurückgewiesen werden. Beim Schreiben ins Tagebuch ereignete sich »wieder heftiger Angriff«, in dessen Folge »wurden wir weiter nach Norden verschoben. Um ½ 10 grub sich das Bataillon auf freiem Felde 600 bis 800 Meter hinter der Stellung ein, wo vorher die L.(L.I.R.19) gelegen ... und sehr schwere Verluste gehabt (hatte) ... Unsere Aufgabe hier ist, beim nächsten russischen Angriff durch einen Gegenstoss die alte Stellung wiederzunehmen.« (T3, 8.7.16) Bei Lily entschuldigte sich Otto für seinen knappen Geburtstagsbrief: »Meine liebe Mutsch, was sollte ich Dir zu Deinem Geburtstag schreiben als: die Liebe, das ist die Grösste unter ihnen. Mir wurde alles andere so schal, ich konnte einfach nichts schreiben wie sonst, versteht sich doch alles von selbst, meine tausend, tausend Wünsche für Dich und ich denke und hoffe jetzt immer, vielleicht bin ich doch Weihnachten bei Euch zu Hause, dann können wir uns alles sagen und alles wird sich von selbst ergeben.« (8.7.16) Lily antwortete für Heinrich mit, seine Briefe hätten beide »da das Wort ›interessiert‹ hier geradezu ekelhaft klingt, sehr bewegt. Und zwar nicht bloß ihres Inhalts wegen, sondern wesentlich Deinetwegen. Daß Du imstande bist, nach diesen Eindrücken und Anstrengungen einen solchen Bericht zu geben, ist ein Zeichen von Kraft, die jetzt vor allem notwendig sein dürfte. Uns daher ein wenig zu beruhigen vermag. Gott helfe Dir, und dem Vaterlande weiter!« (12.7.16) Am 9. Juli erwähnte Otto zunächst »tagsüber ganz mässiges Feuer. Von 5.45 – ca. 8.30 schweres Granat- und Schrapnell-Feuer. Von ½ 10 – ¼ 11 heftiges Infanteriegefecht, russischen Überfall abgewiesen. Ich will ehrlich gestehen, dass ich bei dem ersten Artilleriefeuer Todesangst ausgestanden habe; während dann vorne das Gefecht war, war ich dagegen Gott sei Dank völlig ruhig und wartete nur auf's Einsetzen, wozu es aber nicht kam. Wir hatten eine Reihe Verluste: Vor allem: Boye fiel. Der liebe Kerl; eine Schrapnellkugel von der Schulter bis in den Bauch. Ich war eben bei ihm, drückte ihm die Augen zu, gab ihm noch einmal die treue Hand und nun ist's aus. Wie geht das rasch! Nachts bisher zweimal heftige Gewitterstösse, unsere Löcher liefen immer wieder voll; es ist manchmal rein zum Verzweifeln; nur den Humor nicht verlieren!« (T3)

Der Tod des engen Freundes wurde zwischen der Schlachtbeschreibung, seiner eigenen Angst und dem nassen Wetter nur knapp erwähnt, Boye wurde von Otto wie andere Gefallene, als ein »lieber Kerl« charakterisiert; nachdem der in seinen Armen gestorben war, wollte er »nur den Humor nicht verlieren«. Er konnte sich mit dem Schrecken nicht befassen.

»Das ganze Gefecht«, schrieb er am nächsten Tag, sei »auf blinden Alarm hin entstanden in der Erschöpfung der Truppen«. Er selbst könne zum Glück immer schlafen und essen, »sonst hielte ich es nicht aus. Es ist überhaupt ein Wunder, was der Mensch verträgt! Boyes Tod war sehr schön.« (T3, 10.7.16) Und er beschrieb im Detail und mit einer Skizze die Stellung und den Vorgang, bei dem Boye nach dem Befehl: »›Sofort vor, Russen sind durch!‹ zu seinem Zuge gerannt war um ihm das ›Vorwärts‹ zu befehlen. Da jagt ein Schrapnell nieder, zersprengt am Boden und eine Kugel geht ihm hinein kurz überm Herzen und bleibt im Bauche hängen. Da war er gleich stumm. Heut früh kommt ein mir sonst wenig bekannter Oberjäger ... und bringt einen Karton frische schöne Rosen. Ich wäre doch mit Herrn Ltn. Boye befreundet gewesen und er hätte gestern Abend die Rosen bekommen; vielleicht könnte ich sie ihm aufs Grab legen ...(!)« (T3, 10.7.16)

Die Kämpfe gingen in den nächsten Tagen unvermindert weiter. Einige seien »völlig erschöpft, bis nahe am Zusammenbrechen, manche sind auch ganz hin, so die Besatzung eines M.G. das drei Volltreffer kurz hintereinander bekam. Kein Verletzter, aber die Leute sind erledigt, schwanken, schreien usw. An einigen Teilen ist die Stellung ganz zerschossen, vor allem links am Waldrand, ein Beton und ein 8fach holzgedeckter Unterstand haben gehalten, ein zweiter zertrümmert. Sonst ist nichts an Unterständen da; hier sind dann auch die Russen hereingekommen und alles liegt voll Leichen, die, meist schon schwarz wie Kohle, in der glühenden Mittagssonne furchtbar stinken .... Ein Bild werde ich nie vergessen: Im völlig kahlgeschossenen Walde liegt verkrümmt ein Russe, dann ein 19er, dann wieder ein Russe; alle den Ausdruck rasendster Wut, vor allem der Deutsche von einem infernalischen Ingrimm, das Bajonett in die Faust gekrampft, die Linke geballt überm Kopfe und unterm Herzen den tiefen Stich eines dreikantigen russischen Bajonetts.« (Ebd.)

Das war also der Krieg, jetzt war Otto wirklich in seinem Zentrum angekommen. Die Bilder, die er beschrieb, zeigten den Schrecken, die Rohheit und den Tod, seine Hässlichkeit und den Ekel davor. Otto wollte nichts beschönigen oder verklären. Er war selbst furchtbar erschrocken. Der Tod seines Freundes hatte ihn schwer erschüttert.

Lily hatte durch einen Berliner Bekannten von Boyes Tod erfahren. Sie schrieb dem Sohn sofort: »Mein geliebtes Kind, eben erfahre ich, ... daß Boye gefallen ist. Ich bin ganz zerbrochen in Gedanken an Dich, an die Eltern, an das hoffnungsvolle junge Leben. Ich weiß: Trost ist all diesem gegenüber herzlos. So wisse nur: daß ich bei Dir bin! Daß Du die Stärke aufbringst, die notwendig ist, um Dich aufrecht zu erhalten, – auch Du trägst ja Dein Vaterland auf Deinen Schultern – das weiß ich. Gott helfe uns und schütze Dich! Deine Mutsch.« (Undatiert) Am nächsten Tag schrieb Otto Briefe nach Hause und an Boyes Vater. Am Vorabend hatte er einen »furchtbar krank wirkenden Brief von Pa« erhalten. »Sehr traurig darüber.« (T3, 11.7.16) Darin hatte Heinrich am 7. Juli länger ausgeführt, wie sehr er sich um den Sohn sorge und dass er manchmal zu verängstigt sei, ihm zu schreiben, wenn er höre, dass es in seinem Frontabschnitt Kämpfe gebe und er selbst ohne Post von Otto sei. Dessen Antwort, geschrieben nach Boyes Tod, war ernst:

»Mein lieber Vater! Auf Deinen Brief vom 7. kann ich eigentlich nicht antworten. Ich müsste Dich verletzen, das darf und kann ich nicht. Nur eine Bitte habe ich und diese bitte ich diesmal ganz ernstlich aufzufassen, ich habe sie zwar schon oft geäussert ohne Erfolg, aber diesmal meine ich sie *verlangen* zu können als mein *gutes Recht:* Dass Du mit Deiner Erholung endlich Ernst machst oder wünschst Du, dass ich, einmal aus dem Kriege nach Haus gekommen, einen vollständig zerbrochenen Vater finde. Ich lasse mich hier auf gar nichts Näheres ein, denn ich weiss, dass Du Dich nicht entschliessen kannst, endlich einmal ein vernünftiges, gut eingerichtetes Sanatorium aufzusuchen und dort mindestens vier Wochen zu bleiben. Natürlich musst Du auch jetzt wieder irgendwo hin in solch eine moderne Naturheilanstalt, wo vermutlich mit allem möglichen Guten das Unangenehmste sich verbindet: Ungenügende äussere Einrichtungen, grässliches Publikum: kurz, in einer halben – einer Woche bist Du wieder fort und es ist schlimmer wie vorher! *Das kann unter keinen Umständen so weiter gehen.* Ehe ich nicht genau weiss, dass Du in einem vernünftigen, äusserlich erstklassigen Kurort Dich befindest, ... werde ich nichts anderes mehr schreiben, als Briefe wie den vorliegenden. Ich sage Dir eines: Ich halte viel aus, ich werde hier draussen auch noch mehr aushalten, aber was ich unter keinen Umständen hier aushalte, das ist, wenn ich sehe, dass Du methodisch und bewusst gegen Deine eigene Gesundheit wütest. Wenn Du willst, dass ich hier draussen glatt kaputt gehe, dass ich keine Rücksicht mehr auf mich nehme und mir alles gleichgültig wird, dann tu nur ruhig so weiter, laufe jeden Tag zu einem neuen Quacksalber und verschlimmbessere durch diese dauernde Beschäftigung damit (ohne etwas Ernsthaftes zu tun) Deinen Zustand – nur weiter. Wir hier draussen haben allermeist gelernt bescheiden zu sein. Wenn wir irgendetwas noch verlangen dürfen, dann ist es vielleicht doch dieses, dass Ihr drin gesund und frisch bleibt.« (11.7.16)

Und am selben Tag schrieb er an Julie einen drängenden, verzweifelten Brief:

»Aus dem mich unsäglich peinigenden Eindruck von meines Vaters letztem quälend nervösen Briefe und dem hoffentlich nur zufälligen Schweigen meiner Mutter rette ich mich, hochverehrtes gnädiges Fräulein, zu Ihnen – Ich habe Manches hier draussen ausgehalten ... Ich aber, wir alle können dies nur, weil wie ein gewissermassen menschlicher Born von Freude und Kraft und Liebe hinter uns die Heimat liegt. Sie werden daher auch bemerken, dass die freilich ganz seltenen Fälle von Selbstmord eigentlich nur vorkommen, wenn einem irgendwie diese Quelle der Kraft entzogen wird. Nur dies trifft wirklich tief bis ins Mark; dass gute Kameraden fallen oder was es sonst an Traurigem oder Furchtbaren hier geben mag, das wird gewissermassen von vornherein in Betracht gezogen; die Heimat aber ist sakrosankt, wenn dort etwas verletzt wird, dann erst fühlt man ganz den Verlust. Und so werde ich und kann ich alles ertragen, nur das nicht, was mir Papa in seinem letzten Briefe angetan hat wo er mir ein Bild gab seiner niederschmetternden Schwäche und seiner bis ins Neurasthenische übersteigerten Nervosität. Und dabei ist nichts los, als dass in den Zeitungen von Kämpfen in meiner Gegend steht.«

Und er wiederholte die schon dem Vater gegebenen Ratschläge. »Wollen Sie verzeihen, gnädiges Fräulein, dass ich Sie mit der Sache so sehr bemühe? Aber ich wüsste nicht, an wen ich mich sonst wenden sollte. Mama möchte ich damit nicht noch aufregen. … Ich schreibe auch noch an Mama und tue so, als ob ich an Sie nicht geschrieben hätte …«, endete der Brief. Im Schreibn an Lily erklärte er den heftigen Brief, den er dem Vater geschrieben habe, mit seiner großen Sorge um ihn. Seine Kompanie habe noch keine Toten. »Dagegen habe ich einen sehr schweren Verlust erlitten, durch den Tod von Boye. … Sicher der schönste Soldatentod, traurig war nur, dass die ganze Sache unnötig gewesen wäre, aber dann hätte es ihn halt später getroffen. Seinem Schicksal entgeht keiner, das glaube ich bestimmt, darin liegt auch mein gläubiges Vertrauen.« (11.7.16) Heinrich selbst reagierte scheinbar amüsiert und gerührt auf Ottos Brief, den er »furibund« nannte (16.7.16). Am Monatsende begab er sich in den Tannerhof, genau die »moderne Naturheilanstalt«, vor der Otto ihn gewarnt hatte.[50]

Sicher ging Otto davon aus, dass Julie seinen Brief, in dem er, wenn auch verschlüsselt, mit Selbstmord drohte, an die Eltern weitergeben oder ihnen zumindest Andeutungen darüber machen würde. Aber warum reagierte er so extrem auf den Brief des Vaters? Konnte er dessen Schwäche und Bedürftigkeit nicht ertragen, jetzt, wo er selbst Trost brauchte? Verwandelte er die Trauer um den geliebten Boye in Wut auf den Vater, der mit seinen Sorgen um Otto ja offensichtlich im Recht war? Schließlich hätte es ja ihn selbst treffen können. Julie schrieb Otto am 15. Juli, ging aber

50 In Bayrisch-Zell. Vgl. natur-hotel-tannerhof.de/geschichte.

vor allem auf Boye ein. Entschieden weigerte sie sich, den Krieg, in dem Ottos Freund gefallen war, in seiner brutalen Sinnlosigkeit anzuerkennen. Die Geschichte, die zu Boyes Tod geführt hatte, hatte sie schon in ihrem ersten Brief durch die Verklärungsanlage des klassischen Griechenland geschickt. Das bereute sie jetzt scheinbar:

»Fast schäme ich mich meines langen Briefs an Sie! Freilich, ich bin gewiß nicht abgewandten Sinnes gewesen, nicht dem glühenden Atem dieser Wochen fern, und Perser- und Griechenkämpfe erschütterten die Seelen derer, die, als der nächste Morgen im blutigen Dunkel lag, hohe, volle Klassik für Ewigkeiten schrieben. Aber hätten Sie nicht doch ein anderes Wort gebraucht? Ein einfaches, liebes, das nur lind die Stirn berührt, dem brennenden Herze wohltut? … Boyes Tod erscheint mir – nach dem ersten Entsetzen – nun doch wie eines lieben Gottes Werk. Er war ein Kind und wäre wohl nie ein Mann geworden. Alle lieben, guten Gaben hätten ihn bald mehr gehemmt als gehoben. Statt zu versanden, durfte er nun im Feuermeer sterben. Das Griechentum stieg einmal aus seinen Büchern und ward Leben statt Papier, Leben im Tod für's Vaterland.« (15.7.16)

Die Reaktion der Eltern auf Boyes Tod zeugte in Ottos Augen von deren »Kraft«. Auf den Verlust des Freundes kam er in seinen Briefen nicht mehr zurück, sondern ging zur Tagesordnung über und erwartete das auch von den andern. »Dass Mutsch auf die Idee kommen kann, jetzt sei nicht die Zeit, Romane zu schreiben, ist seltsam. Nie war mehr die Zeit, Gutes zu formen, als heute. Kennt Ihr nicht das herrliche Gedicht Georges an den Stern (II. Teil) … ›dein gewitter o donnrer die wolken zerreisst.‹[51] Lies es mal,

51 Stefan George, Der Stern des Bundes, Gesamtausgabe Bd. 8, Berlin 1928, S. 18: Da dein gewitter o donnrer die wolken zerreisst /Dein sturmwind unheil weht und die vesten erschüttert/Ist da nicht nach klängen zu suchen ein frevles bemühn?/›Die hehre harfe und selbst die geschmeidige leier/Sagt meinen willen durch steigend und stürzende zeit/Sagt was unwandelbar ist in der ordnung der sterne./Und diesen spruch verschliesse für dich · dass auf erden/Kein herzog kein heiland wird der mit erstem hauch/Nicht saugt eine luft erfüllt mit profeten-musik/Dem um die wiege nicht zittert ein heldengesang.

Mutsch. Die zwei Bücherpakete, ferner Heringe, 2 Mal Käse. Sardinen kamen an.« (16.7.16)

Auf die Schlacht, in der Boye fiel, folgten einige Ruhetage im rückwärtigen Lager. Als es am 14. Juli wieder losging, blieb er selbst zwar in der Reserve, die aber »starke Granatfeuer« empfing: »Volltreffer im 3. Zug: 1 Toter, 14 Verwundete.« Nachts ging seine Kompanie in den Graben der 2. Linie. »Endlos über Tote geklettert, in Granattrichter gefallen, endlich soweit in Ordnung, als das Feuer losging.« (T3, 14.7.16) Das steigerte sich während der Nacht, führte zum Verlust von 37 Mann. »Wir sassen eng an den Graben gepresst, auch in kleinen Löchern und warteten. Ein recht übles Gefühl. Vorbildlich war das Verhalten der Sanitäter, auch vieler Jäger, die Verwundete wegbrachten.« Im Graben erhielt er einen »wunderschönen Brief von Mutsch« (s.o., T3, 15.7.16). Auch am folgenden Tag blieb Otto »dauernd im Graben. Viel auf Russen geschossen« (ebd.). Am 17. Juli landete die eigene Artillerie einen Volltreffer im Graben. »Einem Jäger wurden beide Beine hart unterm Leibe weggerissen. Er blieb etwa drei Stunden bei Besinnung, klagte wenig, bat nur immer um Wasser und ... fortgeschafft zu werden. Bis zur letzten Minute aller Dinge bewusst ist er am Verbandplatz gestorben. Es ist dies der deprimierendste und fürchterlichste Eindruck, den mir der ganze Krieg bisher gab.« (T3, 17.7.16) So ging das Sterben immer weiter:

»Auf die Dauer macht der Krieg einen doch verrückt. Ich unterhalte mich gerade mit dem Jäger Bergemann .... Den ganzen Tag war nicht ein Artillerieschuss gefallen. Da kommt ... von rechts der Jäger Freiwald mit einem leichten Schuss am rechten Unterarm. Unser tüchtiger Sanitäts-Oberjäger Hohenstedt ... sagt ›Hol doch einer den Gefreiten Schilling, der Freiwald zurückführt. Bergemann läuft gleich, 10 Sekunden danach aus heiterem Himmel, ein Schrapnell, ein zweites, hart überm Graben ... Ich laufe hin, da liegt er, zusammengerissen [sic], auf der Stelle tot geblieben. Was ist der Schritt vom Leben zum Tode oft ein kurzer!« (T3, 19.7.16)

Dieser Krieg ließ sich den Eltern nicht ohne Weiteres beschreiben. Otto schrieb deshalb nur an Julie Vogelstein, um »Ihnen und den Eltern von meinem Befinden zu berichten, denn zweimal den Dreck, in dem wir uns hier befinden, zu beschreiben, das geht weiss Gott nicht« (20.7.16). Er schrieb den Eltern aber doch und gab »gern zu, dass ich sehr überreizt war; Boyes Tod, rings krepierende Granaten, kaum Schlaf, Nässe, Regen. Ihr versteht es ja aber und verzeiht es auch. Weiß Gott, es gibt Momente, wo man verdammt an sich halten muß, das schlimmste fast war vorgestern, wo eigene Artillerie in den Graben schoss und in einer namenlos grässlichen Weise ... Pa hat Recht, so habe ich, so haben wir alle den Krieg noch nicht erlebt und da gibt es wohl Manches, das ich nicht erzähle, wozu Euch auch mit Einzelheiten quälen! Ihr werdet einmal alles in meinem Tagebuch finden. Das einzige ist doch Laune behalten und dann inneres Gleichgewicht, Haltung ... Ich bin sicher, dass ich Eurer nicht unwert, mir nicht untreu werde und standhalte ...« (20.7.16)

Lily gab ihrerseits zu, dass Ottos letzter Bericht vom Krieg »viele entgegengesetzte Empfindungen« bei ihr hervorgerufen habe.

»Zunächst Freude, rückhaltlose Freude wie er da war, weil er bewies, daß Du alles ertragen hast, daß Du in vollem Maße bist, was ich immer von Dir erwartet habe: ein Mann; dann Schauder vor dem Gräßlichen, das er schildert; Sorge um Dich und um die Wirkungen auf Dein Gemüt; Angst vor weiteren ähnlichen Schrecknissen; und schließlich: Ehrfurcht vor dem, was unsere Soldaten für uns leisten und ertragen und ein Stolz, den ich auszusprechen mich nicht scheue: Stolz auf Dich, mein Kind nicht nur weil Du erträgst, was Millionen ertragen müssen, wie Du, sondern weil Du die Ruhe der Seele und die Kraft des Gemüts besaßest, eigentlich mitten aus dem Entsetzen heraus in dieser Ruhe und Sicherheit einen solchen Bericht zu schreiben.« (23.7.16)

Zunächst, also zuerst, empfand sie Freude darüber, dass ihre Erwartungen an ihn, die sie im Oktober 1914 so dringend formuliert hatte, um ihn zum Bleiben und Aushalten zu bewegen, sich erfüllt hatten, dass er wirklich ihr Ideal – und auch sein eigenes – erreicht hatte: »ein Mann« zu werden. Das hatte sie seinem Bericht entnommen. Und das berichtete er ja auch. Das gehörte eben mit zum Aushalten und half ihm ja vielleicht dabei, weil er die Mutter damit glücklich machen konnte. Zurück im Ruhelager, notierte Otto am 25. Juli wieder, »den ganzen Tag über verstärktes Art(illerie) Feuer«. In den hinteren, ungedeckten Reihen im eigenen Frontabschnitt wurden zwar nur Gräben ausgebessert und Leitungen gelegt, aber treffen konnte es einen auch hier.

»Interessant war, dass der jüngste Ersatz, fast alles Verwundete von Verdun, sagt: ›viel lieber nach Verdun zurück als hierher.‹ Dort hat man wenigstens Ablösung, Ruhequartiere, bombensichere Deckung für Reserve, hier dagegen nichts. Auf die Biwaks in der ›Ruhestellung‹ ebenso viel Feuer wie vorne hin. Es ist für die Truppe hier auch vor allem deshalb viel anstrengender, weil sie nie zur Besinnung kommt, hinten schanzen und bauen muss, kein Urlaub usw. .... In der Nacht dauernd gearbeitet, Pioniere brachten Drahtverhaue vor und ehe wir ohne jede Orientierung in der tiefschwarzen Dunkelheit, über grässliche Haufen verwester Russen, durch eingeebnete Stücke (uns) zurechtgefunden hatten, war schon die meiste Zeit herum.« (T3, 28.7.16)

An Julie schrieb Otto von den Wirkungen des Dauerbeschusses, die einen ganz nervös, ja, ängstlich machten (30.7.16). Am nächsten Tag ging er »früh mit Neuser durch den stark eingeebneten Verbindungsgraben zum rechten Flügel. Ein paar Minuten vorher war unser bravster, tapferster Krankenträger, Beulke, herübergegangen. Schon lag er tot da. (Inf.-Schuss)« Otto versuchte, sich mit Thomas Manns »Friedrich und die Große Koalition« abzulenken (T3, 31.7.16). Eine Woche später erreichte ihn ein Telegramm mit der Nachricht vom Schlaganfall seiner Mutter.

* * *

Otto hatte den Krieg kennengelernt, in dem getötet und gestorben wurde. Er hatte so viele sterben sehen, und so viele Tote, die herumlagen, ineinander verkeilt, über die er wegsteigen, an denen er vorbeigehen musste, die nicht mehr begraben wurden und die man kaum noch unterscheiden konnte. Das Pathos vom »Schützengrabenbrief« war nicht mehr angemessen. Wie sollte er jetzt über den Tod schreiben, wie ihn den Eltern und Julie Vogelstein vermitteln?

Ich finde drei Grundnarrative über den Tod: Eines nimmt ihn, wie den ganzen Krieg, als abenteuerliches Geländespiel, das Julie einmal »Wickersdorf-Tätigkeiten« nennt. Das dominierte vor allem am Serwetsch und funktionierte nur da: Patrouillen als jugendliche Mutproben, bei denen man aber sterben konnte. Die russischen Gegner agierten als Mitspieler, man verstand die Bedeutung der Zeichen und Zettelchen, der Tricks und Fetische. Es gab

Verlierer und Gewinner, der Tod war eine der Möglichkeiten, das Spiel zu verlieren. Dann aber existierte immer der wirkliche, ernsthafte Tod: z.B. schon wenige Tage nach Beginn des Vormarsches von Warschau nach Osten. Weil es wegen der Dreieroffensive und dem Großen Rückzug aber gar nicht zu planbaren Gefechten kam, erschien der Tod meist als Folge von Zufallstreffern. Das Zufallstod erzwang aber gerade die Frage nach dem Sinn: Warum wurde dieser oder jener getroffen, nicht aber ein Anderer, und vor allem: warum nicht Otto selbst? Auch der Tod für das Vaterland, beantwortet nicht die Frage nach der Auswahl. Aber, außer bei Lily, war vom Vaterland gar nicht mehr die Rede. Ein anonymes Schicksal entschied – auch über den Sinn. Da schaltete sich dann Julie ein, die den Sinn in der Person des Getöteten selbst suchte: Ein Leben, das ohnehin keine heroische Zukunft hat, wird durch den zufälligen Tod aufgewertet: so Boyes Leben. Ein solcher Tod bedeutet Leben und Glück. Scheinbar zufälliger Tod reißt die Überlebenden aus ihrer Normalität: die Erzählung beginnt mit seiner letzten Lebensäußerung: Gerade noch sagte er, sagte ich zu ihm, ging er. Da traf ihn das Geschoß, da war er schon tot. Die plötzlich Gefallenen lobt Otto als die Besten, die Liebsten, die Bravsten, so als hätten sie den Tod nicht verdient. Die Sinnfrage stellt sich später, Sinngebung braucht Zeit, Otto wartete auf Angebote, nahm sie dann aber an.

In der dritten Erzählung über den Tod erscheint der als ordnungsgemäß und folgerichtig. Es ist die distanziert-professionelle, in der Manöverkritik, an der Landkarte, aus dem militärischen Handbuch gewonnene Erklärung. Der Krieg folgt Regeln und der Tod der eigenen Soldaten ist das Ergebnis von Regelverletzungen, die man analysieren und dadurch minimieren kann. Auf der anderen Seite ist der Tod der Gegner das Ergebnis eines guten Plans, einer gelungenen Durchführung. Wenn Otto so über den Tod schrieb, schätzten die Eltern das als Beweis für seine mentale Stärke. Man könnte diese Erzählweise aber auch als den Versuch werten, den Tod, wie er ihn im Krieg tatsächlich erlebte: als Chaos, Dreck, »Wirrnis«, Schreien und Erschöpfung, im Nachhinein in »geordnetes menschliches Handeln« umzuschreiben, um so die eigene Verwirrung, die Angst zu bannen. Das Verbot, Angst zu haben, sollte – so wie auch Lily sich keine Angst um Otto gestattete – ihn vor dem Tod schützen.

Das Opfer

Im Sommer 1916 arbeitete Lily Braun intensiv an ihrem neuen Roman. Heinrich hatte sich Ende Juli in den Tannerhof bei Bayrisch-Zell begeben. Von dort schickte er Julie Vogelstein, die sich im Erlenweg aufhielt, aber eine Reise in den Süden plante, verschiedene Varianten von Zugverbindungen für den Fall, dass sie ihn unterwegs besuchen würde. Am 5. August brach die Freundin nach Walchensee auf, wo sie in Heinrichs Nähe Station machen wollte. Am 6. August 1916 ging Lily Braun mit einem Brief an Otto zur Post, um dort seinen für sie hinterlegten Brief abzuholen. Auf dem Rückweg brach sie zusammen, wurde gefunden, mit einem Schlaganfall diagnostiziert und ärztlich versorgt. Heinrich Braun und Julie Vogelstein wurden telegraphisch benachrichtigt, kehrten sofort nach Berlin zurück und fanden Lily bewusstlos vor. Am selben Tag erhielt auch Otto »früh ½ 8 ein Telegramm: ›Zu Hause Mutter schwer erkrankt, Kommen dringend erwünscht. Boyer‹ … Mama allein zu Hause, Boyer ist unser Nachbar. Gleich zum Kommandeur. Urlaub erwirkt, nach Baranowitschi geritten, ¾ 12 nachts abgefahren. Telegramme nach Hause. 8.8. Dienstag Reise. In Warschau Telegramm: ›Hoffnung auf Genesung vorhanden.‹ In Thorn: ›Mamas Zustand leider sehr verschlimmert.‹ Um 12 in Berlin. Vater am Bahnhof. Aus.« (T3, 7.-8.8.16.)

Otto hatte unmittelbar nach seiner Abreise telegraphiert: »ankomme 8.8. nachts 11.58 friedrichstr. Bitte um telegraphische nachricht nach brest-litowsk … und warschau.« Und am folgenden Tag von unterwegs: »keine nachricht vorgefunden bitte telegraphiere näheres thorn hauptbahnhof am bahnsteig 5.08 uhr nachm. ausrufen«. Auf seiner Fahrt hatte er auf der Rückseite eines der beiden Telegramme, die ihn unterwegs erreichten, ein Gedicht geschrieben – gekritzelt mit Bleistift, gerüttelt von der Fahrt und seinem Schrecken über den möglichen Tod der Mutter:

»Ihr Götter gebt ein Wunder, nur dies Eine
Brüll ich zu Euch aus derart tiefem Schlund
Des Unheils wie noch lasset (?) Ihr sie leben!
Ich will Euch Opfer über Opfer schlachten

Blutgierig will ich Euch Entzückung bringen
Als letztes Opfer selbst mich ------
Doch dieses eine wollet Ihr entreißen
Dem grässlich kreischenden, dem Totenxx
Aus meiner Pein habt Ihr mich oft gehört
Ihr Götter gebt ein Wunder, Ihr vermöget
Verzweiflung ballt sich wie ein Alp auf mir
Und wenn Ihr heut, Entsetzliche, mich tröget,
dann ging ich ganz, -- ich -- bin, mit ihr.« (7.8.16)[1]

So verhandelte Otto mit den »Göttern« um das Leben seiner Mutter, für deren Rettung er töten – und am Ende sich selbst opfern wollte. Ihr kostbares Leben wollte er im Austausch mehrfach bezahlen, am Ende mit seinem eigenen Leben. Aber auch die Vorstellung, dass die »Götter« sein Angebot nicht annehmen würden, endete nur mit seinem eigenen Tod, mit dem er seine Mutter begleiten wollte.

Lily war, ohne das Bewusstsein wiederzuerlangen, am 8. August um ein Uhr nachts gestorben. Otto betrachtete ihren Körper und erinnerte sich an den Eindruck, den er von ihr in den letzten Tagen ihres Lebens gewonnen hatte. Sie sei, so schrieb er ins Tagebuch, zuletzt so voll Hoffnungen und Arbeitseifer gewesen, kurz vor der Vollendung ihres letzten Romans.

»Sie liegt da mit hoheitsvoller Majestät, schön und beruhigt, wie Demeter, die sie so liebte, die Himmelskönigin. … Was ich tun soll, weiss ich nicht. Mein Leben ist ganz verwandelt. Alles zerstört und vorbei … in ihrem Testament vom 5. März (1916, DW) ist sie so unendlich niedergeschlagen, trübe gestimmt und voll böser Ahnungen. Papa wird wohl alles aufgeben, wozu auch nun? … Bei Skrobowa (in seinem Frontabschnitt, DW) sind wieder russische Angriffe. Ein über alle Massen furchtbarer, grauenhafter Gedanke peinigt mich, dass sie für mich dahingegangen, für mich sich geopfert hat, ich an diesem Tage gefallen wäre … Ich kann mich nicht retten vor diesem Gedanken und er legt mir die ungeheuersten Verpflichtungen auf. So werde ich Papa nicht widerstreben, der mich aus der Front will abkommandieren lassen, obwohl mir dies

1 Die unleserlichen Stellen wurden von mir durch »-« gekennzeichnet.

ein unendlich schwerer Entschluss war, aber ich glaube, es ist ihr Wille. … Ihren Willen zu erfüllen, geben mir die Götter, die mir fast alles nahmen, ein Geschenk, nach dem Kriege zu leben. Ihre Urne soll ich nach Florenz bringen, die Asche in den Arno streuen.« (T3, 9.8.16)

Nicht mehr er selbst bot sich nun für das Überleben der Mutter als Opfer an, sondern deren Tod erschien jetzt umgekehrt als ein Opfer, das sie gebracht hatte, um ihn zu retten. Die Verpflichtung, die sich daraus für ihn ergab, war, sein gerettetes Leben nun zu bewahren, d.h. den Krieg zu überleben – also das Sterben für sich auszuschließen, um mit seinem Überleben das Opfer der Mutter zu verwirklichen. – Drei Tage brauchte Otto, bis er wieder in sein Tagebuch schrieb. Inzwischen hatte er »Mamas neues Buch, Mamas Tagebücher gelesen. Auf's Tiefste erschüttert, lange war ich tränenlos, dann brachen sie sich wie im Krampfe Bahn. Unendliche Güte Juliens. Nun weiss ich alles. Ihr Unglück und ihr Glück, doch ich sehe, dass ihr Leben trotz tausendfachen Leids voll des Jubels und der grossen Lust war und sehe weiter, dass ihr Tod so das Beste war. Die Klärung nach dem Kriege hätte wohl keiner von uns ertragen und es wäre viel schlimmer geworden. Doch der arme herrliche liebe Pa. Und wie idealisiert sie Tankred. Aber wie unerhört war sie auch, solche Leidenschaft mit 50 Jahren und ich wusste nichts, nichts! Nur einmal geahnt, als sie in Venedig war!« (T3, 12.8.16.)

Anfang März 1916, allein zu Haus und in einer Phase größter Erschöpfung und Niedergeschlagenheit nach der letzten anstrengenden Vortragsreise, hatte Lily je einen Brief an Otto, Heinrich und Julie geschrieben, die sie nach ihrem Tod als »Testament« vorfanden. Über den Inhalt ist, da die Briefe von den Empfängern vernichtet wurden, nur bekannt, was Otto in sein Tagebuch schrieb, was Heinrich in den Nachrufen zitierte und was Julie in ihren Biographien verriet. Einen dieser Briefe, vermutlich den an Otto, beendete sie mit dem Bekenntnis, »daß ich niemals aufgehört habe, trotz der ungeheuren Härte meines Schicksals, das Leben und mit vollster Überzeugung auch das Leiden zu bejahen. *Allem* was ich erfuhr, sei es noch so schwer gewesen, bin ich dankbar, denn alles hat letzten Endes meine Kraft gestärkt, meine Entwicklung gefördert. Und über alle Abgründe meines Lebens hinweg leuchtete mir immer das größte, das *einzige* Glück des Weibes: mein Kind und meine Liebe.«[2]

Selbst in diesem zur Veröffentlichung ausgewählten Auszug steckte eine Doppeldeutigkeit, nämlich einmal der eingebaute Widerspruch zwischen dem »einzigen« Glück und seiner zweifachen Wurzel: dem Kind und der Liebe – einer »Liebe«, deren Gegenstand nicht benannt wurde, also auch Tancredi meinen konnte (und wohl auch sollte). Ihre Freundin Julie bat sie, im Hause bei Heinrich und Otto zu bleiben, dessen Schicksal sie in ihre Hand legte. Sie solle ihn vor dem Vater, »vor dem Manne, dessen Wucht jeden erschlüge, ... schützen«. An Heinrich hatte Lily unter anderem geschrieben: »Mache Dir ganz klar, daß Du jeden, der Dir nahe tritt, ohne es zu wollen, zu einem von Dir Abhängigen, Dir Unterworfenen machst.« Dieses Urteil sollte er lange wie einen Fluch mit sich tragen. Kein Wunder, dass alle drei auf ihren Brief überwältigt reagierten: »Aufglühend empfing Otto ihren Gruß; mit erstarrendem Gesicht las Heinrich das ihm hinterlassene Schreiben. Julie verbrannte Lilys Brief.«[3]

Otto war also nun eingeweiht, wenn auch nicht durch Lily selbst. Ob Heinrich zu überwältigt vom Tod Lilys war, um ihr Geheimnis gegenüber Otto weiter zu bewahren, oder ob er jetzt glaubte, ihm die Wahrheit schuldig zu sein, ob er sich an Lily, die ihn mit ihrem Testamentsbrief so getroffen hatte, rächen wollte, ob er gar hoffte, es Otto dadurch leichter zu machen, oder ob er einfach nicht wusste, wie er ihr Geheimnis weiter vor dem Sohn bewahren konnte – er hatte Otto Lilys Tagebuch und Romanmanuskript zugänglich gemacht und ihm dadurch ihr Geheimnis verraten.

Durch das Wissen um Lilys Affäre mit Tancredi erhielt ihr Tod für Otto einen anderen Sinn – einerseits bestätigte sich die Deutung des intensiv gelebten Lebens, des Sterbens »in der Fülle«; andererseits sah er nun ein Leben, das nach dem Krieg so nicht hätte weitergelebt werden können, weil es eine Verletzung aller

2 Zitiert hier aus dem Nachruf im Berliner Tageblatt vom 12. August 1916, Hervorhebung in der gedruckten Quelle.

3 Julie Vogelstein, Ein Menschenleben, S. 433, 437.

Beteiligten bedeutet hätte – so war ihr Tod »das Beste«. In gewisser Weise hatte sie sich in Ottos Augen damit auch geopfert, damit alle anderen Beteiligten nach dem Kriege weiterleben konnten, ohne den Schmerz und ohne die Schande, die das Ausleben ihrer Beziehung zu dem »idealisierten« Italiener unweigerlich bedeutet hätte. Zwar klang in Ottos Kommentar auch Bewunderung für die Mutter an – für ihre »Leidenschaft mit 50 Jahren«; Bedingung für diese Anerkennung schien aber das Auslöschen ihres Geheimnisses zu sein. So beschlossen anscheinend alle drei, nicht nur die Testaments-Briefe, sondern auch das Tagebuch und das unvollendete Romanmanuskript zu vernichten. »Mamas Buch, geradezu göttlich in allem Selbsterlebten ist schlecht bis ins Fade, ja Kitschige in allem andern. Das ausgesprochenste Bekenntnisbuch, mehr als die Memoiren«, schrieb Otto (T3, 12.8.16). Die Fähigkeit, das »Kitschige« in Lilys Buch zu benennen, beruhte vermutlich vor allem auf der Ablehnung der von ihr geäußerten Gefühle, auf der Verachtung für das von ihr gewählte Liebesobjekt und auf der Furcht vor Entdeckung der Affäre. Am selben Tag, als das Urteil über ihren Roman gesprochen und vermutlich auch in die Tat umgesetzt wurde, verbrannte auch Lilys Leiche im Krematorium in der Gerichtsstraße. »Es war sehr schwer, doch nun da ich alles weiss, etwas erleichtert«, kommentierte Otto den Akt. »Am Abend des 12. langes Gespräch mit Pa und Julie. Nun alles geklärt. Erfuhr, dass Papa in jener Zeit wo ich (mich, DW) mit so furchtbaren Todesängsten für ihn trug (vor allem im Juni 1913, als Mama in Venedig war und Juli 1914, in der Odenwaldschule, auch sonst) und jene Gebete schrieb (im Tagebuch nie erwähnt) ~~*sich mit Todesgedanken trug*~~ wirklich an Selbstmord dachte. Sehr, sehr erschüttert dadurch.« (Ebd.) So war also in Ottos Deutung auch Heinrich durch Lilys Tod, ihr Opfer, gerettet worden. Schon im Krematorium hatte Otto bemerkt, der Vater sei »gottlob nicht zusammengebrochen, eher neu ermannt, auch hat er Mutsch nun mehr als vorher«. An diesem Tag erreichte ihn auch die »Nachricht, dass Brennfleck gefallen war;[4] mein Gefühl! Sehr erschüttert.« (Ebd.)

4 Bernhard Brennfleck, Leutnant der Reserve in Ottos Kompanie, fiel am 7. 8. bei Perewoloki, vgl. »Verlustliste Reserve-Jäger-Bataillon 21«.

So war also am Tag von Lilys Einäscherung, vier Tage nach ihrem Tod, von Otto eine Deutung gefunden worden, die diesen als ein Opfer definierte, eines, dass sie selbst gebracht hatte, um Sohn und Ehemann zu retten – den einen vor dem Tode, den anderen vor einem unerträglichen Leben. Der Tod des Kameraden schien seine Deutung eindrücklich zu bestätigen.

Danach wurden die Tagebucheintragungen Ottos knapp, skizzenhaft, in einem Satz pro Tag wurden die weiteren Schritte benannt: Nachrichten von der Verlegung seines Bataillons (T3, 13.8.16), ein »peinigender Besuch« bei einem Geheimrat Arnhold, den Lily um Unterstützung Ottos in Erbangelegenheiten gebeten hatte (T3, 14.8.16), seine Relektüre von Lily Brauns »Liebesbriefe der Marquise«[5] und erneute Freude darüber, »dass Pa sich hält, ihm neue Energie zuströmt, er neu schaffen will. Wenn es geht, behalten wir das Haus. Vielleicht empfindet Pa auch, dass er Mutsch jetzt mehr hat als früher!« (T3, 15.8.16) Am 16. August fuhren alle drei für weitere Formalitäten nach Potsdam, »und dann im herrlichen Sanssouci« (T3). Briefe wurden geschrieben und empfangen. Am 17. August notierte Otto weitere private Besuche und einen gemeinsamen Abend mit Heinrich in der »Deutschen Gesellschaft«. Am nächsten Tag besuchte er mit Julie das Kaiser-Friedrich-Museum. Danach wurde »*Sehr* Geschlemmt«. Am 21. August half Julie ihm beim Packen, am Abend fuhren alle drei in die Stadt, Otto ging ein letztes Mal mit in die »Deutsche Gesellschaft« und nahm einen Nachtzug zurück zu seinem Bataillon, das mittlerweile in Galizien lag.

Der plötzliche Tod Lilys kam nicht völlig unerwartet. Sie selbst hatte ihn mehrfach als Möglichkeit gegenüber Heinrich antizipiert. Die Jahre intensiver Arbeit und Verausgabung, besonders seit Kriegsausbruch, hatten an ihren Kräften gezehrt. Die Kur im Februar 1915 hatte sie von ihrer Erschöpfung, ihrem Bluthochdruck, ihrer Schlaflosigkeit und ihrer beginnenden Arterienverkalkung heilen oder doch zumindest die dadurch verursachten

5 Lily Braun: Die Liebesbriefe der Marquise, München 1912. Es handelt sich um einen zur Zeit der Französischen Revolution spielenden Briefroman über eine attraktive, unabhängige Frau und ihre Liebesbeziehungen.

körperlichen Leiden lindern sollen. Damals hatte sie Heinrich, der ihr das Möller'sche Sanatorium nach seinen eigenen Aufenthalten dort empfohlen hatte, ausführlich über ihr schlechtes Befinden in Kenntnis gesetzt; in diesem Zusammenhang erwähnte sie auch Möllers Rat, »ich dürfte mich eben nie überarbeiten, müßte mindestens zweimal im Jahr ganz ausspannen, am besten während der schlechten Jahreszeit im Süden sein (ich schreibe letzteres wirklich als seine Aussage, ohne alle Nebengedanken) – müßte seelische Erregungen möglichst vermeiden etc., etc. Kurz: das Philisterleben eines Bourgeois leben! Dazu habe ich natürlich keine Neigung. Lieber intensiv leben, als lange leben! Ich habe auch bei mir die vollkommen ohne mein Zutun entstandene gute Eigenschaft entdeckt, mich nicht im Mindesten vor dem Tode zu fürchten, obwohl ich trotz innerer und äußerer Schmerzen gern lebe.« (6.3.15)

Am 22. April 1915 hatte sie Heinrich in einem Brief Anweisungen für den Fall ihres Todes gegeben. Nach dem Besuch Julies in Loschwitz war ihr eingefallen, »daß es jedenfalls bei mir notwendiger als bei vielen andern ist, an einen plötzlichen Tod zu denken. Ich möchte daher in Bezug auf meinen Wunsch, verbrannt zu werden, die nötigen Bestimmungen treffen, von denen Du einmal sagtest, daß eine beglaubigte Unterschrift nötig sei. Ein Testament zu machen, ist ja wohl überflüssig – jedenfalls soweit es mehr als persönliche Wünsche enthält, da ich nichts besitze. Dagegen wäre zu überlegen, ob ich nicht in notarieller Form Otto meine Werke bei Lebzeiten schenken kann, damit er infolge der Schulden, die die Gläubiger etwa aus den Erträgnissen begleichen wollen. nicht etwa genötigt ist, die Erbschaft nicht anzutreten und so etwa die nach der Befriedigung der Verleger sich ergebenden Einnahmen auch verliert. Bitte erkundige Dich danach. Ich möchte das alles in Ordnung bringen, sobald ich zu Hause bin.«[6]

Zusätzlich zu der Tatsache, dass Lily über ihre Kräfte lebte, liebte und arbeitete, war auch Ottos Deutung, ihr Tod komme einem Opfertod für ihn selbst und den Vater gleich, durch Lily mit vorbereitet. In ihrem 1913 erschienenen Drama »Mutter Maria«, das im Jahre 1513 in Florenz angesiedelt ist, soll der junge und schöne

6 Vgl. auch Lily an Julie am 28. September 1915.

Angelo als Ketzer und Gottesleugner verbrannt werden. Seine fromme Mutter Maria versucht jedoch nicht, ihren Sohn zu bekehren oder vor dem Feuertod zu retten, sondern sie beschuldigt sich selbst der Hexerei, um gemeinsam mit ihm zu sterben. So bringt sie ein doppeltes Opfer, das ihr die Gottesmutter in einer Erscheinung nahegelegt hat: Sie gibt ihr Leben und verzichtet auf die Achtung, die ihr zukäme. Die irdische Mutter Maria zitiert vor ihrem Tod die Forderung der Mutter Gottes:

»Ein Opfer fordert Gott der Herr von dir,
Willst Du für Deines Sohnes Sünde büßen:
Verachtung die du nimmermehr verdientest,
Der Menschen Fluch für nie getane Tat;
Schuld, die dein Herz nicht kennt; Verdammnis
Aus deiner Priester Mund.«[7]

Schließlich finden sich Anknüpfungspunkte für diese Idee in früheren Thematisierungen des Selbst-Opfers zwischen Lily, Heinrich und Otto Braun – jenseits des »Heldentods« für das Vaterland. So hatten die Eltern sich Ende 1914 wechselseitig versichert, den möglichen Tod Ottos im Krieg nicht überleben zu wollen – eine Form von geplantem Sühnetod. Und auf dem Tiefpunkt ihrer Verzweiflung über ihr zerrissenes Leben hatte Lily Heinrich am 12. März 1915 aus Loschwitz geschrieben: »Ich möchte ganz und restlos in und für Otto aufgehen können, damit ich selbst gar nicht mehr da bin. Aber es geht noch nicht.« Dieses »Aufgehen« konnte zwar vieles bedeuten – emotionale Hingabe, Absehen von eigenen Wünschen –, aber das »gar nicht mehr da sein« schloss den Tod nicht aus, wenn er hier auch symbolisch gemeint war und in eine unbestimmte Zukunft verschoben wurde. Warum es »noch nicht« ging, konnte auf ihr Unvermögen zum Verzicht oder auf eine Aufgabe verweisen, die sie noch zu erfüllen hatte.

An seinem 18. Geburtstag – dem 27. Juni 1915 – hatte Otto der Mutter für ihren am 2. Juli folgenden 50. Geburtstag ein langes Gedicht geschrieben, das in seinem letzten Drittel ebenfalls die Idee des Opfers berührte:

7 Lily Braun, Gesammelte Werke Bd. 4, Berlin 1923, S. 541.

»Eins nur, seltsam Geschenk, eines nur bring ich Dir dar.
Dies Mutter Dir zu schenken scheinet kühn
Denn niemals ists vollendet und niemals
Wird's ganz der Hoffnung gleichen, ja vielleicht
Ist es noch nicht einmal so weit gediehen
Dass ichs versprechen dürfte. Dies Geschenk
Das ich Dir bringe und dem Vater bringe
Als kargen Lohn für unerhörte Liebe
Sind wir – ich und mein Leben; nimm es an,
In diesem Krieg, wo ichs zu formen hoffe
Dass es einst dasteh wahrhaft königlich
Euch und den andern Freude und Erstaunen …
Und dies mein ganzes Sein und stolzes Schaffen
Leg ich vor Dir hernieder, nimm es an …«

Hier war es das gelebte Leben, dass Otto seiner Mutter (und in gedanklichen Klammern auch seinem Vater) weihte, weil er es nicht nur im biologischen, sondern auch im geistigen Sinne ihr verdankte. Es war eine Opfergabe im Sinne eines Geschenks, als das Otto sich selbst und sein Leben der Mutter hingab – als das, was er einmal sein würde, ein Versprechen für die Zukunft. Erst nach dem Tod Lilys wurde dieses Versprechen so umgedeutet, dass diese ihr eigenes Leben im Tausch geopfert und so aus seinem Versprechen eine Verpflichtung gemacht hatte.

Für Lily wiederum hatte sich zu Lebzeiten die Frage gestellt, ob sie nicht ihrerseits ein Opfer für Otto, das heißt für sein Leben, bringen müsse: »Ich habe sogar mystische Zeiten, in denen ich glaube, den Göttern alles andere für diesen Reichtum (Otto, DW) opfern zu müssen, wo ich mir, angstgefoltert, einbilde, ich müßte allem abschwören, woran sonst mein Herz noch hängt, um sein Leben dadurch vom Schicksal zu erkaufen.« (28.9.15) Der Handel, bei dem sie von den Göttern/dem Schicksal Ottos Leben erkaufen wollte, indem sie selbst auf ihre Beziehung zu Tancredi verzichtete, war allerdings nur ein Gedankenspiel unter dem Einfluss unerträglicher Angst vor Strafe für ihre Schuld. Überhaupt waren ihr und Ottos Konzept des Opfers eng verbunden mit einer pantheistisch-heidnischen Rhetorik und Bilderwelt. So war Lily nach Ottos erstem Heimaturlaub an das Grab ihres Vaters gegangen, um vom

»Ahnen« Ottos Schutz zu erflehen. »Ich würde Opferfeuer anzünden, wenn es ginge«, schrieb sie dem Sohn (21.11.15).

Besonders intensiv wurde der Topos des Opfers zwischen Lily und Otto anscheinend während dessen Heimaturlaub im Mai/Juni 1916 bemüht. Nach seiner Abreise schrieb Lily ihrem Sohn einen Brief, in dem sie sich mit Glück und Dankbarkeit an die gemeinsam verbrachte Zeit erinnerte. Und sie bat ihn um die Abschrift eines Gundolf-Gedichtes, das Atha Nodnagel, eine Freundin und ehemalige Schulkameradin Ottos aus Wickersdorf, ihm geschickt hatte und das sie vermutlich gemeinsam gelesen hatten. Die letzte Strophe sei »wie ein Lebensmotto« schrieb Lily. (7.6.16) Ohne seine Antwort abzuwarten, zitierte sie in ihrem nächsten Brief an ihn diese letzte Strophe aus dem Gedächtnis: »Es kommt der Tag, da man Dich braucht, dann sei auch Du bereit. Und in die Flamme, die verraucht, wirf Dich als letztes Scheit.«[8] Das war ihr also »Lebensmotto«, nicht nur »ihres«, sondern »eines«, also unter Umständen auch »seines«. Es war das Motto der Selbstopferung um ihrer selbst willen. Denn das Gedicht, aus dem hier zitiert wird, schweigt über einen außerhalb der Person existierenden Zweck und deutet zugleich dessen Vergeblichkeit an: Denn das Feuer verraucht ja schon und das letzte Scheit wird es nur um eine kurze Zeit verlängern. Das Selbstopfer ist also nur als ein die Person selbst veredelnder Akt gedacht.

Auch nach Ottos Abreise aus Berlin am 21. August 1916 blieb das Opfer ein wichtiges Element der Sinngebung von Lilys plötz-

8 Schließ aug und ohr für eine weil / Vor dem getös der zeit / Du heilst es nicht und hast kein heil / Als wo dein herz sich weiht / Dein amt ist hüten harren sehn / Im tag die ewigkeit / Du bist schon so im weltgeschehen / Befangen und befreit / Die stunde kommt da man dich braucht / Dann sei du ganz bereit / Und in das feuer das verraucht / Wirf dich als letztes scheit. Das Gedicht wurde zuerst veröffentlicht in Gundolf, Gedichte, Berlin 1930. Als Handschrift befindet es sich im Stefan-George-Archiv der Württembergischen Landesbibliothek Stuttgart (Sign. F.Gundolf I, 340, Sammlung: Gedichte 1903-1918: Auswahl für Lili Waetzoldt zum 10. September 1918). Vermutlich kursierten Abschriften, zu denen Atha Nodnagel Zugang hatte. Wann allerdings das Gedicht genau geschrieben wurde, insbesondere, ob dies schon unter dem Eindruck des Krieges geschah, lässt sich nicht mehr feststellen. Herzlichen Dank an Maik Bozza vom Stefan-George-Archiv für die Recherche.

lichem Tod, vermischt mit der Trauer und Verzweiflung, die sich bei Otto erst jetzt, nach den unmittelbar auf das Ereignis folgenden Versuchen pragmatischer, fast kühler Lebensbewältigung meldete und nach Ausdruck drängte. Anfang September hatte Otto einen »unerhört seltsamen Traum von einer Kaiserin im Zusammenhang mit Mutsch« (T4, 6.9.16). Die »Kaiserin im Zusammenhang mit Mutsch« passte zu seiner Verehrung für die Mutter, die er in seinem ersten Tagebucheintrag nach ihrem Tod mit »Demeter, der Himmelskönigin« verglichen und dabei an der Toten die »majestätische« Erscheinung bewundert hatte. Auch war er nach der Einäscherung mit Julie »zu der jüngst erworbenen thronenden Göttin«[9] in das Kaiser-Friedrich-Museum gegangen, wo sie dann wohl im Anschluss Heinrich zum »Schlemmen« getroffen hatten. Insofern war die beherrschende Stellung der Mutter in seinem Leben im Bild der Kaiserin angemessen ausgedrückt – darüber hinaus wissen wir nichts über den »Zusammenhang«, der im Traum hergestellt worden war. Otto trauerte um die Mutter. Die rasche Deutung ihres Todes als Teil eines guten, göttlichen Plans bewährte sich noch nicht.

»Unendlich viel Quälerei in letzter Zeit. Manchmal übers Mass. Rettung dann in sinnlosen, erotischen Träumen. An (Hans von DW) Eckardt versucht zu entladen, doch darf ich über das Wesentliche nichts sprechen. Einziger Trost, dass Mamas Tod zur rechten Zeit kam. Doch fürchterlich der Gedanke, dass sie unerfüllt, sehnsuchtsvoll und im Gefühl, missverstanden, und wenn verstanden, so vielleicht verstossen zu werden, gestorben. Entsetzlichste Tragik, wenn sie gelebt hätte. Es wäre Verhängnis gewesen, dass ich sie nicht mehr hätte lieben können, sie wäre daran zerbrochen. Tancredi war niemand, nur ihr Traum, er hat sie vielleicht schon längst vergessen. Es ist so, ich sehe die Zukunft so grau und ohne alle Freude, ein Nichts. Manchmal frage ich mich, warum ich nicht falle, es wäre das Beste, nur der Gedanke an Pa hält mich. Er trüge das Leben nicht mehr. Und vielleicht trägt ers nur, weil er ebenso von mir denkt, und er hat ja auch Recht damit. O Gott, wie grau-

9 Julie Vogelstein, Was niemals stirbt, S. 279f. Die »jüngst erworbene thronende Göttin« konnte nicht zweifelsfrei bestimmt werden. Es könnte sich sowohl um das Bild »Maria mit dem Kind« (Bode-Museum R. 109) handeln als auch um die im Zweiten Weltkrieg schwer beschädigte »thronende Madonna mit zwei Engeln«. Dank an Herrn Klühs vom Bode-Museum für die Auskunft.

envoll! ... Es ist alles so öd und traurig. Wenn nur recht heftiger Bewegungskrieg käme, der alle anderen Gedanken verscheuchte ... Jetzt komme ich von diesen Gedanken nur weg durch die widerlichsten, aufreizendsten Phantasien ... Es ist schon Trost, die Qual zu gestehen!« (T4, 25.-27.10.16)

Die entschlossene Sinnsuche für den Tod der Mutter wurde durch die Sinnleere von Ottos Leben erstickt. Nun war es fast ein Opfer, am Leben zu bleiben, und dieses Opfer brachte er dem Vater, so wie dieser – so vermutete Otto – es für ihn brachte. Sexuelle Phantasien sollten ihn von solchen Gedanken und Gefühlen ablenken – aber waren sie vielleicht auch von ihnen provoziert? Von dem Gedanken an die leidenschaftlich körperlich, aber letztlich unerfüllt liebende Mutter?

»Gestern Abend übelster Zustand:
›Ich bin so matt, ich bin so hin
Ich weiss nicht wo ich bleibe
Verstört ist mir der ganze Sinn
Bin krank an Seel und Leibe.
Der Kopf ist mir so grau und schwer
Wie eine Zentnermauer
Es brodelt drinnen hin und her
Als peitschten Regenschauer.
Ich weiss nicht wer mich trösten soll
Seit meine Mutter tot
Dies Leben macht mich blöd und toll
Wer lindert meine Not?‹« (T4, 2.11.16)

Heinrich hingegen blieb – trotz seiner Trauer – auch nach Ottos Abreise aktiv und versuchte, Otto in alle zu regelnden Angelegenheiten einzubinden.

»Als ich gestern, nach der auf Deine Abreise folgenden Nacht, zurückgekehrt war und unser Haus von Mamachen für immer und von Dir auf lange Zeit verlassen fand, kam mir mein trauriges Geschick noch schmerzlicher als in all den Tagen vorher zum Bewußtsein, und auch heute konnte ich nur schwer meine Fassung wiedergewinnen. ... In Mamachens Sinn ist es, daß Du großjährig erklärt werden solltest und die darüber ausgestellte Urkunde ist vom Gericht heute eingetroffen.« (23.8.16)

Am nächsten Tag bat Heinrich anscheinend nicht zum ersten Mal: »Meine Frage, wie wir Mamachens teure Leiche behandeln sollen, bis ihr Wunsch erfüllt werden kann, beantwortest Du bald.« (24.8.16) Otto schien auch auf diese Aufforderung nicht reagiert zu haben, denn Heinrich wiederholte sie eine Woche später fast wortgleich noch einmal. Er selbst schien, anders als Otto, trotz seiner auch gegenüber diesem immer wieder formulierten Trauer, den Tod Lilys dadurch zu bearbeiten – vielleicht auch in gewisser Weise zu leugnen –, dass er sich voller Energie dessen praktischen Folgen widmete, die es nun zu bewältigen galt: der offiziellen Testamentseröffnung und der rechtlichen Schritte zur Volljährigkeitserklärung Ottos, welche die Voraussetzung dafür war, dass dieser Lilys Erbe antreten konnte. Er schickte Lilys Opernlibretto an einen Komponisten[10] zur Vertonung; er wünschte, von Lily ein Porträt anfertigen zu lassen. Schließlich fasste er den Plan, Lilys Gesammelte Schriften herauszugeben und damit Julie Vogelstein ebenso wie mit einer biographischen Einführung zu betrauen (an Otto, 26.9.16). Unterdessen versicherte Heinrich seinem Sohn, er müsse sich keine Sorgen um ihn zu machen, seine Energie sei ungebrochen. Allerdings vermisse er ihn:

»Nicht nur, daß ich große Sehnsucht habe, Dich wieder zu sehen, ich hätte auch viel mit Dir zu erörtern. Was unsere äußeren Verhältnisse angeht, so hoffe ich, daß ich das Haus und die schöne Einrichtung Dir werde erhalten können. Das würde mich auch deshalb freuen, weil damit ein dringender Wunsch Mamachens erfüllt würde. Und für mich persönlich wäre es tröstlich, wenn ich alles, insbesondere Mamachens Räume, unverändert belassen könnte, ihr Arbeitszimmer und ihr Schreibtisch wie bisher immer mit den frischen Rosen aus unserem Garten geschmückt wird, weil dadurch die Illusion genährt wird, daß sie noch nicht gänzlich von uns geschieden ist. Die Auflösung des Hauses wirkte wie brutale, gewalt-

10 Vielleicht handelt es sich um das »Drama«, an dem Lily nach Abschluss des »Lebenssuchers« gearbeitet hatte. Es ist nicht überliefert. Da Heinrich in seinem Brief vom 1.9.1916 von einem Korngold als einem »jungen, genialen Komponisten« spricht, muss es sich um den 1897 geborenen (also mit Otto gleichaltrigen) Sohn von Julius Korngold (1860-1945), Erich Wolfgang Korngold, handeln. Den Vater dürfte Heinrich Braun aus Wien gekannt haben.

same Zerstörung. Eine Illusion freilich, aber mit einem Hauch von Schönheit.« (4.10.16)

Der Oktober brachte ansonsten die üblichen Sorgen um Schulden, Verlagsverträge – größtenteils immer noch die Folgen seines Betrugsversuchs Anfang 1914 – und »irrtümliche« Pfändungen, mit denen Heinrich sich auseinandersetzen musste. Der Kontrast zwischen Heinrichs Aktivismus und Ottos Depression konnte nicht größer sein. Otto steckte allerdings wieder einmal in der Situation erzwungener Passivität in der Reserve; Heinrich dagegen hatte Aufgaben zu erledigen. Was und wie er eigentlich fühlte in diesen ersten Monaten nach Lilys Tod, wissen wir nicht; er mag auch Befreiung verspürt haben: frei geworden für das Ausleben seiner Liebesbeziehung zu Julie, frei von der Kränkung über Lilys italienische Affäre und die ständige Angst vor deren Entdeckung, frei auch von der Last des Geheimnisses, nachdem Otto eingeweiht war. Dennoch wird er Liebe, Freundschaft, Verlust und Trauer gespürt haben – aber sie lähmten ihn nicht. In der periodisch aufs Neue ausbrechenden Trauer um den Verlust Lilys versuchte Heinrich, den zwischen ihm und Otto vereinbarten Sinn ihres Todes zu beschwören, aber eine Lösung oder gar Erlösung boten ihm diese Vorstellungen nicht. Am 8. November 1916 schrieb er dem Sohn ins Feld:

»Heute sind es drei Monate, daß Mamachen verschieden ist. Ein trostloser Gedenktag. Denn was man sich auch zur Milderung des brennenden Schmerzes sagen mag: daß Mamachen auf der Höhe eines reich erfüllten Lebens starb, daß die ›Wandlung zu höheren Wandlungen‹[11] unbewußt und ohne Schmerzen sich vollzog, daß Mamachen die Resignation des Alters peinvoll erlitten hätte, daß es einen Tod nicht gibt, daß sie in neuen Formen weiterwirkt, und ihr Geist auch uns lebendig ist, – das und was man sich sonst alles sagen könnte, es gewährt für den immer sich

11 Laut Lilys Großmutter, Jenny von Gustedt, sollen Goethes letzte Worte vor seinem Tod nicht gelautet haben: »Mehr Licht!« sondern: »Nun kommt die Wandlung zu höheren Wandlungen«. Lily hatte das in ihrem Buch über die Großmutter, »Im Schatten der Titanen«, verarbeitet. Gesammelte Werke Bd. 1, S. 104. Weitere Behauptungen über Goethes und anderer letzte Worte Karl S. Guthke, »Letzte Worte. Variationen über ein Thema der Kulturgeschichte des Westens«, München 1990.

erneuernden Schmerz keinen Trost. Umso weniger als meine Liebe immer zärtlicher wird, und ich immer reuevoller empfinde, wie wenig Freude ich in ihr Leben gebracht habe, und wie viel ich ihr schuldig geblieben bin. Vielleicht aber ist gerade dieses letzte Moment der Punkt, wo der passive Schmerz zwar nicht überwunden werden, aber ein aktives Verhalten zu dem ermutigenden Glauben führen kann, daß Mamachens Wünsche sich noch erfüllen lassen. Deren Mittelpunkt aber warst Du und die ungehemmte Entfaltung Deiner Persönlichkeit. Der Kreis von Mamachens Leben war, wie ich glaube, beschlossen. In ungeheurer Intensität hatte sie seine Bahn durchmessen und eine Arbeit von außerordentlicher und mannigfachster Fruchtbarkeit geleistet. Ein Ziel allein hatte sie nicht erreicht: Deine Entwicklung zu sichern, und mit irdischen Augen sie wenigstens bis zu ihrem Höhepunkt verfolgen und erfüllt sehen zu können, was nach ihrer Meinung ihr persönlich vom Schicksal versagt geblieben ist. Die Sicherung Deiner Entwicklung, soweit sie außerhalb einer Selbstbestimmung liegt, betrachte ich als das wichtigste Vermächtnis, das Mamachen mir hinterließ. … Verfolge das Ziel treu und beharrlich. Du wirst Mamachens tiefste Sehnsucht gestillt (haben), da Du mit kostbaren Gaben beschenkt bist, auch den Reichtum der Welt ermessen zu können. Leb wohl, mein geliebtes Kind.« (8.11.16)

So bestätigte Heinrich Ottos Vermutung, dass der Vater auch um seinetwillen weiterlebte. Von einem Kuraufenthalt schrieb er im Frühsommer 1917 dem Sohn nach Berlin:

»Am 8. Juni sind es volle zehn Monate, dass Mamachen verschieden ist. Je mehr Zeit darüber vergeht, desto schmerzhafter wird die Tatsache für mich. Und alle Trostgründe sehr ernsthafter Natur helfen darüber nicht hinweg, dass ein außerordentlicher, für uns persönlich und für die Welt unersetzlicher Verlust entstanden ist. Du sollst nie vergessen, dass du Mamachen Dein Leben … verdankst und dass du nur indem du es zu höherem geistigen und psychischen Reichtum entfaltest, dafür erkenntlich sein kannst.« (7.6.17)

Otto antwortete: »Mein lieber Pa! … Auf die Frage Deines vorigen Briefes muss ich noch einmal eingehen; denn ich habe genau das entgegengesetzte Empfinden hierin wie Du. Ja, je mehr je länger ich mir Mamachens Tod überlege, desto mehr empfinde ich ihn als eine ungeheure, ja wahrhaft überirdische Gnade, die uns allen, ihr aber nicht zum wenigsten, erwiesen worden ist. Was sonst geworden wäre, ist kaum auszudenken. Sobald ich wissend geworden und dann, nach der Notwendigkeit des Geschehens, mich von ihr gänzlich getrennt hätte, da wäre wohl weder sie in Florenz glücklich geworden, noch hätten wir frohe Stunden miteinander verleben können. Niemand hätte es ertragen. Die hämischen Augen der Welt, die nach dem Bekenntnis des jetzt unvollendeten Romans auf Mamachen geblickt hätten, wären auch nicht dazu angetan gewesen, ihr das Leben lebenswerter zu machen. Eine ununterbrochene Kette gegenseitiger und eigner Quälerei, damit nicht genug, ich wäre nicht so geschwächt worden dadurch, dass nicht die aus dem Innersten meines Blutes strömenden Gedanken von Sühne und Vergeltung und blutiger Rache vulkanisch emporgedrungen wären und alles zerstört hätten. Nicht den geringsten tröstenden oder versöhnenden Gedanken gibt mir das, was aus Mamas Leben geworden wäre. Nur ~~Zerstö~~ Vernichtung sehe ich, da aber offensichtlich Vernichtung nicht die Absicht der Götter war blieb aus der Unentwirrbarkeit dieser in einander verschlungenen Schicksale kein anderer Ausweg, der sich ganz notwendig, wie in einem griechischen Trauerspiel, darbot, der Tod des einen, wodurch sie alle, auch dieser, der nun gewissermassen versöhnt starb, vor der Vernichtung bewahrt blieben. Warum aber sie sterben musste, und nur sie, das fühle ich wohl und auch Du, wenn Du den Gedanken des antikischen Schicksals … den tiefsten, den Menschen ersonnen, vor Deiner (Seele?) vorbeistreichen lässt, siehst es, ich wage … nicht davon zu sprechen. Ich will überhaupt nun schliessen, Du verstehst mich ganz, und es ist immer, wie ich meine, etwas Unehrerbietiges, ein wenig Hybrides, diese Dinge in den Mund zu nehmen. Wir aber sollten, denke ich, dankbar … an dieses wahrhaft göttliche, so vollkommen in sich gerundete Leben gleichsam fromm zurückdenken, so vermag es uns in der Erinnerung auch noch schöne, ja sogar freudige Stunden zu schenken, mehr jedenfalls als wenn es, ob leibhaft freilich existierend, in Wahrheit aber zerrissen, zerstört und ins Niedere herabgezogen ~~wäre~~. ferne von uns weitergewirkt hätte. – … Alles Gute weiterhin! Tausend Zärtlichkeiten Dein Otto« (10.6.17)

Julie Vogelstein hat den Brief auf einem kleinen Zettel, der ihm beiliegt, als »Orestes-Brief« bezeichnet. Sie, die klassisch Gebildete, erkannte sofort die Parallelen zwischen den Andeutungen Ottos und der mörderischen Tat des Orestes, der nach seiner Rückkehr aus der Fremde zuerst den Liebhaber der Mutter, Aigisthos, und dann Klytämnestra selbst tötet, um deren Mord am Vater zu rächen.[12] Als Otto direkt nach Lilys Tod und der Entdeckung ihrer Affäre mit Tankred deutlich gemacht hatte, er könne, anders als der Vater, seiner Mutter nicht verzeihen, hatte Julie – so schreibt sie in ihren Memoiren – schon an Orest gedacht, während Heinrich entsetzt: »der Korse!« ausgerufen haben soll.[13] Er griff damit auf ein anderes Deutungsmuster zurück, nämlich die Abstammung Lilys (und damit Ottos) von Napoleons Bruder Jérome Bonaparte, und damit auf das leidenschaftliche »korsische« Temperament, das auch Lily für sich in Anspruch genommen hatte. Trifft Julies Darstellung zu, war das Orestes-Deutungsmuster ebenso wie der Topos seines »korsischen« Blutes schon in der Welt, bevor Otto den Brief schrieb.

Ottos Phantasie gründete auf dem Selbstbild des heimkehrenden Kriegers, der Rache nimmt an der Mutter und ihrem Liebhaber. Was genau die »aus dem Innersten meines Blutes … vulkanisch empordringenden … Gedanken« beinhalteten, was »alles zerstört« würde bzw. wer: das blieb offen. Das »Blut« verwies jedenfalls auf seine Abstammung, die ihm etwas Wildes und Leidenschaftliches mitgegeben hatte. Damit verknüpft war der Verweis auf eine mögliche blutige Tat. In dieser drohenden, mörderischen Zukunft sah er nur vage und dunkle Bilder von »Vernichtung«. Hell und klar dagegen war die »Absicht der Götter«, die durch den plötzlichen Tod der Mutter all das abgewendet hatten, genau »wie in einem griechischen Trauerspiel«. Otto selbst kommentierte den »Orestes«-Brief an den Vater »über den Tod Mamachens« im Tagebuch:

»Je tiefer ich in den Abgrund hineinsehe, der sich in ihrem, unser aller Leben aufgetan hätte durch Tankred, desto mehr erscheint

12 Es muss angenommen werden, dass Otto zu diesem Zeitpunkt die Orestie als ein Hauptwerk des von ihm verehrten Aischylos kannte. Erwähnt wird die Lektüre von ihm zwar erst Monate später; dabei wird es sich aber kaum um eine Erstlektüre gehandelt haben.

13 Julie Vogelstein, Menschenleben, S. 435.

mir diese Tat eines wahrhaften deus ex machina eine ungeheure Gnade, nicht nur für uns (egoistisch gedacht!) sondern ganz weit gefühlt, für Mama, deren Leben nun gerundet, vollkommen, notwendig ist (»Alles geben die Götter die unendlichen«) aber auch überhaupt an sich, um eine hässliche verwüstende Katastrophe ist die Welt ärmer, um ein herrliches, in tiefster (antiker) Tragik sich vollbringendes Schicksal reicher geworden. – Wie freue ich mich oft auf das Leben nach dem Kriege, möge es nur so werden, wie ich denke, aber wie rasend gerne würde ich vorher noch einmal in den Krieg, statt dieses erschöpfenden Bürodienstes, wenn es nur möglich wäre!« (T5, 10.6.17)

Selbstverständlich hatte Lilys Tod auch Folgen für die Beziehung zwischen Heinrich und Julie Vogelstein: Diese wohnte zwar schon seit 1914 im Braun'schen Haus, ein Zustand, der Julies Bruder Theodor aber nun, nach dem Tod der Freundin und Ehefrau, unschicklich erschien – inwieweit er die beiden in Verdacht hatte oder unabhängig davon um Julies guten Ruf besorgt war, ist unklar. Heinrich schrieb an Otto, Theodor habe Julie »vorgestellt, daß es unmöglich sei, daß sie noch länger im Erlenweg wohnen bleibe. Bisher sei es halbwegs verständlich gewesen, weil die Leute annehmen konnten, daß sie bei der ersten Ordnung des Nachlaßes behilflich gewesen sei, jetzt aber würde es nicht mehr verstanden werden, und es fehle doch jeder Grund, sich übler Nachrede auszusetzen. Frl. V., die auf diese Weise peinlich aus ihrer Harmlosigkeit aufgeweckt wurde, suchte ihrem Bruder das Ungerechtfertigte dieser Ansichten und Zumutungen begreiflich zu machen, aber das gelang ihr nicht. Und da ihr Bruder ihr keine Ruhe läßt und auch heute wieder eine Unterredung mit ihr in der Sache hat, weiß ich im Augenblick nicht, was sie tun wird. Es wäre von beträchtlicher und in mancher Hinsicht von fataler Wirkung, wenn Frl. V. sich von den spießbürgerlich konventionellen Argumenten ihres Bruders und seiner ›Leute‹ bestimmen ließe, von Zehlendorf weg und nach Berlin zu ziehen. Allein in dem großen Haus zu bleiben, ginge nicht an; erstens würde ich da melancholisch in gefährlichem Grad, zweitens wäre es unverantwortlich, für mich die Kosten eines solchen Haushalts aufzuwenden. Ich müßte das Haus schließen und mich in Berlin einmieten. Die Hypothekenzinsen gingen weiter, das Haus würde, wie das bei einem nichtbewohnten unvermeidlich ist, verfallen, der Garten verwildern, denn der Ausweg einer Vermietung ist im gegenwärtigen Moment kaum gangbar. Und nicht zuletzt meine innere und äußere Lage würde sehr übel beeinflußt werden. Schreib mir, wie Du die Sache ansiehst, ob Du glaubst, daß üble Nachrede daraus entstehen kann, daß Frl. V. allein mit mir in unserem Hause wohnt und ob man sich nach dergleichen richten solle.« (14.9.16)

Heinrich betrieb großen Aufwand, um Otto zu überzeugen. Die enge Beziehung zu Julie stellte er in den Hintergrund, außer dass er die Hoffnung betonte, sie könne ihn vor der Depression retten, woran Otto, der wieder an der Front war, natürlich massives Interesse haben musste; schließlich drohte der Verlust des Hauses, also von Ottos Zuhause. Am folgenden Tag berichtete Heinrich noch einmal über den Stand, wie er sich darstellte, nachdem ›unser liebes gutes Frl. Vogelstein wieder von ihrem Bruder Theodor zu einer Unterredung über das Unschickliche ihres Wohnens bei uns genötigt« worden war. Julie habe sich energisch gegen den Bruder durchgesetzt und deutlich gemacht, dass sie auf Klatschereien nichts gebe. Sie habe ihr Verbleiben im Erlenweg ihm gegenüber begründet mit der »Freundschaft für mich und Dich. Ihr ist, als wirke sie mit, den Geist des Hauses, der Mamachens Geist ist, zu erhalten.« (15.9.16)

Julie selbst hielt sich Otto gegenüber auffällig zurück, doch war bemerkenswert, dass sie ihm am 14. September, also am Tag ihrer ersten unangenehmen Unterredung mit dem Bruder, einen werbenden Brief schickte, in dem sie ihn fragte, ob ihre Briefe ihm willkommen seien.

»War's doch Unrecht, daß ich Ihnen fast gar nicht mehr schrieb? Sehn Sie, ich hatte das Gefühl, Ihnen war's mehr lästig als lieb, Ihnen mußte es zu viel erscheinen, weil es eigentlich so wenig war. … Nun aber meine ich's zu spüren als hätten Sie aus dem vielerlei Nichtigen das eine Wichtige, Wesentliche gefühlt: hier sei ein Mensch, der an Sie denkt, Ihnen nah ist mit der Freundschaft und mütterlicher Sorge, mit Zuversicht und Freude über Ihr Sein und Werden, mit stillem Verstehen und steter Bereitschaft. Und als hätten Sie drum die vielen langen Geschreibsel vermißt. – Was ist die Wahrheit???«

Otto reagierte mit der Feststellung, ihr Brief habe seine »Bekümmerung, in die Pas zugleich eingetroffener Brief (der erste in dieser Angelegenheit, DW) mich versetzte, wieder etwas zerstreut. Ich habe sosehr die Hoffnung, dass sich eine Lösung aus dem sehr unerfreulichen Dilemma findet und vertraue da durchaus Ihrem Feingefühl. Mehr möchte ich hierüber nicht sagen.« (19.9.16) War diese Antwort noch etwas vage, so drückte er nach Erhalt von Heinrichs zweitem Brief Julie gegenüber seine »Dankbarkeit« aus, »dass Sie uns Vereinsamte nicht verlassen wollen … Was Sie mir damit an Trost und Freude geben, vermögen Sie kaum je zu ahnen. So will ich lieber ganz davon schweigen.« (22.9.16) Ab wann Otto ahnte, dass es sich bei der Freundschaft zwischen Julie und Heinrich um ein Liebesverhältnis handelte, ist schwer zu sagen. In seiner Gegenwart blieben beide beim Sie, so wie auch Julie und Otto sich beim Vornamen und Sie ansprachen – bis zuletzt und trotz der zunehmenden Wärme ihrer Beziehung. Dass Julies Gegenwart ihnen beiden nötig war und sie wirklich gerettet hat, solange sie lebten, ist unbestreitbar.

Schon am Tag seiner Abreise am 21. August 1916 hatte Julie Otto einen Brief geschrieben, in dem sie die Beziehung, die sie ihm anbot und die sie sich von ihm wünschte, skizzierte:

»Mein lieber Otto, daß innige Herzenswünsche Sie begleiten, wissen Sie. Und Anderes habe ich Ihnen kaum zu sagen heute. Doch sollen Sie sich's noch einmal ins Herz schreiben, daß Sie mit Allem, mit Großem, mit Kleinem, zu mir kommen können, ja daß Sie mir damit ein besonderes Geschenk machen. Und lassen Sie mich zu den ganz Wenigen gehören, bei denen Sie offen und rückhaltlos sind, auch wenn es gegen mich sein sollte. Dies wünschte ich mir von Ihnen. Was ich für Sie wünsche, brauche ich nicht auszusprechen. … Mit herzlichstem Händedruck und einem Kuß auf Ihre Stirn, die große und gute Gedanken birgt und bergen wird, Ihre Freundin Julie.« (21.8.16)

Wieviel Nähe sie ihm zumuten konnte, blieb jedoch offen. »In Ihrem Brief klingt immer ein dumpfer Ton mit, den ich wohl höre und verstehe. Doch möchte ich nicht Worte darüber machen, falls Sie nicht durch ein Zeichen ausdrücklich merken lassen, daß Sie sprechen wollen.« (14.10.16) Zwar »sprach« Otto nicht, jedenfalls nichts, was seinen »dumpfen Ton«, also seine tiefe Depression zum

Thema hatte. Aber er schrieb ihr regelmäßig von seiner neuen Stellung in Westgalizien. Sein Bataillon war in Podhorze, an der Quelle des Styr, stationiert und der 2. deutschen Kavalleriedivision unter Generalmajor von Etzel zugeordnet, die ihrerseits der 2. österreichisch-ungarischen Armee unterstellt war. Vorläufig befand sich Ottos Bataillon in Reservestellung im idyllisch an einem See gelegenen Dorf Ponikowica.[14] »Wie schön es hier ist, können Sie sich kaum denken. … Ich fühle mich so wohl, es lässt sich alles so gut an, alle lernen und sehen so viel Neues, Interessantes, wie hätte sich Mutsch gefreut, wenn ich ihr davon geschrieben!« (24.8.16) Sofort also wurde Julie von Otto darauf vorbereitet, Lilys Rolle als seine Briefpartnerin einzunehmen – so gut sie das eben konnte.

Während Ottos Abwesenheit hatte sein Bataillon »ausser dem 8. und 9. wo Brennfleck fiel und 1. Komp. im Ganzen 22 Mann verlor, nichts durchgemacht«. (T4, 23.8.16) Die Verlegung nach Galizien, um dort die österreichischen Truppen bei der Verteidigung gegen mögliche russische Angriffe zu unterstützen, sollte das aber bald ändern. Der Eintritt Rumäniens in den Krieg auf Seiten der Entente gab der Position Ottos an der Ostfront neue Bedeutung. Er vermutete »einen Plan, so oder so, um den rumänischen Feldherrn zum Kampf zu zwingen und eventuell von allen Seiten zu vernichten« (T4, 2.9.16). In ähnlicher Weise schrieb Otto anscheinend auch dem Vater,[15] man müsse Rumänien okkupieren, kein Hund dürfe mehr am Leben bleiben, woraufhin dieser den Sohn zur Mäßigung aufrief: Offensichtlich war er von den Gewaltphantasien des Sohnes schockiert. »Wenn Du diese Worte jetzt, wo die erste Wallung vorübergegangen ist, liest, wirst Du ihnen wohl mit der gleichen Empfindung gegenüberstehen, wie ich, und selbst erstaunen, daß Du, dem griechische Gesinnung so vertraut und verwandt ist, barbarischen Sitten, wenn auch nur für einen Augenblick, Dich geneigt zeigtest.« (6.9.16) Otto erklärte, er sei »mit dem, was Du über die schlechten Wirkungen des Krieges sagst, … nicht einverstanden, vor allem nicht mit dem Hinweis auf die Griechen. Trotz

14 Vgl. für die folgende Darstellung von Stellungen und Kämpfen: Reserve-Jäger Bataillon, S. 209-218.

15 Der Brief selbst bzw. eine entsprechende Briefstelle konnten nicht gefunden werden.

allem Artilleriefeuer der Neuzeit bleibt und wird bleiben der Nahkampf, nicht nur der wahre Sinn, das Prinzip, das Gottesgericht des Krieges, sondern auch seine höchste und nach dem Teuflischen wie dem Göttlichen hin seine unvergleichbare und prägnanteste Form.« (12.9.16)

Seit Lilys Tod fehlte Otto in der Familie die Person, die seine Kriegslust und seine Vernichtungsphantasien positiv aufnahm. Vielleicht mobilisierte er deshalb noch einmal die Stimmung früherer Jahre, zitierte gar, vermutlich unbewusst, Max Schelers Deutung des Krieges als »Gottesgericht«. Noch war er nicht bereit, auf den von Heinrich und Julie vorgegebenen neuen Ton der Mäßigung und Abgeklärtheit einzuschwenken.

An Ottos Standort wurde in Erwartung kommender Angriffe geschanzt und gebaut. Am 7. September wurde der erste große Sieg der Österreicher über die Rumänen gemeldet. Am eigenen Abschnitt gab es nur leichte Verluste, so am 12. September: »Obj. Borrmann durch Zufallstreffer. Ganz ergriffen und mitgenommen, konnte es lange nicht fassen. Ein Mann, der seit dem 1. Aug. 14 alles mitmachte, … ein vorzüglicher, tapferer … Mensch, … ein braver treuer Soldat, mir besonders zugetan, es ist furchtbar. Ich war lange wie betäubt. Nachts fiel ein Jäger …« (T4). Ende September kam es zu einem ersten russischen Angriff in Ottos Frontabschnitt, wobei seine Kompanie allerdings nicht aktiv beteiligt war – der Angriff konnte zurückgewiesen, die Front gehalten werden. Julie gegenüber erwähnte Otto dies als ein Ereignis »wie im Theater«. Es habe sich ihm »ein prächtiges Schauspiel« geboten: »Die ganze Ebene bebte.« (T4, 1.10.16) Dem Vater schrieb Otto einen beruhigenden Brief aus der »Reserve, … bei einem strahlend schönen Herbstwetter, völlig wolkenlosem Himmel, das offene Fenster unseres kleinen Hausels lässt mir den freien Blick über den schönen See und in der Ferne hin zu den Bergen.« Nachdem er so wieder eine Urlaubsszene entworfen hatte, charakterisierte er die Frontlage als ruhig und völlig harmlos, politisierte und machte Vorschläge für die Aufteilung der geplanten Herausgabe von Lilys Schriften. (2.10.16) Doch Heinrich ließ sich nur schwer beruhigen. Könne es nicht passieren, dass Otto aus seiner Reservestellung doch zu den Kämpfen hinzugezogen würde, die von der Linie

Lemberg-Brody berichtet würden? (4.10.16) Am 3. Oktober war es, im Rahmen der noch andauernden Brussilowoffensive,[16] auch tatsächlich zu einem echten Angriff gekommen. Ottos Zug begab sich nach Wysocko, der neuen Stellung des Bataillons, wo eine bosnische Einheit unterstützt werden sollte. »Die Bosniaken liegen im Herrenhaus … Das II/85[17] war in voller Panik einfach ausgekratzt (mit Offizieren!), teilweise bis hinter Wysocko. Der deutsche Hauptmann Nötzel der die 2. M.G.A. führt, hat sich gehalten, noch mit dem M.G. geschossen, als die Russen schon im Graben waren und ist dann durch Handgranaten schwer verwundet von den Bosniaken herausgeschossen worden.« (T4, 4.10.16) Solche Berichte durchzog immer das unterschwellige Urteil über die Ineffizienz, hier auch die Feigheit der habsburgischen Truppen, die es ohne deutsche Unterstützung nicht schaffen würden. Während der gesamte Frontabschnitt unter russischem Beschuss stand, wurde Otto ausgewählt, zusammen mit Oberleutnant Hildenhagen in Krasne den Kaiser zu begrüßen. Dort angekommen, traf man auf andere Auserwählte von Einheiten aus den verschiedenen in der Region aktiven Verbänden. Am 7. Oktober fand das Ereignis statt:

»Aufregung von ½ 8 an. Etzel[18] stellte alle auf …. endlich kam der seit Lodz schon wieder recht gealterte Prinz Leopold und ging die Front ab; dann Boehm Ermolli.[19] Um 9.10 fuhr der Kaiser ein, sprang schon aus dem noch fahrenden Zuge, wirkte sehr frisch und kraftvoll, sah erstaunlich jung aus, nur sehr dick geworden; … er sah alle genau an, begrüsste die Jäger, gab sogar Hildenhagen zum allgemeinen Erstaunen die Hand, sagte ›na, Ihr habt Eure Sache wohl gut gemacht‹ und hielt nach dem Abschreiten der langen Front eine kurze Ansprache, worin er auf die Waffenbrüderschaft hinwies und von unsrer ›guten Sache‹ sprach, die der ›Herr der Heerscharen‹ zum Siege führen werde. Dann gab es noch viele Auszeichnungen … Nach ca. 50 Minuten fuhr der Kaiser munter

16 Vgl. Forschungsanstalt, Weltkrieg Bd. 11: Die Kriegführung im Herbst 1916 und im Winter 1916/17, Berlin 1938, S. 378.

17 Infanterieregiment 85 in der II. k.u. k.-Armee.

18 Günther von Etzel, Divisionskommandeur.

19 Seit August 1915 war die 9. Armee in der Heeresgruppe Prinz Leopold von Bayern aufgegangen; Boehm-Ermolli war der Kommandeur der II. k.u.k.-Armee.

und aufgeräumt fort, den Truppen noch lebhaft zuwinkend. Es war sehr hübsch und eindrucksvoll, nur traurig, dass Hindenburg nicht da war. Mittags zurück, gleich in den Graben, ich habe Gottlob wieder den rechten Flügel.« (T4, 7.10.16)

In der unübersichtlichen Situation an seiner Front, zwischen Bautätigkeit, militärischen Übungen, Zufallstreffern, Fehlalarmen, Wachen, Angriffsgerüchten und Tod las Otto zum Trost »Friedjung, Kampf um die Vorherrschaft« (vgl. Exkurs »Kriegslektüren«). An Julie schrieb er:

»Schwer (wird) hier draussen eigentlich nur das Kleine, das geringfügig und darum allein widerwärtig wirken kann. Würden wir, würde ich, der wohl behaupten darf, eine doppelte Last zu tragen, alles Ungeheure und Schwere, dass sich vor mir türmt, nicht als selbstverständliche, ja sogar freudig empfangene Pflicht zu tragen gelernt haben, dann wäre es oftmals schlimm, denn als wirkliche Last empfunden hätte es in seiner ungeheuren Mächtigkeit uns längst erdrückt.«

Einige äußere Details, die er anfügte, kommentierte er: »Entschuldigen Sie diese Ihnen wahrscheinlich unerträgliche ›Fachsimpelei‹. Mama, die sich aus alter Erinnerung immer sehr für derlei interessierte, kann ich leider nicht mehr darüber schreiben.« (9.10.16)

Aus der Perspektive des galizischen Frontabschnitts und unter dem Einfluss der Friedjung-Lektüre begann Otto auch, seine Kriegsziele neu zu formulieren. So entwickelte er den Plan, Galizien den Polen zu überlassen, »das würde zur Germanung [sic] Österreichs ungemein beitragen. Als Gegengabe solle Polen sich für Einwanderung aus Posen, Schlesien etc. öffnen, und in 10-20 Jahren könne man Polen soweit germanisiert haben, »dass auch dort in allen Punkten ein absolutes Übergewicht des Deutschtums sich findet.« (An Julie, 6.11.16)

Währenddessen ging das plötzliche Sterben um ihn weiter. In der Nacht zum 13. Oktober, »während meiner Wache, fiel Obj. Heger beim Revidieren der Posten. Eben sagte er noch: ›bloss nicht in dem Dreck hier sterben,‹ geht heraus, Mundschuss, tot auf der Stelle.« (T4, 13.10.16) Am nächsten Tag fand die Beerdigung auf dem provisorischen Friedhof statt, dann feierte man die »Feuertaufe des Bataillons am 14.10.1914«. In den nächsten Tagen nahm das Feuer zu, auch die russischen Patrouillen, über ein Abhörsystem konnte man vernehmen, dass es drüben »11 Tote bei der Patrouille« und »15 durch Minen« gegeben hatte, »alles in grösster Verzweiflung« schrieb er mitfühlend (T4, 16.10.16). In der eigenen Kompanie gab es einen Volltreffer auf den Stall, der einen Soldaten schwer verwundete. Am Abend desselben Tages »bekam Obltn. Kühne bei der Entenjagd[20] einen schweren Bauchschuss. Wenig Hoffnung.« (18.10.16) Er starb zwei Tage später an den Folgen der Verletzung. Otto war unglücklich: »Wie gern wär ich fort. Den Winter hier, ein unerträglicher Gedanke.« (T4, 23.10.16) Und am folgenden Tag rekapitulierte er: »Fast alle mir bekannten Offiziere ..., u.a. Hptm. Otto, der uns an der Waldnase[21] ablöste, Hptm. Klug, den ich wenig später dort aufsuchte, dessen Adjutant und viele andere sind gefallen.« (T4, 24.10.16) Statt einer richtigen Schlacht gab es eine »große Vorführung ... in schematischem Sturmangriff und Handgranatenangriff .... Sehr hübsche Ansprache Etzels. Höchst degutante Typen unter den Kavalleristen ›äh‹ und überdies ›Retter des Vaterlandes‹. Übel!« (T4, 27.10.16) Am folgenden Wochenende ging es zurück in die »Bereitschaft«, in »äusserst schlechte Unterstände, richtige Schweinekoben«.

Julie Vogelstein hatte sich in ihren Briefen vor allem als intellektuelle Partnerin für Otto angeboten und sich ganz auf die Rolle der mütterlichen Freundin eingestellt. Am 6. November betonte sie Otto gegenüber ihre »liebende Mütterlichkeit« und den »mütterlichen Sinn«, mit dem sie immer an ihn denke. Wenn sie von Heinrich in der Dritten Person sprach, nannte sie ihn von Anfang an »Pa«. Dem schrieb Otto Beruhigendes: vor allem, wie wohl er sich im Bataillon fühle, wie sehr ihn alle achteten und viele mochten, und dass er deshalb nicht, wie der Vater wünschte, weg wolle. Obwohl er doch im Tagebuch die Aussicht, den Winter an dieser Front verbringen zu müssen, so schrecklich gefunden hatte, versicherte er Heinrich, alle seien »von rührender Sorge

20 Die Entenjagd war eine beliebte Freizeitbeschäftigung in Ponikowica. Leutnant Neuser schoss bis zum Winter 53, Leutnant Wennrich 47 Wildenten. Reserve-Jäger-Bataillon, S. 214.

21 Als »Waldnase« war die Stelle bezeichnet worden, wo am Serwetsch die Kämpfe stattgefunden hatten, bei denen Boye gefallen war. Vgl. Reserve-Jäger-Bataillon, Skizze 28/29 und Übersichtskarte 23.

und Freundschaft für mich. Mir könnte es wohl nirgends besser gehen. Ich bitte Dich daher, vor allem, da die Stellung von Tag zu Tag sicherer, die Verluste geringer werden, Deinen Plan, mich von hier fortzunehmen, vorläufig nicht weiter zu betreiben. Es wäre mir recht sehr unangenehm. Auch auf Urlaub möchte ich vorläufig nicht, wenn die Trennung auch uns beiden, Dir natürlich mehr als mir, sehr schwer fällt. Wir müssen noch etwas aushalten, dies rasche, unnatürliche Wiederkommen reisst meinem Gefühle nach die Wunde wieder auf. Auch mir geht es oft garnicht gut, aber sei ganz ruhig, ich halte gut aus und wenn ich etwa im Januar zur richtigen Zeit komme, werden wir schon etwas ruhiger sein und die Zukunft gelassener bereden können. Sei lieb, lass es dabei!«

Sein Kommandeur Major von Rautter habe nämlich den Brief eines Oberleutnant Ros erhalten, in dem dieser schrieb, er, Otto, traue sich nicht, seine Urlaubswünsche auszusprechen. Otto verdächtigte den Vater, dieses Gerücht gestreut zu haben. Er beschwor Heinrich deshalb noch einmal, er werde im Januar (1917) wirklich kommen, »erfrischter und froher, als ich jetzt könnte … Aber tu nicht zu sehr das, was man corriger la fortune nennt … Ich bitte Dich sehr, lass es bei der ruhigen Entwicklung, man muss nur etwas gläubig sein!!!« (2.11.16)

Julie schrieb er in demselben Sinne noch ausführlicher: Sie solle den Vater unbedingt davon abhalten, bezüglich eines Urlaubs außer der Reihe oder einer Versetzung zu einem Stab für ihn zu intervenieren, das bringe ihn nur in Schwierigkeiten. Er sei glücklich wo er sei, log er: Ihm fehle nur »das Eis. Kr. I und eine Kompagnie« (1.-3.11.16). War seine aktuelle Unzufriedenheit also auch der Tatsache geschuldet, dass er als Leutnant immer noch keine eigene Kompanie befehligte? Heinrich wies den Verdacht einer Einmischung weit von sich:

»Bedauerlich ist, daß Dir aus dem ungeschickten Eifer eines mir völlig unbekannten Oberstleutnants Unannehmlichkeiten entstanden sind. Niemals habe ich (außer Dir gegenüber) über meinen Wunsch, Dich bald auf Urlaub wiederzusehen, sei es gegen wen es sei, auch nur ein Sterbenswort verloren, und das Vorgehen jenes Offiziers ist mir unverständlich. Was Du in diesem Zusammenhang schreibst, werde ich genau respektieren, und nichts gegen Deinen Willen tun.« (6.11.16)

Die Ruhepause in der Reserve wurde am 9. November 1916 mit einem opulenten Abendessen beendet bzw. gefeiert: »Hinterher recht betrunken. Hat auch mal sein Gutes«, kommentierte Otto (T4, 9.11.16). Am übernächsten Morgen wurde das Bataillon früh abgeholt und an die Front gefahren, am Abend wurde Otto verwundet: »M.G.Schüsse linker Unterarm und Backe.« (Ebd.) Er kam ins Lazarett nach Lemberg. An die Ostfront sollte er nicht mehr zurückkehren.

Berliner Leben

Ottos Verwundung am 11. November 1916 hatte seine sofortige Verlegung nach Lemberg zur Folge, wo er im Lazarett schlief, las, schrieb und Heinrich eine Liste derjenigen übermittelte, die von dem Ereignis benachrichtigt werden sollten, das im Freundeskreis als Nachweis seiner soldatischen Bewährung dienen würde. Am 21. November wurde er nach Breslau verlegt, wo im Kurhaus ein Lazarett eingerichtet worden war. Er telefonierte »mit Pa und Frl. V. … Grosse Freude. Kommen morgen. Pas Stimme klang sehr vergnügt.« (T4, 22.11.16) Endlich konnte Heinrich seinen Plan, den Sohn aus dem Krieg heraus und nach Hause zu holen, verwirklichen. Otto hatte dem zugestimmt, nachdem er sich mit einer Verletzung des linken Arms genau die »leichte Verwundung« zugezogen hatte, die seine Mutter einst als ihrer häuslichen Pflege würdig erklärte. Heinrich schrieb dem Sohn nach dem Besuch dennoch besorgt:

»So vertrauenserweckend Dein körperlicher Zustand ist, Deiner seelischen Verfassung stehe ich befangen gegenüber. Ich weiß nicht, was es ist, aber ich habe das unbestimmte Gefühl, dass Du nicht ganz wie sonst im sicheren Gleichgewicht bist …. was es immer sei, ich bitte Dich herzlich, sprich Dich ganz offen aus, Du kannst sicher sein, bei mir volles Verständnis und vielleicht auch guten Rat zu finden.« (26.11.16)

Zwar bestätigte Otto indirekt Heinrichs Eindruck, versuchte aber, sein Befinden als natürliche Folge der Verwundung darzustellen. Er habe sich allerdings schon vorher oft nicht gut gefühlt. »Das kam vom Psychischen, wirkte aber sehr stark auf's Physische …« Er habe bei seiner Verwundung aber auch »einen ganz exceptionell hohen Blutverlust« erlitten, der ihn sehr geschwächt habe.

»Wenn Du an etwas anderes denkst, woran Mama in solchem Falle auch einmal dachte, so kann ich Dir Gottlob die Versicherung geben, dass mein Körper ebenso rein und unberührt ist, wie er vor dem Kriege war; … – Ich hatte auch nachdem Ihr fortgefahren wart, das Gefühl, dass ich Dir und Frl. V. nicht das sein konnte, wie früher und bin ganz ausserordentlich traurig darüber gewesen, vor allem, da Du und Frl. V. mir in den zwei Tagen so unsägliche

Freude gemacht, mir so unendlich viel gegeben habt, dass ich allein dadurch schon wieder menschlicher geworden bin. … Ich .. bin überzeugt, dass sich alles gut entwickeln wird, wenn es sein soll.« (28.11.16)

»Das andere«, nämlich seine mögliche sexuelle »Verunreinigung«, wirkt merkwürdig vorgeschoben, während Lily nur indirekt erwähnt wird. Dass Otto über den Tod der Mutter zutiefst verstört sein musste und »das Psychische« in dieser fast verleugneten Trauer bestehen konnte, wurde von beiden fast demonstrativ ignoriert. Energisch betrieb Heinrich Ottos Heimkehr nach Berlin, wobei er an mehr dachte als an einen vorübergehenden Lazarettaufenthalt. So meldete er Otto als Mitglied der »Deutschen Gesellschaft von 1914« an, wo Otto sofort nach seinem Eintreffen einen »sehr bedeutenden Vortrag Borchardts in der Philharmonie: ›Deutschland und die Entscheidung‹ (hörte). Grosser Eindruck.« (T4, 7.12.16)[1] In den folgenden Tagen schlief er zwar in der Klinik, war aber auch viel in der Stadt unterwegs und »zu Haus«, das nun von seinem Vater und Julie Vogelstein geprägt wurde. Dort beeindruckte ihn der Kontrast zwischen Altvertrautem und der radikalen Veränderung durch Lilys Tod. »Zu Hause sehr schön, trotz (manchmal) aufgestiegener Bedrücktheit. J.V. ist ein unglaublich entzückender Mensch, die ganz alles mitfühlt und es erleichtert. … Im alten ›Otto-Tagebuch‹ gelesen. Viel seltsames … Manch traurige Gefühle stiegen auf.« (T4, 10.-11.12.16) Häufige Museumsbesuche beglückten ihn als eine Erfahrung der Wiederbegegnung mit dem nationalen Zuhause: »Wie wächst man zum Deutschtum zurück«, notierte er nach dem Besuch der Nationalgalerie. »Die überwältigenden Kräfte, die nach jeder Seite hin unser heiliges Vaterland birgt, wie erscheinen sie neu, gross, gewaltig. Nur wie ferne Gebirge bleibt ragend das klassische Altertum bestehen.« (T4, 12.12.16) Julie war bei Museums- und Galeriebesuchen eine willkommene Begleiterin, deren souveräne Autorität im ästhetischen Urteil Otto bewunderte:

»Ich habe nie wieder eine solche Fähigkeit bewusster Anschauung gesehen, wie bei Julie V. Sie weiss immer gleich, warum etwas

1 Der Dichter Rudolf Borchardt (1877-1945) war 1914 aus Italien, wo er in der Nähe von Lucca lebte, nach Berlin zurückgekehrt.

schön oder hässlich ist, vor allem aber scheint sie einen unbedingten Blick für die objektiven Werte der Kunst zu haben. Sie weiss auch stets, dass etwas schön oder hässlich ist, selbst wenn es ihrem Geschmack widerstrebt. Dies eine besonders bei einer Frau unheimlich berührende Begabung. Dabei ist aber alles von intuitiv scheinender Unmittelbarkeit, nichts Abgeleitetes, Erzwungenes oder Angelesenes.« (T4, 19.12.16)

Der Text des 19-Jährigen klingt ungewollt gönnerhaft – enthält aber zugleich den Verweis darauf, dass er solche Stil- und Geschmackssicherheit von seiner Mutter nicht kannte –, insofern steckt hinter dem unpassend anmutenden »nie wieder« im ersten Satz wohl eher das eigentlich gemeinte »noch nie«. Julie verschaffte ihm, z.B. durch ihre Arbeit über die ionische Säule,[2] den »unvergleichlichen Genuss«, »einmal wieder in die Kristallflut des ewig geliebten Hellas zu tauchen. Dort wird man stets gesund und frisch für lange Zeit.« (T4, 10.2.17)

Otto war ständig unterwegs und traf zahllose Bekannte. Aber die Briefe, die er zu Weihnachten aus dem Bataillon erhielt, weckten seine »grosse Sehnsucht nach vorn, zur Tätigkeit und den Menschen dort. Ich fühle mich dort so zugehörig, so ganz als Krieger, ja als Soldat.« (T4, 27.12.16) Und so unternahm er Schritte, die ihm den baldigen Weg zurück an die Front offenhalten sollten: eine erneute Abkommandierung nach Döberitz zur weiteren Ausbildung, um im Anschluss nach Naumburg zur Rekrutenausbildung versetzt zu werden[3] – mit dem langfristigen Ziel, eine eigene Kompanie an der Front zu befehligen. An Silvester sprach er »mit Pa (und Julie V.) über meine Zukunft. … Es ist schwer, jetzt zur Klarheit zu kommen; Studium der Staatswissenschaften erschien uns wohl das Beste … Doch dass ich auch grosse Hinneigung zum militärischen Beruf habe, traue ich mich Pa kaum zu sagen …. Vielleicht bringt das Neue Jahr die Entscheidung für Vieles. Doch was wird es überhaupt bringen? Nach den tiefen Erfahrungen des Vergangenen. Wie bin ich anders geworden! Geben die droben, dass ich weiter zum Starken, Grossen, Schönen emporwachse!« (T4, 31.12.16)

2 Julie Vogelstein: Die ionische Säule, Berlin 1921.
3 Die Kadettenanstalt Naumburg war 1900 eröffnet worden.

Mit »Überdruss am Lazarettleben« (T4, 7.1.17) begann das neue Jahr, auch wurden ein »übles Gefühl« und »manches nicht Angenehme« anlässlich eines Besuchs bei dem kriegsverletzten Jugendfreund Hans von Eckardt erwähnt (T4, 10.-11.1.17). »Die sogen. ›Heldengreifkommission‹« kam nach Döberitz »und untersuchte alles. Mich erklärte sie z(eitig) g(arnisonsdienst) v(erwendungsdienstfähig). Ich warte nun nur auf das Kommando zum Kursus (in Naumburg, DW).« (T4, 26.1.17) Am Wochenende nur: »Zu Hause. Gewartet. Abends zurück.« Das ersehnte Kommando erreichte ihn am Montag und Otto war »sehr, sehr froh«. (T4, 27.-29.1.17) Er meldete sich vor seiner geplanten Abreise noch zum »Waffenoffizierskursus«, inspiriert durch den »verschärften U-Boot-Krieg. Die prachtvollste Erklärung seit Kriegsausbruch. Jetzt macht das Kriegführen wieder Spass, nun es mit allen Kräften los geht.« (T4, 1.2.17)

Während Ottos Lehrgang in Döberitz hatte Heinrich seinerseits Pläne geschmiedet, die Ottos Rückkehr an die Front verhindern sollten, und schien damit erfolgreich: Das Gründungsmitglied der »Deutschen Gesellschaft«, der Archäologe Karl-Gustav Vollmoeller, vermittelte Otto einen Posten bei der »Militärstelle beim Auswärtigen Amt, Linden 44«.[4] Nachdem Otto sich über die Art der Arbeit informiert hatte, zögerte er zwar: »Ich habe (dort, DW) den ganzen Tag zu tun und trotz allem Interessanten ist das Schönste doch der Krieg, aber ich tue es Pa zuliebe.« (T4, 24.2.17) Am 27. Februar erfuhr er, dass das AA ihn offiziell angefordert habe. Doch war seine Abkommandierung nach Naumburg davon vorerst nicht berührt: »Ich bin ja so ruhig und froh darüber, ich kann dann hinaus, wenn ich es als recht empfinde, vielleicht kriege ich eine Kompagnie von lauter 18-jährigen, also viel Spass, dazu Zeit, viel Lesen, die schöne Gegend usf. Keine Scham vor dem Bataillon usw.« So phantasierte sich Otto einerseits den Krieg wieder zu einer »großen Fahrt«[5] als Führer von Gleichaltrigen, andererseits ent-

4 Die Militärstelle beim Auswärtigen Amt bestand seit Juli 1916. Sie unterstand der OHL, kooperierte aber mit der Nachrichtenabteilung des AA. Ihre Aufgabe bestand offiziell in der Auslandspropaganda, doch ging es anscheinend auch um Zensur und die kulturelle Betreuung der Truppen.

5 Gudrun Fiedler, Die große Fahrt in den Krieg. Jugendbewegung, Militär und Fronterlebnis, in: Jahrbuch des Archivs der Deutschen Jugendbewegung Bd. 16, 1986/87, S. 183-197.

warf er für den Vater wieder einmal das Idyll eines beschaulichen Erholungs- und Bildungsurlaubs. Schließlich formulierte er hier erstmals, dass er von seinen Kriegskameraden, so wie früher von seinen Freunden in Berlin, einen starken Druck spürte, bei dem es um Ehre und Beschämung, um den Verdacht der Feigheit und Unmännlichkeit ging. Das Kommando in Naumburg begann zunächst mit einem zweiwöchigen Urlaub, so dass Otto direkt wieder nach Berlin zurückfuhr. Während er auf seine zukünftige Verwendung wartete, äußerte er, in negativer Antizipation seines AA-Postens, seine Verachtung gegenüber dem zivilen Leben, das ihn umgab:

»Mangel jeder grosszügigen Organisation, dabei ein Überorganisieren der tollsten Art, alles wird drei- und vierfach gemacht, Ressortwesen in krassester Form, Eifersüchteleien der Behörden, von den unerhörten Kräften, die man hier bindet und die sich leider nur allzu gerne binden lassen, wo es weniger schiesst, verschlingt gut die Hälfte die Organisation als solche, kurzum völliges Versagen der Zivilverwaltung, unerhörte Unfähigkeit der Diplomatie, Gezänk und Geschwätz, wo man hinhört, ein geradezu hochverräterisches ›Mitregieren‹ von vielen tausend kleiner gescheiter Leute, die irgendwo sitzen. … Wir brauchen neue grosse Ereignisse und nicht zu späten Frieden.« (T4, 5.3.17)

Für ihn besaß der Krieg nicht länger die reinigende und klärende Kraft für die ganze Gesellschaft, die nicht nur er sich zu Beginn von ihm versprochen hatte. Vielmehr erhoffte er sich nun vom Frieden, den er sich »nicht zu spät« wünschte, die Rückkehr von Ordnung und Konzentration auf das Wesentliche. Angesichts dieser Diagnose stellte die Abkommandierung zur Militärstelle beim AA eine unangenehme Überraschung dar. »Ganz verzweifelt. … Jetzt hier diese drückende, zeitraubende Bürotätigkeit. Furchtbar!« (T4, 6.3.17) Immer wieder kam er auf die in seinem »Hierbleiben« zur Wirkung kommende »ausgesprochene Ungunst, eine Rankünе des Schicksals« gegen ihn, zu sprechen. Teilweise schrieb er sich die Schuld an dieser Entwicklung selbst zu:

»Das (nervös-hastige) Suchen nach einem Kommando hat mir jetzt die unangenehme Situation der Abkommandierung zur M.A.A. verschafft, wo ich mich vermutlich recht sinnlos tot arbeite, … Ich habe manchmal Angst vor mir; ich schnappe zuviel auf, mir fliegt zuviel an, dann gebe ich es weiter wie eigen, meine

Neugier und Interessiertheit hetzen mich immer weiter hinein in dies gottlose geistige Treiben. Gerade da doch letzten Endes mein Wunsch ist, nach dem Kriege drei bis vier gesättigte Jahre ernstestem Studium neuerer Geschichte, Wirtschaft und Verfassung zu weihen, ich diese Jahre, wenn die äusseren Umstände es gestatten, mit einigen wichtigen Reisen zu krönen gedenke, um dann so von einem gesunden (?) breiten stets zu weiterem Wachstum fähigen Grundstock aus meine Wirkung ins Öffentliche zu beginnen. und da ich durch dieses Studium … in den Wirbelwind des pulsierenden Lebens gnadenlos hineingerissen werde, deshalb vor allem scheint dieser Kriegssturm für mich mir wie ein (reinfegendes und dürre Äste knickendes Unwetter) geschenkt zu sein, dass nur das Starke und Ruhige beharre, das Flatterige und Ephemere schwinde, ich dann in innerlich gefügter gleichgewichtiger Schönheit anstehe, brennend für alles Grosse, einem jener Griechen vergleichbar … Wie viel fehlt dazu! In mir … ist von jenem modrigen Geiste … des berliner Westens mehr, als ich zugeben darf.« (T4, 13.3.17)

Ein großer Grieche wollte Otto werden, und nun verschwendete er sein Potential in einer verachteten Bürokratie und einer »modrigen« Stadt, weil er selbst »nervös-hastig« seine persönlichen Ziele verfolgt und gerade dadurch verfehlt hatte, wie er glaubte. Am 16. März 1917 meldete er sich zum Dienst, mit einer täglichen Arbeitszeit von 9-8 Uhr Abends und einer Mittagspause von 2-½ 5. Womit er dort konkret beschäftigt war, lässt sich nicht mehr rekonstruieren, weil Otto seine, ihm bald verhasste Tätigkeit nur in allgemeinen Bemerkungen charakterisierte. Aus seinen überlieferten Papieren geht hervor, dass er – neben der Sichtung der Auslandspresse – unter anderem mit der Organisation von Kulturprogrammen für die Front beschäftigt war.[6] In der Militärstelle traf er auf Gundolf, der hier seinen Kriegsdienst absaß. Ottos erste Reaktionen waren fast enthusiastisch: Die Arbeit interessant, wenn auch anstrengend, verband sich mit einem Gefühl der Nähe bzw. dem Zugang zu Herrschaftswissen, die unmittelbaren Kollegen und Vorgesetzten schienen angenehm, insbesondere entwickelte er

6 JBVC, Series II, 8/2.

bald eine Verehrung für den Leiter der Militärstelle, von Haeften[7], dem er »ungeheuren Einfluss« (T4, 25.3.17) zuschrieb. Otto war nun doch »ganz froh. Wenn auch sehr anstrengend, lernt man doch so viel, dass es lohnt. Im Mai denke ich dann wieder hinauszugehen, um die Schlusskämpfe mitzumachen. Meine Sehnsucht zum Bataillon ist manchmal riesengross …« (T4, 24.3.17)

Am folgenden Abend begleitete Otto einige Offiziere der M.A.A. ins Theater Metropol, wo man »Die schöne Galathee von Suppé gab: am meisten entzückt von Kathi Stern's (Katta Sterna)[8] Tänzerin. Richtig verliebt!« (T4, 25.3.17) Am 31. März besuchte er ein Ballett im »Wintergarten«, in dem sie ebenfalls tanzte und fand sie wieder »riesig lieb und entzückend, schickte ihr Flieder. Das Ballett selbst unerlaubt dumm.« (T4) In Ottos Frühlingserwachen – er registrierte am 1. April »herrliches Vorfrühlingswetter durchtränkt von warmem Regen, viel Sonne dazwischen. Ein erwachender Tag.« – und in seine »Lust und Erwartung«, die sich sowohl auf den erhofften Bewegungskrieg als auch auf die ersehnte Katta richteten, traf ihn völlig unerwartet die Nachricht vom Tode Stefan Lepsius'. »Sehr erschüttert. Mit Gundolf darüber manches geredet.« (T4, 3.4.17) Er schrieb an Julie: »Ich bin ganz zerschmettert, weiss gar nicht, soll ich hingehen oder schreiben. Es ist ja furchtbar. Ich hatte Ihnen noch allerlei zu schreiben, aber verzeihen Sie bitte, wenn ich die Lust verlor.« (3.4.17). Julie reagierte sofort:

»Mein geliebter Otto, ich bin ganz betäubt vor Schreck über die traurige Nachricht von Stephans Tod. … Ihnen muß ja sein, als risse das Schicksal ein Blatt aus Ihrem Jugendbuch mitten heraus und lockerte den ganzen Band. Das ist natürlich nicht so … Und Sie wissen vielleicht (?) in Ihrem Herzen, daß es die edelste Lösung des jungen Lebens ist, das so verheißend begann und dem etwas zu versiegen drohte. Aber da ist noch ein Anderes, was Sie erschüttert! Und das muß es auch. Aber wieder sagt es Ihnen: Ihr Gott hielt segnend seine Hand über Ihnen, weil Sie berufen sind, Hohes,

7 Hans von Haeften (1870-1937), Leiter der Militärstelle des Auswärtigen Amtes und von 1931-1935 Präsident des Reichsarchivs Potsdam. Seine beiden Söhne wurden 1944 als am Attentat vom 20. Juli Beteiligte hingerichtet.

8 Katharina Stern (1897-1983), eine Nichte von Käthe Kollwitz.

Großes zu leisten. … Mein liebes Kind, Sie haben eine Art Talent (zu der /großen/ Begabung ist's eine schillernde Zugabe) leicht anzunehmen, halb oder viertel zu besitzen und fast wie eigen zu verschenken oder zu zeigen. Ein Otto braucht das nicht – ja darf es kaum. Er hat so viel Starkes, Ureigenstes, hat schon – mit so jungen Jahren – Gestalt. … Noch ist es gar nicht schlimm … Aber es kann zerstörend wirken. Sie müßten sich ganz von innen bestimmen, dann werden Sie auch einmal die Welt, die Umwelt für Ihr Werk bestimmen, außen wie innen. … Alles Angenommene muß ein Aufgenommenes werden, muß in Ihren Boden eingehen, mit Ihrem Herzenssaft, Ihrem Erleben getränkt werden und so ganz Ihr eigen Korn sein …. Ich bin immer und immer mit innigem Sinn für Sie da. In mütterlicher Freundschaft Ihre J.V.« (5.4.17)

Was für ein seltsamer Brief! Rasch gab Julie Vogelstein dem Tode Stefans einen Sinn, ähnlich wie dem von Boye: Dass dieses Leben nämlich schon zu »versiegen« drohte, einer von vielen verstreuten Hinweisen auf Stefans Persönlichkeitsveränderung durch den Krieg und die daraus entstandene Entfremdung zwischen ihm und Otto. Aber warum nutzte sie den Tod Stefans für eine lange, allerdings hellsichtige, Mahnung aus, deren Zusammenhang mit Stefans Tod auf den ersten Blick nicht ersichtlich ist? Otto war von Julies Brief »auf's Tiefste berührt und zwar nicht deshalb, weil mir neu wäre, was Sie sagen, sondern im Gegenteil, weil ich seit längerer Zeit, bis ins Einzelne oftmals dasselbe gefühlt habe …. Ich lege Ihnen einen sehr schönen Brief von Frau Lepsius bei … Dietrich[9] sagte mir, er glaube, Stefan hätte nicht wiederkommen wollen. Obschon ich das nicht zu entscheiden vermöchte, bin ich doch mehr und mehr der Überzeugung, dass, sei es nun freiwillig oder nicht, dieser Tod gut für ihn war, ein wie ich glaubte verdorrendes, ein wie Dietrich meint, schon im tiefsten zerbrochenes Leben schön zum Abschluss geführt hat. … Das Gefühl, auf das Sie anspielen, dass ich nun wieder meine ›Rettung‹ fühlte, habe ich allerdings gar nicht gehabt. Einerseits ist der Krieg noch nicht zu Ende und vor diesem Zeitpunkt würde ich niemals ein solch frevelndes Gefühl empfinden, andererseits aber fühle ich mich wiederum so ganz

9 Vermutlich ein früherer Berliner Schulkamerad, konnte nicht zweifelsfrei identifiziert werden.

anders als Stefan, so sicher ruhig und gerade in letzter Zeit so wieder der Bestimmung unterworfen, dass ich ~~kaum~~ gar nicht auf die Gedanken von ›Rettung‹ oder derlei komme.« (6.4.17)

Otto nahm Julies Versuch, dem Tode Stefans eines Sinn zu geben, umstandslos an. In den Äußerungen zu Stefan spiegelte sich auch seine Ambivalenz gegenüber dem Konkurrenten wider, die schon während Ottos Kindheit bestanden hatte und von Lily bei Kriegsbeginn angefeuert worden war.[10] Zur selben Zeit war Otto aber mindestens ebenso intensiv mit seiner erwachenden Liebe zu Kathi Stern beschäftigt. Bei Julie beklagte er sich schon einen Tag nach Stefans Tod, nur halb im Scherz, »diese böse Kathi hat mir nicht geantwortet, obwohl ich ihr Blumen auf die Bühne geschickt habe. Ich habe mich darüber gestern bei ihrem Onkel, Dr. Kollwitz, über sie beschwert.«[11] (4.4.17) Zwei Tage später rief Heinrich Kathi Sterns Eltern an und arrangierte für Otto am folgenden Montag eine private Einladung bei den Sterns. Dieser fühlte sich »nun wieder sehr genierlich, aber es ist doch entzückend von Pa!« (T4, 5.4.17) Der Montag wurde »ein schwerer Tag. Vorm. sehr schön. Um ½ 6 bei Sterns. Sehr angenehmer Eindruck, Katta sehr reizend, doch noch manche widerstreitenden Gefühle. Nachher zu Lepsius. … Haltung von Frau L. im höchsten Grade bewundernswert und prachtvoll, er ganz verfallen. Letzte Briefe Stefans wirklich herrlich. Viel über ihn gesprochen. Über das Schwere, was er zuletzt hier durchgemacht … Von allen Seiten bedrängt und durcheinandergeworfen nach Hause.« (T4, 9.4.17) Eine Woche später, am nächsten Sonntag, wiederholten Heinrich und Otto den Besuch bei Sterns. »Nun ists aus mit mir. Über die Massen entzückt. Sie sehr lieb zu mir. Kollwitzens waren noch da, Matray[12] und ein Herr Wertheimer. Im Taumel fort.« (T4, 15.4.17) Am Freitag, den

10 Vgl. auch Ottos Brief an Julie über die Geldgier von Sabine Lepsius, die nur ihre Auftraggeber gut behandle (13.6.17). Womöglich wurde diese Äußerung provoziert durch den Versuch, von Sabine Lepsius ein Porträt von Lily zum Vorzugspreis zu bekommen.

11 Kattas Mutter war die Schwester von Käthe Kollwitz. Ihr Vater war Georg Stern, ein Ingenieur, der später Direktor der AEG wurde.

12 Der Schauspieler und Tänzer Ernst Matray (1891-1978). Matray war Kattas langjähriger Tanzpartner und Liebhaber, heiratete aber später ihre zehn Jahre jüngere Schwester Maria Stern (Künstlername: Maria Solveg).

20. April, war er wieder bei Katta. »Ganz erfüllt und überwältigt. Der riesig feinen und lieben Frau Stern und dem angenehmen Wertheimer Gedichte von Stefan und mir vorgelesen. Matray kam, war mir recht antipathisch, weichlich, dumm, Lüstling, der gänzlich negative Typ Ungar. Mit Katta viel gescherzt.« Am Dienstag besuchte er die Tanzvorstellung Kattas mit Matray, wieder »selig entzückt« (T4, 24.4.17). Am Donnerstag stand er schon wieder vor der Tür der Sterns, doch wurde er diesmal abgewiesen: »Katta krank, sollte nicht herein. Wie ich wegging, plötzlich Matray aus Kattas Zimmer. Rasend erregt. Durch Tiergarten. Brief an Frau Stern. (Abschied oder Erklärung). Im Grunde jetzt ruhig, aber doch wieder zitternd vor dem Weitern.« (T4, 26.4.17) Frau Stern nahm sich seiner an – aber die Sache war aussichtslos. »Also es ist ganz zu Ende für mich. Katta, wie von einem jettatore[13] von diesem hergelaufenen Zigeuner Matray betört, die Mutter aus Theorie aus weiss Gott was, unfähig sie zu trennen. … Für mich in keinem Fall Hoffnung, ausser Matray noch ein Graf Keyserling, der vor mir steht. … Nie geahnt, dass es mich so tief treffen könnte. Völlig vernichtet, trübste Gefühle.« (T4, 27.4.17) Am folgenden Tag schrieb Otto ein langes Unglücks-Gedicht und notierte darunter: »Matray denunziert.« (T4, 28.4.17) Mit Heinrich und Julie sprach er zwar über Katta, aber »Pa weiss gar nicht, Julie V. nicht ganz, wie tief ich verstrickt war und – bin. Ich weiss nicht, ob ich es in Berlin aushalte. … Ich denke, ich sehe Katta noch einmal, dann fort hinaus, ein rauschhaft kriegerisches Leben, zum Vergessen, Überwinden; Frieden, nach Hause, viel Arbeit und Entsagung.« (T4, 29.4.17)

Zum ersten Mal war Otto wirklich verliebt. Zu seinen beiden Kindheitsfreundinnen Binchen Lepsius und Atha Nodnagel hatte er ein überwiegend geschwisterliches Verhältnis gehabt. Nun aber war er der sehr hübschen Katta ganz erlegen, fühlte sich hilflos und wütend. Er schrieb ihr einen bösen Abschiedsbrief, in dem vermutlich die erwähnte »Denunziation« Matrays vorkam. Von seinem Nebenbuhler kam am 7. Mai »ein widerlicher, glatter, feiger Brief … als Antwort auf meinen an Katta! So geschickt dass ich ihn nicht fordern kann. Für mich ein fürchterlicher, alles Verklärende beschmutzender Abschluss.« (T4, 7.5.17) Nach weiteren

13 Unglücksbringer.

Gesprächen mit Frau Stern beruhigte sich Otto allmählich. Am 10. Mai notierte er: »Konnte wieder dichten.« (T4) In der Sezessions-Ausstellung erwischte es ihn allerdings wieder, als er Charlotte Berends'[14] Lithograpien betrachtete, »u.a. Katta in der Grünen Flöte!«[15] (T4, 15.5.17) Am folgenden Tag dachte er dann »immer an K.« (ebd.). Aber er wusste ja, dass es vorbei war.

* * *

Die Frühsommertage verliefen weitgehend ruhig. Heinrich reiste nach Dresden in Lahmanns Sanatorium im Weißen Hirschen. Die Tage vergingen im üblichen Rhythmus: ein langer Arbeitstag in der M.A.A. unterbrochen von der langen Mittagspause, die Otto oft in der »Deutschen Gesellschaft« verbrachte, wo er Zeitungen las, Prominenz traf, politisierte und sich als Gleicher unter Gleichen fühlen konnte. In Berlin nutzte er weiter intensiv das reiche Kulturangebot, traf alte Bekannte, ging abends mit Kollegen und Vorgesetzten aus und nahm an der Geselligkeit innerhalb des Berliner Gelehrten- und Publizistenmilieus teil. In Heinrichs Abwesenheit lebte er mit Julie, die er schätzte und verehrte, und mit der er weiter gern in Berliner Museen, Galerien und zu Auktionen ging. Diese wiederum besuchte zwischendurch Heinrich im Sanatorium, so dass Otto sich gelegentlich entschloss, nach langen Abenden in Berlin bei Freunden zu übernachten. Zu Pfingsten verbrachten die Drei einen mehrtägigen gemeinsamen Urlaub in Dresden, den Otto in seinem Tagebuch überschwänglich – vor allem wegen des Kulturgenusses – beschrieb. Danach ging es zurück nach Berlin, wo er am folgenden Tag wieder seinen Dienst im M.A.A. antrat, während Heinrich im Sanatorium blieb.

Der Vater hoffte, Ottos Arbeit würde interessant und wichtig genug sein, um seinen »Gewissenskonflikt« zu dämpfen, da er »nun die Sehnsucht nach Rückkehr zum Bataillon weniger, und die Freude an der Dich in manchen Stücken fördernden Arbeit im Amt lebhafter« empfinde (3.6.17). Heinrich deutete Ottos Wunsch, an die Front zurückzukehren, also als Bewusstsein einer Pflicht, die

14 Malerin, Ehefrau von Lovis Corinth.

15 »Die Grüne Flöte« war ein Ballett, in dem Katta Stern die Hauptrolle tanzte.

er verletzte. Ottos Gefühle der Ehrverletzung und Scham gingen allerdings über bloßes Pflichtgefühl hinaus. Vor allem aber entwickelte Otto einen zunehmenden Widerwillen gegenüber dem Berliner Leben, den er selbst noch kaum in Worte fassen konnte und den der Vater erst spät erkannte. Als Heinrich an einer Blasenentzündung erkrankte, reiste Julie nach Dresden. Auch Otto besuchte den kranken Vater und begann, darüber nachzudenken, »dass Julie V. zu sehr für uns lebt, ihr eigenes Leben zu kurz kommt. Sie muss unbedingt sich freier machen.« (T5, 16.6.17) Otto nutzte seinen Krankenbesuch auch, um mit dem Vater »lange über Mamachen im Sinne des letzten Briefes« – also des Orestes-Briefs – zu sprechen, »den Pa (noch?, DW) nicht erhalten hat« (T5, 17.6.17). Zurück in Berlin, nahm Otto sein »berliner Leben« wieder auf, aber es »wird mir höchst zuwider. Tausend Menschen, tausend Impressionen, nichts was auf Einheitlichkeit und Arbeit führt. … Sehnsucht hinaus, in etwas Ganzes zu kommen; hier ist nur Zerstreuung; … Und was ist es denn, wohin im Grunde mein ganzes Leben geht, worin alles beschlossen liegt: Grösse! … Aber zerstörend ist (da) diese ganze klatschsüchtige Nervosität des Lebens hier, … das Herabziehen, kurz die Zerteilung und Zerkleinerung alles Ganzen und Grossen.« (T5, 21.6.17)

Zu seinem Geburtstag am 27. Juni erreichten Otto »eine Fülle reizendster Geburtstagsbriefe vom Bataillon, o könnt ich da sein! Was sind das für liebe Menschen, wie war es heut vor einem Jahr sorglos schön!« (T5, 26.6.17) Er selbst zog, 20 Jahre alt geworden, gründlich Bilanz:

»Und was gab mir nun dieses Jahr? Das innigere, immer wachsende Anschliessen an Pa, das mein Leben ungeahnt bereichert, die herrliche, nie genug zu preisende Freundschaft mit Julie Vogelstein, diesem edelsten treusten und besten Menschen. Weiter das Angesicht des Todes in vielen und immer erneuten Formen, … Boye, Brennfleck, … zuletzt Stefan, um von dem Einen, Grössten zu schweigen und was könnte das Leben mehr vertiefen und heiligen, stiller und ernster, geformter und geschlossener machen, als wenn die Schatten des Todes dran vorbeistrichen? Manche Ruhe und Kräftigung hat mir auch die Lazarettzeit gegeben,… Sodann: Katta und das Entstehen nicht immer ganz wertloser Gedichte … Geistig leider sehr wenig gebildet …. Der Leib durch Verwundung und Bürotätigkeit recht geschwächt .... Innige Freude gewährte zur Zeit meiner Anwesenheit, wie auch später, das gegenseitige Festhalten am Bataillon und an mir .... Vor der Zukunft stehe ich recht mit verbundenen Augen doch auch recht verlangend. O so gerne möchte ich noch einmal heraus! Tat irgendwo und wie zu leisten. Dann, sollte der Krieg wirklich bis in einem Jahre enden, eine Zeit selgen [sic] Rastens, danach tiefer glücklicher Arbeit. Eine unbändige Lust habe ich freilich zum Schaffen, ob es sich in schöner Kriegstat auswirkt? Ob ich doch zum Dichten berufen bin?« (27.6.17)

Den Abend seines Geburtstages verlebte er mit Freunden Stefans und der Lektüre seiner letzten Briefe. Die folgenden Tage brachten eine weitere Vertiefung der Beziehung zu Borchardt, bei dem er eine private Abendeinladung annahm, und die irritierende Begegnung mit dem Freund eines Freundes, der ihm Übernachtung bei sich in Berlin angeboten und ihm dann sexuelle Avancen gemacht hatte, die Otto höflich, aber bestimmt zurückwies. »Von Kattas Tanz träumend eingeschlafen« – also mit einer Gegenphantasie zu den »unreinen und mir sehr unangenehmen Gefühlen bei ihm«. (T4, 30.6.17) Lilys Geburtstag am 2. Juli verging ohne Erwähnung in Ottos Tagebuch. Stattdessen stellte er längere Betrachtungen an über die Zukunft Deutschlands und die Verantwortung der »Staatsführer«: »es gilt durch Verständigkeit hier, durch Verwegenheit dort, die aufbrodelnden Stimmen des Aufruhrs zu beruhigen, abzulenken ... Es heisst auch, mit einer gewissen Entsorgung und Würde diesen Krieg zu liquidieren, da wir sonst vor Unabsehbarem und Unsagbarem stehen ... Auch für mich persönlich habe ich einen Schauder, den ich nicht nennen kann, vor dem Herannahen eines Revolutions- und Krisenzeitalters. So über die Massen bedürfte ich eines jahrelangen ruhigen Studium.« (T5)

Der Ton hatte sich geändert: sei es als Folge von Lilys Tod oder beeinflusst durch seine vielen Gespräche in der »Deutschen Gesellschaft«, bei denen die wachsenden sozialen Unruhen an der Heimatfront nicht mit derselben Panik wie früher von Lily, sondern stattdessen mit analytischer Kühle thematisiert wurden: Der Krieg ging zu Ende, von Annexionszielen oder auch nur Siegfrieden war bei Otto und in seinen Kreisen keine Rede mehr, die Tat, die er immer wieder von der Politik einforderte, ging nun in Richtung entschlossener Reformen. Er selbst wollte durch »jahrelanges ruhiges Studium« dazu beitragen. Seine ungebrochene Lust am Krieg schien sich zu verwandeln in eine Art Abschiedsrausch, den er noch einmal, vor dem Beginn einer Phase der Ruhe, der Einkehr und der aufbauenden Arbeit im Frieden, erleben wollte, um sich auszuzeichnen. In seinen Gesprächen jedenfalls bemerkte er, »dass bei allen gleichmässig, dieses Krisengefühl so masslos angewachsen ist gerade in den letzten zwei Wochen« (T5, 7.7.17).[16] Angesichts der unleugbaren gesellschaftlichen Krise in der Heimat beklagte er die »frevelhafte Unfähigkeit der Regierung. Ihr Schwanken« habe Deutschland »an diesen Abgrund geführt, aus dem der Untergang uns entgegenzustarren scheint« (ebd.). Engagiert kommentierte Otto am folgenden Tag die Verhandlungen von Kaiser, Kronrat, Kanzler und Oberster Heeresleitung über Fragen der Wahlrechtsreform, die »grosse, im Bewusstsein der Massen dringende Tat«, mit der Otto die Krone – im Sinne einer konstitutionellen Monarchie – retten wollte (T5, 9.7.17).

Warum ging es Otto nicht gut? Die Zeiten waren doch aufregend, die Gesellschaft anregend, das Zuhause stabil. Sicher litt er weiter unter der Ablehnung Kattas – als er zum ersten Mal »Othello« sah, verteidigte er Jago. Es sei eine »Verkennung, Jago für den unbedingten Bösewicht zu halten. Er ist der in seinem Ehrgeiz und seiner Ehre tief gekränkte Mann.« (T5, 19.7.17) Aber seine Depression erklärte das nicht und ebensowenig seinen Wunsch, noch einmal in den Krieg zu ziehen, in dem alles »ganz« war, was im »nervösen« Berlin zerstreut und zerstört wurde.

Julie Vogelstein hatte, nachdem ihr Verbleiben im Braun'schen Hause dauerhaft gesichert war, ihre offizielle Rolle als Freundin Heinrichs bzw. mütterliche Freundin Ottos eingenommen und sich darin gut eingerichtet. Sie führte den Haushalt mit Hilfe der Dienstboten, von denen auch 1917 noch zwei im Hause lebten. Sie fühlte sich, vor allem in Heinrichs Abwesenheit, für Otto

16 Nicht nur hatten in Deutschland Streiks und Hungerproteste zugenommen; im Reichstag hatte eine parlamentarische Mehrheit die Einsetzung eines Verfassungsausschusses beschlossen. Und einen Tag vor Ottos Tagebucheintrag hatte der Zentrumsführer Matthias Erzberger von Regierung und Oberster Heeresleitung gefordert, einen »Frieden des Ausgleichs« anzustreben.

und sein Wohlbefinden verantwortlich, und »fühlte, er hatte Heimat bei mir«, wie sie Heinrich beglückt schrieb (6.7.17). In den Braun'schen Bekannten- und Freundeskreis war sie problemlos integriert worden. Für den Sommer planten die drei eine gemeinsame Wanderung durch Tirol. Otto hatte als Ziel zwar Obergrainau[17] vorgeschlagen, aber Heinrich und Julie waren darauf nicht eingegangen. Stattdessen ging es nach Neustift im Stubaital. Dennoch: »Herr Gott wie freue ich mich! Könnt' ich doch in den 14 Tagen wieder frei und ruhig und stark werden, wie schön mit Julie V. und Pa zusammen. Und dann hinterher, die Offensive[18] scheint sich auszudehnen, aber ich fürchte, sie ist, wenn nicht im kleinen, so doch im mittleren Masstab [sic] gedacht, wär sie aber im Grossen, dann hinaus hinaus und nur einmal noch das Glück der Feldschlacht!« (T5, 20.7.17)

Otto war zwar »etwas bedrückt, so am geliebten Obergrainau vorbei zu fahren« (T5, 22.7.17). Aber er genoss intensiv die Natur, Kultur, Lektüre und die vertraute Gemeinschaft mit Heinrich und Julie. In Innsbruck besorgte man sich Zeitungen mit Nachrichten von der Russischen Revolution. Was würde das für den Krieg bzw. den Frieden im Osten bedeuten? Sollte man ihn als »Frieden mit den Fremdvölkern« oder als »Frieden mit Russland« anstreben? (T5, 26.7.17) Otto entwarf den Plan für eine »Östliche Friedenskonferenz«, bei der »offizielle Vertreter der Fremdvölker (Polen, Ukraine, Finland [sic], Kaukasus, Sibirien, Kasaken, viel[leicht]. Juden) und Zentralrusslands« zusammenkommen und eine ausbalancierte Lösung für die Zukunft finden sollten. (ebd.) Alles bedachte und beschrieb er ausführlich, verbunden mit längeren Reflektionen über die innenpolitische Situation in Deutschland nach dem Wechsel des Kanzleramtes auf Michaelis. Der siebenseitige Eintrag endete mit der Behauptung: »Den ganzen Tag über an Katta denken müssen, sinnlos, dumm, hab mich sehr geärgert.«

Julie Vogelstein war seine wichtigste Gesprächspartnerin bei der Klärung der Fragen, die seine persönliche Zukunft betrafen. Mit

17 An diesen Ort bei Garmisch-Partenkirchen waren Lily und Otto seit seiner Kindheit regelmäßig gefahren.

18 Diese Hoffnung und Begeisterung bezieht sich vermutlich auf die in Flandern begonnene, groß angelegte britische Offensive. Vgl. Enzyklopädie Erster Weltkrieg S. 492 ff.

unendlicher Geduld erörterte sie alles auf langen Spaziergängen durch das Stubaital. Offensichtlich war es für Otto leichter, diese Fragen mit ihr zu besprechen als mit Heinrich, da er dessen starke Eigeninteressen kannte – und zugleich konnte er annehmen, dass Julie Heinrich schonend über diese Gespräche berichten würde, so dass er nicht nur ihren Rat suchte, sondern auch ihre Vermittlung erhoffte. Seinem Wunsch nach Studium und Bildung stand entgegen, dass sich ihm aktuell nur die unbefriedigende »Briefschlitzertätigkeit der M.A.A.« anbot, und das »wohlwissend, dass die ungeheure Gelegenheit draussen, in Führung der Truppe, zu lernen: Mensch und Führer zu werden, … alles Dinge sind, die vielleicht nie wiederkehren … und dass ich dies alles nicht tun darf, wesentlich aus Rücksicht auf Pa, dem ich so viel … verdanke.« (T5, 31.7.17)

Inzwischen war die britische Flandernoffensive in ihren Anfängen zusammengebrochen. Für Otto war es »ein Aufatmen wie nach einem furchtbaren Alp« und er wandte sich gedanklich wieder der Ostfront zu. Dabei entwarf er auf den folgenden sechs Tagebuchseiten einen großen Plan: Wäre er jetzt Führer in Russland, »da wüsst ich, was ich täte: … Nach aussen: Liquidierung des Krieges mit Deutschland coute qui [sic] coute, würde übrigens noch sehr gute Zugeständnisse herausschlagen, dagegen Verträge mit der Entente (ausser Amerika) als ungültig erklären, dazu Krieg gegen Japan intensivieren und im gegebenen Augenblick und gegen Zugeständnisse mit Japan Frieden schliessen … Im Innern möglichst schnelle und gründliche Agrarreform«, außerdem plädierte er für ein rein russisches Reich, das energisch modernisiert werden müsse, und ihm »schiene ein sozusagen demokratischer, breit in der Bauernschaft fundierter Absolutismus das gemässeste«. Im Übrigen würde er eine »drakonische« Armeereform durchführen, und »nach 20 Jahren hätte ich eine Armee, vor der Europa zitterte. Im Bunde mit Deutschland und Österreich beherrschte sie die Welt. … Abends Urfaust.« (T5, 2.8.17)

Nun gut – Otto war im Urlaub, er hatte viel Zeit, die große »Tat« zu imaginieren, nahm sie sich aber bemerkenswerterweise für Russlands Zukunft. Die revolutionäre Situation dort regte ihn an, Modernisierungsprogramme zu entwerfen für ein Land, das wie gesellschaftliches Brachland auf einen visionären Führer zu warten schien. Die Verhältnisse in Deutschland waren demgegenüber schwieriger, komplexer, zumal Otto sich eingestehen musste, dass die Aussichten auf Frieden ungewiss waren. Die Selbstverständlichkeit, mit der Otto in seiner Phantasie seine nationale Zughörigkeit und Loyalität wechselte, verweist erneut darauf, dass sein Wirken als »Führer« eben auf den Staat, nicht auf ein Volk gerichtet war. Warum also nicht Russland?

Am 6. August, dem Jahrestag von Lilys Schlaganfall, kehrten die drei nach Berlin zurück. Im Tagebuch fand das keine Erwähnung. Am folgenden Tag war Otto aber »sehr herabgestimmt. Gedanken, nun ganzen Winter M.A.A.Reizende Briefe aus dem Feld.« (T5) Vermutlich spielte bei Ottos »Herabgestimmtsein« schon die Erwartung des 8. August, Lilys Todestag, eine Rolle. Im Tagebuch stand unter diesem Datum: »Traurigster Tag. Viel gearbeitet. Sehr interessante Geheimakten.« (T5)

* * *

Zwischen Heinrich und Julie hatte sich nach Lilys Tod ein eheähnliches Zusammenleben entwickelt, das von großem Vertrauen und emotionaler Sicherheit geprägt war. In seinen ersten privaten Briefen seit August 1916 hatte Heinrich für Julie einen neuen Namen benutzt: »Li«, mit dem auch sie ihre Briefe an ihn gelegentlich unterzeichnete. Sollte und wollte Julie auf diese Weise ganz in Lilys Rolle aufgehen? Später, als Otto wieder in Berlin mit ihnen lebte, benutzte Heinrich Abkürzungen, die verschieden gedeutet werden konnten: M.l. Fr., meine liebe Freundin, konnte auch gelesen werden als: meine liebste Frau, insbesondere die Abkürzung M.g. F., was sowohl Mein gnädiges Fräulein als auch: meine geliebte Freundin oder Frau heißen konnte. Bei all dem schien Julie ganz glücklich. Das äußere Leben verlief harmonisch, sie wusste sich anerkannt, gebraucht und geliebt. Im Geheimnis um die Beziehung und der damit zusammenhängenden Trennung von äußerem und innerem Leben schien sogar ein besonderer Reiz des Verhältnisses zu liegen, gelegentlich wurde ein Spiel, sogar ein erotisches Verführungsspiel daraus. Denn Julies Briefe waren zwar oft halböffentliche, in denen das distanzierte Sie benutzt wurde, ein andermal sehr private Briefe an das Du des Geliebten. Doch kam es auch vor, dass beide Anreden im selben Brief wechselten und das alles in neckischem Ton und im Wissen, dass der Adressat solche Wechsel entzückend finden würde. So endete ein langer »Siezbrief«: »Nur ach, bei allem, vor allem, in allem bin ich doch nur voll Wunsch und Sehnsucht und unermesslicher Liebe für .... Eine archäologische Ausgrabung vielleicht?????« (8.7.17) Und ihre aktuelle Arbeit über das griechische Relief diente ihr als Anlass für eine große Liebeserklärung als Begleitung zu einer Abbildung der »Stele Giustiniani«[19]:

»Mein lieber Freund, wie oft hab ich gerungen, weniger Plastik, mehr Relief zu sein. Nicht nur in jenen fernen, lang versunkenen Jahren, in denen mein Wesen nicht zu voller Gestalt kommen konnte, wie auch seit einem Junitag, der frischer dreimal wiederkehrte, denn nun durfte ich nicht frei nach allen Seiten im Raume und Licht mich erblühen, noch formen lassen. Noch nicht, da nur Stunden, gezählt und verstreut, es mir erlaubten, da ein Ausgreifen in das Reich des fernen allseitigen Daseins oft ein Unrecht tat oder erlitt; stieß oder gestoßen wurde. So rief ich jene Kraft des Bindens und Bändigens, jene Fähigkeit zur Entrückung (Sublimierung) wieder in mir auf, der auch das Relief sein Dasein dankt. Nichts ist ertötet, nichts verkümmert, – schauen Sie das Bild des Mädchens einmal an –« (Undatiert, unvollständig)

Die Liebe Heinrichs und der Tod Lilys hatten sie zur Plastik werden lassen, eine volle Gestalt, die im freien Raum und Licht stand – deren Potential aber in den Zeiten der Begrenzung nicht »verkümmert« war. Julies werbender Brief zeigt einmal mehr, dass von einer »metaphysischen« Beziehung keine Rede sein konnte, wenn der Grad der körperlichen Intimität zwischen Julie und Heinrich auch ungewiss ist. Über ihr »Unwolsein«, wie Heinrich es ausdrückte bzw. über ihre »Schontage«, wie sie selbst es nannte, war er jedenfalls immer informiert. Die beiden schrieben sich täglich, wenn sie getrennt waren. Ihre Korrespondenz beweist die Innigkeit der Beziehung, aber auch die Ebenbürtigkeit der Liebenden. Julie machte sich nicht mehr klein – und Heinrich war durch ihre

19 Grabrelief eines Mädchens, sogenannte Stele Giustiniani, um 460 v. Chr., Marmor, 1,43 m hoch, Antikensammlung im Pergamonmuseum Berlin. Dank an Andreas Scholl, den Direktor der Berliner Antikensammlung, für die Hilfe bei der Identifizierung der Abbildung.

hingebende Liebe beglückt, wenn er auch seltener als sie seinen Gefühlen Ausdruck gab – noch immer wollte er potentiellen Mitlesern den Eindruck einer tiefen Freundschaft vermitteln, sowohl durch sein übliches »Sie« als auch durch die Vermeidung von Verweisen auf sein körperliches Begehren. Nur gelegentlich machte er entsprechende Andeutungen, z. B. aus München, wo es ihm gut ging – »Wie kann es anders sein bei dem unaussprechlichen Glück, mit dem Sie mich überschütten ——. Antworten kann ich auf Ihre Briefe, und nun gar den letzten … am wenigsten. Vielleicht kann ich einmal von Person zu Person, von Mund zu Mund eine Antwort geben. Ob Sie wohl ahnen, welch unendlicher Segen Ihre Briefe für mich sind?« (19.9.17)

Eigentlich hätte das Glück dieser Beziehung auf Otto eine heilsame Wirkung haben können. Aber das war nicht der Fall. Zwar wusste er Julies hingebende Freundschaft zu Heinrich und sich selbst zu schätzen, aber auf seine immer tiefere Depression hatte das keinen positiven Effekt. In der zweiten Jahreshälfte 1917 verschärfte sich auch der latente Konflikt mit dem Vater, weil dieser Ottos Wunsch, wieder an die Front zu kommen, weiterhin zu verhindern suchte; zugleich beobachtete Heinrich mit zunehmendem Entsetzen, mit wem und wo Otto seine Freizeit verbrachte und wie wenig er sich vom Vater und dessen Plänen und Anregungen leiten ließ. Nach dem Sommerurlaub nahm Otto zunächst wieder wie zuvor am »berliner Leben« teil. Seine Unzufriedenheit, insbesondere mit seiner Arbeit im M.A.A., stand in deutlichem Widerspruch zu der Anerkennung, die er dafür von seinen Vorgesetzten erhielt. Für Otto war solches Lob weniger erfreulich, als vielmehr beschämend, beklemmend und beängstigend:

»Wenn sie mich loben, denke ich immer: ›Herrgott, die haben ja keine Ahnung, was aus mir noch werden könnte und sollte. Dies Lob aber macht mich doch gegen mich misstrauisch, denn wenn alles zu loben ist, ist vielleicht die Möglichkeit der Entwicklung nicht mehr da, ich schon fertig? Auch gehört es zu meinem Stolz, immer mehr zu haben, als die Welt sieht, mehr zu schenken, als wofür gedankt wird. … Ich werde nicht nach aussen leben, …, innen aber werde ich eine unberührte Seele tragen und einen Gott von dem niemand oder wenige nur wissen brauchen, der aber, wenn ich dahin bin, umso heller leuchten wird.« (T5, 12.8.17)

Ottos »berliner Leben« spielte sich zwischen einem langen Arbeitstag im M.A.A. und Abenden im angesagten Hotel Esplanade am Potsdamer Platz ab, und zwar in einer ihn selbst so beunruhigenden Weise, dass Otto fühlte: »Änderung tut not«, insbesondere nach einem langen »Gespräch mit Pa über meinen Verkehr mit Werner von Bleichröder[20] u. seinem Kreis. Äusserer und innerer Schaden. Zum grössten Teil sehr berechtigte Vorwürfe, obwohl Werner Bl. ein harmloser lieber Kerl ist.« (T6, 18.8.17) Otto erwog, im Winter Universitätsseminare zu besuchen, wenn er in Berlin bleiben müsse; die medizinische Untersuchung über seine Verwendungsfähigkeit ergab wie zuvor, »dass ich g.v. Etappe bin!!! … *Höchst* ärgerlich.« (T6, 28.8.17)

Inzwischen kam etwas Bewegung in die internationalen Bemühungen um ein Kriegsende. Anfang September 1917 begrüßte Otto »Wilsons kluge Antwortnote an den Papst«[21] und kritisierte die »rechtsstehende Presse« wegen ihrer Negativberichterstattung: »Das deutsche Volk kann sich gewiss dem Gefühl nicht entziehen, dass es keine Schande sein kann, den Frieden mit etwas zu erkaufen, was man selbst erstrebt. Insofern ist die Note von hoher staatsmännischer Kunst. … Die einzige Antwort sind innere Taten.« (T6, 1.9.17) Ein baldiges Kriegsende schien nah und die im Gange befindlichen und geplanten Offensiven galten vielen als bloße Gefechte zur Verbesserung der jeweiligen Ausgangsposition bei Friedensverhandlungen. Doch Otto gingen diese Initiativen nicht weit genug: »Will man den Krieg denn dadurch beenden, dass man überall Teilvorstösse macht, nichts ganz Grosses wagt, auf die Zeit hofft, die ganz offensichtlich nicht mit uns ist, auf die Staatsmänner, die bisher so versagt haben? Wie soll denn ein Schluss kommen, wenn man nicht einmal den Mut hat, ein grosses Spiel zu spielen?« (T6, 5.9.17) So hoffte er auf die letzte große Tat und seinen persönlichen Anteil daran.

20 Werner von Bleichröder, gest. 1927, Enkel von Gerson von Bleichröder, dem Bankier Bismarcks, war homosexuell und in Otto verliebt. Dieser wies ihn freundlich, aber bestimmt zurück, brach den Kontakt aber nicht ab.

21 In Reaktion auf die Initiative von Papst Benedikt XV. für eine Friedenskonferenz hatte der US-amerikanische Präsident Wilson einen möglichen Frieden mit Deutschland vom Rücktritt des Kaisers und einer demokratischen Verfassung abhängig gemacht.

Im realen Leben besuchte er abends weiter das Esplanade und verblieb im Umfeld von Bleichröder und seinen Freunden, obwohl ihn dies fast immer mit einem schlechten Gefühl zurückließ. Oft nannte er die Zusammenkünfte »öd«. Mitten im Gespräch konnte es vorkommen, dass er »für eine Viertelstunde« fühlte, »dass ich ein anderer Mensch bin. O wie scheusslich ist dies Leben jetzt: Hast, Unrast, Verwirrung.« (T6, 8.9.17) Er sehnte sich nach »Musse, Ruhe, Rast, Zeit … Wie ein Wirbel packte mich plötzlich die abgründige Hässlichkeit meines jetzigen Lebens.« (T6, 9.9.17) Ein Arztbesuch brachte die Diagnose »starker Nervosität«.

Dem Vater, der sich zur Kur in Marienbad aufhielt, erklärte er, es gehe ihm körperlich zwar gut, er sei aber »Abends immer sehr herunter durch die abspannende Arbeit des Tages«. Nach längeren Gesprächen mit Julie habe er sich entschlossen, nur ein Seminar an der Universität zu belegen, statt, wie Heinrich gedrängt hatte, »sich geistige Anregung zu verschaffen, z.B. durch den Besuch verschiedener Universitätsseminare, bei denen es doch wol bleibt?« (11.9.17) Otto wehrte sich ungewöhnlich heftig gegen die väterlichen Ratschläge:

»Das ist ja gerade das Unglück, genau das Gegenteil von dem, was Du immer sagst, dass ich alles gleich zu schwer nehme, zu intensiv, zu systematisch betreibe, … Verzeih, dass ich dies ausspreche, aber Du verstehst mich hierin ganz falsch. … Du kannst sicher sein, wenn ich nach dem Kriege losgelassen bin, dann gehe ich wie ein Verrückter in die Arbeit, in das Studium, mit meinem mich oft selbst entsetzenden hypertrophen Trieb zum Sammeln, zur Vollständigkeit, zum System, zur Klassifikation, schon beinahe kataloghaften Vollständigkeitswut. Die Gefahr ist viel grösser, dass ich durch diese Arbeits- und System-Wut die reine Musse und Ruhe, die zu allem wirklich Grossen nötig ist, … mir vernichte, dass meine sinnlose Neu-Gierde, mein Wissenstrieb, mir die völlige Entspannung verbieten, als das Gegenteil, dass ich nämlich, was Du immer fürchtest, durch schlechte Gesellschaft oberflächlich, leichtsinnig werde, dass ich die stete Richtung verliere und auf Abwege gerate.«

Er brauche dringend ein »Gegengift« gegen »das Gift der verwirrenden, abspannenden Vielfältigkeit meiner hiesigen Arbeit. … Am schönsten wäre natürlich, wenn ich wieder etwas Urlaub nehmen könnte. Das geht zur Zeit aus vielen Gründen nicht. Ich bitte Dich dringend, in dieser Hinsicht keine eigenmächtigen Schritte zu unternehmen.« (14.9.17) Ottos Brief überkreuzte sich mit einem weiteren von Heinrich in dieser Sache, nachdem Julie Vogelstein ihn schon informiert hatte, auch der Arzt empfehle Otto Ruhe. So schrieb er kleinlaut, er stimme mit Julies Rat an Otto, »in diesem Semester die … staatswissenschaftlichen Seminarien beiseite zu lassen und blos das – auch weitaus erquicklichere – Seminar von Herrmann[22] zu besuchen, … vollkommen überein« (13.9.17).

Julie versuchte zu vermitteln. Vater und Sohn machten davon Gebrauch, und gelegentlich musste sie deren Aggressionen erdulden. Doch sie beklagte sich nicht, sondern äußerte gegenüber beiden Verständnis und Langmut. Das war ihre Stärke, darin bestand ihre Macht. Sie blieb selbstbewusst auch im Konflikt und konnte sich gegen konkurrierende Ansprüche wehren. Als Heinrich ihre Anwesenheit bei ihm im Sanatorium wünschte, schrieb sie nach einem Telefonat mit ihm, er sei wohl enttäuscht, »dass ich nicht gleich, trotz allem, zu Ihnen eile. Heut Nacht aber fragte ich mich: darf es für die Liebende überhaupt etwas anderes, irgend eine Rücksicht geben als den Geliebten? Die Antwort ist unstreitlich ein klares Nein. Und doch spricht mein Gefühl dagegen, Ottochen jetzt allein zu lassen. Ist's, weil das auch für Sie geschieht? Dabei aber ist meine Liebe und Sorge für Otto etwas ganz von Ihnen unabhängiges. Wenn Sie gar nicht sein Vater wären, er Ihnen gar nichts bedeutete – ich würde ihn so lieben und so für ihn mütterlich empfinden wie jetzt. Ja auch mit Lilychen hat es nichts zu tun.« (16.9.17)

Heinrich war froh über Julies Liebe zu Otto und ließ sich gern von ihr beraten. Es ging wohl auch auf ihren Einfluss zurück, dass er Otto für dessen kritischen Brief ausdrücklich dankte:

»Telefonisch sagte ich Dir schon vor einigen Tagen, daß Dein Widerspruch mich sehr gefreut hat. Was könnte mir erwünschter sein als zu hören, daß meine Sorge um Deine innere Entwicklung unbegründet ist. Diese Versicherung glaube ich Dir gern, sofern

22 Max Herrmann (1865-1942), Literaturwissenschaftler und Ehemann Helene Herrmanns (1877-1944), einer früheren Lehrerin von Otto. Max Herrmann wurde in Theresienstadt, Helene Herrmann in Auschwitz ermordet.

sie sich auf die Dauer in der Zukunft bezieht. Ich sprach von der Gegenwart, die mancherlei Gefahren bietet. Insbesondere Dein Verkehr macht mich unruhig und ich hoffe, daß das Seminar von Herrmann Dich mit Altersgenossen in Verbindung bringen wird, deren Verkehr Dich fördern und erfreuen wird, – im Gegensatz zu Anderen.« (20.9.17)

Otto aber verspürte »eine Stimmung von Heimweh, wie ich sie nur danach hatte, als ich von Wickersdorf fortlief; doch würde es mir jetzt wohl ebensowenig gelingen.« (T6, 23.9.17)[23] In seinem Tagebuch gab er den Schluss des am Vorabend geschriebenen Gedichtes wieder:

»Beinahe tot, denn dort nur wächst das Leben
Wo uns der Tod umfunkelt und umsprüht
Rausch und Gefahr uns kränzen und bekrönen
Er, hingegeben unserm Mut und Glück
Zärtlich der Sieg in unserm Arm erblüht. –
O gönnt mir einmal diesen Augenblick!« (Ebd.)

Vier Tage später fuhr Julie Vogelstein doch nach München, um Heinrich zu treffen. Zum Abschied hinterließ sie Otto einen Brief, in dem sie ihre Sorgen um sein seelisches Befinden zum Ausdruck brachte und ihm erklärte, warum sie sich dennoch zu der Reise entschlossen habe – um ihm nach ihrer Erholung mehr helfen zu können, als dies zur Zeit der Fall sei, »denn ich will wieder heimkehren, Sie gar nicht behelligen mit so viel Geschwätz, wie's in einer gewissen Nervosität letzthin oft geschah, will nur ein stiller, warmer reiner Klang sein, der durch das Haus geht und unmerklich die Seelen heller stimmt … für eine Natur wie die Ihre (ist) ein jedes Geschehen, und sei es noch so nichtig, ein jedes Erlebnis, und sei es noch so flüchtig, von unverlierbarer Wirkung … Für Menschen einer gewissen Rasse wird alles unbedingt. Da gibt es keine Pausen und kein Zwischenspiel. Und weil ich glaube, Sie gehören zu diesen Unbedingten, … darum bin ich so bang, mein

23 Otto war als 11-Jähriger 1908 aus der Freien Schule Wickersdorf weggelaufen (und bald wieder gefunden worden) in Reaktion auf die starken Spannungen innerhalb der Schulleitung. Die Eltern hatten ihn danach wieder nach Hause geholt.

Herzenskind, darum ist es mir, als müßte ich einen Mantel um Sie schlagen. … Liebling, wir wollen alles tun, was Ihnen die Zeit und den Zustand lindern könnte. … Pa aber wird mit seinem köstlich reichen Wesen, ist er nun kräftiger und gesünder, Ihnen Geist und Sinn beleben und besamen. … ganz von fern winkt auch unsere Friedensreise nach Griechenland, wo wir auf Inseln träumen und in Städten schauen und Wunder wahrnehmen werden.« (27.9.17)

Otto aber notierte für den nächsten Tag: »Tot. Verzweifelter Brief an Julie V.« (T6, 28.9.17) Darin bekannte er, von ihrem Brief zutiefst »ergriffen« zu sein. »Doch wissen Sie nicht, wie tief und schmerzlich ich dies alles seit Wochen stets steigend empfand, viel mehr, als Sie ahnen und meinen.« Er werde gewiss Urlaub nehmen – und sie solle so lange in München bleiben, wie sie es wünsche. (28.9.17) Im Krieg hatte Otto gelernt, das Leben auf neue Weise wertzuschätzen – gerade weil es immer in Gefahr war. Jetzt aber, mitten im Berliner Vergnügungsbetrieb, fühlte er sich »tot«. War dies für ihn selbst schon schwer zu verstehen, wieviel schwerer für Heinrich, den Ottos Lebenswandel zutiefst irritierte. Er habe vergeblich versucht, im Erlenweg telefonisch jemanden zu erreichen, schrieb er Otto. »War niemand im Hause und sind die Mädchen so gewissenlos, daß beide zugleich fortgehen? U.A. w.g.«, endete er ironisch oder ernstlich verärgert. Ihm und Julie gehe es gut, »weniger vertrauensvoll bin ich, nach Allem was ich höre, zu Deiner heutigen Versicherung, daß es Dir ›sehr gut geht‹. Das ist mit der lange andauernden Verstimmung, die Dich beherrschte, dem anstrengenden Dienst und Deiner … Lebensweise nicht allzu wahrscheinlich. Hoffnung auf Änderung böte ein mehrwöchentlicher [sic] Urlaub, wenn Du ihn wirklich bald bekommst.« (30.9.17) Im Widerstreit zwischen ihrer Sorge um Otto und ihrem Bedürfnis nach Zusammensein mit Heinrich entschied sich Julie diesmal für ihren Geliebten:

»So sehr mir bange nach Ihnen ist, Liebling – ich werde wohl doch bis Donnerstagabend bleiben. Pa wünscht es so sehr. Und ich glaube es freut ihn, mit mir am Mittwoch zum Don Giovanni zu gehen. Wo er so recht erfrischt und heiter ist und alles drum mit frohem Sinn genießt und empfängt, was nur irgend ihm wohl tun könnte, wär's ein Unrecht, ihm seine Bitte, die zugleich ein Wunsch war, mich noch gesünder zu sehen, abzuschlagen«, schrieb sie Otto am 1. Oktober aus München. Der antwortete etwas spitz, »Dass Sie Ihren lieben Freund so prachtvoll wiederfanden, freut mich herzlich; Sie könnten noch einen zweiten haben, der auch voll ›Stählung und Erweckung und geistiger Sehnsucht wäre‹, wenn Sie ihn nur ins Feld ziehen liessen!«(3.10.17) Das war seine Hoffnung, sein einziger Wunsch, der für ihn einzig denkbare Ausweg aus dem belanglosen, sinnentleerten Leben, das er führte. Heinrich und Julie wussten das. Aber Heinrich tat alles, um diesen Ausweg zu blockieren.

In Ottos Tagebuch finden sich knappe Eintragungen, am 5. Oktober z.B.: »Früh kam Julie V. an. Rasend gefreut. Mittags mit ihr gegessen. Abends schön unterhalten.« Aber sonst schien ihn nichts mehr zu freuen. Die »Deutsche Gesellschaft« spielte kaum mehr eine Rolle in seinem Leben, der Vater war oft krank, fort oder »verstimmt«. Der enge Freundeskreis traf sich seltener, die Gastlichkeit im Erlenweg hatte nachgelassen, sicher wegen zunehmender Versorgungsprobleme – wovon allerdings fast nie die Rede war.[24] Heinrich spürte, wie ernst Ottos Situation war und befürchtete als Folge, dass Otto seinen gefährlichen Plan, an die Front zurückzukehren, immer ernsthafter betrieb. Was aber konnte er für Otto tun?

»Woran Du krankst, ist, wie ich glaube, nicht nur der Gegensatz, zu dem Du Dich zu dem umgebenden Getriebe befindest, sondern vielleicht noch mehr das dunkle Gefühl der Gefahr, daß Du Dich in diesem Getriebe ohne hinreichenden Selbstschutz überließest. Die Gefahr die Deine gegenwärtige Lage an und für sich bedeutet, könnte vollkommen paralysiert und in ihr Gegenteil verwandelt werden, wenn Du, bei scheinbar uneingeschränkter Hingabe an die amtliche Tätigkeit und den Kreis der in Betracht kommenden Personen es verstündest, immer über beidem zu stehen. … Es sieht aber nicht so aus, … Vielmehr scheint es, als ob Du weniger über als in den Dingen stündest und dem Treiben Dich ohne ernsten Widerstand überließest. Ich habe dafür nur Symptome, … – Zu diesen Anzeichen rechne ich Deinen lebhaften Verkehr mit W.v.

24 Erst in ihrer Autobiographie erwähnte Julie den Mangel an Heizmaterial, der dazu geführt habe, dass man im letzten Kriegswinter nur noch einen einzigen Raum im Hause habe heizen können. Vogelstein, Was niemals stirbt, S. 286.

Bleichröder. … soll Dir (daraus, DW) Nutzen erwachsen, so dürftest Du auch nicht einen Moment die Distanz aus den Augen sehen [sic], die Dich von jener Sphäre und ihrem Unrat trennt. Das aber scheint nicht der Fall zu sein. Ich habe dieser Tage so etwas wie ein Dokument in die Hand bekommen, daß Du Dich mit Bleichröder und ähnlichen Leuten auf gleichen Fuß zu stellen suchst. Nur so kann ich mir den Ursprung der beiliegenden Rechnung erklären. Davon abgesehen, daß es Deinen Verhältnissen nicht entspricht, Dir einen Saccoanzug für 320 Mark machen zu lassen, schlimmer ist es, daß Du ihn sicher nur haben wolltest, um in jener Gesellschaft Dich auch dort zeigen zu können, wo der Offiziersrock das Erscheinen ausschlöße. … Schreib mir, mein geliebtes Kind, wie Du das Gesagte beurteilst.« (7.10.17)

Ottos Reaktion auf diesen ebenso strengen wie angestrengten Brief des Vaters war erstaunlich milde, allerdings wartete er mit der Antwort ungewöhnlich lange und bekannte eingangs:

»Es ist mir nicht so leicht, Dir auf Deinen Brief vom 7. zu antworten … Freilich kann meine Antwort kurz sein; denn ich weiss so gut wie Du, dass Du in der Gesamtheit dessen, was Du schreibst, Recht hast; … Sicher ist aber auch, dass es über kurz oder lang anders wird, wenn ich auch noch nicht ganz weiss, wie, und wenn auch, vielleicht, diese Veränderung Dir nicht vollkommen lieb ist. Jedenfalls amor fati.«

Wegen des teuren Anzugs verteidigte er sich: »Du irrst Dich vollkommen, wenn Du glaubst, dass ich damit nun in Lokale gehen wollte, wo ich mit Uniform nicht hingehen könnte, ich weiss überhaupt nicht so ganz, was Du Dir darunter vorstellst. Dass es aber für einen jungen Menschen wahnsinnig unangenehm ist, keinen Zivilanzug zu besitzen, stets wenn andere in Zivil gehen, in Uniform sein zu müssen, was natürlich geht, aber immer furchtbar offiziell und auffallend wirkt, musst Du wirklich einsehen.« (14.10.17)

Otto drohte dem Vater also recht unverhohlen mit jener Lösung, die diesem *vielleicht* nicht gefallen werde: seiner Rückkehr an die Front. Doch insgesamt übersah er in Heinrichs Brief die berechtigte Sorge um ihn keineswegs. Julie dagegen glaubte, es fehle Otto an geistiger Anregung und Beschäftigung; sie versorgte ihn mit Lektüre, mit universitären Kontakten und »dann muß man Jugend für ihn finden und sich auch bemühen, sie dann öfter einzuladen« (an Heinrich, 14.9.17) – vergeblich. Zwar las er, was sie ihm anbot, z. B einen ganzen Tag »im Amt« Novalis, aber auf ihre Frage am Abend: »›Hatten Sie einen großen Eindruck?‹, kam die Antwort: ›Große Eindrücke habe ich überhaupt nicht mehr. Ich glaubte es erst, aber es ist nicht wahr.‹« (Julie an Heinrich, 9.10.17) Ottos Einsamkeit im Bleichröderkreis wurde ihm durch den Besuch seines Bataillonsfreundes Neuser schmerzlich bewusst. Im Tagebuch gab er dessen Georgezitat wieder:

»›Er wird mich immer unterweisen
Im graden wandel vor dem herrn
Mein Bruder ist aus wachs und eisen
In seinem schutze weil ich gern.‹[25]

Mit ihm (Neuser, DW) zusammenzusein würde mich wieder ganz rein und stark machen.« (T6, 14.10.17)

Von seinem Bataillon hörte er, es werde an die italienische Front verlegt. »Und ich nicht dabei!!! … Nchm. frei. …Aber Italien!« (T6, 16.10.17) Seine wachsende Kriegssehnsucht schwächte ihn: »Viel zu tun. Wieder ganz kaputt. Ich vertrage auch nichts mehr. Ich muss fort. Unangenehme Geldsache. Sehr festen Willen, durch Generalmusterungskommission baldmöglichst fortzukommen. Scheussliche Nacht mit schweren Träumen.« (T6, 19.10.17) Intensiv verfolgte er die Lage an der italienischen Front. Am Samstag, den 27. Oktober besuchte er einen »Tanzabend Katta und Matray!!! Matray erregte mir furchtbaren Ekel, er ist einer der ganz wenigen Menschen, über dessen Tod ich wirklich innige Freude empfände. Katta tanzte himmlisch. Ich war teilweise recht vernünftig, erstaunte selbst, doch ist die Liebe eine zehrende Krankheit, eine der schlimmsten und man wird sie nicht so leicht los.« (T6) Die Siege an der italienischen Front lösten allgemeinen Jubel aus, »aber welche Qual ich empfinde, nicht dabei zu sein, kann ich nicht sagen; mit meinen zwanzig Jahren sitze ich hinterm Ofen, während die Brüder draussen von Sieg zu Sieg schreiten. Wenn ich wieder hinauskomme, ist sicher wieder alles vorbei und ich kann Stellungen ausheben!« Er klang wieder wie Anfang 1915. Lange Ausführungen über die Romantiker und deren Überwindung dienten ihm zur

25 Aus Stefan George: Waffenbrüderschaft I und II (1894).

Deutung seiner eigenen Situation. Auch Goethes Wilhelm Meister habe eingesehen, »dass seine Reiselust nichts Irdisches stillen kann, sondern fand die Lösung und das Zauberwort als der greise Faust: die Tat.« (T6, 29.10.17) Diese Betrachtungen wurden Ende Oktober durch militärisch-knappe Überlegungen zur italienischen Front konkretisiert, verbunden mit einem genauen persönlichen Zeitplan: »Ich rechne damit, dass ich während der Kampfpause am Tagliamento[26], in 3-4 Wochen, zum Bataillon kommen kann.« (Ebd.) Es folgte ein »scheusslicher Tag. Unangenehme Geldsachen. Abends krank, Augenflimmern, Kopfschmerz, Erbrechen.« Und am nächsten Tag: »Krank im Bett. Sehr elend. Dr. Moldenhauer stellte Minièrische Krankheit [sic][27] fest, reine Nervensache. Grosses in Italien.« (T6, 31.10.17) In einer schlaflosen Nacht entwickelte Otto die »Idee« eines mehrbändigen Werkes zum Staat, »dass ich nach vielfach angestrengter Arbeit, unterbrochen mit Reisen, und schönem Leben, mit 26 Jahren ersten Band herausbringe, darauf mich habilitierte, nach einem Jahr den 2., mit 30 den 3., dann Eintritt in die große Politik«. In den ersten beiden Bänden solle es um die Geschichte der Staatstheorie, die Geschichte der Staatsformen und die Herausbildung von Staaten im 19. Jahrhundert gehen.

»Das letzte, (die ›Neue Formung‹) sollte die eigentliche Krone und der Zweck des Ganzen sein, alle meine Gedanken enthalten über Menschtum und Bürgertum, Staat und Gesellschaft, Volk und Führer, Parlamentarismus und Aristokratie, Land und Staat, Bildung von Volk und Einzelnem, Schichtung der Klassen, freien Wettbewerb und Monopole, Kolonisierung, Siedlung, Wohnungsfrage, Kirche und Staat, schliesslich ganz wichtig Stellung der Frau, Frage des Krieges, Armee und Marine, auswärtige Beziehungen, Europa und Mitteleuropa usf., kurz und gut, das vollständige Programm weniger einer neuen Partei als einer neuen Gesinnung, weniger einer neuen Klasse als einer neuen Jugend.« (T6, 4.11.17)

26 Fluss in Oberitalien, an dem es im Oktober 1917 zu schweren Kämpfen zwischen der deutschen 14. Armee und italienischen Streitkräften kam, in deren Ergebnis die Italiener sich hinter den Fluss zurückziehen mussten.

27 Gemeint ist die sogenannte Menièrische Krankheit (Morbus Menière), benannt nach dem französischen Arzt, heute beschrieben durch Symptome von Schwindel und Ohrensausen, deren Ursachen noch immer ebenso unklar sind wie die Behandlung.

Während er über die Umwälzung der politischen Kultur nachdachte, die er durch sein Werk erreichen wollte, wurde er »sehr niedergeschmettert«, als der Arzt ihm keine schnelle Genesung in Aussicht stellte, sondern ihm einen vierwöchigen Erholungsurlaub in den Bergen verordnete. »Alle Hoffnungen auf Krieg usw. erlöscht. Schwor es mir zu, nie mehr, auch nicht aus Liebe zu Pa, gegen meinen Instinkt zu handeln. Alle die Fülle des Missgeschickes, innerlich, äusserlich usf. wäre vermieden, wenn ich statt in Berlin kleben zu bleiben, ins Feld gegangen wäre. Unmännlich feiges Betragen rächt sich immer.« (T6, 5.11.17) In den folgenden Tagen blieb er »gereizt und nervös; mancherlei Diskussionen mit Pa« (T6, 7.11.17). Am nächsten Tag betrachtete er »die Goethereliquien und die letzten Andenken von Mama. … Den letzten Brief wieder. Sehr geweint. Den ersten Akt der Iphigenie. Langen Spaziergang in der Nacht.« (T6, 8.11.17) Goethes »Iphigenie auf Tauris« beginnt ja mit ihrer Sehnsucht nach dem fernen Griechenland. Wollte Otto »das Land des Krieges mit der Seele suchen«? Die Presse-Vorführung eines Films zur 12. Isonzoschlacht[28] im M.A.A. versorgten ihn jedenfalls mit solchen Sehnsuchtsbildern: »Wenn ich eine Granate so recht majestätisch und schön springen und steigen sehe habe ich ein Gefühl, wie ein anderer haben mag, wenn er den Kirchturm seines Heimatdorfes wiedersieht.« (T6, 9.11.17)

Für Otto war in der zweiten Jahreshälfte Berlin immer mehr zur Krankheit, der Krieg immer mehr zur Heimat, das Bataillon immer mehr zur Familie geworden. Er war krank vor Heimweh, und diese Heimat, dieses Heim versprach ihm Gesundheit, Geborgenheit und vor allem »Tat«. Die Trauer um die Mutter, die er nur in bestimmten Momenten zuließ, die unerfüllte Liebe zu Katta Stern, die unentschlossene Politik, die unübersichtliche Kriegslage und die ungewisse Zukunft: all das hoffte er, im Kampf hinter sich lassen zu können, in einer entscheidenden Schlacht, in der die Frage von Sieg oder Niederlage, Leben und Tod klar beantwortet werden würde.

* * *

28 Benannt nach dem im heutigen Slowenien befindlichen Fluss Isonzo. Bei der 12. Isonzoschlacht gelang den deutschen Truppen zunächst der Durchbruch, der westlich gelegene Fluss Tagliamento wurde Ende Oktober erreicht (s.a. FN 28).

Inzwischen hatte Otto durch einen Oberstleutnant Herwath von Bittenfeld eine Einladung ins Schloss Neubeuern am Inn erhalten. Dieser hatte die Witwe des früheren Besitzers geheiratet und das Schloss in ein Erholungszentrum für Künstler verwandelt. Otto begann sich zu freuen. Nachdem er noch einen schönen Sonntag mit Rudolf Borchardt verbracht und dennoch resigniert festgestellt hatte: »Was es für mich bedeutet, während der bevorstehenden glorreichen Schlacht in der venetianischen Ebene hier in Deutschland zu sitzen, ahnt niemand, auch nicht Julie V.« (T6, 11.11.17), kam er am 13. November in Neubeuern an. Alles gefiel ihm sehr gut. »Nachts masslos leidenschaftlichen Traum von Katta.« (T6, 13.11.17) Am folgenden Tag kam er mit Karin von Bodenhausen[29] ins Gespräch, die ihn als »eigenartig« beeindruckte und ihm erzählte, sie sei Diakonissin gewesen und nun wegen einer Lungenentzündung von diesem Dienst befreit. Otto war »merkwürdig ergriffen durch die Gewalt des Opfers eines solch jungen Menschen!« (T6, 14.11.17) Von Beginn an täuschte er Heinrich und Julie darüber, wie es ihm mit Karin erging. So schrieb er Julie am Tag nach seiner Ankunft, die Baronesse von Bodenhausen sei ihm ungefähr gleichaltrig und habe »den Vorteil grosser Belesenheit, offenbar wirklicher Bildung und sehr sympathischen Wesens, den Nachteil, nicht allzu hübsch zu sein« (14.11.17). Ottos »Ergriffenheit« steigerte sich in den nächsten Tagen und verwandelte sich in Entzücken: »sie bestrickte mich unsäglich«, während er sie mit Hilfe von Heinrichs Kontakten zum Berliner Oskar-Helene-Heim darin unterstützte, möglichst bald wieder zurück in den Krankendienst zu kommen. Dem Vater schrieb Otto, er taue »so allmählich« auf, »die aus Reaktion gegen das prickelnde verwirrende des ~~äusseren~~ Lebens (der letzten Monate) angesetzte Kruste beginnt zu bröckeln und abzuströmen die Unruhe, Hast und Zerfaserung, die von der doch irgendwie demoralisierenden und zerfressenden Luft des grossen Berlin an mir hängen geblieben war … Noch eins. Ich fürchte, mein lieber Pa, ich kann auch hinterher nicht recht in Berlin bleiben. Ich habe das Gefühl, ich werde gleich wieder so

29 Karin von Bodenhausen, geb. 5. 10. 1898, Tochter von Eberhard und Dora von Bodenhausen, die häufig Gäste auf Schloss Neubeuern waren, beging 1920 in Berlin Selbstmord.

herunter sein wie vorher; ich kann mich an den Gedanken ›Berlin‹ gar nicht so recht gewöhnen. Bitte, mein lieber, lieber Pa, habe doch etwas Glauben an mein Schicksal, Du weisst vielleicht garnicht, wie viel mir in dieser berliner Zeit innerlich verwüstet und verschüttet worden ist und ich glaube ich muss noch einmal heraus.« (18.11.17)

Julie antwortete ihm am 20. November: »Ihr letzter Brief an Pa hat mich sehr gerührt … Ich weiß auch, dass es nicht nur die M.A.A. ist, ich weiß, ich weiß, wie Vieles an Ihnen zog und zerrte, und glaube Manches zu erraten, was Sie nur angedeutet haben. Dennoch mein Herzenskind, scheint's mir, als verkennen Sie ganz, wie es doch in erstem Sinn unabweisbare, unabwendbare Geschicke waren, die Ihre Seele durchwühlten … Ihnen scheint es großer Schmerz, der nicht vernichtet, sondern stets aus der Dunkelheit zu neuem Leben führt. Aber wie lange dieser Weg in der Nacht oft dauert, wie lange die verneinenden Geister noch am Werk sind, wie spät oft das Gemüt sich zu erhabener, erhebender Trauer aufrafft, wie viel später gar der Leib und die Herzen sich von dem Belastenden erheben, das ist Ihnen zuwenig bewußt.«

Auf Schloss Neubeuern bahnte sich in den folgenden Wochen zwischen Otto und Karin eine Beziehung an, die von ihrer Seite durch raschen Wechsel von verführerischer Verlockung, kühler Distanz und aggressiver Zurückweisung geprägt war, von seiner Seite durch zunehmende Verzückung, Verwirrung, Begierde und Verzweiflung. Zunächst wahrte er Haltung. Nachdem er sich aber, eingepackt auf der sonnigen Schlossterrasse durch Erinnerungen an Sapphogedichte seinen erotischen Phantasien hingegeben hatte, »war es aus mit mir«. Ihre körperliche Präsenz und Sinnlichkeit zogen ihn magisch an, ihre Abweisung führte zu Entladungen seines lange angestauten Kummers: »Alles Traurige Quälende der letzten berliner Monate erwachte in mir. Todesgefühle und Lebensüberdruss. Ich war überzeugt, dass nun alles zu Ende sei, ich ins Feld ginge und die mir bestimmte Kugel fände.« Dann nahm er sich wieder zusammen: »Ich will Mut haben und stark sein und sehen, ob ich das Leben nicht tragen, nicht meistern kann, ob das Leben nicht nach mir – verlangt.« (T6, 21.11.17) Den Vater ließ er völlig im Unklaren über seine gefühlsmäßige Verfassung. Er werde sehr gut umsorgt: »Freilich bin ich manchmal selbst entsetzt, wie nervös und herunter ich bin, das kommt … ganz plötzlich, z.B. vorhin, wie ich diesen Brief anfing.« (20.11.17) Diese »Nervosität« war also wohl von der Anstrengung ausgelöst worden, gegenüber dem Vater seine starken Gefühle, Ängste, Leidenschaften verschweigen zu müssen, um bei diesem nicht Reaktionen heraufzubeschwören, die wieder neue Probleme und Konflikte – äußere wie innere – hervorrufen würden.

In den folgenden zwei Wochen konnte Otto sein Tagebuch nicht fortführen, so getrieben war er von den Höhen und Tiefen seiner Verliebtheit. Heinrich und Julie ahnten Unheil und Gefahr, ohne Genaueres zu wissen. Vor allem Heinrich war tief beunruhigt. Otto hatte Julie geschrieben, dass er seinen Urlaub bis nach dem 1. Januar verlängern lassen wolle, dass er dann vermutlich seinen unmittelbaren Vorgesetzten vertreten müsse und danach ins Feld wolle (25.11.17). Heinrich versprach, diesen Entschluss zu respektieren, bat Otto aber, sich seine Gegenargumente anzuhören, die er dann auf 14 Briefseiten entfaltete. Ottos Krankheit diente ihm dabei als Argument gegen den baldigen Fronteinsatz, denn ohne gründliche Genesung werde er »im Feld ein wenig brauchbarer Soldat sein«. Auch ob die Front überhaupt eine Lösung seines Problems sei, müsse Otto gründlich überlegen. Und Heinrich führte ein Gespräch an, das Otto mit Borchardt geführt und in dem er diesem versichert habe, er, Borchardt, sei zu bedeutend, als dass er sich im Kriege opfern dürfe. Dieses Prinzip müsse Otto aber auch auf sich selbst anwenden. »Eine unsichere Empfindung hat sich meiner bemächtigt, daß Du aus Deinen inneren Wirren einen bequemen Ausgang suchst, und daß Du die Lösung des Dich bedrückenden seelischen Problems Dir zu leicht machst, indem Du im Rausch des Krieges Dich den so viel schwierigeren inneren Kämpfen entziehen willst.« (29.11.17) So wiederholte Heinrich dieselben Argumente, die er schon 1914 gegen die Freiwilligenmeldung Ottos vorgebracht hatte. Auch jetzt blieben sie unwirksam. Otto war zwar nicht mehr der naive Junge, der in pubertärem Größenwahn Deutschland retten wollte, aber der Krieg hatte ihn mit einem Lebensgefühl des »Unbedingten« (J. Vogelstein) vertraut gemacht, demgegenüber das Berliner Leben ihm schal und deprimierend erschien. Aber wie sollte der Vater das verstehen können?

Julie ergänzte Heinrichs Brief, »an dem Sie gewiß noch zu zehren haben«, mit dem Versprechen, »dass ich mein liebes Kind zu allem segnen werde, was es mit ruhigem Sinn und klarem Auge sich erwählt. Aber ich möchte wohl noch einmal still mit Ihnen sprechen oder lieber Ihnen zuhören.« Otto ließ sich aber nicht mehr wie ein folgsamer Sohn leiten. Zunächst schrieb er Julie: »Pa hat mich leider sehr missverstanden und es mir sehr schwer gemacht mit seinem Brief; doch das ist nun nicht anders, obwohl ich geglaubt hatte, dass Sie mich vor Pa vertreten würden, wenigstens so weit mich erklären, was meine unglückliche Lage in Berlin betrifft.« (2.12.17) Gekränkt antwortete er dann dem Vater:

»Dass Du mich so ganz missverstehst, Du und Julie V., tut mir sehr leid, dass Du das etwas sehr schwere Geschütz des »zum ersten Male kein Vertrauen mehr zu mir Habens« auffährst, weil ich eine Ansicht, die mir in Neustift (schon feststand), … und noch früher, wie Dir mein Tagebuch, das Du ja leider ohne mein Wissen gelesen hast (ich bemerkte es den Abend, als ich aus Kopenhagen[30] kam und es war mir ungefähr das schwerste, was ich mit Dir erlebt habe) wiederholt gesagt hat, weil ich also die Ansicht, dass ich unmöglich dauernd in Berlin bleiben kann, … diese ewig feststehende Ansicht endlich klipp und klar heraussage, das hat mich auch sehr gewundert.«

Er sei noch jung, habe noch nichts geleistet und deshalb keinen Anspruch auf Schonung vor dem Krieg; er sei »gesund wie der Fisch im Wasser«, seine Krankheit heiße: Berlin, es gebe gar keinen Grund, sich jetzt um ihn zu besorgen, wie Heinrich und Julie es täten, »ich nehme hier zu, ich erhole mich, mir geht es glänzend … vielleicht hat mich die Geschichte, von der ich Euch öfter schrieb, etwas beschäftigt, nun ja, warum nicht; vielleicht bin ich auch etwas verliebt, obwohl ich es selbst nicht so ganz genau weiss, und ich finde einmal wieder, wie das so mein Schicksal ist, keine rechte Gegenliebe, aber mein Gott, das sind doch alles menschliche Dinge, schliesslich Dinge, die ich mit mir abzumachen habe.«

Er endete versöhnlich: wenn es nur dem Vater gut gehe und er »wieder lebendig und froh und gesund« werde, dann werde auch er, Otto »das haben, ohne das ich mir meine weitere Entwicklung kaum vorstellen kann: nach dem Kriege Deine letzte Anleitung, Deinen Rat, Deine noch lange dauernde auf viele Jahre mich begleitende Freundschaft« (3.12.17). Heinrich behauptete, er habe

30 Einer mehrtägigen Dienstreise Ende August 1917.

sich trotz der Kritik über Ottos Brief gefreut, werde ohne Erlaubnis nicht wieder zu dessen Tagebuch greifen, aber die Tatsache, dass es offen und unverschlossen dalag, sei fast eine Aufforderung gewesen, es zu lesen. In der Hauptsache, der Frage der Rückkehr an die Front, blieb er bei seiner Ablehnung (6.12.17). Otto wurde schließlich immer ungehaltener gegenüber Heinrich und Julie, wohl wissend, dass sie sich über seine Briefe austauschten. »Sie wissen vielleicht nicht, wie schwer Sie beide, Pa und Sie, mir die Zeit hier machen«, schrieb er an Julie. Sie sollten akzeptieren, »dass mir im Grunde nichts fehlt, nichts als Nervosität, irgendwie verkrampfte und nicht herausgekommene innere Unruhe und Verstörtheit und daraus weiter zu folgern, dass allein die Tatsache, heraus – und wo anders zu sein, in klarer Winterluft, bei guter Verpflegung, lieben Menschen, einigen schönen Gedichten, dass dies genügt, um zumindest den kräftigen Anfang völliger Genesung zu legen, statt alles dessen, und noch viel mehr, … quälen Sie und Pa sich und mich durch dauernde Sorge, ja durch Hypochondrie. So sehr mir früher jeder Ihrer Briefe eine Freude war, jetzt habe ich beinahe Angst vor dem Öffnen.« (6.12.17)

Julie versuchte in einem überkreuzenden Brief, diese Auseinandersetzung auf den gemeinsamen Urlaub zu verschieben: »Wir wollen doch lieber alle Gespräche über so innerlich Bedeutsames und Bewegendes, wie es ihr seelischer Zustand ist, bis zu dem nahen Miteinandersein aufsparen. Dann wird mein Liebling gleich Heimat fühlen und sein liebes Herz ausruhen! Ich halte all mein Verständnis und meine liebende Mütterlichkeit bereit.« (6.12.17) Auf Ottos Brief reagierte sie dann energisch positiv, wenn auch mit einem Hauch von Verletztheit:

»Mein lieber Otto, so ist's recht! Endlich sagen Sie mir einmal tüchtig die Wahrheit. Und da bleibt gewiß das Eine unumstößlich: meine Briefe quälen Sie. … Lassen Sie uns neu beginnen. Ich bin mit frischem Herzen und neuer Zuversicht dabei. Versuchen Sie auch, Ihr Gemüt so zu stimmen. Handschlag zu besserem Verstehen!« (8.12.17)

Otto forderte abschließend von Heinrich und Julie, wenn auch in herzlichem Ton: »Ihr (müsst) nun schon das Vertrauen zu mir haben, dass Ihr gewisse seelische Konflikte, die Ihr vielleicht aus den Briefen irgendwie herausfühltet, mir selbst zum Austragen überlasst, und ich möchte Euch eben bitten, in solchen Fällen nicht durch unaufhörliche Besorgtheit … mich geradezu zu zwingen, Euch sofort alles zu sagen, sondern mich in so etwas ein bisschen mir selbst überlasst, es gibt nun einmal Dinge, die man in sich erst reifen lassen muss, ehe man sie sogar den nächsten Menschen sagen kann.« (8.12.17)

Am 6. Dezember hatte Otto im Tagebuch die Ereignisse der vergangenen zwei Wochen zusammengefasst – Karin als Kind und »reifes Weib von fesselloser Sinnlichkeit« bezeichnet (T6), ihre Verlogenheit, Empfänglichkeit, Keuschheit, Frivolität, Naivität beklagt. »Zu spät bemerkte ich, dass sie auch mit ihren eigenen Gefühlen spielte, nur um mich ganz unglücklich zu haben … Liebte ich sie nicht oder sagen wir, liebte ich sie, wäre aber nicht verliebt in sie, (und wäre ich zehn Jahre älter) ich hätte alles aus ihr machen können, so war meine Liebe ihr Unglück wie meines.« (Ebd.) Wieder einmal war er unglücklich verliebt, jetzt aber wohl noch körperlicher, zumal Karin ihm in Neubeuern ziemliche Freiheiten gestattet hatte. Otto schwankte zwischen Phantasien von Trennung, Freundschaft und Karin als Frau an seiner Seite, wenn er erst sein dreibändiges Werk über den Staat geschrieben hätte. »Mir ist, als ob alles Wesen, alles Sein darin zusammengeschmolzen wäre, dass ich sie liebe, ich lebe nur diesem Gefühl und atme nur darin und der russische Staatsbankrott, der Waffenstillstand und die preussische Wahlreform, der Sieg bei Cambrai[31]…, der Sieg am Meletta[32]…, alles erscheint mir unwichtig und bedeutungslos und nichtig vor diesem einen Gefühl: Liebe.« (T6, 10.12.17) Als aber am 11. Dezember ein »herrlicher Brief von Neuser« eintraf, klang der ihm »wie ein Ton aus einer besseren Welt! Bataillon hat Grösstes durchgemacht, den Mt. Tomba[33] gestürmt, 50 % Verluste … viele Tausend Gefangene gemacht, Massenauszeichnungen (5 EK I!) Wär ich erst da! Dennoch denke ich nachts an Karin, bin

31 Bei Cambrai hatte das britische Heer im November 1917 eine Großoffensive gestartet. Die deutsche Gegenoffensive begann am 30. November und endete mit einem Durchbruch und der Restabilisierung westlich der vorherigen Frontlinie.

32 Wo ein italienischer Angriff von österreichischen Truppen abgewiesen wurde.

33 Monte Tomba in der Nähe des Gardasees.

nur froh, wenn ich sie anschaue, weiss, dass ich im Felde immer an sie denken werde und ihr Kreuz tragen«. (T6)

Den geplanten Urlaub im Anschluss an die Kur in Neubeuern sollte und wollte Otto mit Julie Vogelstein verbringen, von der Heinrich offensichtlich erwartete, sie könne einen günstigen Einfluss auf den Sohn ausüben: »Jedenfalls kannst Du keine bessere und mehr Vertrauen verdienende Freundin Dir denken und dieses Göttergeschenk – da es Mamachens beste Hinterlassenschaft ist, kann man es symbolisch und wirklich so nennen –, solltest Du Dir recht zunutze machen.« (11.12.17) Am 13. Dezember traf Otto Julie Vogelstein in München und fuhr mit ihr nach Garmisch. Er beruhigte sich tatsächlich wieder, las viel und verhandelte brieflich weiter mit Heinrich über seine Rückkehr an die Front. Heinrich wollte seinem Vorgesetzten vortragen, »daß Du gegen meinen Willen wieder zur Front willst, daß ich aber wünschte, daß Du in eine Stellung kommst, wo Du für die Armee und Dich selbst nützlich und ehrenvoll Dich betätigen könntest, ohne lediglich Kanonenfutter zu sein …« (15.12.17) Otto ließ es resigniert zu: »Obgleich ich ja … über den Begriff ›Kanonenfutter‹ eine … von der Deinen sich unterscheidende Ansicht habe, halte ich mich nicht für berechtigt, Dich in Deiner Absicht, zu Haeften zu gehen, abzuhalten. Es beruhigt dies schliesslich uns beide. Bitte sage H. dann aber Folgendes: Ich hätte Dir geschrieben, ich fühlte mich wieder so wohl, dass ich glaubte, nach meiner Rückkehr kv[34] geschrieben zu werden. Ich hielte es dann für meine Pflicht, wieder ins Feld zu gehen. Ich möchte nun sehr gerne zu meinem alten Bataillon, das auch mich haben will … Du dagegen usf ….« (18.12.17) So schrieb Otto das Drehbuch für Heinrich, um zumindest ein wenig Kontrolle über den Ablauf der Gespräche zu erlangen, in denen es für ihn um so viel ging.

Zwar fuhr er Ski und dachte »erfrischend« über sich und seine Zukunft nach. Aber »der Refrain von allem blieb einer und derselbe, Tag und Nacht und zu jeder Stunde: Karin!« (T6, 22.12.17) Die befand sich mittlerweile in Berlin am Oskar-Helene-Heim und hatte sogleich Heinrichs Misstrauen und der Oberin Tadel hervorgerufen. Otto dachte an sie als »ein vollerwachtes Weib, sie will

34 Kriegsverwendungsfähig.

und kann nicht warten, sie braucht die Ehe, sie muss sie fordern. Und das kann ich ihr noch nicht geben. Erst muss ich jemand sein, ein Leben ungefähr gestaltet vor mir sehen, ein Leben tragen, muss mich erst vollkommen Mann wissen, nicht körperlich, sondern seelisch, geistig, im Ganzen genommen für's Leben Mann.« (T6, 23.12.17) In Julies Gegenwart dachte er besonnener über sich und seine Pläne nach; über sein Wirken als Vorbild, den Wesenskern guter Führerschaft, den er letztlich nur »in der vollkommenen und göttlichen Liebe« ermöglicht sah (ebd.). Er besuchte die alten Wege in und um Grainau und den Badersee; schließlich zog Otto die Bilanz des Jahres 1917:

»Vielerlei Arbeit, Hast, Unbehagen, allerlei Lernstoff, keine innere fruchtbare Musse, eine zerstörerische Liebe, heruntergekommen bin ich in vielem, stärker, reiner, grösser nirgends geworden. Dann kam Neubeuern, kam Karin (und ging wieder) und ~~mit ihr~~ nein alleine, alleine schreite ich nun über die Schwelle zu den Geheimnissen des Neuen Jahres. Was wünsche ich? Kampf, Sieg, Frieden; Glück, Freude, Sättigung; Grösse, Weite, Fruchtbarkeit!« (T6, 31.12.17)

* * *

Am 19. Januar erhielt Otto endlich die befreiende Nachricht: »K.v. erklärt!!! Bis 10. Februar bleib ich noch hier, dann raus zum Bataillon! Froh und leicht für mich, Pa wegen recht bedrückt. Ich mache mir übrigens nichts vor. Ich habe seit längerer Zeit das Gefühl unbedingter Notwendigkeit meines nochmaligen Ins-Feldrückens. Ich weiss sehr wohl, dass es ein Wagnis ist, dass der Tod draussen lauert und dass, um mich homerisch auszudrücken, manche Götter gegen mich sind. Aber ich weiss auch, dass starke und glühende Kräfte in mir und ausser mir für mich streiten. Diesen Kampf muss und will ich nun wagen. Ich habe nicht das Recht, mein Leben schon beim Beginn mit kleinen Winkelzügen, mit ›Schiebungen‹ und Bedenklichkeiten zu beflecken. Ich muss tanzen auf dem Seil meines Lebens und wir wollen sehen, ob das Seil hält!« (T6, 19.1.18)

Otto schrieb Karin einen Trennungsbrief und kommentierte: »Fühl mich doch sehr zerstossen und verprügelt, empfinde so traurig, dass ich auch wieder keinen echten Schmerz fühlen kann.

So müd von allem. Es war schon bös, aber manchmal doch schön! Ganz gewiss! Sogar augenblickslang göttlich schön!« (T6, 24.1.18) Am nächsten Tag kam der Vater von seiner Kur nach Hause, am folgenden Tag feierte man Julie Vogelsteins 35. Geburtstag. Von Auseinandersetzungen um Ottos Entscheidung war keine Rede mehr. Alles Wichtige war nun geklärt. Er konnte endlich zurück.

Ottos tiefe und lang andauernde »Herabgestimmtheit« speiste sich aus mehreren Quellen von Leid, Trauer und Enttäuschung: Trauer um die Toten des letzten Jahres, Boye, die Mutter, und die vielen, die einfach so neben ihm gefallen waren; auch die Toten des Jahres 1917, vor allem Stefan Lepsius, mit dem ihn eine enge, wenn auch ambivalente Beziehung verbunden hatte. All diese Verluste waren durch eine rasch gefundene Deutung in ihrem Schrecken gebannt und damit verbannt worden in das Innere, das ihn nun schmerzte. Der Krieg schien die einzige Alternative, weil er, wenn auch enttäuschend im Hinblick auf Ottos Sehnsucht nach Größe, Schönheit und Form, eine unabweisbare Wahrheit versprach, die von Lebenslust und Todesangst. Seine Liebesgefühle für Katta Stern und Karin von Bodenhausen können auch als Versuch verstanden werden, den mächtigen Gefühlen, die der Krieg bei ihm auslöste, mit der Liebe etwas Ebenbürtiges entgegenzusetzen, das ihm den Frieden wertvoll gemacht hätte. Otto war jetzt 20 Jahre alt und erstrebte noch immer eine Zukunft der großen Gefühle und der »Tat«. Das »berliner Leben« hatte beides nicht bieten können. Der Krieg schon, das wusste Otto ja bereits aus Erfahrung.

Der Tod

Am 14. Februar 1918 waren Otto, Heinrich und Julie gemeinsam in die Stadt gefahren. Otto übernachtete im Berliner Hotel Moltke und besuchte in Berlin noch einen ihn wieder tief beeindruckenden Vortrag Borchardts (mit dem er anschließend »noch sehr lieb zusammen« war) über das Verhältnis Deutschland-Italien. Am 15. Februar begann Otto sein letztes Kriegstagebuch (»das siebente«), nachdem er sich zuvor »von Pa und Julie V. mit raschem Kuss im Wagen vor dem Anhalter Bhf. verabschiedet« hatte, um nach Naumburg zu reisen, dem offiziellen Dienstort, von wo er wieder in den Krieg ziehen würde. Julie und Heinrich hatten wohl gehofft, Otto noch einmal zu sehen, um sich in Ruhe von ihm zu verabschieden, aber am nächsten Tag erhielten sie ein Telegramm, dass er nicht mehr nach Berlin zurückkommen werde. Brieflich erläuterte er, fast erleichtert, »das Generalkommando hat befohlen, daß ich morgen fahre … Vielleicht hat es auch sein Gutes, daß wir den Abschied nicht noch einmal erneuern.« (An Heinrich, 16.2.18)[1] In München, wo er Station machte, erreichten ihn am 17. Februar die Abschiedsbriefe von Julie und Heinrich. Julie hatte geschrieben:

»Die stille Stunde ruhigen Zusammenseins, die ich so eifrig erhaschen wollte, muß bis zum nächsten Wiedersehen warten und manches bleibt unausgesprochen, vielleicht gar ungeklärt. Aber ich bin gewiß, wenn zwei Menschen es wagen dürfen, sich so zu trennen, so sind wir es. Denn wie Mamachen Sie mir geschenkt hat, als sie mir so viel Unersetzliches nahm, so habe ich Sie selbst mir angeeignet in all den Monaten unseres Miteinanderseins. Und das ist unverlierbar.«

Otto steckte den Brief in einen Umschlag, den er selbst beschriftete: »Schluss des Lebenssuchers: ›Wie schön ist es doch, zu sterben am Spätsommerabend – wenn die Sonne sinkt – für den, der das Leben fand.‹« So fügte er die Mutter und ihre Nachfolgerin zusammen. Aus München schrieb er dem »L. Gn. Frl.! Auf Ihren mich tief ergreifenden Brief nur zwei Zeilen …. Was unausgespro-

1 Der Brief ist nicht im Original erhalten, aber im Auszug abgedruckt in Vogelstein: Nachgelassene Schriften, S. 201.

chen blieb ist freilich manches, ich hätte Ihnen die Antwort doch nicht mit Worten geben können. Meine Antwort soll sein, was ich bin, wenn ich wieder komme. Innigst stets Ihr Otto« (18.2.18). Auch Heinrich war enttäuscht, dass er sich so plötzlich von Otto trennen musste, und schickte diesem im selben Umschlag mit dem Brief Julies ebenfalls einen langen Brief nach München, um die nicht gesprochenen Worte doch noch zu äußern und ihm das vielleicht nicht genügend ausgedrückte Verständnis doch noch zu vermitteln:

»Mein geliebtes Herzenskind, was Dir Julie Vogelstein in dem beiliegenden Brief schreibt, ist mir so sehr aus dem Herzen gesprochen, dass ich es nur wiederholen und in den entscheidenden Punkten unterstreichen könnte. Aber ich glaube, dass es dessen nicht bedarf und Du den tiefen Ernst der, von liebevollem Verständnis Deines Wesens und der Voraussetzung seiner glücklichen Entwicklung getragenen, Äußerungen beherzigen wirst. – Deiner Rückkehr ins Feld stehe ich mit zwiespältigen Gefühlen gegenüber. Einmal beherrscht mich die Sorge wegen der Gefahren, denen Du entgegen gehst. Dann aber bin ich voll Befriedigung, daß Du der Atmosphäre der M.A.A entkommen bist. Sie war so mit Miasmen geschwängert, dass auch ein sehr widerstandsfähiger Organismus sich ihren bösen Einflüssen auf die Dauer nicht hätte entziehen können. Du aber bist – glücklicherweise und leider! – Deiner Jugend entsprechend sehr impressionabel und warst den Gefahren jener Sphäre besonders ausgesetzt. Den eigentlichen Grund dieser gesteigerten Gefahr sehe ich darin, daß Dir noch ein alles Begehren und alles Handeln von innen heraus beherrschendes Centrum fehlt und Du deshalb leicht von außen an Dich herantretenden verführerischen Einflüssen unterliegst. Das reinigende Stahlbad, das der Krieg für groß geartete Naturen werden kann, wird hoffentlich bewirken, dass Du zu solcher Herrschaft über Dich und damit über äußere Mächte nach und nach gelangen wirst.« (17.2.18)[2]

Trotz seiner Mahnungen wollte Heinrich Otto das Gefühl vermitteln, dass er seinen Entschluss, gegen dessen Verwirklichung

2 Der Brief ist zwar mit 17.3. datiert und eingeordnet, doch ist das Februardatum wahrscheinlicher angesichts des Antwortbriefs Ottos vom 18.2. und weil ein anderer Brief Heinrichs an Otto vom 17.3. existiert.

er so lange angekämpft hatte, nicht nur verstand, sondern auch insofern billigte, als er die Möglichkeit des Krieges, als »reinigendes Stahlbad« zu wirken, nicht völlig ausschloss. Von München aus beantwortete Otto Heinrichs Abschiedsbrief. Er war voller Dankbarkeit, denn:

»Du hast mir eben, mein lieber Pa, in Deinem Briefe so völlig das gesagt, was … not und recht war, viel besser als ich es je selbst ahnte, dass ich wirklich bis ins Tiefste mich froh und beglückt fühle. Warum es in Berlin nicht mehr ging, weiss ich nun, während ich bisher nur der Tatsache bewusst war und unter ihr litt. Ich habe damals, als ich zur Untersuchung ging, nicht ›geschoben‹ um ins Feld zu kommen, aber ich ging freilich mit der inneren Einstellung hin, ›befreit‹ zu werden, und dieser innere Wunsch mag sich vielleicht auf den Untersuchenden übertragen haben. Denn es war wirklich der Punkt gekommen, wo ich innerlich zu bemerken glaubte, nun ernsthaft ›Schaden an meiner unsterblichen Seele‹ zu nehmen. Und sobald einer dessen sich klar ist, gibt es freilich für Menschen unserer Art keinen inneren Zweifel mehr. Was es mir bedeutet hat, dass Du dieses unmittelbar zum Ausdruck brachtest, verstehst Du wohl.« (18.2.1918)

Nachdem Otto den Vater darin bestärkt hatte, dass dessen Deutung des drohenden moralischen Schadens den Grund für seine Rückkehr an die Front bildete, war der sehr froh, »daß Du J.V.s und meinen nach dorthin (München, DW) gerichteten Brief in so schöner und starker Gesinnung aufnahmst« (21.2.18). Otto konnte also seinen Vater und Julie Vogelstein mit dem Gefühl verlassen, ihr Wohlwollen und ihr Vertrauen zu besitzen. Er fühlte sich in der am Ende seines Berlin-Tagebuchs formulierten Hoffnung bestärkt: »Eine reiche vielgestalte Zeit liegt hinter mir, ich flehe, dass eine kräftige und währende beginne, die den Boden reif mache für die Jahre der Zukunft.« (T6, 14.2.18) Sein neues Tagebuch leitete er erneut mit dem Gedicht an den Kriegsgott Ares ein, jenem Gebet vom Mai 1915, das er bereits seinem zweiten Tagebuch vorangestellt hatte. Er war wieder Soldat.

Nach Italien sollte es gehen, um dort zu seinem geliebten Bataillon zu stoßen. Und wieder begann er eine Reise, die sich zunächst kaum von der Bildungsreise eines jungen bürgerlichen Mannes in

Friedenszeiten unterschied. In München traf er die ältere Schwester Stefans, Monika Lepsius: »Sie gefiel mir ungemein, hat sich prachtvoll bestimmt und fest entwickelt. Lange schöne Gespräche.« (T7, 18.2.18) Begeistert kommentierte er eine Aufführung von Kleists »Minna von Barnhelm«. In Salzburg pries er dessen barocke Schönheiten und das »entzückende« Mozarthaus. Unterwegs erfuhr er, dass sein Bataillon nach Udine verlegt worden war, um von dort zum Einsatz an die Westfront geschickt zu werden: »Schade, dass ich nun nichts mehr vom schönen Italien habe.« (T7, 19.2.18) Hoch erfreut traf er am 22. Februar in Udine auf sein Bataillon, das sich jetzt aus vier Kompanien und zwei M.G.-Trupps zusammensetzte. Otto war glücklich, vor allem über sein Wiedersehen mit dem Freund Neuser: »Es gibt so wenig Menschen, von deren ganzer Gestalt man innerlich etwas haben kann, er ist einer der ganz wenigen, die immer etwas Stärkendes und wirklich Beglückendes ausströmen. Ich bin so froh mit ihm.« (T7, 24.2.18) Eine Erkundungsfahrt nach Triest und der Aufenthalt dort werden ebenfalls als bedeutendes Reise- und erhebendes Kunsterlebnis beschrieben. Inzwischen hatte die neue Regierung der Sowjetunion die »sehr schroffen und brutalen Bedingungen« der Mittelmächte angenommen.[3] Dieser Triumph verleitete den wieder ganz »staatsmännischen« Otto zum Entwurf eines umfassenden Friedensplans, der faktisch die Unterwerfung nicht nur Europas, sondern auch des »Orients« und Amerikas zum Inhalt hatte (T7, 27.2.18).

Am 28. Februar begann dann der Abtransport des Bataillons zum Einsatz an der Westfront. Der Weg führte durch das Gebiet der Isonzoschlachten, nach denen Otto sich ein Jahr zuvor so sehr gesehnt hatte: »alle Hügel völlig aufgewühlt, die Wälder vernichtet, alles Leben ertötet. Der grauenhafte Eindruck der Zerstörung nicht nur alles Menschlichen, sondern der Erde selbst, der heiligen, für unberührbar gehaltenen, ergriff mich wieder sehr.« (T7, 28.2.18) Wieder? War das vielleicht eher eine Vorahnung der Zerstörungen an der Westfront?

3 Bei diesem sogenannten »Frieden von Brest-Litowsk« verzichtete die Sowjetunion auf ca. ein Viertel seines europäischen Territoriums, darunter Polen, Weißrussland und die Ukraine. Der Versailler Vertrag hob diese Bestimmungen teilweise wieder auf.

Am 2. März schrieb Julie: »Nun geht mein Liebling doch in den bösen Westen und alle Liebe muß sich verdoppeln, um Sie schützend zu umgeben und Ihres Wesens innere Einheit muß sich festigen, um die gotterfüllte Stille zu gewinnen, die allein ein Schild ist in Gefahr. Ich glaube an den heiligen Helden, dessen Herz so rein wie stark, dessen Sinn von freudiger Demut durchglüht ist; Demut und Freude über das große anvertraute Gut, über die Sendung, zu der ein Gott ihn vielleicht ausersehen hat. Und in diesem Zeichen ruht Kraft! Trotz dieser Gläubigkeit in das Geschick bitte ich um Berichte, rückhaltlose Berichte über Ihre Lage und Ihr Gefühl. Immer, mein liebes Kind!«

Für Julie war die Vorstellung, Otto gerate nun in die eigentliche Gefahrenzone des Krieges, offensichtlich damit verbunden, ihn wieder zum Kind zu machen – nicht nur in der direkten Ansprache, sondern auch in der kleinkindgerechten Formulierung vom »bösen Westen«, der dem Kinde wehtun könne. Beide Verweise wurden aber relativiert durch ihre Standardbeschwörung des göttlichen Schutzes und Plans für den »heiligen Helden« ebenso wie von der Vorstellung, dass dieser sich durch »innere Einheit« gegen die äußere Todesgefahr schützen könne. Am 3. März erreichte das Bataillon Salzburg, einen Tag später überquerte es den Rhein und erreichte am Morgen des 5. März 1918 Ensisheim im Elsass, wo es in ein neu gebildetes Regiment eingegliedert wurde.[4] »Es scheint, dass wir, wenn Mitte März … an anderer Stelle durchgebrochen wird, die wartenden Franzosen hart aufsitzend durchs Gebirge treiben, ihnen keine Ruhe lassen und möglichst ein Festhalten der Festungslinie verhindern sollen.« (T7, 5.3.18) Soweit der hochfliegende Plan. Vor Ort ordneten sich Ottos militärische Verhältnisse neu. Zwar erhielt er noch immer kein Kommando über eine Kompanie, aber immerhin über einen M.G.-Trupp. Einen Besuch seines Kommandeurs von Rautter in Berlin nutzte Otto, um diesem einen Brief an Julie und den Vater mitzugeben, der die Ereignisse der letzten Wochen zusammenfasste, da er mit Recht annahm, dass sie seine bisherige Post nicht oder doch nur teilweise erhalten hatten.

4 Am 12. Oktober 1917 war aus dem Bayerischen Cheveaux-leger Regiment heraus das Jäger-Regiment »von Bibra« aufgestellt worden, das aus den Reserve-Jäger-Bataillonen 8, 20 und 21 (Ottos Bataillon) gebildet wurde.

Der Bericht spiegelte sein Bedürfnis wider, ein möglichst harmloses und friedliches Bild der Lage zu zeichnen. Und in der Tat schien die aktuelle Lage im Oberelsass dies zu bestätigen.

Die nächsten Tage verbrachte Otto damit, den Zustand der Stellungen zu erkunden und die Bedingungen für einen französischen bzw. einen eigenen Angriff auszuloten. Seine Einschätzung fiel kritisch aus: Die Franzosen konnten das gesamte Gelände, in dem die Deutschen operieren würden, überblicken. An der festgefahrenen Front griff vorerst keine Seite an – man wartete und schoss gelegentlich, um die eigene Anwesenheit gegenüber dem »Feind« zu beglaubigen. Die dementsprechend recht entspannten Erkundungsritte führten Otto immer wieder an Orte, an denen er sich wie ein Bildungsreisender fühlen und verhalten konnte: nach Gebweiler »mit auffallend schöner romanischer … und sehr prunkvoller Barockkirche … zur Abtei Murbach, einer köstlich schönen Schöpfung des frühen XIII. Jahrh., nach oben im Tal gelegen, von klassischer Reinheit und Sicherheit der Formen. Auch in Brühl herrlich gelegene Basilika. Was ist hier ein alter Kulturboden! Bereits Karl der Große hat Murbach besucht und beschenkt!« (T7, 13.3.18) – und nun eben Otto, der auf dem Rückweg in einer Konditorei in Gebweiler auch »bildhübsche Mädchen« bemerkte (ebd.). Den Vater erreichten zahlreiche Ansichtskarten, eine aus Ensisheim verwies auf die beiden Räume, die er im Dachgeschoss eines Häuschens am romantischen Marktplatz bewohnte. Um den Eindruck einer friedlichen Erholungsreise zu verstärken, schrieb Otto, es gehe ihm gut, er habe nicht allzu viel zu tun und sitze abends mit dem Kommandeur beim Bier im Gasthof. Auch Julie Vogelstein erhielt Briefe in diesem Sinne aus seinem »gemütlichen Stübchen am Kirchplatz«. Allerdings gestand er ihr: »Sobald die grossen Kämpfe ins Rollen gekommen sind, müssen Sie sich … mit dem Gedanken vertraut machen, dass wir auch zur Feldschlacht herangezogen werden. Zum eigentlichen Durchbruch werden wir mit Sicherheit nicht verwandt, da wir dazu nicht ausgebildet sind, dagegen ganz gewiss hinterher im Bewegungskrieg, in dem unsere Division ja Erfahrung hat … Es ist selbstverständlich, dass jede Division, die in Reserve liegt, sich für alle Fälle die Anmarschwege zur vorderen Stellung ansieht. Auch will man hier die Franzosen glauben machen, das wir große Angriffe in den Vogesen beabsichtigen.« (15.3.18)

Seit sich Otto an der Westfront befand, wenn auch zunächst in der Etappe, hatte sich die Postverbindung verschlechtert. Briefe brauchten in der Regel mindestens eine Woche. Briefsperren erlaubten es zeitweilig nur, Postkarten zu verschicken; Briefe wurden aufgehalten und dann alle auf einmal verschickt. Diese den Korrespondenten bekannten Verhältnisse führten dennoch zu ständiger Unsicherheit und Sorge bei Julie und Heinrich. Nie wussten sie, wenn sie einen Brief erhielten, ob Otto sich noch in der Situation befand, in der er geschrieben hatte. Auch Otto war zunehmend »sehr traurig, dass zu Hause nie Post von mir ankommt« (T7, 32.3.18). So lebten sie in unterschiedlichen, unverbundenen Welten, in dauernder Ungleichzeitigkeit.

Am 14. März waren die Briefe Ottos vom Monatsanfang in Berlin eingetroffen und lösten bei Julie und Heinrich große Freude aus, standen sie doch ganz im Zeichen von Ottos schönen Reiseeindrücken. Seine Darstellungen waren so überzeugend, dass Heinrich und Julie sogar überlegten, ob sie nicht einen Aufenthalt in Baden-Baden planen und bei der Gelegenheit Otto besuchen sollten. Julie schickte Otto einen Baedeker für seine Reisen, sie schien so sehr von der friedlich-positiven Atmosphäre der Korrespondenz gefangen, dass sie ihm einen Traum verriet, den sie in der Nacht zuvor gehabt hatte, nämlich: »dass ich, um Sie zu wärmen, eine Moosdecke im Wald abhob, da nichts anderes da war und über Sie breitete, und daß aus ihr eine herrliche Blüte hervorwuchs.« Kam ihr nicht der Gedanke, dass sie vielleicht ein Grab geträumt hatte? Oder wollte sie diesen Gedanken nur nicht aufschreiben? Weiter berichtete sie ihm von ihren »bösen Tagen«, also ihrer Menstruation, während derer sie nur Rachel Varnhagens Briefe gelesen habe. »Wenn wir nur wieder von Ihnen hörten! Daß Sie im deutschen Vaterland sind, gibt mir ein seltsames Gefühl von Nähe, von Vertrautheit, so töricht dieses Empfinden Ihnen auch scheinen mag.« (18.3.18)

Die militärischen Pläne, die in Bataillonsgesprächen kursierten, stimmten Otto zunehmend skeptisch, auch sonst gab es »allerlei Unerfreuliches«. Nicht zuletzt wurde ihm klar, dass einige früher unverstandene Konflikte unter den Offizieren auf vom Kommandeur v. Rautter hervorgerufene erotische Verwicklungen und Eifersucht zurückgingen (vgl. S. 249 f.): »Wie sind doch die menschlichen Verhältnisse verworren und seltsam! Ganz erschöpft von allem.« (T7, 17.3.18) Dem Vater unterbreitete Otto in einem längeren Brief seine Einschätzung der militärischen und politischen Lage. Ausgehend von einem baldigen Kriegsende, über dessen Charakter er sich allerdings nicht weiter ausließ, beschwor er vor allem die Gefahren, die der Nachkriegsgesellschaft aus der Erfahrung des Krieges drohten:

»Die Hüter der Gesittung, der Kultur, der Ordnung müssen sehr auf ihrem Posten sein, die Frauen, die Leiter des Staates, die Organe der Selbstverwaltung, die Richter und in religiösen Gegenden die Geistlichkeit, die Partei- und Gewerkschaftsführer, alle müssen dann ihr Äusserstes hergeben, um die Fluten und Ströme ungezügelter, wilder Kräfte in große, natürliche Betten zu zwängen, das üppig verwilderte sittliche Gefühl Bewusstsein mit Rücksichtslosigkeit zu beschneiden. ... um zum Schlusse zu kommen, möchte ich Euch noch sagen: Gar keine Sorgen sollt Ihr Euch um mich machen, schon in den wenigen Wochen bin ich innerlich ruhiger freier besonnener geworden, ich stehe wohl unter einem guten Stern, und das wird das Schicksal nicht wollen, mein Gefäss zu zerschlagen.« (17. 3.18)

Auf den ersten Teil des Briefes ging Julie ein: »Ich stimme froh und fest ein, wenn Sie von den erhaltenden Kräften der Kultur und ihren Aufgaben sprechen. Von den Frauen fürchte ich freilich, dass sie – im Ganzen – zu müde und zu vergrämt oder zu wild und hart geworden sind. Es erschreckt mich oft, ein solches Unmaß an Haß und Groll im Herzen einer Frau zu finden, wie es jetzt gerade die tapferen oft in sich tragen. Und wenn es mir – zu meinem Leidwesen – in Borchardts Gegenwart entschlüpfte, dass heute Antigones Wort wieder wach werden müßte, so geschah es gewiß in der Meinung, die Männer an unserem Tisch seien Dichter und Menschen genug, um über ihre Mannesart hinaus zu fühlen, wie verheerend in der Brust des Weibes Gefühle wirken, die dem Mann vielleicht die stärksten Kräfte erwecken. Wir brauchen heute nicht die Penthesilea, wohl aber die Iphigenie. Und viel stille milde Güte und Innigkeit. ›Alle menschlichen Gebrechen/sühnet reine Menschlichkeit!‹«[5] (24.3.18)

5 »Alle menschlichen Gebrechen Sühnet reine Menschlichkeit«, schrieb Goethe dem Orest-Darsteller 1827 in eine Ausgabe der »Iphigenie auf Tauris«.

Indirekt positionierte Julie sich mit solchen Gedanken in vollen Gegensatz zu Lily, die während des Krieges eher die Rolle der Penthesilea übernommen hatte: jener Tochter des Kriegsgotts Ares und Königin der Amazonen, die im Trojanischen Krieg mitkämpft und von Achilles erschlagen wird.[6] Julie hingegen wollte nicht »nach Mannesart« leben, anders als Lily, gerade nicht Kriegerin sein, sondern Trösterin, vielleicht sogar Versöhnerin: eine Haltung, die Goethe in seiner »Iphigenie auf Tauris« literarisch gestaltet hatte.[7]

Am 21. März kam die Meldung, dass die 17. und 18. Armee im Rahmen der Frühjahrsoffensive die französischen Linien bei St. Quentin durchbrochen hätten.[8] Doch Otto, ganz ruhiger, besonnener Offizier, hielt das zunächst nur für eine Teiloffensive, mit der die Entente »beunruhigt und unsicher« gemacht werden sollte, um ihre Kräfte zu »verzetteln« (T7, 23.3.18). Nach einer Besichtigung Colmars »plötzlich der berauschende Heeresbericht: Sieg über die englische 3. und 5. Armee ... Peronne genommen, die Somme überschritten. Unbeschreiblicher Eindruck. Alles andere versank. Und zu was sind wir bestimmt?« (T7, 24.3.18) An Julie schrieb er: »Man sollte es kaum für möglich halten, aber weiss Gott, es ist so: Bei uns (im Elsass, DW) ist alles unverändert, während oben in herrlichem Beginn die Entscheidungsschlacht losgebrochen ist.« (25.3.18) Wieder einmal war er zur falschen Zeit am falschen Ort, am Rande statt im Zentrum siegreicher Kämpfe. Am selben Tag aber wurde klar, wozu er »bestimmt« war. Ihn erreichte völlig überraschend der Befehl vom Regiment, sich als Ordonnanz-Offizier dem Stab anzuschließen. »Über unser aller Köpfe hinweg, ohne Befragen des Regiments. ... Furchtbar wütend, zuerst sehr geärgert, dann in Gedanken an Pa etwas getröstet. Er wird sich doch freuen!« (T7, 25.3.18) Unmittelbar informierte er den Vater von dieser neuen Entwicklung, wegen der allgemeinen Briefsperre nur mittels einer Feldpostkarte. Offensichtlich hegte er aber keinen Verdacht, Heinrich könne hierbei seine Hände im Spiel haben, und

6 Im Drama »Penthesilea« von Heinrich Kleist (1808) wird umgekehrt Achilles von Penthesilea erschlagen.

7 In der griechischen Mythologie ist Iphigenie die älteste Schwester von Orest.

8 Es handelte sich um den Beginn der »Michael-Offensive«, vgl. Enzyklopädie Erster Weltkrieg, S. 712 ff.

vielleicht war das auch nicht der Fall. Zwar hatte sein Kommandeur Heinrich Ottos Briefe in Berlin ausgehändigt und ihm bei der Gelegenheit versichert, dass »Dein Befinden das erfreulichste ist, und die Dir gewordenen [sic] Aufträge hast Du, wie Hptm. von Rautter erzählte, (dem wir die Überbringung der Briefe verdanken) mit sehr befriedigenden und anerkannten Berichten … zum Abschluss gebracht.« (23.3.18). Ob bei dieser Gelegenheit zwischen dem Kommandeur und dem Vater auch Ottos zukünftiger Einsatz besprochen wurde, ist allerdings nicht belegt.

Beim in Regisheim befindlichen Stab wurde Otto freundlich begrüßt, er war aber »alles andere als froh« (T7, 25.3.18). Begeistert verfolgte er das weitere Vordringen der 17. Armee, die »vor Albert« stand und am 28. März »Montdidier genommen« hatte,[9] während er selbst beim Stab »vaterländischen Unterricht« durchführte, wie er dem Vater zur Beruhigung schrieb (28.2.18). Am selben Abend kam der Befehl, alles verladebereit zu machen. »Ziel soll die 6. Armee sein, also neuer Durchbruch zum Meer?«[10] (T7, 29.3.18) Julie Vogelstein teilte Otto nur mit, dass es »morgen … nun in eine andere Gegend« gehe, »ob es eben so ruhig sein wird wie hier, bezweifle ich, wohin, weiss wieder niemand«. Es ging aber keineswegs ganz in den Norden und schon gar nicht um einen »neuen Durchbruch zum Meer«. Vielmehr wurde Ottos Einheit, wie er erst allmählich begriff, zur Verstärkung der steckengebliebenen linken Südflanke der Frühjahrsoffensive, südwestlich von St. Quentin eingesetzt.

Am 31. März traf der Regimentsstab in Fontaine-Uterte ein, einem kleinen Dorf nordöstlich von St. Quentin, noch hinter der Front. Nach einem ersten Erkundungsritt notierte Otto in sein Tagebuch, St. Quentin sei »das Grauenhafteste, was ich bisher sah. Kein Haus unversehrt, was nicht zerstört jedenfalls verwüstet und verwildert. Wie ein Gespenst hebt sich die Kathedrale, weiss und kahl aus einem Berge von Trümmern. Drinnen geht die Kletterei über Schutthügel, die von dem völlig eingestürzten Dach

9 Womit die Offensive allerdings zum Stillstand kam.

10 Die 6. Armee war aus bayrischen Einheiten zusammengesetzt und operierte während des gesamten Krieges an der Westfront, Ende März 1918 im Department Nord von Lille aus.

herrühren. Einzelne Strebungen und Pfeiler strecken ihre armen Stümpfe in die graue Luft. Reste herrlicher Fensterrosen. Splitter farbenleuchtender Glasfenster hängen hier und da.« (T7, 1.4.18) Im selben Sinn und Stil schrieb er auch dem Vater (4.4.18). Wie es hinter St. Quentin in den kürzlich verlassenen Stellungen aussah, vertraute er allerdings nur dem Tagebuch an:

»100 bis 300 m breite … Breschen im Drahthindernis, Trichter neben Trichter in den Gräben bezeugen die Wirkung unserer Geschütze. – Nun werden die Strassen fast unpassierbar, Löcher, Schlamm und gefallene Pferde, man muss weit über Süden abbiegen, endlose Autokolonnen, nachrückende Truppen und Stäbe drängen sich durcheinander. Dann, gegen Seraucourt[11] hin, mehren sich die unbeerdigten Leichen, Deutsche und Engländer, einige in den verkrampften Stellungen des Kampfes, Hass und Schmerz in den gebrochenen Zügen, einige beruhigt, nebeneinandergetragen, als ob sie erst auf dem Verbandsplatz gestorben wären. So schien ein Deutscher, sogar die Hände still hinter dem Kopfe verschränkt, friedlich zu schlummern, während doch der Tod seine Augen schon zerbrochen hatte.« (T7, 1.4.18)

Mit Mühe und Not fand Otto in der Nähe ein von den Engländern verlassenes Lager, das in den nächsten Tagen den 3.500 Männern und 500 Pferden des Regiments als Unterkunft dienen sollte. Auf dem Weg sah Otto weitere Zerstörungen, »bei Béthencourt völlig unaufgeräumtes Schlachtfeld, tote Engländer und Deutsche im Nahkampf durcheinander. Längs der Chaussee ein toter Brite nach dem andern, offenbar flankierend von M.G. gefasst.« Zurück beim Stab erfuhr Otto, dass sein Regiment »sich im Raum Fouquescourt – La Chavatte – Hattencourt – Fonches versammeln soll« (T7, 2.4.18).[12] In Hattencourt fand Otto wieder Quartier in einem ehemaligen englischen Feldlager (T7, 3.4.18).

Erst am Ostersonntag, den 31. März, als Otto schon im Einsatzgebiet südlich der Somme angekommen war, hatte Heinrich die Nachricht erhalten, dass sein Sohn »in den Stab des 8. Bayer.

11 Seraucourt-le-Grand, kleiner Ort 8 km südwestlich von St. Quentin.
12 Bei dem neuen Einsatzgebiet handelte sich um eine Fläche von ca. 3 km² ca. 50 km östlich von Amiens.

Chev(eau).-legers Regimentes als Ordonnanz-Offizier abkommandiert worden« war. Der Vater nahm das als »eine beglückende Osterbotschaft« an und wünschte Otto »trotz Deines Schmerzes, der Front entzogen zu sein, … daß die Stellung nicht nur eine vorübergehende sei.« Erst Tage später erhielt Heinrich Ottos Kartenbrief aus Fontaine-Uterte, aus dem hervorging, »daß Du nun wol sehr bald, wenn es nicht schon geschehen sein sollte, an den wildesten und größten Entscheidungskämpfen beteiligt sein wirst. Damit ist Dein leidenschaftlicher Wunsch noch in höherem Maße als Du erwarten mochtest, erfüllt. Aber Du wirst kaum wollen, daß ich den Tag, an dem ich das erfuhr, als einen für mich erfreulichen ansehen soll. Er wurde im Gegenteil, freilich aus einem anderen Grunde, für mich zu einem für mich tief erschütternden. Und die Nachricht, die ich Dir nun gebe, wird Dich leider auf's allerschmerzlichste treffen: Kurt Gerschel[13] ist gefallen! Er war unter Deinen Freunden mir besonders sympathisch, ich schätzte sein schlichtes, ehrliches und tüchtiges Wesen und empfinde diesen Verlust als einen überaus schweren … Du kannst Dir denken, daß diese schreckliche Nachricht in Verbindungen mit Deinen Mitteilungen mich gestern mit gesteigerter Sorge an Dich denken ließ.« (5.4.18)

Aus Hattencourt beschrieb Otto Julie die angenehme Gesellschaft im Stab, gebildete Bayern, mit denen er gute Unterhaltungen pflegen und gemeinsame Erinnerungen an die bayrische Landschaft austauschen konnte. Und als befürchte er, seine Sehnsucht nach den Sommerferien seiner Kindheit könne ihm von Julie als Kriegsmüdigkeit ausgelegt werden, betonte er:

»Unterdessen brauchen Sie nicht denken, dass ich für meine Person etwa irgendwie von jenem Ressentiment in Hinsicht auf den Krieg befallen wäre, das ich bei andern so oft tadelte. Ganz im Gegenteil. Wenn auch gerade die augenblickliche Lage nicht die schönste ist, … freue ich mich auf die ungewiss lockende Zukunft und fange sogar an, Gefallen an meiner augenblicklichen Tätigkeit zu finden … Das schönste ist und bleibt freilich für einen jungen Menschen im Kriege die Führung einer Kompagnie.« (5.4.18)

Das nagte schon lange an ihm, dieses persönliche Ziel wollte er im Krieg unbedingt noch erreichen. Am 7. April erhielt das Re-

13 Kurt Gerschel (*25.8.1897), ein Berliner Freund Ottos.

giment den Befehl zur Versetzung nach Arvillers.[14] Otto machte sich erneut auf den Weg, um Quartiere zu finden und vorzubereiten. Wieder ritt er durch eine »triste Gegend. Rechtes Aprilwetter … Die alten vordersten Linien. Alles rings zerstört, zertrommelt, Wege kaum zu benutzen. Wie ist doch dies Frankreich zernichtet. Wird es je die Kraft finden, das zu überwinden, bei seinem Menschenmangel diese verödeten Landschaften wieder aufzubauen? In Arvillers tolles Tohuwabohu. Stäbe dreier Divisionen, … die gesamten Bagagen mehrerer Divisionen, Kolonnen, Artillerie, Ersatz an Mannschaften usw. usw. alles drängt sich zusammen, kein Winkel ist mehr frei …« (T7, 7.4.18) Schließlich nahm er dem Bagagenführer eines anderen Regiments das Versprechen ab, am kommenden Morgen abzuziehen, damit er sein eigenes Regiment dort unterbringen konnte. »Entsetzlich scheinen vorne die Verluste zu sein, vor allem in den hinteren Reihen. So war die 14. I(nfanterie). D(ivision). noch gar nicht eingesetzt und das I(nfanterie).-R(egiment). 16, das um Mailly[15] in der 2. Linie liegt, hat schon ca. 300 Mann verloren, allerdings viel Leichtverwundete.« (Ebd.) Es sei »kein angenehmes Gefühl«, so Otto nach diesen Beobachtungen, »statt als operative Reserve verwendet zu werden und dann an entscheidendem Punkte den großen Stoss auszuführen, hier zur Ablösung abgekämpfter Truppen nach vorn zu kommen und sich selbst in Abwehr und Gegenangriff zu verbluten« (ebd.).

Am selben Tag saß Julie auf der Veranda des Hauses im Erlenweg und genoss die Frühlingsdüfte der ersten Blumen. Sie wollte Otto daran ein wenig teilnehmen lassen, »damit sich in Ihnen die Gewißheit festigt von einem ewig blühenden, ewig neu keimenden Leben, das aus aller Zerstörung sich hoffnungsreich erhebt. Ich weiß, Sie erblicken jetzt Schreckliches, Ungeahntes, das in seiner Grauenhaftigkeit auch den ehernen Kriegssinn mit Entsetzen berühren mag. Von daheim aber soll ein Hauch des Friedens, ein Wind der Liebe und der Innigkeit Sie umwehen, allzeit! –« Einen Tag später notierte Otto in »strömendem Regen«, dass das Regiment, dessen Abzug samt Bagage versprochen war, sich noch vor

14 Ca. 10 km Luftlinie westlich von Hattencourt.
15 Ca. 10 km Luftlinie westlich von Arvillers.

Ort befand. Allerdings blieb auch sein eigenes Regiment, wo es war: in Hattencourt als Reserve, wohin Otto nun zurückritt. Dort fand er »endlich Briefe von zu Haus. Zwei sehr liebe von Pa!« vor (T7, 8.4.18). Am folgenden Tag traf noch mehr »Post!!!« ein: »Zeitungen, Briefe vom 14. III.!« Dem Vater schrieb er nun ausführlich:

»Hier, südlich der Stadt (Amiens, DW) … glaube ich nicht, dass wir zu weiteren Angriffen schreiten werden. … Die Verluste vorne sind jetzt leider recht schwere, so leicht sie auch auf dem eigentlichen Vormarsch waren, aber die Franzosen, die den demoralisierten und seiner Artillerie größtenteils beraubten Briten hier abgelöst haben, legen die erbitterte Wucht ihrer Gegenangriffe samt der Hauptmasse ihrer schweren Artillerie die letzten Tage vorzüglich auf die Front Moreuil-Montdidier, mit deren Behauptung sie ihre wichtigsten Verbindungslinien (Bahnstrecke, DW) Amiens – Paris decken, und die beiden Gegner sind auf's wütendste ineinander verkämpft. Selbstverständlich wäre der Durchbruch südlich Amiens ungleich bedeutungsvoller und folgenreicher, trotzdem vermute ich, dass man den Punkt des geringsten Widerstandes suchen wird und die Entscheidung zwischen Albert – Arras – Lille herbeizuführen beabsichtigt.« (9.4.18)

So versuchte er, den Vater zu überzeugen, dass die Entscheidungsschlachten nördlich seines eigenen Standortes stattfinden würden und er selbst, obwohl an der »bedeutungsvolleren« Front im potentiellen Einsatz, verschont bleiben würde. Am Abend trafen Siegesnachrichten aus dem Departement Nord ein. »Allgemeine Trauer, dass wir nicht dabei sind.« (T7, 9.-10.4.18) So schien sich Ottos, dem Vater zur Beruhigung dargelegte Annahme, die Kämpfe würde nicht an der Somme entschieden, zu bewahrheiten. Er beantwortete die zahlreichen Briefe, die er erhalten hatte, kündigte aber an, er werde sie gleich wieder zurückschicken, »nur den Baedeker behalte ich vorläufig …« (10.4.18). Noch hatte er anscheinend die Hoffnung auf weitere Bildungsreisen in Frankreich nicht aufgegeben. In der Post befand sich auch die Nachricht Heinrichs vom Tod Kurt Gerschels: »So werden doch alle fortgerissen, die etwas taugten, die jung, kühn, zukunftsfroh waren. Er war ein solch offener, frischer, reiner Kerl, wie wenige ehrlich und grad. Ein so lieber Mensch! Ein rechtes Gegenmuster für die Antisemiten, tapfer und stolz und treu … Wie freilich seine

Zukunft geworden wäre, ahne ich nicht. Möge er jetzt in Frieden ausruhen. –« Wieder galt es, den Vater zu beruhigen: »Nun sollst Du aber wirklich um mich Dich nicht in unnötiger Sorge verzehren; ich will Dir ja gar nicht vormachen, dass ein Regimentsstab ›sicher‹ ist. ›Sicher‹ ist im Kriege schließlich überhaupt nichts und gewiss ist er auch mehr gefährdet wie [sic] ein Divisions- oder Armeestab, aber er ist doch jedenfalls unendlich viel sicherer als die Front.« Und Otto versuchte, den Vater von seinen Sorgen abzulenken, indem er lebhaften Anteil an dessen wieder erneuerten Zeitschriftenplänen nahm und ihn ermunterte, über seinen Bekannten Kurt Hahn in Kontakt mit dem Industriellen Robert Bosch zu treten, um diesen für die neue Zeitschrift zu gewinnen[16] (11.4.18). An diesem Tag erfuhr Otto aber, dass sein Regiment – inzwischen umbenannt in »Jäger-Regiment 13« – beim nächsten Großangriff gegen Montdidier in die erste Linie der Südfront kommen würde (T7, 11.4.18). Noch hieß es Warten. Seit Wochen lauteten seine Notizen über Hattencourt immer wieder: Regen, trüb, Sturm, kalt, Schnee und Sonne, starker Nachtfrost. Mit dem besseren Wetter aber kamen die Fliegerangriffe. Am 13. April schrieb er an Julie und Heinrich: »Neues nicht viel. Wir liegen hier vermutlich bis zum nächsten, dem dritten Stoss, der ja vermutlich irgendwo kommen dürfte. Näheres will ich nicht sagen, es geht jetzt um's Letzte.« (13 4.18) In der Nacht vom 19. zum 20. April wurde das Munitionsdepot getroffen, am folgenden Tag ein Munitionszug. Otto schrieb:

»Mir geht es sehr gut. Ich fühle mich wirklich sehr wohl im Stabe. Die viele Zeit, die ich jetzt habe, benutze ich zum Reiten und Lesen. Militärisches und Politisches dazwischen zur Erholung sonst allerlei … Mit den Kameraden vom 21. bin ich täglich zusammen. Die völlig verwüstete Gegend hier (altes Somme-Gebiet) die zerschossenen und gesprengten Ortschaften haben freilich auf die Dauer etwas Deprimierendes, dessen man Herr werden

16 Der erfolgreiche Industrielle Robert Bosch (1861-1942) war Sympathisant der Sozialdemokratie. Seine enormen Kriegsgewinne investierte er unter anderem in politische und soziale Projekte. Mit dem Pädagogen Kurt Hahn (1886-1974) verband Bosch eine lose Bekanntschaft. Beide waren Mitglieder der »Deutschen Gesellschaft 1914«. Otto korrespondierte mit Hahn, den er vielleicht über den Leiter der M.A.A., Hans von Haeften, kennengelernt hatte.

Otto mit seinem Kommandeur
und zwei weiteren Angehörigen des Stabes vor einem Unterstand,
aufgenommen eine Woche vor seinem Tod (2.v.r.)

muss … Aber denken Sie nicht etwa, dass ich jammere. Wenn man hier die Greuel der Kriegsverwüstungen sieht, kann man nur immer wieder denken, dass unser Land diesmal freigeblieben ist von der fessellosen Furie und dass wir weiterkämpfen wollen, bis wir sie ganz zu Boden geschlagen haben. – Wie ich schon beim diesmaligen Ausrücken das Gefühl von viel Abenteuer, vor allem von viel Wechsel hatte, der mich erwartete, so habe ich es auch jetzt. Es ist so schön: Die Zukunft ganz undurchsichtig und man kann sich allerlei bunte Farben und Zauberlandschaften hineinmalen! – Schreiben Sie doch von der Ionischen Säule.« (21.4.18)

Die Ionische Säule! Das kleine Werk, mit dem Julie sich seit Monaten quälte, dieser Inbegriff von klassisch-griechischer Klarheit, erweckte seine Sehnsucht inmitten des zunehmenden Chaos, der Verwirrung, des Todes, der Ungewissheit.

Zwei Flieger, die in der Nacht zum 23. April notlandeten, brachten »die sehr traurige, mich tief erschütternde Nachricht von

Richthofens Tod … mit« (T7, 23.4.18).[17] Dann kam der erwartete Einsatzbefehl: An der Bahnlinie nach Paris, zwischen den Orten Wiencourt und Marcelcave sollte in den nächsten Tagen die Bereitstellung des Regiments erfolgen. Die Lage war unübersichtlich. Zwischen 5 und 8 Uhr morgens am 25. April trafen hintereinander mehrere widersprüchliche Befehle ein, schließlich fand Otto befehlsgemäß Quartier für den Stab in Wiencourt. Am 26. April kam schließlich Befehl, in der kommenden Nacht die Truppen in den vorderen Gräben abzulösen. Otto schrieb noch einen relativ ausführlichen Brief an Julie Vogelstein.

»Da ich Ihnen versprochen habe; immer ehrlich zu sein, will ich Ihnen auch erzählen, dass wir heute Nacht ablösen. Sie brauchen sich jedoch nicht darum zu sorgen, denn 1) sind wir nicht zu einem Angriff bestimmt 2) sind wir, wenn Sie diesen Brief lesen, schon lange wieder hinten. … Ihr Brief enthielt so viel, dass ich ihn mit zum Unterstand vor nehme, genauestens studieren und weiter darauf antworten will. Alles Gute Ihnen in innigster Treue, Otto« (26.4.18)

Am Nachmittag traf man am Bestimmungsort ein und Otto versuchte, die vorgefundene Lage und den Verlauf der bisherigen Kämpfe zu schildern. Es ergab sich ein vollkommen verwirrendes Bild, Angriffe und Gegenangriffe von allen Seiten, weder Ziele noch Ergebnisse waren erkennbar. Am Abend notierte Otto in seltener Grobheit, er »sitze hier … (auf der Toilette, DW) und benutze die Seiten eines wunderschönen castilianischen Wörterbuchs von 1791 herausgegeben von der Real Academia Espanola zu hinterlistigen Zwecken, trotz schwerer Gewissensbisse, aber was tut man nicht in der Not!« (Ebd.)

Am 27. sollte also die Ablösung beginnen. »Alle Herren völlig am Ende ihrer Kräfte, kommen eben von vorn. Wir (der Stab, DW) haben einen großen Keller, den eine Gruppe der uns zugeteilten Kav. Div. 9 jetzt eifrig verstärkt.« Die rückkehrenden Einheiten hatten vorn nur einzelne Schützengrabenlöcher vorgefunden, inzwischen aber Gräben geschaufelt. Eine andere Einheit, die im

17 Manfred von Richthofen war am 21. 4. bei Vaux-sur-Somme, ca. 10 km westlich von Amiens, in einem Luftkampf mit britischen Verbänden abgeschossen worden.

Bahnwärterhaus an der Bahnlinie untergekommen war, hatte in die Marschkolonne zwei Volltreffer bekommen und 14 Tote sowie 18 Verwundete zu beklagen. »Die Toten lagen heut früh noch in ihrem Blut schwimmend auf der Strasse … Wollte zu(m Bataillon) 8 vor, Major verbot es mir zu meinem grossen Ärger. Ehe ich nicht die ganze Stellung genau kenne, ist mir nicht wohl.« (T7, 27.4.18) Das war Ottos letzter Tagebucheintrag.

Am 28. April schrieb er noch einmal einen sehr langen, ausführlichen, aber leider fast ganz unleserlichen Bleistift-Brief an Julie Vogelstein, aus eben jenem Keller, in den der Stab sich zum Schutz vor dem Artilleriefeuer zurückgezogen hatte. Julies Briefe vom 22., 23., 25. und 27. April erreichten Otto nicht mehr. Sie kamen ungeöffnet und auf dem Umschlag mit einem Kreuz und der Aufschrift: »Zurück! Auf dem Felde der Ehre« versehen wieder in Berlin an. In ihrem Brief vom 23. April hatte Julie »nachts früh ein bängliches Gefühl (beschrieben), das sich freilich gegen die Frühdämmerung löste und einem solchen Traume wich, mir dennoch lebhaft in Erinnerung blieb. Bitte, sagen Sie mir, ob sich irgend etwas zugetragen hat. Es war nämlich eine unbestimmte Ahnung, deren näheres Wesen mir verborgen ist.«

Als auch dieser Brief unbeantwortet zurückkam, hatten Heinrich und Julie die Nachricht von Ottos Tod längst erhalten, vermutlich noch am selben Tag, den sie gemeinsam in Berlin verbracht hatten. Julie beschrieb die Szene später so:

»Gegen Abend kehren sie heim. Am Gartenzaun schleicht das Hausmädchen entlang. Sie hat Vater und Brüder im Feld; weint sie, weil einem von Ihnen ein Leid geschah? Ehe Heinrich es bemerkt, nimmt Julie das junge Ding mit sich nach oben. Da schreit die ihr ins Gesicht: ›unser Herr Leutnant ist tot!‹ und reicht ihr das Telegramm. Die Zehlendorfer Post habe den Inhalt der Depesche mitgeteilt. Man müsse den Vater doch vorbereiten. Den Vater vorbereiten –. Am Schreibtisch sitzt er im Abenddämmer. Ob sie jetzt die Apologie[18] mit ihm lesen wolle, ruft er der eintretenden Julie zu, oder warten, bis es ganz dunkel werde. ›Es ist ganz dunkel geworden.‹ Im tonlosen Ton hört er den Tod. Er fragt mit keinem

18 Platons »Apologie des Sokrates«.

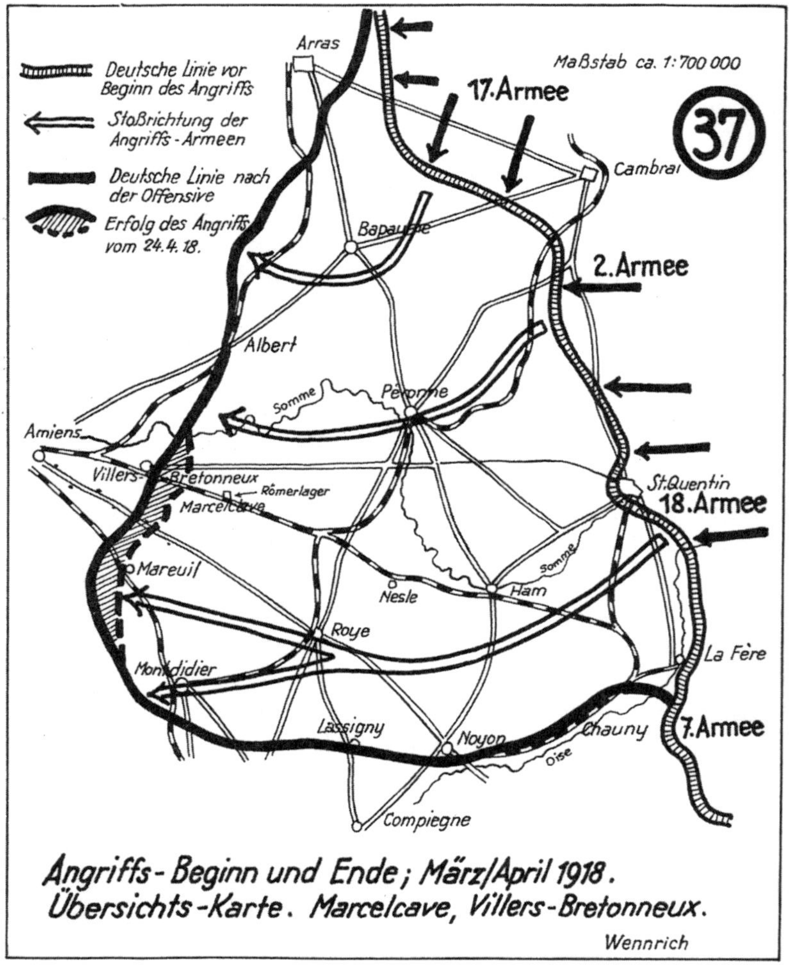

Frühjahrsoffensive an der Somme; Marcelcave, wo Otto am 29. April fiel, an der Bahnlinie nach Amiens.

Wort, mit keinem Blick, er klagt, er stöhnt mit keinem Laut, bleibt stier und stumm. Seine Finger umkrallen das Telegramm, seine Augen bohren sich in die Buchstaben und lesen sich blind.«[19]

Otto Braun war am 29. April 1918 um 11 Uhr vormittags bei Marcelcave von einer Granate getötet worden.[20] Der Regimentskommandeur von Bibra schrieb noch am selben Tag an Heinrich:

»Wir frühstückten noch vergnügt miteinander und sprachen über die vergangene Nacht, wo starkes, schweres Feuer auf unserem Keller und Umgebung lag. Am Vormittag war es ruhig, und so bat er mich, nach den Meldereitern in nächster Nähe zu gehen, um verschiedenes anzuordnen. Kaum nach 5 Minuten, als er mich verlassen hatte, kam eine einzige, schwere Granate auf den Ort. Nach kurzer Zeit kam mein Diener, der mit ihm gegangen war, zurück und meldete, dass unser lieber, von allen so geschätzter Ordonnanzoffizier mit einem Oberjäger, zwei Dragonern und 2 anderen Jägern durch Volltreffer gefallen ist. Assistenzarzt Dr. Töplitz R.J.B. 21 sofort verständigt, bestätigte uns die traurige Nachricht. Die Granate war in allernächster Umgebung vom Standort gefallen.«

Ottos Freund, Hellmuth Neuser, schrieb am nächsten Tag: »Am 28. sah ich Otto zum letzten Mal, fröhlich und zuversichtlich wie immer schied er von mir. Am 29. gegen Mittag überbrachte uns dann atemlos und tief erschüttert Dr. Töplitz die Trauerkunde. Bald darauf brachten Krankenträger meiner, seiner Kompagnie seine sterbliche Hülle zu mir. Auf einem Beet zwischen blühenden Blumen haben wir ihn gebettet, bis der Wagen ihn zur Beerdigung holte. Friedlich war sein Gesicht und unverletzt, den Ring haben wir ihm noch vom Finger genommen …«

Als die erste Lähmung sich gelöst hatte, bemühte sich Heinrich Braun, die Leiche seines Sohnes nach Berlin zu holen. Am 7. Mai stellte er in Berlin einen entsprechenden Antrag an das stellvertretende Generalkommando des III. Armeekorps. Heinrich und Julie erhielten Passierscheine, konnten die Reise aber nicht erfolgreich durchführen. »Infolge Erkrankung auf der Reise mussten wir in

19 Ein Menschenleben, S. 457 f.

20 Vgl. Sterbeurkunde Nr. 740 (31. August 1918) des II. Ersatz-Bataillons des Infanterie-Regiments 41, zu dem das Reserve-Jäger- Bataillon 21 zuletzt gehörte. JBVC-Series II, 1/5.

Cambrai die Reise unterbrechen, und, ohne unseren Zweck zu erreichen, nach Hause zurückkehren«, schrieb Heinrich an das III. Armeekorps nach seiner Rückkehr am 1. Juni. Bedingung sei nämlich gewesen, zitierte er die Genehmigung, dass der »Leichenpass bestimmt am 21.5.18 bei der Inspektion II der Gräberverwaltung in Valenciennes abgeholt wird.« Man sei also später eingetroffen, habe den Leichenpass trotzdem erhalten, »aber da die Passierscheine nur bis zum 25. Mai … Gültigkeit hatten, konnte ich die Genesung in Cambrai, wo wir am 22. Mai anlangten, nicht abwarten, um dann die Leiche in Chuignolles[21] abzuholen, sondern musste unverrichteter Sache zurück. Aus diesem Grunde will ich die Fahrt im September noch einmal unternehmen und bitte schon jetzt für mich und Fräulein Vogelstein, die Pflegemutter meines gefallenen Sohnes, um für den Monat September giltige [sic] Passierscheine nach Chuignolles.«[22]

Wann genau die Überführung von Ottos Leiche nach Berlin stattfand, ist aus den Quellen nicht ersichtlich. Vermutlich geschah dies erst nach Jahren. Der Grabstein jedenfalls, den Hugo Lederer für Lilys und Ottos Urnen im Garten des Erlenwegs errichtete, wird in dessen Werkverzeichnis für das Jahr 1926 erwähnt.[23] Zwischen den Briefen des Jahres 1918 finden sich aber vereinzelte Fotos, die anscheinend schon bei der ersten Umbettung gemacht wurden. Sie zeigen einen sehr einfachen Holzsarg auf einem verwüsteten Feld, das vollständig mit rohen kleinen Holzkreuzen übersät ist; auf einem anderen, offensichtlich später aufgenommenen Foto ist ein geschnitztes Holzkreuz mit Ottos Namen und militärischem Rang sowie ein mit einfachen Sommerblumen bepflanztes Einzelgrab zu sehen.

Unmittelbar nachdem die Nachricht von Ottos Tod Berlin erreichte und die engsten Freunde und Bekannten informiert worden waren, traf eine wahre Flut von Kondolenzschreiben ein, die den

21 Ottos Leiche war nach Chuignolles umgebettet worden, weil kurz nach seinem Tod Marcelcave, wo er gefallen war, von den Franzosen zurückerobert werden konnte. Man hatte beim Rückzug die frisch beerdigten Toten mitgenommen. Bei Chuignolles wurde ein provisorischer Friedhof für das Regiment errichtet.

22 JBVC, Series II, 1/5. Heinrich war vermutlich schon informiert worden, dass bis September 1918 eine Sperre für Leichenüberführungen ausgesprochen worden war.

23 hugo-lederer.de/werkverzeichnis_5.

ganzen Mai und Juni anhielt, auch im September kamen noch Beileidsschreiben von Bekannten, die sich im Ausland aufgehalten oder aus anderen Gründen erst jetzt von Ottos Tod erfahren hatten. Neben einfachen Karten überwogen ausführliche, sehr persönliche Briefe, die allesamt auf Otto als einen wunderbaren, begabten und liebenswerten, in jedem Sinn außergewöhnlichen Menschen Bezug nahmen, dessen Verlust nicht zuletzt deswegen beklagt wurde, weil er den Schreibern, ähnlich wie seinen Eltern und Julie Vogelstein, als eine vielversprechende Persönlichkeit mit besonderen Fähigkeiten und einer bedeutenden Zukunft erschien; diese Zukunft, ohnehin ungewiss, schien durch Ottos Fehlen ärmer geworden. Diejenigen, die besonders aus Freundschaft zu Heinrich schrieben, waren sich des großen Schmerzes bewusst, den dieser zweite Verlust innerhalb von zwei Jahren für ihn bedeuten musste. Niemand fand oder suchte auch nur Worte des Trostes. Es war, als hätten auch sie an Ottos Unsterblichkeit geglaubt.

* * *

Nach dem missglückten Versuch, Ottos Leiche nach Hause zu holen, begab sich Heinrich im Juni 1918 in den Tannerhof in Bayrischzell, in dasselbe Sanatorium, in dem ihn knapp zwei Jahre zuvor die Nachricht von Lilys Schlaganfall erreicht hatte. Dorthin schrieb Julie:

»Einmal grob heraus: So geht's mit uns nicht weiter. Wir beide bleiben erschreckend hinter uns zurück, wir beide erfüllen unser Leben durchaus nicht, sind klägliche Vertröster auf ein morgen, ein später. Und Ursache ist vor allem und zumeist Dein Zustand. Ich will gewiss meine Schwäche, törichte Empfindlichkeit, meine knechtische Abhängigkeit von Deiner Stimmung und was ich sonst an Widerwärtigem zeige nicht beschönigen. Aber es bleibt doch bestehen, dass Du im selben Augenblick, da Du mir die Lähmung meines Wesens durch Deine Wunderliebe nahmst, mir eine neue, nie gekannte Unruhe, eine üble Spannung gabst, durch Deine nervösen Schwankungen und mehr noch durch das wenige Beginnen und nie Weiterschreiten. Wenn ich nun jetzt statt Dich und Dein so schwer tragendes Herz still gewähren zu lassen noch eindringlicher zu Dir spreche, als sonst, so geschieht es gerade um Otto! Ihm hast Du zu halten, was er von Dir erwarten kann. Und zugleich wird es Dein schönster, holdester Lohn sein, denn je mehr Du Dich erfüllst, desto umso inniger wirst Du ihn lebend und wirkend fühlen. Ich habe es erprobt! Die Nähe und Verbundenheit mit meinem Herzkind ist, bald fühlbar, bald nur von fern geahnt, bald gar ein wenig verloren, der untrügliche Maßstab für meines Wesens Wert oder Unwert. Mit Dir erringst Du ihn!« (19.6.18)

Heinrich antwortete nur scheinbar auf diesen schriftlichen Vortrag, indem er Julie ohne weiteres recht gab: »Was Du sagst ist durchaus auch meine Überzeugung.« Was sie schreibe, sei »nicht nur vollkommen richtig, sondern auch ein Zeichen Deiner unendlichen Güte und Zärtlichkeit«. Er bedankte sich bei Julie und versicherte ihr, »daß ich von Stund an unablässig bemüht sein werde, Deinen Wünschen gerecht zu werden«. Damit schloss er diesen Teil seines Briefes ab und vermied so, genauer auf sein seelisches Befinden, seine von Julie treffend diagnostizierte Depression und die Möglichkeiten, sie zu überwinden, einzugehen. Stattdessen schrieb er in latent aggressivem Ton, so als sei Julie eine strenge Lehrerin, der er gehorchen müsse.

Während Heinrich sich im Tannerhof zu erholen suchte, konzentrierte Julie sich zu Hause auf die Arbeit an dem gemeinsamen Plan, den beide vermutlich bald nach Ottos Tod gefasst hatten: die Herausgabe einer Auswahl von Ottos Texten, seinen Tagebucheintragungen, Briefen und Gedichten. Deshalb bat Julie alle Freunde und Bekannten Ottos, ihr dessen Briefe zuzusenden; deshalb vertiefte sie sich in Heinrichs Abwesenheit in seine Tagebücher und Schulaufsätze. Auf diese Weise war sie ihm jeden Tag nahe. So »erprobte« sie, wie sie und auch Heinrich Ottos Gegenwart für sich wiederherstellen konnten. Diese Gegenwart setzte sich bis in Julies Träume fort. Sie berichtete Heinrich von diesen Erscheinungen Ottos als seien es Botschaften aus einem unbestimmten Jenseits. Als Julie ihm wieder einmal eine solche nächtliche Vision geschildert hatte, reagierte Heinrich enthusiastisch:

»Deine Vision vom Sonntag gehört wol zum Schönsten, was das Auge eines Menschen sah. Hoffentlich erweist sie sich auch als beglückende Wahrheit und die Bausteine, die Otto zurückließ, fügen sich zu dem wunderbaren und lebensspendenden Tempel, den Du erblickt hast. – Zunächst könnte, wie ich glaube, das Bild, das Du

Das Grabmal kurz nach seiner Aufstellung
(Foto undatiert, zwischen 1927 und 1935)

hast, Wirklichkeit gewinnen in dem Denkmal, das wir Lederer aufgetragen. Willst Du nicht versuchen, entweder in einer Zeichnung oder in schildernden Worten Lederer mitzuteilen, wie Du Lilychen und Otto vor dem Tempel sahst, sie mit ausgebreiteten Armen ihn erwartend, und er mit großem festen Schritt auf sie zuschreitend. Eine schönere Komposition für die Grabstelle vermöchte ich mir nicht vor(zu)stellen.« (26.6.18)

So hatte Julie durch ihre »Vision« der Sinngebung von Ottos und zugleich Lilys Tod Autorität verliehen, ja, die Vision mochte auch Heinrich als Ottos Vermächtnis erscheinen. Tatsächlich lässt sich in dem von Hugo Lederer realisierten Grabstein Julies visionärer Entwurf wiederentdecken. Allerdings könnte man ohne diese Information das Relief auch anders deuten: als eine Szene nämlich, in der die Mutter den Sohn nicht etwa empfängt, sondern vor seinem Auszug in den Krieg verabschiedet und segnet.[24]

24 Dank an David Sabean für ein ausführliches Interpretationsgespräch vor dem Grabmal.

Die Sommertage waren früher immer Feiertage gewesen, mit Ottos Geburtstag am 27. Juni und Lilys Geburtstag am 2. Juli. Jetzt boten diese Geburtstage der Toten Anlass zu besonderem Kummer, zumal der 29. eines jeden Monats an den Todestag Ottos am 29. April erinnerte. Heinrichs Trauer um Lily war durch Ottos Tod noch schmerzlicher geworden. Denn der Sohn hatte ihm immer als ihr Geschenk gegolten, das er nun verloren hatte. Er war ja ohnehin der Überzeugung, Lily nicht gerecht geworden zu sein, sie in gewisser Weise betrogen zu haben, nicht im trivialen Sinn seiner Beziehung zu Julie, sondern weil er ihr »so Vieles, wenn nicht Alles« schuldig geblieben sei (an Julie, 2.7.18). Das Gefühl, der Toten »Alles« schuldig geblieben zu sein, übertrug er auch auf Otto, als Julie ihm einige von dessen Tagebüchern schickte, damit er wie sie seine Gegenwart spüre. Aber seine depressive Verfassung ließ ihn die Lektüre ausschließlich negativ erleben: Er glaubte, »trotz aller Zärtlichkeit und ehrfürchtiger Bewunderung dem unvergleichlichen Kind blind gegenüber gestanden (zu haben), und wie ich Lilychen alles schuldig blieb und eigentlich jetzt erst weiß, mit welchem Menschen unerhörte Schicksalsgnade mich vereinigte, so ist es auch mit mir und Ottochen der Fall. –« (3.7.18)

Julie hatte Heinrich auf dessen Trauerbrief vom 29. Juli 1918 geantwortet: »Wer so am Tag und in der Nacht mit Otto lebt wie ich, dem erwächst die Sehnsucht und das Leid zu unermeßlicher Stärke.« Und sie führte das ausnahmsweise länger aus, obwohl sie sonst gerade die Tiefe ihres Schmerzes daran hindere, über ihn zu sprechen. Dann aber fügte sie hinzu, zugleich und vor allem sei ihr präsent »Ottos Gestalt. Sein Dasein, seine Form sein Bild, seine Ewigkeit, sein Walten und Wirken, … in sich reif und beschlossen, Erfüllung und Gewährung, Frucht und Blüte zugleich, Herrlichkeit, gottgewordene Menschlichkeit …« Dass Heinrich ihn noch nicht so sehen könne, habe seinen Grund in seinen besonderen Erwartungen an Otto:

»Du hofftest auf ihn als den großen Mann der Tat! Als den Bildner und Gestalter, den Heerführer und Former. Das hat sein Tod vernichtet, und so siehst Du nur zerschmetterte Hoffnung. Ich aber erkenne in ihm den Mann des Seins. Entschlage Dich Deines getäuschten Erwartens, trauere nicht um den im Keim und in der Knospe vernichteten Politiker und Staatsmann, denn auferstanden ist ein Anderer, wesenhaft Überragender, ein Mensch wie Gott sich ihn erträumt und wie er ihm nur dies eine Mal geglückt!« (31.7.18)

Julie fand auch auf Heinrichs Schuldgefühle gegenüber Lily, seine Selbstanklage, ihr alles schuldig geblieben zu sein, eine Antwort, indem sie ein weiteres antikisches Bild entwarf: der Heroe Otto als die Frucht einer »titanischen« Frau, die gar nicht zur Erfüllung ihres Glückes kommen konnte, »ehe nicht das Übermaß ihres Begehrens im ewigen Leben Erfüllung fand. … Otto und sie: wie ein neugezeugter Mythos ist diese Folge …. Aus dem gotthaften Begehren der Mutter wird die gotterfüllte Befriedung des Sohnes. Im christlichen Mythos vermählt sich Gott der reinen Magd. Um die Welt zu entsühnen, zeugt er den Sohn. Hier aber gebiert die himmelstürmende Sehnsucht … den Sohn, der nicht Vergangenes gut zu machen, sondern Künftigem den Weg zu weisen hat. Und nun darfst Du nicht zerkritteln, was Wahrheit und sichtbares Wirken wurde: aus Eurer Liebe, die gottsuchend aufflammte, die himmelhaft herrlich und hell und von heiliger Feuerglut war, aus Eurer Liebe … aus Euren innersten Seinskräften entstand das leuchtende Kind …. Ich weiß um Eure Vermählung und ich weiß darum, wie innig sie war. Nur ich kann das mit Bestimmtheit sagen …« (2.7.18)

Indem Julie Lilys Lebenskraft als quasi-göttlich, jedenfalls übermenschlich beschrieb, geriet deren Menschenleben zum bloßen Käfig ihrer Möglichkeiten, der Tod wurde zur Erlösung erklärt – nicht von Schmerz und Enttäuschung, sondern von Grenzen und Einengung. In einer Variation des Maria- und Christusmythos (den ja Lily selbst in ihrem Drama »Mutter Maria« bemüht hatte), überführte Julie Mutter und Sohn in eine höhere Sphäre des Überirdischen, in der sie als Angebetete verweilten, aber zugleich der Sphäre, in der sie selbst ihre irdische Liebe mit Heinrich leben wollte, enthoben waren.

Julies Briefe aus diesen Monaten geben Zeugnis von ihrer emotionalen und rhetorischen Anstrengung, nicht nur mit ihrem eigenen Unglück fertig zu werden, sondern zugleich Heinrichs Unglück so zu gestalten, dass er liebesfähig blieb und mit ihr zusammen lebensfähig wurde. Sie musste deshalb seinen Schmerz zulassen und durfte ihren eigenen nicht leugnen oder klein schreiben, im

Gegenteil. Die Trauer um Otto war ja eine der zentralen Gemeinsamkeiten zwischen ihnen geworden. Am 31. Oktober schrieb sie etwa, wieder veranlasst durch einen Trauerbrief Heinrichs an einem 29.: »wohl kannst Du mich erfüllen und beseligen, wie nur ein Gott es sich erträumen mag, wohl erschließt die Gnade unserer Liebe mir Reiche zauberhafter Wonnen, aber nie rührt die Rosenhand unserer Innigkeit an jenen hehren Tempel, der in allen Zeiten mir Schmerz und Andacht, Verzweiflung und Ewigkeit sein wird. Kannst Du eine solche Frau heiraten? Kannst Du an ihr gesunden, wie Du es dir erträumtest?« Die Antwort konnte nur ein entschiedenes »Ja« sein.

Zugleich arbeitete Julie mit dem Instinkt der Liebenden daran, die Existenz der Toten für Heinrich in virtueller Gestalt wieder zu erschaffen. Dem diente vor allem die Herausgabe von Ottos Texten. Und sie war mit dieser Strategie sehr erfolgreich. Denn die Briefe, die beide in diesem Jahr und bis zu Heinrichs Tod wechselten, sprachen vor allem davon, wieviel Glück sie einander gaben, wie sehr sie sich begehrten und einander vertrauten. Nichts hinderte sie mehr, ihre Liebe auszuleben, und obwohl Heinrich, solange beide noch nicht verheiratet waren, ihren guten Ruf zu schützen suchte, indem er sie den neuen Dienstboten gegenüber als eine Verwandte, den Behörden gegenüber auch als »Pflegemutter« Ottos bezeichnete oder auf Karten oder Post ins Ausland gelegentlich noch das Sie als Anrede benutzte – dass sie beide allein übrig geblieben waren, war zwar eine Quelle von Trauer, aber sie trauerten eben nicht allein, sie liebten und wussten sich geliebt. Auch Heinrich hatte keine Hemmungen mehr, seine Liebe schriftlich zu äußern. Einen Brief aus Elmau, wohin er vom Tannerhof direkt gereist war, beendete er: »Nein, ich liebe Dich nicht mehr so wie auf der Fahrt von München nach Elmau, auch nicht so wie am … 31. Juli 1914, nein, nein, *nein*, sondern viel tausendmal mehr und tiefer und inniger und zärtlicher und leidenschaftlicher und ehrfürchtiger. H.« (31.7.18) Und zwei Wochen später:

»In Dir fand ich die Liebe, alle Erfüllung jeder Sehnsucht, nach der Sinne, Geist und Seele jemals verlangten. Der süsseste Rausch sinnlichen Glücks, den ich in einem nie vergessenen Traumbild in blühender Jugend erlebte, er ist tausendmal übertroffen, wenn ich an Deinen Lippen und Deinem Busen ruhe. Nie noch fühlt ich so heimisch mich wie in der Sphäre Deines Geistes, und wenn ich den

Flügelschlag Deiner Seele spüre sehe ich in Wahrheit den Himmel offen und von Erdenschwere bin ich erlöst.« (15.8.18)

Die Novemberrevolution ließ noch einmal die Geschichte als Ereignis in das Leben des Paares einbrechen – doch Heinrich konnte davon nicht profitieren. Die SPD ging auf seine publizistischen und praktischen Unterstützungsangebote nicht ein, seine Energie reichte für den politischen Kampf nicht mehr aus. Julie, die sich zu Politik eigentlich nie äußerte, nahm die Ereignisse erstaunlich interessiert und kritisch auf. Sie sah – wieder ganz Iphigenie – einem baldigen Kriegsende trotz der sicheren Niederlage mit positiven Gefühlen entgegen und widersprach damit Heinrichs pessimistischen Zukunftsszenarien:

»Selbst wenn uns vorübergehend Schmach und Erniedrigung und für lange Zeit wirtschaftliche Schädigung zugefügt wird, sind wir doppelt den Andern überlegen. Einmal durch die Härtung und Stählung, die wir in Demut und Qual empfangen und die aus Not in uns Kräfte wachruft, während der triumphierende Sieger sich geistig wie wirtschaftlich auf ein Faulbett legt und an Leckerbissen seine Zunge übt, seelisch aber aus Selbstzufriedenheit und Genüge zurücksinkt in den Schlamm. In uns wurmt und nagt die Not, die Erniedrigung, die Schmach, wir müssen – rein als Folge, nicht als Forderung gilt das Wort hier – uns auf Schwäche und Mängel besinnen.« (4.11.18)

Julie kommentierte die Novemberrevolution sogar mit einer für sie ungewöhnlichen Radikalität, wobei sie damit offensichtlich Heinrich zu begeistern und zu aktivieren hoffte:

»Die Ereignisse machen mich verstummen. Bang warte ich auf die entspannende Nachricht der Abdankung, deren Wirkung freilich an politischem Wert fast eingebüßt hat. Alles kommt zu spät. Auch die Regierungserklärungen und auch jetzt noch nur dem Druck nachgebend, nicht einer Gärung zuvorkommend aber doch ihr Ziele, sichtbare Ziele bietend. Man meint, es seien alle nichts als Verwaltungsbeamte. Wo ist ein Mirabeau?[25] Warum schreckt

25 Der Comte de Mirabeau (1749-1791) war philosophischer Aufklärer und als Präsident des Jakobinerklubs und Vorsitzender der Nationalversammlung ein zentraler Aktivist der Französischen Revolution, wobei er sich für eine konstitutionelle Monarchie einsetzte.

man vor Verkündigung einer großen Bodenreform, einer restlosen Erfassung aller Kriegsgewinne, einer völligen Umgestaltung der Kreis- und Kommunalordnung zurück und wartet bis das Alte und mit ihm so viel Wertvolles zertrümmert wird? ... Nie war die Zeit für die Annalen günstiger. Nie ein Redakteur in besseren Beziehungen zu maßgebenden Männern und Kreisen. Auch die Reform der Annalen muß in Angriff genommen werden.« (8.11.18)

Als im November 1919 das von Julie Vogelstein herausgegebene Buch über »Otto Braun. Aus nachgelassenen Schriften eines Frühvollendeten« erschien (und ein riesiger Erfolg wurde, weil generationenübergreifend breite Kreise in Otto den viel versprechenden, aber gefallenen zukünftigen Führer sahen), war es Julie Vogelstein tatsächlich gelungen, Otto insofern am Leben zu erhalten, als sie ihm einen Platz im Nachkriegsleben der geschlagenen Nation sicherte. Vor allem aber hatte sie es für Heinrich getan, und wohl auch für sich selbst.

Die (allwissende) Erzählerin

Schon bald nachdem Julie Vogelstein im Sommer 1914 in das Leben der Brauns getreten war, hatte sie im familiären Freundeskreis die Position der allwissenden Geliebten eingenommen. Sie selbst war ein Geheimnis und zugleich die einzige, vor der es keines gab. Das war eine der Grundlagen ihrer Macht, oder besser: ihres Einflusses. Die zweite Grundlage war, dass sie mit ihren Kenntnissen zur griechischen Klassik und ihrem Bekenntnis zu deren Wertesystem über ein Instrument der Sinngebung verfügte und dies auch ihren Freunden als umfassendes Interpretament anbot, das geeignet war, deren Verwirrung in Zeiten der Liebe und des Krieges, das Chaos ihres persönlichen Lebens und der sogenannten Großen Zeit, den massiven Einbruch von Gewalt und Tod nicht nur in ihre hergebrachte Bildungswelt einzuordnen, sondern gerade diesem bestürzend Neuen Sinn und Form zu verleihen, die Kraft, es auszuhalten und sogar zu bejahen. Die griechische Klassik und das klassische Weimar – so die Überzeugung, die Julie vor allem, aber nicht nur, Otto vermitteln konnte, würden nicht nur das Kriegsgeschehen unbeschadet überdauern – sie konnten es auch jetzt schon erklären und sie konnten den Lebenden die Kraft verleihen, es zu ertragen.

Am 18. März 1918 hatte Julie Vogelstein an Otto geschrieben:

»Über das Kommende, die Welt und ihr Geschick Bestimmende mag ich nicht Ahnung und Hoffnung, nicht Bangen und nicht Glauben äußern. – Mein Schwatzen von Anderem, mein Lesen, Arbeiten, Denken mag mir wie das Singen der Kinder im Dunklen erscheinen. Und doch ist es nicht so. Aber da das Geschehen mich nicht als Werkzeug, und sei es noch so winzig, braucht, da ich nur miterleben, nur miterschauen kann, sind Geist und Gemüt ein Feld, in dem es lebendig und tätig sein darf.«

Julie, die ihre Haltung hier ganz ähnlich wie einmal Lily als mögliche Strategie gegen die Angst beschrieb, zog aus dieser (von ihr sogleich geleugneten) Angst jedoch die entgegengesetzten Konsequenzen. Während Lily sich aktiv in die Kämpfe der Großen Zeit gestürzt und damit versucht hatte, ihre Zuversicht zu erhalten und zu stärken, sah Julie sich nicht als Akteurin der Geschichte, nicht einmal als deren Werkzeug. Die Geschichte brauchte sie nicht und sie brauchte die Geschichte nicht, weil sie im Besitz einer überzeitlichen Wahrheit und Schönheit war. Diese Haltung war nicht erst im Krieg, etwa als Abwehr gegen ein Übermaß an Geschichte, entstanden, sondern gehörte, so Julie in ihrer Autobiographie, seit ihrer Jugend zu ihrem Wesen. Zutreffend auch für sich selbst zitierte sie Wilhelm von Humboldt: »Ich bin von keiner Zeit.« Und ihr Bruder Theodor hatte sie einmal verspottet: »Für Julie hört die Welt im Jahre 1832 auf« – also in Goethes Todesjahr. Die Autobiographin fand zwar, das habe töricht geklungen, sei aber zutreffend gewesen.[1]

Nicht als Akteurin, sondern als eine, die nur »miterlebt, miterschaut«, so sah sie sich auch in der komplizierten Beziehungsgeschichte mit und zwischen Heinrich, Lily und Otto Braun. Seit sie den dreien begegnet war, hatte sie sich einem jeden von ihnen dienstbar gemacht. Sie wollte und konnte alle drei lieben, auch wenn sie sich Heinrich am nächsten fühlte und vor allem hoffte, dass die Gegenwart sich nach seinen Bedürfnissen gestalten und die Zukunft sich nach seinen Hoffnungen entfalten würde. Vielleicht war ihr nicht bewusst, in welch hohem Maße sie aber durch ihre emotional und intensiv teilnehmende Beobachtung, ihr Verständnis für die Bedürfnisse eines jeden und ihrer Beziehungen innerhalb des intimen Kreises, dem sie bald selbst angehörte, vor allem aber auch durch ihren persönlichen Rat und ihre im Hintergrund bleibenden Interventionen in all das aktiv eingriff, immer bereit zum Zuhören, Beschreiben, Erzählen und Deuten. So wurde sie ein wichtiger Bezugspunkt für die geliebten Menschen, vor allem für deren Orientierung in der Dynamik des äußeren und inneren Geschehens im Krieg. Was diesen selbst anging, so war sie, Julie, aus der Geschichte ausgestiegen, oder besser: nie in sie eingestiegen. Fest verankert in der Welt der Griechen und Goethes, blieb sie scheinbar unberührt von dem Ereignis des Weltkriegs und bot aus dieser sicheren, ewigen und unbeschadeten Sphäre den begeisterten oder verängstigten Freunden eine Weltdeutung an, in der alles im Idealen blieb, wie es immer gewesen war und auch nach dem Krieg sein würde.

1 Julie Braun-Vogelstein, Was niemals stirbt, S. 211.

Die bescheidene, zurückhaltende, scheue, immer gebende Julie war in Wahrheit die stärkste und einflussreichste unter den Freunden. Und nachdem sie alle überlebt hatte, übernahm sie die Aufgabe, das Andenken der Toten zu bewahren, das heißt: ihre Zeugnisse zu sammeln, zu archivieren und in ihren Büchern zu bewerten: Einiges war vermutlich 1916 vernichtet worden, wie Lily Brauns Tagebücher, die sie als Erwachsene geschrieben hatte, ebenso wie ihr letztes Buchmanuskript. Wieviel von Lilys unpassender Leidenschaft an die Öffentlichkeit drang, blieb, nachdem Otto und Heinrich gestorben waren, allein Julies Entscheidung vorbehalten. Anderes wurde mit rotem Stift markiert: Sternchen, Seitenstriche und Benennungen kennzeichneten die Briefe und Briefteile, die in die Tradierung Eingang finden sollten, oder die sich zur Veröffentlichung eigneten. Hatte sie schon den Lebenden verführerische Deutungsangebote gemacht, so wurde sie nach deren Tod alleinige Herrin über deren Geschichte.

1919 erschien das Buch über Otto: »Otto Braun. Aus nachgelassenen Schriften eines Frühvollendeten.«[2] Julie entwarf hier eine »geschlossene Gestalt, fest in Wuchs und Form, frei und vollendet in sich,« einen »in Krieg und Leid erstarkten Mann«, eine »junge Hoffnung«, an der Deutschland seit dem verlustreichen Krieg »arm geworden« sei. Seine frühe »Vollendung« war ihr das Ergebnis eines immer schon vorhandenen, sich dynamisch und harmonisch entfaltenden Persönlichkeitskerns. Das Buch aus seinem jugendlichen Nachlass zusammenzustellen, bedeutete für sie »das Erlebnis des unwandelbaren Seins, des in allem Werden und Wachsen unbeirrten Wesens, das sich schon im Knaben zu eigenstem Gebilde formt: bei reichster Entwicklung unverbrüchliche innere Einheit.« (S. 8) Sie beschrieb Otto, wie Heinrich ihn erträumte, wie sie ihn sich wünschte, vor allem wie sie glaubte, dass er selbst posthum zu dem werden wollte, was er für sich erstrebte hatte: ein großer Grieche und künftiger Führer.

Wenn sie in der ersten Fußnote der »Nachgelassenen Schriften« betonte: »Keine der Aufzeichnungen ist jemals für eine Veröffentlichung bestimmt gewesen, ja, Otto Braun war geradezu entrüstet, als eines seiner Gedichte, während er im Felde war, in einer

2 Im Folgenden wird zitiert nach der Ausgabe von 1921.

Zeitschrift abgedruckt wurde«, so war das nur die halbe Wahrheit. Julie hatte gleich nach Ottos Rückkehr zu seinem Bataillon auf dessen dringende Bitte seinen 1913 als 16-Jähriger geschriebenen Text: »Eros und Psyche. Fünf Szenen. Nach Motiven aus Apuleius 64« nochmals gelesen – weil er eine Veröffentlichung plante. Sie machte ihm gegenüber geltend, das Werk bei einer früheren Lektüre zu fertig, zu perfekt gefunden zu haben, so als sei es nicht ein Erstlings- sondern ein Alterswerk. Nun, da sie ihn besser kenne, spüre sie sein Potential, sich noch weiter zu entwickeln bzw. zu entfalten. Er trage schon alles in sich, wie reife Früchte würden seine Verse demnächst vom Baum ab- und ihm in den Schoß fallen. (1.4.18) Dieses Lob könnte man durchaus als Kritik verstehen: dass sie nämlich früher das Werk reichlich altklug und prätentiös gefunden hatte, ihn selbst aber nun als vielversprechend, d.h. keineswegs als perfekt. Otto bat auf diese Rückmeldung hin, das Manuskript Rudolf Borchardt zu leihen und dann mehrmals abschreiben zu lassen. All das zog sich hin; Borchardt gab den Text nicht zeitig zurück, so dass Heinrich ihn schließlich abholen ließ; das wiederum war Otto peinlich. Schließlich weigerte sich Heinrich, den Text von der sonst für Abschriften bezahlten Sekretärin abtippen zu lassen, da er zu viele Fehler fürchtete. Stattdessen sollte Julie diese Arbeit erledigen. Zu all dem kam es vor Ottos Tod aber nicht mehr. Warum es für ihn so wichtig war, diesen Vorkriegstext zu veröffentlichen und ob dieser plötzliche Wunsch, etwas Literarisches von Bedeutung gedruckt zu sehen, mit Gedanken über seinen möglichen Tod an der mörderischen Westfront zusammenhing – diese Fragen lassen sich nicht beantworten. Das am Ende des Buches veröffentlichte Drama »Eros und Psyche« hatte er jedenfalls noch selbst zur Vorbereitung für den Druck »in Auftrag« gegeben. Ansonsten war er seit seiner frühen Jugend von seiner späteren historischen Bedeutung überzeugt, von seiner Rolle als Führer, dessen sämtliche schriftlichen Äußerungen für die Nachwelt von Interesse sein mussten. Allenfalls hatte er erwogen, seine Texte möglichst lange zurückzuhalten, in der Annahme, dass ein Geheimnis um die eigene Person deren Aura und die an ihn geknüpften Erwartungen steigern würden – hier blieb Stefan George sein Vorbild. Dass er diese Erwartungen einst erfüllen würde, galt schon dem Vorkriegskind als Gewissheit.

Die von Julie Vogelstein getroffene Textauswahl diente der Konstruktion eines höchst einseitigen Bildes von Otto: dem Bild eines jungen Mannes, dem es gelungen war, seine Leidenschaften nach dem zeitlosen Gesetz der griechischen Klassik zu beherrschen und zu formen. Im Vordergrund standen nicht nur die in Tagebuchnotizen und Briefen deutlich werdenden Bildungserlebnisse, sondern auch Ottos Moral und Willenskraft, die ewigen Gesetze der Welt zu verstehen und anzuwenden, nicht zuletzt auf sich selbst. Der Krieg stand nicht im Gegensatz zu diesem Ziel – er stellte nur eine besondere Herausforderung dar, die Otto aber bestanden hatte, indem er immer mehr der wurde, der er am Ende war, wenn er auch sein Leben dafür geben musste.

Wie unbedingt Julies Versuch, den Krieg im Sinne eines griechischen Dramas zu verstehen und zu bewältigen, von Otto selbst und einem Teil seiner Kameraden angenommen worden war, und auf welch fruchtbaren Boden er auch nach dem Krieg bei den bildungsbürgerlichen, ehemaligen Freiwilligen fiel, zeigt ein Brief, der Julie und Heinrich nach Ottos Tod erreichte: Er stammte von dem Leutnant Kurd Paesler, einem gleichaltrigen Bewunderer Ottos, der während der ersten Monate des Jahres 1915 mit ihm im polnisch-russischen Etappengebiet Zeuge geworden war, wie Otto unter dem unangenehmen Rittmeister gelitten hatte, bis er mit Hilfe der Mutter und Mackensens in die Telegraphenabteilung versetzt wurde. 1917 hatte Paesler wie Otto wegen einer Verwundung eine Weile in Berlin verbracht und dem Freund empfohlen, sich nicht wieder an die Front zu melden. Dessen Tod hatte ihn tief erschüttert und er war danach in einen intensiven Briefverkehr mit Julie Vogelstein eingetreten.[3] Der Brief, aus dem Julie in den »Nachgelassenen Schriften« zitierte, stammte vom August 1919 und stellte wohl eine Antwort auf Julies Bitte an Ottos Freunde dar, ihr dessen Briefe zuzuschicken und etwas über ihn zu berichten. Die zitierte Stelle stammt aus einem zehnseitigen, dicht beschriebenen Brief:

»Ottos Hölderlinhymnen. Ja, es war vor Bolimow Borzymow, … Es war finstere Februarnacht. Tagsüber schossen die Russen wie toll auf das »Niemandsland« das zwischen den Stellungen,

3 Seine Briefe finden sich unter JBVC Series IV (Julie Vogelstein), 26/3.

der russ. und unserer, zwischen beiden Drahtverhauen lag. Im Niemandsland lagen noch seit Monaten unbeerdigt, vom letzten mißlungenen Sturm die Grenadiere, Jäger, Pferde u. Infanterie, 40 Tote u. darunter 8 tote Offiziere. Diese sollten zunächst geborgen werden, was aber bei der ganz finsteren Nacht zunächst nicht möglich war, Karbidlampen durften nicht angezündet werden wegen d. Gefahr d. Beschusses. Nun bekam Ott [sic] den Auftrag (nur aus Niedertracht gerade er) mit 8-12 Mann die Toten zwischen den Stellungen zu sammeln, die Offiziere mitzubringen u. Soldaten an Ort u. Stelle, wenn es möglich war, zu beerdigen. Außerdem mußte er mit andern 10 Mann die Bergungsarbeiten decken u. vor den russischen Posten Verhaue entlang schleifen, als Sicherung. Feindliche Patrouillen waren allenthalben im Gelände. Ich selbst, der ich auch dabei war, war so angeekelt von der furchtbaren Arbeit an den Leibern der Kameraden, die der Verwesungsgeruch entsetzlich gezeichnet hatte, (jedem Soldaten mußte die Erkennungsmarke abgenommen werden, die er auf der Brust trug,) … u. war außer mir. Nun hatten wir schon unsere Offiziere an unserer Stellung zusammengetragen. Dort konnten wir uns leise unterhalten, da hier der Feind nichts merkte u. auch lauter, da viel Artilleriebeschuß ins Hintergelände ging. Alle Soldaten, jungen Jäger, die diese trostlose Arbeit zu machen hatten, u. die, die vorne sichern mußten, andauernd über die Hunderte von Russenleibern stolpernd waren außer sich über diesen Auftrag. Einzelne schimpften, Einzelne stöhnten. – Da wurde Otto ganz böse und aufgeregt, warf ihnen Waschlappigkeit vor, lachte über die ›Memmen‹, die nicht einmal den letzten Dienst den gefallenen Kameraden erweisen wollten, u. als Einspruch erhoben wurde, sagte er: ›Wenn unser Geist die Verwesung nicht meistert, so meistert sie unseren Geist.‹ Das machte tiefen Eindruck. Zu einem, der immer weiter jammerte, er könne hierin sich nicht überwinden (es waren fast alles weiche, junge Kriegsfreiwillige) sagte er nur ruhig: Freilich, um den Geist ists nicht schade, den sie meistert. Der gehört bereits der Verwesung … und aus diesem Satz heraus kam er auf eine Stelle aus der Ilias, die er deklamierte. Das klang so wundervoll in stockfinsterer Nacht, man hörte nur den Hymnos u. stand, – alles andere schwieg und lauschte – gebannt von diesem Hymnos u. Ottos Vortrag mitten unter den Toten …. Plötzlich kam ein Leutnant vorbei, ein sonst blasierter Kerl, aber guter Mensch, Gerlach (er fiel beim Regiment noch denselben Sommer) und sagte ganz ernst: ›nur wenige Toten erhalten solchen Grabgesang.‹ Das war viel, daß der Gerlach das empfand. Von der Ilias kam Otto auf Hölderlin, es war glaube ich, eine Ode an Griechenland. Ein langes Gedicht. Wie der Übergang von der Ilias zu Hölderlin geschah, weiß ich nicht mehr. Jedenfalls waren wir alle ergriffen und begeistert. Da sagte ich einmal dazwischen: ›Ott, wenn jetzt Rittmeister Gemander käme u. das hörte, ...staunen würde er‹, oder Wut schnauben, sagte Ott, wie ihn alles was vornehm ist, ärgert, aber der entweiht diese Stätte sicher nicht, dazu ist er zu feige!!— Das habe ich noch stark im Gedächtnis: die romantische Situation; Nacht; zwischen Toten; schwerer Artilleriebeschuß ... und der klassische Hymnos .... u. der feige Eskadronchef, in der Nähe? Nein, das wär eine Unmöglichkeit dabei gewesen. – Und Otto riß so die Stimmung an sich u. machte sie so stark und groß ... daß man das ›Warum‹ das man immer an den Toten sah, vergaß und ahnte, alles hat seinen tiefen, großen Sinn .... Die anderen Kameraden machten nun ihre Arbeit wie gefeit u. hatten nur milde Gedanken. –«

Er fuhr fort, solche Nächte habe es später öfter gegeben. Otto habe ihm z.B. berichtet, wie er in einer kritischen Situation seine Kameraden an die Perserkriege erinnert habe. Und er zitierte Otto: »Uns war, als seien wir die letzten Griechen im Engpaß der Thermopylä, ahnend daß wir die letzten würden u. doch die letzten aber uns schützten, die Toten. –« Fast alle Infanteristen von damals seien nun tot, so Paesler. Der Hölderlin aber »war so seherisch seelenweitend, die Stimmung um die Toten wurde heroisch durch Ottos Sprache. – Ich habe ihn später öfter daran erinnert, aber er lächelte dann nur leise gefällig, so fern v. aller und jeder Eitelkeit u. doch so durchdrungen v. göttlichem Ehrgeiz (Ehrgeiz ist nicht das richtige Wort).« Und zur Erklärung von Ottos Ehr-Geiz berichtet er, wie Otto damals seinen Wunsch nach Versetzung begründet habe: Er sah seine »innere Ehre« in Gefahr durch die schlechte Behandlung, die ihm der Rittmeister zukommen ließ. Dieses Argument hatte ja schon gegenüber den Eltern verfangen. Der Brief endete mit weiteren langen, schwärmerischen Phantasien über Otto.

Julie veränderte den Bericht Paeslers für die Veröffentlichung in bezeichnender Weise.[4] Einmal nahm sie redaktionelle Veränderungen vor; zum andern aber kürzte und komprimierte sie den Text um die Hälfte, wobei sie einerseits die Darstellung der Szenerie als direktes Fronterlebnis verstärkte; andererseits einzelne unschöne Details, wie die Tatsache, dass nur Offiziersleichen geborgen, die Soldaten aber nach Wegnahme der Kennmarke liegen gelassen wurden, wegließ. Das Zitat von Ottos Beschimpfung der jammernden und protestierenden Kameraden wegen ihrer »Waschlappigkeit« wurde ebenso gestrichen wie seine vernichtende Äußerung, wer jetzt noch weiter klage, sei selbst bereits im Prozess der Verwesung begriffen. Vor allem aber verschwieg sie den Zusammenhang mit dem Rittmeister Gemander, dem Otto es durch seinen Auftritt unter den Toten »zeigen« wollte, indem er diesen als erbärmlichen Feigling, sich selbst aber als ruhigen Heroen präsentierte. Außerdem verzichtete Julie Vogelstein auf den Abdruck der anschließenden Erzählung Paeslers, wonach Otto noch in der Erinnerung an seine gelungene Ilias-Inszenierung habe lächeln müssen. Schließlich könnte ihr die Erinnerung von Ottos Freund an »die romantische Situation« dieser Nacht doch etwas unpassend erschienen zu sein.

Julie hatte also aus dem Text alles eliminiert, was den Eindruck von Ottos ernster Fassung angesichts des Grauens schmälern konnte. Vor allem hatte sie alles verschwiegen, was Otto als den ganz normalen, jungen, trotzigen, unsicheren, hochtrabenden und eitlen 17-Jährigen zeigte, der er im Winter 1915 tatsächlich gewesen war. Sie sah die Tatsache, dass Otto diese Szene weder in seinen Briefen noch in seinem Tagebuch erwähnt hatte – tatsächlich schrieb er nur von den »vielen unbeerdigten Toten« – als Zeichen seiner Bescheidenheit oder auch für die Selbstverständlichkeit, mit der Otto sich im griechischen Drama auf der Bühne des Krieges bewegte.

Die von Paesler beschriebene Szene gehört aber in den März 1915, als Otto noch auf seine »Feuertaufe« wartete, und zwar zu jenem Ausflug der Fahnenjunker in den Schützengraben, der in Ottos »Schützengrabenbrief« dargestellt ist und in dem die Beschreibung der Ilias-Inszenierung ebenfalls fehlt. (vgl. S. 123 ff.)

4 Julie Vogelstein: Nachgelassene Schriften, S. 300.

Hatte sie überhaupt stattgefunden? Hatte sie in der auffällig performativen Form stattgefunden, die Paesler wiedergab? Es ist ja nicht auszuschließen, dass Ottos Freund die Szene selbst entworfen oder zu einer eindrucksvolleren Geschichte weiterentwickelt hatte, was ja ganz im Sinne Ottos und sicher Julie Vogelsteins gewesen wäre. Zumindest versuchte der Briefschreiber, wider besseres Wissen die Situation als Kampfszene zu beschreiben. All diese Fragen schienen sich jedoch im Jahre 1919 gar nicht zu stellen – angesichts des tiefen, klassischen und mithin überzeitlichen Sinns, den Ottos Tod nachträglich erhalten sollte: als Schicksal eines wahren Heroen.

Julies Version dieser Geschichte war außerordentlich erfolgreich. Sie wurde ein Kernelement der Erinnerungskultur an Otto Braun in den zwanziger Jahren, als Freunde sich zu Gedenkveranstaltungen mit Kulturprogrammen trafen.[5] Das Buch der »Nachgelassenen Schriften eines Frühvollendeten« erlebte bis 1931 mehrere Auflagen mit insgesamt 100.000 Exemplaren.

Schon kurz nach Lilys Tod hatten Julie und Heinrich begonnen, Neuauflagen von Lilys Büchern vorzubereiten bzw. mit Verlagen darüber zu verhandeln. Außerdem war Julie, nach eigenen Angaben, von Lily zu Lebzeiten gebeten worden, deren Biographie zu schreiben. Dies tat sie nun und gab außerdem Lily Brauns Gesammelte Werke in fünf Bänden heraus. Diese enthielten allerdings nur deren belletristische Schriften, ihre Memoiren und das Buch über ihre Großmutter, während die früheren frauenpolitischen Schriften und kleinere Arbeiten nicht aufgenommen wurden. Die Werke erschienen 1923 in Berlin. Die Biographie Lilys, die ein Jahr zuvor schon als Einzelschrift erschienen war, leitete im ersten Band die Gesamtausgabe ein.[6] Die knapp 120-seitige Schrift zeugt zwar von Julies Freundschaft zu Lily Braun – kann aber auch als Zeugnis einer doppelten Distanzierung gelesen werden. Denn gerade da, wo

5 Am Jahrestag seines Todes trafen sich ehemalige Gefährten und aktuelle Verehrer zu Gedenkfeiern. Vgl. Programm einer solchen Veranstaltung zum 10. Todestag am 30. April 1928 im Vereinshaus Deutscher Ingenieure, JBVC Series II, 8/1.

6 Lily Braun, Gesammelte Werke, 5 Bde., Berlin 1923; Julie Vogelstein, Lily Braun. Ein Lebensbild, Berlin 1922.

die Autorin Lily vorbehaltlos bewunderte und verehrte – und den Lesern nahebringen wollte –, beschrieb sie die Freundin als jemanden, der so ganz anders war, als sie selbst:

»Durch den nie endenden Kampf unversöhnlicher Mächte um die Alleinherrschaft wird dieses Leben bestimmt; aus dem ungelösten, ja unlösbaren Widerstreit in sich selbst erklärt sich Leistung und Bedeutung dieses Menschen«, leitete Julie ihre Biographie ein.[7] Lily war kein Mensch von innerer Einheit, sondern innerlich zerrissen; sie war ein »kriegerischer« Mensch, anders als Julie eben keine Iphigenie. Sie war leidenschaftlich, maßlos und anmaßend. Damit bildete sie einen Gegenentwurf zu Julies eigenem Ideal: dem des klassischen inneren Gleichgewichts und der Harmonie. Obwohl hier die Quelle für Lilys Energie und Charisma lag, so Julie, erkläre sich daraus auch ihre Begrenztheit. Anders als der Freundin selbst in ihrer als Roman verschlüsselten Autobiographie gehe es ihr, Julie, um »eine Schilderung des Wesenhaften ihrer Natur« (S. 6). Man könnte auch sagen: Es ging ihr um eine Revision des Bildes, das Lily Braun von sich selbst entwarf, als sie ihre persönliche Entwicklung zur Sozialistin als früh angelegt und folgerichtig beschrieb, als sie das Widersprüchliche und auch das Unvollkommene ihrer Persönlichkeit mit einer Darstellung ihrer eigenen Großartigkeit überschrieb. Julie hingegen deutete immer wieder die Kehrseiten, Ambivalenzen und die Grenzen dieser Persönlichkeit an: Lily habe eine »völlig egozentrische Natur« (S. 16) gehabt, sie sei großzügig, aber auch wahllos gewesen; sie habe ständig der Mittelpunkt der Gesellschaft sein wollen und sei zugleich höchst abhängig vom Urteil anderer gewesen (S. 23). Ihr künstlerisches Urteil und ihr Geschmack seien unsicher und mehr an Inhalten, als an Form orientiert gewesen (S. 28). Sie habe einen »Zug von Gefallsucht« gehabt (S. 61), das Verständnis für die »unbedingte, zeitlose Wahrheit« habe ihr gefehlt (S. 84), selbst gegenüber der Frau, über die sie mit so viel Bewunderung schrieb, ihrer Großmutter.[8] Schließlich habe sie sich selbst darüber getäuscht, wie lange sie »in den Gesinnungen der Offizierskreise und des Adels heimisch gewesen« war. (S. 86)

7 Zitiert nach der ersten Auflage der Einzelpublikation, S. 5.
8 Lily Braun: Im Schatten der Titanen, Braunschweig 1908.

Durch die ganze Biographie hindurch finden sich verstreut solche Urteile (bei denen Julie sich zumindest zum Teil auf die Einschätzungen Heinrichs stützte, kannte sie Lily doch insgesamt nur zwei Jahre), immer eingebettet in das Bekenntnis ihrer Liebe und Bewunderung für die Freundin. Dadurch entsteht der Eindruck einer Haltung überlegenen Wohlwollens und freundlicher Distanz. Ihr früher Tod erscheint als die unausweichliche Konsequenz eines nicht zuletzt gegen sich selbst rücksichtslosen Lebens.

Der Weltkrieg geriet in der Biographie zum geglückten Höhepunkt in Lilys Leben, da nun ihr Bedürfnis nach Hingabe und Leidenschaft Erfüllung fand in der Parteinahme für »Deutschland, (das,) von allen verlassen und geschmäht, gegen eine erdrückende Übermacht ins Feld zog« (S. 105). Wie zuvor in der Sozialdemokratie habe sie nun geglaubt, mit Gleichgesinnten zu kämpfen, und sie hielt, was an der Heimatfront geschah, bereits für den Beginn des Sozialismus. Sie gab dem Krieg ihren geliebten Sohn, und sie selbst verströmte und verschwendete sich im Krieg, bis sie starb.

Bewunderung und Kritik mischen sich in dieser Biographie, Bloßstellung und Schonung. Denn das große Geheimnis Lilys, ihre Leidenschaft für den italienischen Geliebten, wird, offensichtlich auf Bitten Heinrichs, nicht enthüllt. Und dennoch zitiert sie am Ende aus dem »letzten unvollendeten Roman«, dessen Fragmente sich zu keiner erkennbaren Fabel (im Sinne einer zusammenhängenden Handlung) verflöchten, eine Phantasie Lilys über Teneriffa, »Die Insel der Seligen«:[9]

»Vater Okeanos … warb Jahrtausende lang um die stumme Insel: er küßte sie, wenn ihn die Frühlingsluft zärtlich machte; mit schäumenden Wogenkämmen griff er begehrlich nach ihr, wenn ihn die Leidenschaft packte; mit Peitschenhieben warf er seine Wasser wider sie, wenn ihre Unbesiegbarkeit ihn rasen ließ; und machte ihn die Hitze der Hochsommertage schläfrig, so versuchte er noch, sie mit Streicheln zu bezwingen, bis in der gepanzerten Brust der entzauberten Riesin das Herz zu pochen begann und die Glut ihres Innern in lodernden Flammen gen Himmel stieg … in kochenden Bächen ihr Blut in seine aufzischenden Wogen ergie-

9 Lily hatte im Jahre 1911 zusammen mit Otto einige Wochen auf Teneriffa verbracht.

ßend. Damals dröhnte die Erde unter dem Jauchzen der Beiden, und das Echo fernster Berge gab ihr titanisches Liebeslied wieder.« (S. 117)

Zumindest dieses Fragment hat eine »Fabel«: die Szene einer leidenschaftlich körperlichen Vereinigung. Warum zitierte Julie das jetzt, warum hier? Hat Otto, hatten die drei das Romanmanuskript erst vernichtet, nachdem sie es in Teilen abgeschrieben hatten, so als seien sie sich nicht sicher, ob es wirklich zerstört werden sollte? Und welche Botschaft wird uns, den Lesern, hier mitgeteilt, wenn diese orgiastische Phantasie kurz vor der Beschreibung ihres Todes im Text erscheint? Vielleicht handelt es sich aber auch um eine Botschaft nur für zwei Eingeweihte: den gefallenen Sohn und den Mann, den Lily – zumindest nach Ottos Urteil – verraten hatte. Die Botschaft liest sich jedenfalls wie eine Warnung vor den zerstörerischen Kräften der Freundin. Man versteht: Lily ist an Erschöpfung gestorben, aber es war die Erschöpfung von ihrem eigenen, maßlosen Leben.

Das Leben, das Julie und Heinrich nach dem Krieg im Erlenweg führten, beschreibt Erstere als glücklich und harmonisch. Man war Zentrum eines großen Freundeskreises, und die Geldsorgen, die Heinrich Braun ständig belastet hatten, waren Vergangenheit. Die vorhandenen Schulden ließen sich in Zeiten der Inflation anscheinend problemlos tilgen und die Einkünfte aus den Wiederauflagen von Lilys Werken ebenso wie die hohen Verkaufszahlen des Buchs über Otto Braun und die Biographie Lilys sicherten ein gutes Einkommen. Aber Heinrich war alt geworden. An den politischen Umwälzungen der Revolution und der Weimarer Demokratie nahm er keinen aktiven Anteil mehr, obwohl er es zunächst erhofft hatte. Die Sozialdemokratie bedurfte seiner nicht und griff nicht auf ihn zurück. Zu einem neuen Zeitschriftenprojekt kam es nicht, und auch die »Annalen« wurden 1919 eingestellt. Im Februar 1927 starb Heinrich Braun, 72-jährig, an einer Grippe. Das letzte Foto, das kurz vor seinem Tod aufgenommen wurde, zeigt ihn als einen von Schmerz zutiefst geprägten Menschen (vgl. die Bildreihen im Anhang, S. 409).

Julie verhielt sich ähnlich wie nach Ottos Tod. Sie war entschlossen, Heinrich nicht sterben zu lassen und schrieb den großen Kreis seiner Freunde, Bekannten, Mitarbeiter und Mitstreiter an mit der Bitte, ihr seine Briefe zukommen zu lassen und zugleich etwas über ihn mitzuteilen. All das wurde Material für eine umfangreiche Biographie, die 1932 unter dem Titel »Ein Menschenleben« veröffentlicht wurde. Damit zitierte sie im Titel den Gedanken, den sie – nach ihrer Darstellung – bei der ersten Begegnung mit ihm gehabt hatte, als sie Heinrich sofort als Menschen im emphatischen Sinne erkannte: »Ecce homo« – und dabei wiederum eine Äußerung zitierte, die im Johannesevangelium dem Pilatus zugesprochen wird, der das angesichts des leidenden Christus sagt. Es ging also in der Begegnungsszene um die Liebe zum leidenden Heinrich, und Heinrichs Unglück ist auch das zentrale Thema der Biographie; denn Heinrich ist ein Gescheiterter, der seine Menschlichkeit auch an unwürdige Menschen, ja, an seine Feinde verschwendete, der seine hehren Ziele nicht erreichte, und die Bestätigung der Richtigkeit seines Denkens und Handelns nicht mehr erlebte.

Das alles fand seine schlimmste Ausprägung im Krieg: Im Krieg verlor er seine geliebte Frau Lily, seinen ebenso geliebten Otto. Julie betont seine Angst und Qual um den Sohn, zitiert den Brief, in dem er »›die gewissenlose Kriegsführung‹ scharf verurteilt, … die ohne irgendeinen Nutzen‹ halbe Kinder ›in die Feuerlinie schickt‹«. Sie verschweigt aber auch nicht, dass er sich vom Krieg den Sozialismus, vom Sohn das Überleben und künftige Führerschaft erhoffte. Tatsächlich aber verlor Heinrich im Krieg seine Energie und Lebensfreude, seine politischen Ziele nach dem verlorenen Krieg musste er aufgeben. Er starb an diesen Enttäuschungen. Er, der in seinem Leben immer getreu höchsten moralischen Ansprüchen gelebt, der die Zeiten und ihre Forderungen immer richtig erkannt hatte, der prophetisch die Zukunft erkennen und angemessene Pläne daraus entwickeln konnte, scheiterte an der Schwere der Zeiten, der Uneinsichtigkeit seiner Zeitgenossen und an seiner eigenen übergroßen Liebe zur Menschheit und seinen Nächsten. In Julies Deutung wurde Heinrich zur tragischen Figur, zu einem Menschen, der ohne eigene Schuld alles verloren hat. Auch damit wurde er in den Rang einer klassischen Gestalt erhoben.

Wieder bleibt die Biographin Julie ganz im Hintergrund. Das gemeinsame Glück wird in der Biographie angedeutet, aber nicht ausgeführt. Ihre doppelte Gegenwart als handelnde Person und allwissende Erzählerin bleibt unausgesprochen. Sie taucht zum ersten Mal als Lilys Freundin Julie auf (S. 426 von 531 Druckseiten), erst kurz vor Ende des Buches (S. 498) lässt sie die Begegnung zwischen ihr und Heinrich stattfinden, die in ihrer Darstellung eine wunderbare, aber körperlose Liebe blieb, bis 1920 die Eheschließung stattfand. Sie erwähnt sich selbst allenfalls in der Dritten Person, eine halb verborgene Fremde, obwohl sie doch als Biographin von Beginn an anwesend ist, und das durch einen entschiedenen Blick und ein klares Urteil: Heinrich erscheint in seiner Klugkeit und Güte als Übermensch, zugleich aber nicht maßlos, wie Lily, sondern von klassischer innerer Einheit und Harmonie. Sein Unglück ist das Unrecht, das ihm angetan wird. Hätte er eine Schwäche gehabt, dann die, zu gut zu sein. Und hier kommt Lily ins Spiel, jetzt, wo Heinrich nicht mehr bei der Biographin Einspruch erheben konnte. Jetzt verrät Julie das Unrecht der Freundin, ihre Schwäche, mit der sie das Alter mit Schminke übertünchen wollte, ihre rücksichtslose Leidenschaft, mit der sie die Existenz ihres Mannes und Sohnes gefährdete. Obwohl sie kein böses Wort über die Freundin sagt, ergreift sie Heinrichs Partei und wirft ihm zugleich vor, Lily nicht in ihre Schranken gewiesen zu haben – allerdings: aus einem Übermaß an Gerechtigkeit und Güte. »Du bist ein Heiliger, Pa«, lässt sie Otto nach Lilys Tod sagen (S. 434). Davon aber kündet die ganze Biographie.

Wenige Monate nach deren Erscheinen wurde Hitler Reichskanzler. Unter den Bedingungen der brutalen Machtausübung wurde das Buch, von Heinrichs Freunden und Bewunderern begrüßt und enthusiastisch gefeiert, dennoch kein publizistischer Erfolg. Julie lebte seit Heinrichs Tod mit ihrer Nichte Hertha im Erlenweg. Ihr eigener Freundeskreis erweiterte sich um Heinrichs Freunde und Bewunderer, die ihr für das Buch dankbar waren. Im Haus lebte seit Kriegsende auch ein Diener, der nach der nationalsozialistischen Machtübernahme in die SA eintrat und begann, Julie zu erpressen. Sie wehrte sich und war von da an den Schikanen der SA ausgesetzt. Banden drangen nachts immer wieder in den geliebten Garten und zerstörten Sträucher und Beete, um sie zu terrorisieren. Männliche Freunde, darunter der später im Zusammenhang mit dem Attentat vom 20. Juli 1944 hingerichtete Adam von Trott, boten sich an, zu ihrem Schutz abwechselnd im Erlenweg bei ihr zu wohnen. 1935 entschloss sie sich zu einer längeren Auslandsreise nach Frankreich, ging anschließend mit einem Besuchervisum nach Kalifornien – ihr Bruder Ludwig, der in New York gelebt hatte, war 1933 gestorben – und beantragte 1937 die endgültige Einwanderung in die USA, nachdem ein deutscher Freund ihr in einem verschlüsselten Brief geraten hatte, ihre persönlichen Gegenstände aus dem Erlenweg in die USA verschiffen zu lassen.

Sie war nun im Exil. Geldsorgen plagten sie nicht: Ludwigs Erbe sicherte ihr ein gutes Einkommen, sie konnte reisen und eine Sekretärin beschäftigen. Als die USA 1941 in den Krieg eintraten, wurde Julie Vogelstein als »feindliche Ausländerin« eingestuft und durfte sich an ihrem Wohnort Carmel in Kalifornien nicht länger aufhalten. 1942 zog sie deshalb nach New York, wo sie ihren Freundeskreis aus dem Milieu der Emigranten erweitern konnte; Hannah Arendt wurde eine gute Freundin. 1949 reiste sie wieder nach Europa, nach Deutschland zum ersten Mal im Jahre 1953. Die meisten ihrer alten Freunde fand sie dort nicht mehr. Das Haus im Erlenweg konnte sie nicht besuchen, weil es nun »in der Ostzone« lag.

Während des Zweiten Weltkriegs hatte Julie sich wieder mit ihrer Wissenschaft, der Kunstgeschichte und besonders der antiken Plastik, befasst. Sie publizierte auch, aber die 1917 begonnene Arbeit über das griechische Relief konnte sie nie beenden.[10] Nachdem sie 80 Jahre alt geworden war, begann sie die Arbeit an ihren Memoiren, die schließlich 1966 unter dem Titel »Was niemals stirbt. Gestalten und Erinnerungen« veröffentlicht wurden. Der 420 Seiten starke Text gliedert sich in drei große Abschnitte: Der erste ist der Lebensgeschichte des Vaters gewidmet, dem 1841 in Westfalen geborenen, später in Stettin tätigen Rabbi Heinemann (Chaim) Vogelstein. Die Mutter findet als dessen Ehefrau liebevolle Erwähnung – immerhin gründete sie in Breslau die Ortsgruppe des Allgemeinen Deutschen Frauenvereins. Der zweite Teil gehört dem ältesten »Bruder Ludwig«, der später in New York ein erfolgreicher Industrieller, großzügiger Wohltäter und ein bedeutendes Mitglied

10 Die verschiedenen Vorarbeiten und Entwürfe finden sich in ihrem Nachlass: JBVC, Series IV.

der Jüdischen Gemeinde wurde. Das waren die beiden Männer, die Julie geliebt hatte, bevor sie Heinrich Braun kennenlernte. Erst im dritten Teil geht es um sie selbst, um ihren »Lebensweg«. Wir erfahren, wer sie war, bevor die Familie Braun ihr Leben änderte: eine scheue, aber hartnäckige junge Frau, die Studium und Reisemöglichkeiten gegen die Vorbehalte des Vaters und anderer Männer erkämpfen musste. Und wir erfahren, wer sie geworden war und was ihr widerfuhr, nachdem die Menschen, die sie am meisten geliebt hatte, gestorben waren: der Vater, der Bruder Ludwig, die Freundin Lily, der »Sohn« Otto und der Geliebte und Ehemann Heinrich Braun. Wenn sie sich so auch einbettet in den Zusammenhang geliebter Menschen, so sind die Memoiren insgesamt, vor allem aber im letzten Teil, überwiegend Autobiographie, ein Text, in dem sie »wir« und »ich« sagt.

Die Aufnahme des Buches in der Bundesrepublik war höflich, aber verhalten. Zwar wurde es von allen großen deutschsprachigen Zeitungen besprochen, aber in nichtjüdischen Organen häufig unter der Rubrik Judaica und dann stereotyp als Beispiel für den bedeutenden Beitrag deutscher Juden zur deutschen Kultur gepriesen. Mit der Geschichte des amerikanischen Bruders und Industriellen konnte man dementsprechend wenig anfangen. Vor allem aber befremdete ihr gefühlvoller Stil und die unbedingte Verehrung, die sie den im Buch geschilderten Personen entgegenbrachte: »Ihre Angehörigen und Freunde erscheinen dabei in der Regel auf ein solches, hehres Piedestal gestellt, so verklärt, daß der Leser leider mehr als einmal eher peinlich berührt als angesprochen wird … Man kommt – leider – an der Frage nicht vorbei, was ein größerer Leserkreis heute mit einer solchen Autobiographie anfangen soll«, fragte der Rezensent der Rheinischen Post (3.9.67), und derjenige der Süddeutschen Zeitung fand herablassend, es handele sich um »ein Buch, das man jenachdem ergreifend schön oder ein wenig betulich finden kann … Im gleichen Maße schleicht sich, es kann nicht verschwiegen werden, ein etwas redseliger, damenhaft-selbstgefälliger Ton ein. Eine prächtige Person – aber sie weiß es selbst ein bißchen zu sehr.« (22./23.4.67)[11] Nur im Fall von

11 Die Besprechung von W.E. Süsskind hatte den treffenden Titel »Ein familiärer Eckermann«.

Margret Boveri ist eine Antwort von Julie auf eine kritische Rezension überliefert. Boveri hatte in der Julinummer des Merkur von 1967 bekannt, Vogelsteins Sprache erinnere sie an Johanna Spyri, »ein Deutsch des 19. Jahrhunderts, in dem eine Überhöhung der Gefühle und der Werturteile gepaart ist mit einer sehr nuancierten, oft scharfen und nur in Bezug auf die eigenen Familienmitglieder rücksichtsvollen Kritik.« Julie wehrte sich gegen diese Zuordnung: »Drollig ist's, dass Sie mich ins 19. Jahrhundert einreihen, mit dem ich von Kindheit an auf Kriegsfuss stand und dem ich mich nie zugehörig fühlte. …Johanna Spyri, Ihre Jugendliebe, wurde von meiner Generation mit Wonne gelesen – von mir nicht. Hier (in den USA, DW) ist Heidi Mode. Amerikaner nennen sogar ihre Tochter so. Auch dies gibt zu denken.« (24.7.67)[12]

Dass die freundlichen Rezensionen überwogen, mochte sie ermutigt haben, die Biographie Heinrichs, die 1932 in Deutschland nur kurz öffentlich wahrgenommen wurde, in überarbeiteter Form noch einmal zu publizieren. Die Überarbeitung bestand darin, eine etwas größere Zahl von etwas kürzeren Kapiteln mit Überschriften zu versehen, aus Julie »Ich« zu machen und einen neuen Buchtitel zu wählen: Aus dem »Menschenleben« wurde nun »Ein Leben für den Sozialismus«.[13] Vielleicht steckte hinter dieser letzten Änderung die Hoffnung bzw. das Verlagskalkül, dass die revisionistischen Positionen Heinrich Brauns, die in der ersten Hälfte des 20. Jahrhunderts innerhalb der SPD nicht mehrheitsfähig gewesen waren,[14] nun, nach dem Godesberger Programm und der Umdefinition dessen, was die SPD unter Sozialismus verstand, unter Sozialdemokraten Anklang finden würden. Auch das 1966 geschlossene Regierungsbündnis der CDU mit der SPD mag dabei eine Rolle gespielt haben. Doch die Hoffnungen auf freundliche Aufnahme der Biographie bei Sozialdemokraten der sechziger Jahre wurden ent-

12 JBVC, Series IV, 12/5.

13 Julie Braun-Vogelstein, Heinrich Braun. Ein Leben für den Sozialismus, Stuttgart 1967.

14 Vgl. Arno Herzig, Paul Singer – Heinrich Braun. Zum Revisionismusstreit der deutschen Sozialdemokratie vor dem 1. Weltkrieg, in Walter Grab (Hg.), Jüdische Integration und Identität in Deutschland und Österreich 1848-1918. Jahrbuch des Instituts für Deutsche Geschichte, Breiheft 6, Tel-Aviv 1984, S. 123-149.

täuscht. Die Angriffe Brauns gegen die SPD seiner Zeit, mit denen sich die Biographin immer noch identifizierte, ließ die Rezensionen in der Parteipresse besonders skeptisch ausfallen:

»Die geistreiche und lebendig geschriebene Biographie vermittelt ein zutreffendes Bild dieser faszinierenden Persönlichkeit. Man gewinnt allerdings den Eindruck, daß die Autorin, die sich Brauns Ansichten größtenteils zu eigen macht, zu stark unter dem Bann der persönlichen Leidenschaften ihres Helden und vor allem seiner Vorurteile gegen die Partei steht. Trotzdem bietet der mitunter etwas gefühlsbetonte Lebensbericht einen akzeptablen Ersatz für die noch fehlende wissenschaftliche Biographie.«[15]

In der Historischen Zeitschrift, dem offiziellen Organ des Historikerverbandes, hieß es knapp, das Werk trage: »unverkennbar apologetischen Charakter«, sei aber trotzdem ein »ernsthafter und wichtiger Beitrag zur Geschichte der deutschen Sozialdemokratie«.[16] Und die Feuilletons mokierten sich wieder und sogar häufiger über den »schwärmerischen Ton«[17], der einen Rezensenten erneut an eine vergangene Zeit erinnerte: »Der ins Hymnische gehende Jubelton erweist sich einmal als echtes 19. Jahrhundert – damals lebte man noch so, wie man schrieb und umgekehrt ...«[18] Die einzige, wirklich enthusiastische und zugleich ausführliche Besprechung stammte von einer konservativen Freundin Julie Vogelsteins.[19]

Diese schien die Vorbehalte, die gegen ihre Veröffentlichungen geäußert wurden, weitgehend zu ignorieren. Unbeirrt plante sie nun auch noch eine neue Herausgabe von Ottos »Nachgelassenen Schriften«. Ihr Entschluss zeigt, wie wenig sie das Westdeutschland der sechziger Jahre verstand, wie sehr sie mit ihrer Liebe und ihren Idealen an ihre Zeit, an ihre Vorkriegserfahrungen und an die Menschen gebunden war, die vor so langer Zeit gelebt hatten und

15 Rezension von Ursula Ratz für die IWK (Internationale Wissenschaftliche Korrespondenz) der Historischen Kommission der SPD, Berlin.

16 Siegfried Bahne in HZ (2/69 S. 443 f.).

17 Immanuel Birnbaum, Süddeutsche Zeitung 10.4.1968.

18 Deutsche Presse-Agentur (Heinz Bartsch, 13.12.67).

19 Dr. Gabriele Strecker in »Frau und Politik«, 13. Jg. Heft 11, November 1967. Alle Rezensionen zur Neuauflage der Biographie Heinrichs JBVC, Series I, 5/12.

gestorben waren. Ihr deutscher Verlag, die Stuttgarter Deutsche Verlagsanstalt, brachte das Buch 1969 unter dem geänderten Titel »Fragment der Zukunft« heraus. Es war fast um die Hälfte gekürzt (165 statt 303 Seiten) und mit einer neuen Einleitung versehen, die über das – am Ende der sechziger Jahre so aktuelle – Thema des Generationenkonflikts offensichtlich einen Anknüpfungspunkt an den Zeithorizont der Gegenwart finden wollte. So verwies Julie auf die kulturelle »Revolte« der Wandervogeljugend, die im Ersten Weltkrieg glaubte, die Stunde der Tat sei gekommen; und sie warb um Verständnis für das damalige Bewusstsein, gegen das despotische russische Zarenreich zu kämpfen, um die eigenen sozialen und politischen Errungenschaften nicht zu gefährden – als müsse das im Kalten Krieg einleuchten und als sei der Krieg nur oder überwiegend gegen Russland geführt worden. Zugleich feierte Julie den Ersten Weltkrieg als ein gemeinsames Jugenderlebnis aller kriegführenden Nationen, die einander bekämpfende Jugend sah sie gar, wie einst Max Scheler, als *einen* »Chor … weil die Gesinnung dieser Jugend die gleiche ist. Selbst mitten im Gefecht waren sie sich nicht selten dieser inneren Verwandtschaft bewußt und zugleich des Gegensatzes zu der Generation, die diesen Krieg herbeigeführt hatte. Sie glaubten für eine andere, bessere Welt zu kämpfen, für eine menschliche, menschenwürdige Welt.« (S. VIII) Otto wurde erneut als der beste Teil dieser Generation ins Feld geführt.

Dabei verzichtete Julie auf vieles, was die erste Ausgabe bestimmt hatte: Das Drama Eros und Psyche fehlte, und ebenso wurden die meisten Gedichte nicht abgedruckt, einige wenige erschienen als Teil von Tagebucheintragungen und Briefen. Der Krieg nahm einen größeren Raum ein als 1919, und erstmals wurden Briefe oder Briefteile abgedruckt, die den Anschein erwecken sollten, als sei der Krieg Ottos edlem Gemüt eigentlich fremd gewesen, als habe er die Grausamkeit des Krieges früh erkannt und beklagt. Ohne ihn explizit zum Kriegsgegner zu machen, verschob Julie doch den Gesamteindruck über sein Verhältnis zum Krieg hin zum Kritisch-Skeptischen, zur frühen Desillusionierung. Auch die Paesler-Szene (s.o.) wurde wieder abgedruckt, diesmal sogar im Haupttext, statt wie in der ersten Version nur in einer Fußnote.

Und doch: Julie konnte nicht absehen von dem, was sie an Otto geliebt hatte, sie konnte sich ihm nicht fremd machen und versuchte deshalb vergeblich, ihn den von ihr imaginierten Lesern nahezubringen. Sie glaubte eben noch immer an das Überzeitliche wahrer Werte, also auch daran, »daß das echt Menschliche … über Zeit und Ort und Umwelt hinaus verständlich, das Reifen eines reichbegabten Kindes zum Jüngling und im Sich bewähren zum Manne immer ein spannender Vorgang ist« und dass sich dies »in Otto Brauns spontanen Lebensäußerungen … unverfälscht« darstelle. Sie hatte sich wieder getäuscht, nicht nur in Otto selbst und in ihrer eigenen Position, sondern vor allem in der Bereitschaft von Lesern, vor allem jungen Lesern, an diese Werte zu glauben. Das sahen auch diejenigen so, die dem Projekt und der Autorin mit Sympathie zugetan waren. Das Buch werde wohl »besonders die ältere Generation ansprechen. Es wird ihrer Vorstellung von Sohnesliebe und Selbstdisziplin gerecht werden. Und die Jugend von heute? Sie wird in Otto Braun einen jungen Menschen finden, dessen Genie sie beeindrucken wird. Doch nicht ganz unberechtigt wird sie ihre Parole ›make love not war‹ seinem tragischen Ende entgegenhalten,« schrieb die Jüdische Rundschau Maccabi (21.10.70). Eine mit Julie eng befreundete Rezensentin stellte – im Anschluss an die Wiedergabe des Paesler-Briefes – resigniert fest: »Es wird nicht möglich sein, die Aufmerksamkeit heutiger junger Menschen auf Otto Braun zu lenken. Die Schwierigkeiten des Verstehens sind nur allzu bekannt. Aber schaden könnte es nicht, wenn jene, die alles besser wissen, die sich heute als die Demiurgen der totalen Erneuerung fühlen, wüßten, daß man Aufrichtigkeit, Lauterkeit, ›Subjektivität‹ nicht mit einer Handbewegung vom Tisch fegen kann – zugunsten eines verwegenen Spiels mit scheinbar ehernen Strukturen und Gesetzen …« (Ruth Schlette in Publik Nr. 9, 27.2.1970). Andere versuchten, die Neuauflage vor der Missachtung der Leser zu retten, indem sie, nicht sehr glaubwürdig, auf das Potential des »Fragments« verwiesen, vor dem Krieg zu warnen: »Am stärksten wird sich der Leser in unserer Gegenwart von den Stellen angesprochen fühlen, an denen Otto Braun die Augen nicht mehr vor den Hässlichkeiten verschließen konnte, an denen er sich der brutalen Härte des Krieges gegenübersieht …« (Bayrischer Rundfunk, 4.5.70) Ein Rezensent ging soweit, dem jungen Autor selbst eine solche Haltung zu unterstellen: »Es bedurfte erst der Millionenverluste – die ihm besonders im Verlust engster Freunde schmerzlich bewußt wurden –, um ihn zu gründlichen Überlegungen über die Sinnlosigkeit des Krieges und dessen verbrecherische Ziele zu veranlassen.« (Österreichischer Kulturwart, 3/1970) Doch offen kritische Skepsis überwog: »Ob die jungen Leser am Ende der 60er Jahre in diesem etwas verwöhnten Wunderkind, das auch als Heranwachsender eher altklug als revolutionär oder auch nur rebellisch, ja das selbst bei Gedankengängen über eine Neugestaltung der Zukunft überaus traditionsgebunden blieb –, ob die jungen Leser in ihm ›verwandte Züge erkennen werden‹, wie der Verlag annimmt, bleibt abzuwarten.« (Süddeutscher Rundfunk, 3.12.69) »Was einst die Leser an der jungen Gestalt des Otto Braun ergriff, ist … zu einem literarischen Denkmal geworden, das mit den Welten der Lebenden, zumal der jungen Generation, nicht mehr viel zu tun hat.« (Die Rheinpfalz, 20.2.70)

Und der Rezensent des Hessischen Rundfunks hatte beide Ausgaben verglichen und festgestellt, wie Julie Vogelstein Zitate verkürzt und sinngemäß verändert hatte, um den nationalistischen Ausdruck von Ottos Gefühlen bei Kriegsbeginn zu vertuschen (14.11.1969). Auf ungeklärte Veränderungen verwies auch der Rezensent der Eßlinger Zeitung vom 13.7.1970. Die Besprechung in dem Organ der Freireligiösen Bewegung, der Lily Braun selbst nahegestanden hatte, bevor sie 1896 in die SPD eintrat, nannte die Schrift gar »ein furchtbares Fragment der Vergangenheit« (Freie Religion, Heft 5/1970).[20]

* * *

Die Geschichte, die Julie Vogelstein erzählen wollte, wurde im Nachkriegsdeutschland nicht mehr verstanden, nicht mehr angenommen, so wie auch sie selbst dieses Nachkriegsdeutschland nicht mehr verstehen konnte. An wen sonst aber sollte sie sich mit ihrer Erzählung wenden? Sie kannte – oder vielmehr anerkannte – unter den noch lebenden ja nur die deutsche Kultur. Julie war – nicht nur eine Folge des Exils – mit deren Geschichte jedoch nicht mitgekommen, sondern endgültig aus ihr herausgefallen. Aber unglücklich scheint sie das nicht gemacht zu haben. Ein Altersfoto zeigt sie

20 Alle Rezensionen JBVC, Series II, 9/2.

als schöne, energische, ja verschmitzte Person, die den Betrachter herausfordernd anschaut. Ihr New Yorker Freundeskreis nannte sie »Brauni«, und sie lebte mit Gesellschafterin und zwei Dienstboten in einer Wohnung in Manhattan am Riverside Drive, »damals schon keine ganz noble Adresse mehr«, wie Monika Plessner, die Frau von Helmuth Plessner, über den Winter 1962/63 bemerkte, in dem sie das erste Mal bei Julie zu Hause eingeladen war.[21] Sie beschrieb die damals 79-Jährige als klein und schwerhörig, umgeben von allem, was ihr im Erlenweg lieb und teuer geworden war; als einzigen Schmuck trug sie den »Goethering«, den der klassische Titan einst Lilys Großmutter geschenkt hatte. Dass sie »lange eine ménage à trois« mit Lily und Heinrich geführt habe, war eine in ihrem Freundeskreis bekannte Tatsache. Als Plessners später Julies Memoiren gelesen hatten, waren sie irritiert von der »Banalität des Guten«, die aus jeder Zeile zu erkennen war – als habe Julie »in einer heilen Welt unter lauter Gerechten gelebt«. Monika Plessner glaubte nun eine Erklärung gefunden zu haben für Julies Erkrankung an Angina Pectoris »seit den letzten Jahren in Deutschland« und für ihre krankhafte Angst vor Einbrechern, die sie ihre New Yorker Wohnung auf absurde Weise verrammeln ließ. »Brauni«, so Plessners Überzeugung, »litt an der Unterdrückung der natürlichsten Regungen – Eifersucht, Neid, Zorn, Haß, Empörung«.[22] Das mag so sein. Andererseits: hatte sie nicht solche Gefühle in subtiler, vielleicht sogar vor ihr selbst verborgener Weise doch ausgedrückt? Und hatte sie nicht auch andere gute Gründe, »seit den letzten Jahren in Deutschland«, Angst zu bekommen, vor ihrer möglichen Schutzlosigkeit, aber auch vor der unabweislichen Tatsache, dass sich mit der NSDAP eine Partei an der Macht etabliert hatte, die für das Ideal der Klassik, wie Julie es verstand, nicht mehr ansprechbar war? Dass sie danach ihre Welt wieder so zusammensetzte, als sei dieser Zivilisationsbruch nur eine Episode in ihrer ansonsten unbeschadeten Sinnwelt gewesen, war eine Leistung, die sicher Kraft kostete, aber auch Kraft gab.

21 Monika Plessner, Die Argonauten auf Long Island, Berlin 1995, S. 85.
22 Ebenda, S. 95 f.

Stellt man nämlich ihr Altersfoto in eine Zeitreihe, dann kann man schließen, dass Julie auf merkwürdige Weise an dem, was den vieren geschah, gewachsen, jedenfalls nicht zerbrochen war. Das wird besonders sinnfällig im Vergleich mit Heinrich Braun. Dagegen Otto? Zeigen seine Fotos nicht, dass er bis zu seinem Tod tatsächlich vom Kind zum Mann geworden war? Was ihn der Erwerb dieser Männlichkeit allerdings gekostet hatte und welcher Art sie war, mehr noch, welchen Gebrauch er von ihr nach dem Krieg hätte machen können – all diese Fragen müssen unbeantwortet bleiben.

Wenn die Geschichten, die Julie Vogelstein über Otto, Lily und Heinrich Braun und über sich selbst erzählt hat, unsere Zeit nicht mehr erreichen, so hat sie doch dafür gesorgt, dass wir über alle vier eine andere Geschichte erzählen können, unklarer, widersprüchlicher, verstörender und entlarvender, als Julie Vogelstein das jemals geplant und gekonnt hatte. Dass sie eine solche Geschichte durch ihr Sammeln, Aufbewahren, Ordnen und Weitergeben ermöglicht, ihr Leben den drei geliebten Menschen so hingebungsvoll gewidmet und auch deren gegen ihre Deutungen sprechenden Texte (fast alle) getreu überliefert hat: all das spricht dafür, dass Julie am Ende nicht nur mehr wusste, sondern auch mehr erzählen wollte, als sie tatsächlich schrieb. Das vorliegende Buch ist ein Versuch, von diesem Vermächtnis Gebrauch zu machen.

Lily Braun

1905

1910

1915

1916

Otto Braun

1909

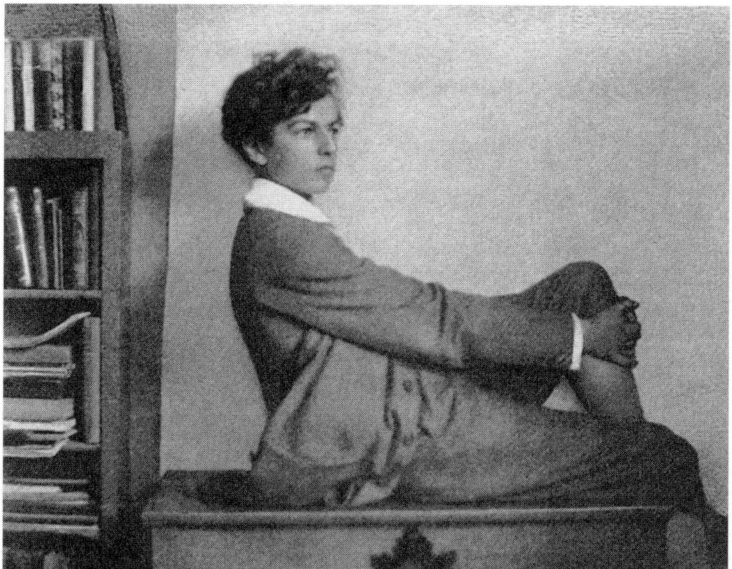

Anfang 1914

vermutlich Ende 1914

vermutlich Ende 1915

Heinrich Braun

1883

1912

1927

Julie Vogelstein

1910

1929

1934

1966

Quellen und Literatur

Die von mir vorgenommene Auswahl und Interpretation der Quellen (Brief- und Tagebuchzitate) kann online eingesehen werden. Seit Kurzem ist fast der gesamte Bestand der »Julie-Braun-Vogelstein-Collection« (außer den Kriegstagebüchern Ottos und einem Teil seiner Briefe an die Eltern) digitalisiert und über das Archivportal archive.com abrufbar. Die hier zitierten Briefe finden sich in folgenden Dateien:

Lily Braun an Heinrich Braun: Series I, 10/5-6
Lily Braun an Otto Braun: Series II, 3/4, 6/2
Lily Braun an Julie Vogelstein: Series I, 17/3
Heinrich Braun an Lily Braun: Series I, 12/5
Heinrich Braun an Otto Braun: Series II, 6/1
Heinrich Braun an Julie Vogelstein: Series I, 13/1-3
Otto Braun an Eltern: Series II, 5/1-3
Otto Braun an Heinrich Braun: Series II, 5/4, 6/4
Otto Braun an Julie Vogelstein: Series II, 6/3
Julie Vogelstein an Heinrich Braun: Series I, 14/2-4, 15/1
Julie Vogelstein an Lily Braun: Series I, 17/3
Julie Vogelstein an Otto Braun: Series II, 7/2.

Nachweise für Texte aus anderen Dateien werden in den Fußnoten angegeben. Briefe und Tagebücher werden wortwörtlich zitiert, wobei offensichtliche Schreibfehler korrigiert, bestimmte Eigentümlichkeiten aber beibehalten wurden: so z. B. Ottos Weigerung, den Buchstaben »ß« zu benutzen, oder altertümliche Schreibweisen von Heinrich Braun. Obwohl die Korrespondenten sich in Bezug auf die Groß- oder Kleinschreibung der Anrede uneinheitlich verhielten, habe ich durchgehend die Großschreibung benutzt.

Die folgende knappe Liste enthält häufiger zitierte gedruckte Quellen, Nachschlagewerke sowie einige »Klassiker« zum Verständnis des historischen Kontexts:

Chickering, Roger): Das Deutsche Reich und der Erste Weltkrieg, München 2002

Eksteins, Modris: Tanz über Gräben: die Geburt der Moderne und der Erste Weltkrieg, Hamburg 1990);

Hirschfeld, Gerhard, Gerd Krumeich, Irina Renz (Hg): Enzyklopädie Erster Weltkrieg, Stuttgart 2008;

Karlauf, Thomas: Stefan George: die Entdeckung des Charisma, München 2007;

Liulevicius, Vejas G.: Kriegsland im Osten. Eroberung, Kolonialisierung und Militärherrschaft im Ersten Weltkrieg, Hamburg 2002;

Mosse, George: Gefallen für das Vaterland. Nationales Heldentum und namenloses Sterben, Stuttgart 1993);

Stone, Norman: The Eastern Front: 1914 – 1917, London 1998 (zuerst 1975)

Theweleit, Klaus: Männerphantasien, 2 Bde., Berlin 1977/78;

Vogelstein, Julie: Otto Braun. Aus nachgelassenen Schriften eines Frühvollendeten, Leipzig 1922 (neu bearbeitet unter dem Titel: Fragment der Zukunft. Aufzeichnungen eines Frühvollendeten, Stuttgart 1969); Lily Braun. Ein Lebensbild, Berlin 1923; Ein Menschenleben. Heinrich Braun und sein Schicksal, Tübingen 1932 (leicht überarbeitet unter dem Titel: Heinrich Braun - ein Leben für den Sozialismus, Stuttgart 1967); Was niemals stirbt: Gestalten und Erinnerungen, Stuttgart 1966.

Der Weltkrieg 1914 bis 1918, Bde. 5. 6, 8, hg. vom Reichsarchiv Potsdam; Bd. 5: Der Herbstfeldzug 1914, im Westen bis zum Stellungskrieg, im Osten bis zum Rückzug, Berlin 1929; Bd. 6: Der Herbstfeldzug 1914. Der Abschluss der Operationen im Westen und Osten, Berlin 1929; Bd. 8: Die Operationen des Jahres 1915: die Ereignisse im Westen im Frühjahr und Sommer, im Osten vom Frühjahr bis zum Jahresschluss, Berlin 1932; Bd. 10: Die Operationen des Jahres 1916 bis zum Wechsel in der Obersten Heeresleitung, hg. vom Forschungsamt für Kriegs- und Heeresgeschichte, Berlin 1936.

Wennrich, Heinz-Martin (Bearb.): Das Reserve-Jäger-Bataillon 21 im Weltkriege, nach den amtlichen Kriegstagebüchern … Zeulenroda 1935

Zweig, Stefan: Die Welt von gestern, Frankfurt am Main 1994 (zuerst Stockholm 1944)

Bildnachweis

Bildarchiv preussischer Kulturbesitz
S. 408 oben (Sig. 10025424)

Otto Braun, Nachgelassene Schriften eines Frühvollendeten (hg.Julie Braun-Vogelstein)
S. 407 oben

Otto Braun, Fragment der Zukunft (hg. Julie Braun-Vogelstein)
S. 407 unten

Julie Braun- Vogelstein: Was niemals stirbt, Stuttgart 1966
S. 405 oben, S. 406 unten, S. 409 oben, S. 411 unten

Julie Braun-Vogelstein: Ein Menschenleben. Heinrich Braun und sein Schicksal, Tübingen 1932
S. 409 unten

Center for Jewish History (CJH) Digital Collections, Photographs
S. 193 (F 10450), S. 367 (F 10455), S. 375 (F 10499), S. 404 unten (F 13282), S. 406 oben (F13283), S. 410 oben (F 10526), S. 410 unten (F 10570), S. 411 oben (F 10587)

Deutsches Historisches Museum (DHM)
S. 404 oben (Sig. LIZ RA 002264 (E07/986))

Deutsches Literaturarchiv Marbach
S. 192

Wennrich: Das Reserve-Jäger-Bataillon 21 im Weltkriege
S. 134, S. 370

Reichsarchiv Potsdam: Der Weltkrieg 1914-1918, Bd. 7, Berlin 1931.
S. 108

Forschungsanstalt für Kriegs- und Heeresgeschichte (Hg.), Der Weltkrieg 1914-1918, Bd. 10, Berlin 1936, Skizze 29.
S. 274

Ullstein Bildarchiv
S. 405 unten

Dank

Neben den schon in der Einleitung erwähnten Institutionen, der Gerda-Henkel-Stiftung, dem Max-Planck-Institut für Bildungsforschung und der Forschungsstelle für Zeitgeschichte in Hamburg, die meine Beschäftigung mit dieser Familie im Krieg ermöglicht haben, gilt mein Dank zunächst den Mitarbeiter/innen des Leo-Baeck-Instituts New York, des Jüdischen Museums in Berlin, des Deutschen Literaturarchivs in Marbach, des Universitätsarchivs Basel, der Staatsbibliothek Berlin, der Kunstbibliothek Berlin sowie des Deutschen Historischen Museums und des Bildarchivs Preussischer Kulturbesitz, die mir bei meiner Recherche behilflich waren. Zahllose freundliche Helfer und Helferinnen fand ich bei der Klärung von Einzelfragen – sie sind in den Fußnoten vermerkt. Danken möchte ich auch einer großen Zahl von Nachbar/innen, Kolleg/innen und Freund/innen, die mein Interesse an diesem Fall durch ihr geduldiges und interessiertes Zuhören immer wieder neu belebt, und denjenigen, die zur Ermutigung auch einige Kapitelentwürfe gelesen haben. Sie alle aufzuzählen, ist leider nicht möglich. Erwähnen möchte ich stellvertretend Irene Stoehr, die mir half, die Braun'sche Villa und das Grab von Otto und Lily in Klein-Machnow zu finden; ebenso wie die freundlichen Nachbarn und Namensvettern der Brauns, die mich mehrmals zum Grab von Lily und Otto vorließen. Thedel v. Wallmoden bin ich zu großem Dank dafür verpflichtet, dass er sich in der Warteschlange vor einem DB-Schalter für das Projekt hat interessieren lassen und dann das Manuskript tatsächlich angenommen hat. Die Arbeit mit Hajo Gevers vom Wallstein Verlag und mit meinem kongenialen Lektor Joachim Szodzrynski war das reine Vergnügen.